Michael Buschmann

Tatort Station 4
Tatort Schulhof

Sammelband

Michael Buschmann

SAMMELBAND

Tatort Station 4
Tatort Schulhof

SCHULTE & GERTH

© 1991, 1993 Verlag Klaus Gerth, Asslar
© des Sammelbandes 1999 Gerth Medien GmbH, Asslar
Best.-Nr. 815 652
ISBN 3-89437-652-X
Umschlagfoto: SPOON, Christian Roth
Umschlaggestaltung: Hanni Plato
Satz: Typostudio Rücker
Druck und Verarbeitung: Ebner Ulm
Printed in Germany

1 2 3 4 5   03 02 01 00 99

Michael Buschmann
Tatort Station 4

TATORT STATION 4

Prolog

Das siebenstöckige Gebäude des Städtischen Krankenhauses lag wie immer um diese Zeit ruhig und still da. Es war 23.26 Uhr. Nur hinter wenigen Fenstern brannte grelles Neonlicht. Die übrigen muteten wie unheimliche, dunkle Löcher in der riesigen grauen Betonwand an.

Die Eingangspforte des Krankenhauses war seit drei Stunden geschlossen. Einsam saß der Nachtpförtner an seinem Telefonpult, auf dem im Moment nicht eine einzige Lampe aufleuchtete. Ab und zu blickte er routinemäßig auf seinen Monitor, doch der zeigte nichts als eine gähnend leere Zufahrt, und der Pförtner steckte seinen Kopf zurück in die Illustrierte. Es war eine ruhige Nacht – eine fast schon zu ruhige Nacht, wie er fand, und das bereitete ihm ein wenig Unbehagen.

Seine letzte Diensthandlung lag mittlerweile 22 Minuten zurück. Da hatte er die Schranke der Zufahrt für einen Lieferwagen der Firma *MediSanol* geöffnet, der dann – wie jeden Abend um diese Zeit – an die Verladerampe im Untergeschoß gefahren war. Sie lag nahezu direkt unterhalb der Pforte. Noch etwa fünf Minuten, dann würde der Lieferwagen wieder vor der Schranke stehen und auf ihr Hochschwenken warten.

Jemand hatte ans Sprechfenster geklopft. Der Pförtner legte die Illustrierte beiseite und öffnete es.

„Guten Abend", sagte er in höflichem Ton und nahm die Marke entgegen, die ihm die Frau durchs Fenster reichte. Er legte sie in ein Kästchen, in dem bereits drei andere lagen, und drückte den Entsicherungsknopf der Tür. Die Tür glitt auf, und die Frau trat hinaus in die Nacht.

Für den Pförtner bedeutete diese Aktion nichts Ungewöhnliches. Seit 22 Uhr hatten in unregelmäßigen Abständen zwei Frauen und ein junges Mädchen das Krankenhaus verlassen, und drei oder vier weitere würden noch folgen. So ging es, abgesehen vom Wochenende, jede Nacht. Die Pförtner hatten von oberster Stelle die Anweisung erhalten, jede Person mit einer Marke auch noch spät in der

Nacht hinauszulassen. Mehr Informationen hatten sie nicht bekommen.

*

„Los, meine Herrn, nicht so lahm!" kommandierte der Mann, der den Lieferwagen gefahren hatte, bei einem Blick auf die Uhr. Er trug einen violetten Overall mit der Rückenaufschrift *MediSanol*, genau wie seine beiden Kollegen. Gerade war er auf die Rampe gekommen und kontrollierte nun, wie seine Männer die letzte von zehn Aluminiumkisten im Laderaum des Lieferwagens verstauten.

„Okay, zehn leere sind oben, und alles ist verschlossen", hakte er in Gedanken ab. „Habt ihr den Fahrstuhlschlüssel abgezogen? Nicht, daß der Lift bis morgen blockiert bleibt!"

„Klar!" entgegnete einer der Männer und gab ihm den Schlüssel, während der andere die beiden Türen des Laderaums schloß und verriegelte. Wortlos stiegen die drei in den Wagen. Unter krächzendem Motorengeräusch verließ der Lieferwagen die Verladerampe.

Es waren in der Tat nicht mehr als 27 Minuten vergangen, als der Nachtpförtner den Lieferwagen der Firma *MediSanol* erneut auf seinem Monitor hatte. Ein Knopfdruck, und die Schranke hob sich. Ein paar Sekunden später war der Lieferwagen verschwunden. Der Pförtner ließ die Schranke herab, und damit war die Sache für ihn erledigt. Er hatte längst aufgehört, sich über die nächtlichen Anlieferungen der Firma *MediSanol* zu wundern, die nun schon seit fünf Jahren durchgeführt wurden. Daß dieser Lieferant seine Kisten nicht ins Warenlager der Apotheke transportierte, die im Untergeschoß lag, sondern in den zweiten Stock hinaufbrachte, hätte ihn allerdings mehr als stutzig gemacht. Doch davon wußte er nichts – und auch heute nacht hatte er von dieser Ungereimtheit nichts mitbekommen.

1

Kristina Berensen war 24 Jahre alt und examinierte Krankenschwester. Seit drei Jahren arbeitete sie im Städtischen Krankenhaus, dem größten der vier Krankenhäuser in der Stadt. Doch an diesem Morgen war einiges anders als in den letzten Jahren. Hatte sie sonst das Haus entweder morgens um kurz vor sechs zum Frühdienst betreten oder, wenn sie Spätdienst hatte, kurz vor 13 Uhr, so schritt sie nun um 7.50 Uhr durch die Eingangshalle. Vom heutigen Tag an begann nämlich ihr Dienst bis auf weiteres um acht oder elf Uhr. Der Grund: man hatte sie von der Wöchnerinnen-Station in die gynäkologische Ambulanz versetzt, auf die Station 4.

Die Versetzung war für Kristina Berensen völlig überraschend gekommen. Bedingt durch den plötzlichen Ausfall einer Schwester in der Ambulanz hatte man sie um diesen Wechsel gebeten. Nur zögernd hatte Kristina eingewilligt – und nur unter der Bedingung, daß es sich um eine vorübergehende Notlösung handelte, bis Ersatz gefunden war.

Trotz der günstigen Arbeitszeit mochte keine der Schwestern gern in die gynäkologische Ambulanz wechseln. Der Grund dafür war schwer zu beschreiben – es lag sowohl an der Ambulanz selbst wie an dem Arzt, der sie leitete, Dr. Robert Nicolai. Ein eigenartiges Fluidum umgab den Arzt und die ganze Station. Kein Angestellter des Hauses hätte diese Atmosphäre näher beschreiben können. Es wußten nur alle: sie war da – seltsam da.

*

Die Tür zum Zimmer des Arztes wurde einen Spalt weit geöffnet, und ein Frauenkopf lugte vorsichtig hindurch.

„Entschuldigung, Herr Doktor. Die neue Schwester ist da."

Dr. Nicolai schaute irritiert auf seine Armbanduhr. „Oh,

schon so spät!" Zu der Frau gewandt, bemerkte er: „Ich komme sofort, Schwester Ruth."

Kurz darauf betrat der Gynäkologe das Sekretariat. „Herzlich willkommen, Schwester ...?" wandte er sich fragend an die neue Mitarbeiterin, die neben Schwester Ruth stand.

„Kristina."

Ohne ein Händeschütteln und ein weiteres Wort der Begrüßung für Kristina übrig zu haben, erteilte ihr der Arzt den Ratschlag: „Halten Sie sich vorerst an Schwester Ruth, dann kann nichts schiefgehen!"

Von der kühlen und unpersönlichen Aufnahme an ihrer neuen Wirkungsstätte fühlte Kristina sich unangenehm berührt, und auch die letzte offene Stelle ihres Herzens schloß sich. Wie eine Schnecke, die in ihr Häuschen verjagt worden war, verfolgte sie argwöhnisch den Dialog, der sich zwischen dem Arzt und Schwester Ruth entspann.

„Frau Tanner hat starke, regelmäßig alle zwei Minuten wiederkehrende Wehen."

„Die Patientin ist stationär, nicht?" erkundigte sich der Arzt.

Schwester Ruth nickte.

„Muttermund?"

„Fünf Zentimeter geöffnet. Sehr weich."

Das Gesicht des Gynäkologen überzog ein leichtes Lächeln. „Na bitte, wird es dem Kleinen also doch allmählich zu eng in seiner Wohnung. Was macht Frau Tanner?"

„Sie geht auf dem Flur vor dem Kreissaal auf und ab", berichtete Schwester Ruth.

„Legen Sie sie aufs Kreißbett. Die üblichen Vorkehrungen: rasieren, CTG-Gerät etc."

Schwester Ruth nickte erneut.

„Hat sich die Patientin für die Periduralanästhesie entschieden?"

„Ja", kam es kurz zurück.

„Gut. Dann informieren Sie den Anästhesisten. Und leiten Sie Frau Tanner an, die Wehen tüchtig zu beatmen. – Wo geht's weiter?"

„Zimmer eins. Der Fetus mit der Stoffwechselstörung. Die Patientin will sich nur die übliche Vitamin-B$_{12}$-Dosis abholen. Es ist alles vorbereitet."

Dr. Nicolai nickte. Schwester Ruth nahm Kristina ins Schlepptau und verließ das Sekretariat.

„Was war mit Frau Breszinski?" fragte Frau Nicolai ihren Mann, für den sie als Sekretärin arbeitete. „Ich wollte gerade den Bericht tippen, aber da ist nichts auf Band gesprochen."

Robert Nicolai faßte sich grübelnd an den Kopf, doch dann fiel es ihm wieder ein. „Ach ja. Das war nichts. Vermutlich ein defektes Ei, das die Gebärmutter ausgestoßen hat."

Seine Frau hielt ihm kommentarlos eine Karteikarte hin.

„Was ist damit?" fragte er irritiert. „Zum Diktieren?"

„Eine neue Patientin, Natalie Landeau. Ich mußte sie aus Komplikationsgründen für heute nachmittag 16 Uhr dazwischenschieben." Bei dem Wort „Komplikationsgründen" drehte Robert Nicolai die Karte um und las den in Rot vermerkten Hinweis. „In Ordnung!" sagte er, gab die Karte seiner Frau zurück und verschwand im Behandlungsraum 1.

Zwei Tage zuvor streute Frau Landeau gerade einen Becher Waschpulver in die Waschmaschine, als die Haustür mit einem furchtbaren Knall ins Schloß fiel. Erschrocken hielt sie einen Moment inne, stellte dann schnell das Waschprogramm ein und eilte die Kellertreppe hinauf. Was um alles in der Welt sollte das bedeuten? fragte sie sich ein wenig ängstlich. Ihr Mann hatte Urlaub und wollte heute vormittag nicht aus dem Haus gehen, sondern in aller Ruhe Korrespondenz erledigen. Und Natalie war in der Schule und würde nicht vor 14 Uhr zurückkommen.

Leicht japsend kam Frau Landeau oben im Flur an. Sie zuckte gewaltig zusammen, als ganz unerwartet ihr Mann vor ihr stand. Die Lesebrille hoch ins Haar geschoben, sah er seine Frau entgeistert an.

„Was war das?"

„Ich dachte, du wärst es gewesen!" erwiderte sie.

„Na hör mal! Ich knall' doch nicht die Türen wie unsere Tochter!" empörte sich ihr Mann.

Bei seinem letzten Wort schaute Frau Landeau wie automatisch zur Flurgarderobe. Natalies Schlüssel lag nicht dort, wo sie ihn sonst immer ablegte. Doch Herr Landeau, der dem Blick seiner Frau gefolgt war, hatte etwas entdeckt. Er machte ein paar Schritte auf die Garderobe zu, bückte sich und zog den Schlüssel unter der Kommode hervor.

„Sie muß doch schon da sein", stellte er fest und schaute auf seine Uhr. „Merkwürdig!"

Seine Frau suchte nach einer plausiblen Erklärung. „Vielleicht ist ein Fach ausgefallen", überlegte sie.

„Eins vielleicht! Aber es ist erst neun."

„Oder sie ist krank geworden!" Frau Landeau beschlich plötzlich ein ungutes Gefühl. Eilends schritt sie an ihrem Mann vorbei auf die Zimmertür ihrer Tochter zu und klopfte leise an. „Natalie? Darf ich hereinkommen?"

Keine Antwort.

Sie klopfte fester und wiederholte ihre Frage. Als auch

jetzt keine Reaktion kam, öffnete sie langsam die Tür. Ihr Blick fiel auf das Bett ihrer Tochter, und für eine Sekunde zuckte sie zusammen. Natalie lag reglos auf dem Bett, das Gesicht tief ins Kissen gedrückt.

„Natalie, mein Schatz, was ist los?" fragte Frau Landeau beunruhigt und setzte sich auf die Bettkante. Erst jetzt bemerkte sie das leise Wimmern und Schluchzen.

„Hör mal, was ist denn?" fragte sie einfühlsam und berührte die Schulter ihrer siebzehnjährigen Tochter. Einige Augenblicke lang geschah nichts. Dann richtete sich Natalie ein wenig auf, und ihre Mutter konnte ihre tiefgeröteten Augen sehen.

„Ich hasse den Klumpen in mir!" schrie Natalie schluchzend auf und schlug gegen ihren Bauch. Dicke Tränen kollerten über ihre Wangen. „Ich hasse ihn, Mutti!" In einem ohnmächtigen Aufschrei warf sie sich um den Hals ihrer Mutter und weinte bitterlich.

In den vergangenen Wochen, in denen ihre Vermutung immer mehr zur Gewißheit wurde, hatte Natalie es nicht allein beim Hoffen gelassen, sondern auch gehandelt. Oft hatte sie minutenlang so fest sie es ertragen konnte auf ihre Bauchdecke geschlagen, und mehrmals war sie von einer Gartenmauer gesprungen. Eines Tages hatte sie sogar Ameisengift getrunken, um das „Ding", das sich möglicherweise in ihrem Bauch eingenistet hatte, wieder wegzukriegen.

Entgegen aller anderssprechenden Tatsachen hatte sie gehofft, daß der Teststreifen log und ihr Körper sich irrte, auch wenn es bereits das zweite Mal gewesen war, daß ihre Monatsblutung nicht eingesetzt hatte. Nun, nach dem Besuch beim Gynäkologen, war die letzte Hoffnung zerplatzt, hatten sich all ihre Versuche als wirkungslos erwiesen. Sie, Natalie Landeau, hatte das „Ding" unwiderruflich in sich – und das schon seit acht Wochen. Das „Ding", das sie nicht wollte, das sie wie die Pest haßte. Haßte, weil ...

„Was ist denn los? Was meinst du? Was für einen Klumpen in ..." Frau Landeau brachte den Satz nicht zu Ende. Ihr dämmerte es. Was ihre Tochter da sagte, konnte im Grunde nur eins bedeuten! Beim bloßen Gedanken daran wich alles Blut aus ihrem Gesicht. Mehrmals mußte sie schlucken, ehe sie zu einer Frage ansetzen konnte. „Du bist schwanger?"

Nur mit Mühe vermochte sie aus dem gepreßten, jammervollen Wimmern ein leises Ja herauszuhören.

„Bist du ganz sicher?"

Sie spürte, wie Natalie nickte.

„Ich war beim Arzt."

Frau Landeau schloß ihre Augen und holte tief Luft. „Wie ... wie konnte das passieren?" fragte sie und bemühte sich, keinen vorwurfsvollen Ton anzuschlagen.

„Wie so was eben passiert!" wehrte Natalie ab.

„Wie? Wann?" Ihre Mutter wurde ungehaltener.

Natalie löste sich von ihr. „Was soll die Fragerei?" gab sie gereizt zurück.

Ihre Mutter schaute sie eindringlich an. Der Blick wirkte.

„Es war vor zwei Monaten. Samstags nach der Disco."

„Und wo? Hier oder bei Patrick?"

Natalie senkte den Kopf. „Patricks Eltern waren verreist", sagte sie kleinlaut.

„Kinder, was ist nur in euch gefahren!" Frau Landeau schüttelte fassungslos den Kopf.

„Ich wollte es nicht", schluchzte Natalie, „Patrick drängte so. Ich würde mich anstellen, sagte er. Da wäre doch nichts bei. Was sollte schon großartig passieren! Er würde aufpassen. – O Mutti, was soll ich machen?" Sie brach in ein heftiges Weinen aus. Liebevoll drückte Frau Landeau ihre Tochter an sich.

„Nur Mut. Wir werden schon einen Weg finden."

„Da gibt es ja auch nur einen!" ertönte plötzlich die Stimme ihres Mannes. Er stand im Türrahmen und hatte offensichtlich alles mit angehört.

„Wie meinst du das, Walter?" fragte Frau Landeau. Auf ihrem Gesicht zeichnete sich Unverständnis ab.

„Das liegt doch auf der Hand! Sie ist noch nicht reif genug für ein Kind. Es ist kein Geld da. Sie geht noch zur

Schule, ebenso wie Patrick. Soll sie sich ihre Zukunft ruinieren? Und außerdem – was wird das für ein armes Kind werden, wenn es jetzt schon ungeliebt und ungewollt ist!"

Frau Landeau schwieg.

3

Die Frau saß im Morgenmantel auf der Kante des Behandlungstisches. Dr. Robert Nicolai hatte sie zu einem Gespräch von der Gynäkologie-Station, wo sie lag, in die Ambulanz gebeten. Die Frau wußte den Grund dafür nicht genau, aber sie ahnte ihn. Und diese Vorahnung ließ sie frösteln.

„Tja, Frau May", begann der Gynäkologe und holte tief Luft, als er das Papier überflog, das in der Karteikarte gesteckt hatte. „Der Laborbericht bestätigt leider definitiv, was wir heute morgen bei der Visite schon in Erwägung gezogen haben. Die Behandlung ist nicht angeschlagen. Das Serum hat wider Erwarten die Rhesusunverträglichkeit ihres Kindes nicht beheben können."

Die Frau faßte sich entsetzt an den Bauch, dessen Wölbung unter dem Morgenmantel deutlich sichtbar war.

„Und jetzt?" Es versagte ihr fast die Stimme.

Der Gynäkologe behielt einen hellen, unbeschwerten Ton bei. „Das ist überhaupt nicht weiter schlimm. Dann ändern wir eben die Taktik und nehmen einen kleinen Eingriff vor."

„Eine Operation?" Panik machte sich auf dem Gesicht der Frau breit.

„Das ist kein bißchen gefährlich. Diese Art von Eingriff gibt es schon seit den 60er Jahren. Er ist inzwischen völlige Routine – wie eine Blinddarm-OP. Und bei der würden Sie sich mir doch auch anvertrauen, oder?" Dr. Nicolai schaute seine Patientin aufmunternd an. Seine positive Einstellung färbte auf die Frau ab, und ihre Miene heiterte sich etwas auf.

„Außerdem", fuhr er fort, „müssen wir dem kleinen Patienten ja helfen. Sie sind immerhin bereits im sechsten Monat."

„Und wie geht die Operation vor sich? Ich meine, was wird da gemacht?" fragte die Frau zaghaft.

„Wir ersetzen das von der Rhesusunverträglichkeit befallene Blut durch frisches. Dazu machen wir einen kleinen

Schnitt durch Bauchdecke und Gebärmutter, um so an ein Beinchen des Kleinen zu kommen. In ein Blutgefäß der Leistengegend wird dann ein Katheter eingeführt, ein kleines Röhrchen, durch das der Austausch stattfindet. Und das war's schon."

Die Frau nickte. „Wie lange etwa wird die Operation dauern?"

„So um die drei Stunden."

„Und es kann meine Tochter retten?" fragte die Frau zaghaft.

„Es *wird* Ihre Tochter retten!" entgegnete der Gynäkologe bestimmend und lächelte. „Schließlich ist es mein Beruf, Menschenleben zu retten. Und das gilt selbstverständlich auch für die kleinsten Patienten unserer Gesellschaft."

Die Frau blickte froher drein. Instinktiv streichelte sie liebevoll ihren gewölbten Bauch, als sie ihre Einwilligung gab: „Dann machen Sie es, Dr. Nicolai!"

„Prima. Und alles weitere besprechen wir morgen bei der Visite, in Ordnung?"

Mit feuchten Augen kam die Frau plötzlich auf ihn zu, gab ihm einen dezenten Kuß auf die Wange, sagte leise und glücklich: „Danke!" und eilte flugs aus dem Behandlungszimmer.

Einen Moment lang blieb Dr. Robert Nicolai verblüfft allein zurück. Dann verließ auch er den Raum und ging in sein Büro. Er nahm das Diktaphon zur Hand und sprach den Bericht einer Operation, die er am Morgen erfolgreich durchgeführt hatte. Es war ein komplizierter Eingriff an der Leibesfrucht einer 28jährigen Frau gewesen.

„... Eine Bluttransfusion, Rhesusfaktor negativ, wurde an dem 18wöchigen Fetus durch die Arterie der Nabelschnur durchgeführt. Dabei verlangsamte sich der Herzschlag des Fetus und hörte schließlich ganz auf. Daraufhin wurde die Mutter auf die linke Seite gelegt und das Herz des Fetus unter Ultraschall-Kontrolle massiert. Die Reanimationsphase betrug 90 Sekunden, dann begann das Herz wieder zu schlagen ..."

Die Gegensprechanlage summte. Dr. Nicolai stellte sein

Diktiergerät aus und drückte eine Taste auf der Funktionsleiste der Sprechanlage.

„Ja!" brummte er und warf einen Blick auf seine Uhr.

Schwester Ruths Stimme meldete sich: „Die nächste Patientin ist zur Kontrolluntersuchung da."

*

„Das ist ja faszinierend!" stieß die Frau erstaunt hervor und beobachtete mit offenem Mund das Ultraschall-Bild auf dem Monitor. Parallel dazu erklang fortwährend ein gleichmäßiger Poch-Poch-Ton. Es war das Schlagen eines Herzens in ihrem Bauch.

„Tja, das ist ein wackeres, gesundes Kerlchen, das Sie da unter Ihrem Herzen tragen", bestätigte Dr. Robert Nicolai und wandte seinen Blick vom Monitor zu seiner Patientin, einer 37jährigen Frau.

„Und Sie können wirklich schon sagen, daß es ein Junge wird?" fragte Frau Mello-Wilbank ein wenig skeptisch, da ihr Laienblick nur wenig Details auf dem Ultraschall-Bild ausmachen konnte.

„Es ist schon ein Junge", korrigierte sie der Gynäkologe lächelnd und fügte hinzu, „und noch vieles mehr ließe sich über dieses kleine Kerlchen sagen."

„Und das wäre?" Gabriela Mello-Wilbanks Neugierde war geweckt.

„Nun, zum Beispiel, daß bei diesem sechzig Gramm kleinen Wesen alle Organsysteme in allen Einzelheiten ausgebildet sind und voll arbeiten. Seine Arme sind noch winzig, aber trotzdem sind die Finger und sogar die Fingernägel schon da. Es kann den Kopf drehen und die Stirn runzeln. Die Haut, wo die Augenbrauen sitzen werden, vermag es hochzuziehen. Es atmet und schluckt und verdaut. Es schläft und erwacht wieder. Es ist sehr schmerzempfindlich und weicht sogar vor Lärm zurück."

„Welch ein Wunder der Natur!" rief Gabriela Mello-Wilbank begeistert. „Und das schon am Ende des dritten Monats!"

Der Arzt fuhr fort: „Es reagiert auch auf Licht, das durch die Bauchdecke dringt. Es öffnet und schließt den Mund. Süßt man das Fruchtwasser, in dem es schwimmt, so schluckt es häufiger. Säuert man es jedoch, hört der Kleine auf zu schlucken. Nimmt man ihm seine bequeme Lage, sucht er sich eine neue. Ja, dieser kleine Däumling kann sogar schon lernen. Läßt man nämlich vor einer schmerzhaften Berührung ein Signal ertönen, und das mehrere Male, so zieht sich das Baby bereits beim Signal zurück – es weiß, daß auf das Signal der Schmerz folgt, den es bereits kennt."

„Unglaublich!" sagte Gabriela Mello-Wilbank überwältigt.

Schmunzelnd erhob sich der Arzt von seinem fahrbaren Hocker. „Gut, wir sehen uns zur nächsten Kontrolluntersuchung. Den Termin haben Sie?" Gabriela Mello-Wilbank nickte.

Der Arzt verabschiedete sich und verließ das Behandlungszimmer, während Frau Mello-Wilbank sich in froher Stimmung ankleidete.

Im Sekretariat reichte Kristina unterdessen dem Gynäkologen die Unterlagen einer neuen Patientin, die für vier Uhr bestellt war, und Dr. Nicolai ging in Behandlungsraum 3.

Eine halbe Stunde später warf Kristina einen Blick auf die Zimmeruhr an der Wand. „Das war's für heute. Feierabend!"

Frau Nicolai tippte die letzten Buchstaben auf ihrer Schreibmaschine. Das Briefkuvert herausziehend, sagte sie: „Ich schließe mich an. Mir reicht's für heute auch."

Obschon ihr Mann jeden Tag bis zum Abend in der Ambulanz arbeitete, ging sie regelmäßig pünktlich um 16.30 Uhr nach Hause. Als sie jetzt noch den Briefbogen in ein Kuvert steckte und es verschloß, kam Schwester Ruth ins Sekretariat.

An den ersten beiden Arbeitstagen hatte Schwester Ruth ihren Dienst morgens um acht Uhr mit Kristina angefangen, um sie anleiten zu können. Danach hatte sie den Spätdienst von 11 bis 19.30 Uhr übernommen. Kristina wunderte sich nicht, daß es in der gynäkologischen Ambulanz auch einen

Spätdienst gab. Davon hatte sie gehört. Und natürlich war ihr auch zu Ohren gekommen, welche Aufgaben der Spätdienst zu verrichten hatte. Beim bloßen Gedanken daran wurde ihr ein wenig flau im Magen. Sie hoffte, ihnen überhaupt gewachsen zu sein. Eine Sache jedoch kam ihr vom ersten Tag an merkwürdig vor – und auch jetzt wurde sie wieder stutzig, als Schwester Ruth an den Karteischrank ging. Kein Fach war verschlossen – bis auf ein einziges. Warum nur? Was verbarg sich in diesem verriegelten Fach? Mit geübten Fingern suchte Schwester Ruth aus verschiedenen, allesamt unverschlossenen Fächern sieben Karteikarten heraus. Sie nahm die Karten mit in Behandlungszimmer 2, das ähnlich wie ein OP eingerichtet war.

Die Sekretärin hatte inzwischen die Haube über die Schreibmaschine gestreift und ihren Kittel ausgezogen. Obschon Kristina nur zu gerne gewußt hätte, was es mit den Karten in dem verschlossenen Fach auf sich hat, fand sie es besser, jetzt keine Fragen zu stellen. Sie schätzte, daß Schwester Ruth ihre Gründe gehabt hatte, bei der Einweisung kein Wort über diese Spezialkartei zu verlieren. Sie wird es mir schon noch erklären, dachte sie und verließ zusammen mit Frau Nicolai die Ambulanz.

*

Herr Landeau saß mit seiner Tochter im Behandlungsraum und ließ seine Augen hin und her wandern. Sie blieben an einem eingerahmten Schriftstück hängen, das sehr erhabene Worte enthielt. Herr Landeau wußte sofort, daß es sich um den Hippokratischen Eid handelte, den jeder Arzt als moralischen Grundsatz seiner Arbeit abzulegen hatte. Er las: „Ich schwöre bei Apollon, dem Arzt, und Asklepios und Hygieia und Panakeia und allen Göttern und Göttinnen, die ich zu Zeugen anrufe, daß ich diesen Eid und diese Niederschrift nach bestem Wissen und Können erfüllen werde. Ich werde die Grundsätze der Lebensweise nach bestem Wissen und Können zum Heil der Kranken anwenden, dagegen nie zu ihrem Verderben und Schaden."

Er wußte hingegen nicht, daß dies nur ein Auszug aus dem Eid war und daß vor Jahren stillschweigend eine Passage darin gestrichen worden war. Sie lautet: „... Ich werde niemandem eine todbringende Medizin geben, auch wenn man mich darum bittet, noch werde ich dazu raten. Ebenso werde ich keiner Frau dabei behilflich sein, eine Abtreibung vorzunehmen ..."

*

„Tja", meinte Robert Nicolai und blickte von den Unterlagen auf, „dann liegt die Sache ja ziemlich klar auf der Hand. Sie wünschen eine Schwangerschaftsunterbrechung, und ich sehe von meiner Warte aus keine Schwierigkeiten für die Bewilligung. Es liegt zwar weder eine medizinische Indikation vor – eine Gefährdung des Lebens der Mutter – noch eine eugenische – eine Schädigung des Fetus –, aber es gibt ja noch weitere Indikationsformen, und eine trifft meines Erachtens hier zu, nämlich die Notlagenindikation, denn es ist kein Geld da, und eine Schwangerschaft würde für die Mutter unzumutbares Leiden mit sich bringen. Selbstverständlich müssen ein paar Kollegen von mir – Psychologen und Nichtpsychologen – dieses Zeugnis noch mitunterschreiben, aber das wird kein Problem darstellen."

„Mehr ist nicht nötig?" fragte Herr Landeau.

„Sie benötigen zusätzlich noch eine Bescheinigung von *Pro Familia* oder einer kirchlichen Beratungsstelle. Der Gesetzgeber verlangt das zur Zeit noch. Aber das ist reine Formalität. Verhindern kann das Ihren Entschluß nicht", erklärte der Arzt ruhig und sachlich und sah Vater und Tochter dabei abwechselnd an.

Leise, fast scheu meldete sich Natalie: „Und es ist wirklich nicht schlimm und tut nicht weh?"

„Sie können mir glauben, Fräulein Landeau, diese Entleerung Ihres graviden Uterus ist nicht schlimmer, als wenn Sie eine häßliche Warze an Ihrem Körper entfernen lassen. Sie sind schwanger, und im nächsten Augenblick nicht mehr. Sie erhalten eine Anästhesie, eine kurze Narkose, so daß Sie keinerlei Schmerzen haben, und nach fünf bis sieben Minuten ist alles vorbei."

„Na siehst du!" Herr Landeau drückte seiner Tochter aufmunternd die Hand. „Es geht ganz schnell und einfach!"

An den Arzt gewandt, fragte er: „Sie kann danach wieder nach Hause?"

„Aber ja! Das machen wir ambulant. Es ist ja bloß ein winziger Eingriff. Zu Hause ruht sie sich einen Tag aus, und anschließend fühlt sie sich wie ausgewechselt. Einfacher kann man solch ein Problem doch nicht lösen, oder?"

„Finde ich auch, Herr Doktor!" pflichtete Herr Landeau dem Arzt bei. „Und das läuft alles auf Krankenschein?"

„Die gesamten Kosten übernimmt Ihre Krankenkasse, so hat es der Gesetzgeber geregelt. Sie brauchen nicht einen Pfennig zu bezahlen."

Herr Landeau zeigte sich überaus zufrieden und sah zu seiner Tochter. Die meiste Zeit hatte sie mit gesenktem Kopf schweigend dagesessen.

„Willst du den Doktor noch was fragen?"

Natalie schüttelte den Kopf.

Dr. Nicolai ergriff die Gelegenheit, das Gespräch zum Abschluß zu bringen, denn die Zeit war schon fortgeschritten.

„Dann ist ja soweit alles geklärt. Die notwendigen Formulare, die Adressen von den Ärzten, die Sie noch konsultieren müssen, sowie einen Terminvorschlag zum Eingriff senden wir Ihnen in den nächsten Tagen zu. In Ordnung?"

„Das ist schön, Herr Doktor. Vielen Dank." Herr Landeau stand auf und verabschiedete sich. Natalie gab dem Arzt ebenfalls die Hand, und Vater und Tochter verließen den Behandlungsraum. Dr. Nicolai wartete, bis sich die Tür hinter ihnen geschlossen hatte. Dann langte er nach seinem Diktiergerät und schaltete auf Aufnahme.

„Betrifft Landeau, Natalie, geboren am 17.12.73. Saugcurettage vorgesehen. Bitte Zeugnisformulare, Arztadressen sowie Terminvorschlag an Patientin senden. Danke."

Es machte „klack", und der Gynäkologe legte das Gerät wieder aus der Hand. Er nahm die Karteikarte, warf sie in ein Körbchen und begab sich dann direkt in Behandlungszimmer 2. Schwester Ruth erwartete ihn dort bereits mit einer Patientin.

Auf dem Parkplatz vor dem Krankenhaus steckte Walter Landeau den Zündschlüssel ins Schloß und atmete kräftig durch. „Das wäre geschafft!" seufzte er mit spürbarer Erleichterung. „Hätte nicht gedacht, daß es so reibungslos abläuft. Ein netter Arzt, der Dr. Nicolai, nicht wahr?"

Er sah zu Natalie, die an ihren Fingernägeln herumspielte. Ihr Gesichtsausdruck verriet tiefe Bedrückung.

Unbeholfen faßte er die Hand seiner Tochter. „Ich kann mir denken, wie dir zumute ist. Als ich an der Galle operiert wurde, ging es mir genauso. Glaub mir, keiner legt sich gerne auf einen OP-Tisch!"

Er warf einen flüchtigen Blick auf die junge Familie, die neben ihnen in einen Kombi stieg. „Aber du hast den Arzt gehört", wandte er sich wieder seiner Tochter zu. „Fünf bis sieben Minuten dauert es, länger nicht. An mir mußten sie über eine Stunde herumschnippeln. Und gefährlicher als eine Warzenentfernung war es bei mir allemal." Er beugte sich zur Seite und gab ihr einen ermutigenden Kuß. Natalie blickte ihn mit einem Lächeln an. Doch es war ein gequältes Lächeln.

„Das ist es nicht", bekannte sie plötzlich, „ich mache mir keine Sorgen wegen des Eingriffs."

„Ach!" meinte ihr Vater verwundert. „Worüber denn sonst?"

„Darüber, ob es richtig ist, was ich tue."

„Aber Natalie! Dr. Nicolai hat doch ausdrücklich betont, daß alles im Rahmen der Gesetze abläuft. Meinst du, wenn der Eingriff unrecht wäre, würde ein Arzt ihn tun oder gar die Krankenkasse ihn bezahlen?"

Sie schüttelte ihren Kopf. „Das meine ich nicht." Sie biß sich auf die Unterlippe. „Irgendwie spüre ich, daß in meinem Körper etwas heranwächst – etwas, das lebt. Das ein Teil von mir ist."

„Das ist doch Gefühlsduselei, Natalie!" polterte ihr Vater los. „Dr. Nicolai sprach von einer Entleerung des graviden Uterus oder so ähnlich. Mit keiner Silbe hat er erwähnt, daß da schon Leben in dir ist. Rede dir nichts ein. Außerdem hast du selbst gesagt, daß du das Kind nicht willst."

„Ja, ich weiß." Sie senkte ihren Kopf. „Aber irgendwie merke ich, wie sich meine Gefühle allmählich verändern. Ich kann mir auf einmal vorstellen, das Kind zu bekommen und ...", sie machte eine kurze Pause, bevor sie den Satz beendete, „... und es sogar zu lieben."

„Nein, Natalie!" Walter Landeau wurde ungehalten. „Du darfst diese wichtige Entscheidung nicht von deinen Gefühlen abhängig machen. Es sprechen zu viele vernünftige Gründe dagegen. Überleg mal! Du und Patrick, ihr geht beide noch zur Schule. Wer soll denn für das Kind sorgen? So ein Kind kostet eine Menge Geld, und es braucht viel Zeit und Zuwendung. Dein Plan, nach dem Abitur zu studieren, wäre ruiniert. Und wenn du später mit Patrick zusammenziehst, habt ihr es ohne Kind viel leichter, eine Wohnung zu finden. Etliche Vermieter achten heutzutage darauf, glaub mir. Du weißt gut genug, in was für einer kinderfeindlichen Welt wir leben. Patrick hat das begriffen." Dann, gleichsam als sei es das letzte Wort zu dieser Situation, sagte er in entschlossenem Tonfall: „Mutti und ich werden nicht zulassen, daß du deine Zukunft kaputtmachst!"

Natalie erwiderte nichts darauf. Sie war nur froh, als ihr Vater endlich den Motor startete.

*

„Guten Abend, Anna!" begrüßte Gabriela Mello-Wilbank gutgelaunt die Haushälterin, die ihr in der Eingangshalle entgegenkam.

„Guten Abend, gnädige Frau!" erwiderte sie freundlich.

„Ist mein Mann schon daheim?"

„Ja. Er ist im Swimming-pool."

Gabriela Mello-Wilbank ging jedoch trotz des herrlichen Frühsommerwetters nicht zum Pool, sondern marschierte fröhlich ins Wohnzimmer. An dem Schreibtisch, den sie sich mit ihrem Mann für allgemeine Dinge teilte – jeder besaß noch ein eigenes Arbeitszimmer – sah sie als erstes ihre Privatpost durch. Von ihrem Vater hatte sie eine Elektronikfirma geerbt, und sie hatte es so regeln lassen, daß sie dahin ausschließlich Geschäftskorrespondenz zugestellt bekam. Sie setzte sich in den dunkelgrünen Ledersessel und las die drei Briefe, die heute gekommen waren, der Reihe nach durch. Erst, als sie einen Kuß in ihrem Nacken verspürte, merkte sie, daß ihr Mann das Wohnzimmer betreten hatte. Ein wenig fuhr sie zusammen, dann drehte sie sich um. Mit feuchten Haaren und im Bademantel stand er vor ihr.

Er war Anfang Vierzig und hoch aufgeschossen. Sein blasses Gesicht zierte ein gepflegter Schnurrbart. „Guten Abend, mein Schatz! Dir ist Gutes widerfahren?" schmunzelte Alexander Mello-Wilbank, der an der örtlichen Universität Physik lehrte.

„Wie kommst du denn darauf?" stellte seine Frau, ebenfalls schmunzelnd, eine Gegenfrage.

„Nun, Anna sagte mir eben, du seist ausgesprochen heiter nach Hause gekommen", gab er Auskunft. „Möchtest du was trinken?" Schon war er auf dem Weg zur Bar.

„Ein Selters mit Zitrone. – Anna hat ein scharfsinniges Gespür, nicht?" Gabriela Mello-Wilbank las in ihrem Brief weiter. Während ihr Mann sich an der Bar zu schaffen machte, rief er lachend zu ihr herüber: „Lenk' nicht ab! Wir sind hier nicht in irgendwelchen Verhandlungen. Ausgangspunkt war meine Frage nach deinem Gemüt, nicht nach Annas Gespür."

Seine Frau lächelte ihm über den Briefbogen hinweg zu. „Entlarvt! Ich hoffe, ich komme nie in die Situation, mit dir geschäftlich verhandeln zu müssen", scherzte sie und legte den Brief aus der Hand. „Also gut! Es war ein prächtiger Tag. Mir geht es ausgezeichnet."

Ein Pfiff erklang von der Bar her. „Jetzt hast du natürlich meine Neugier geweckt wie einen schlafenden Bären."

Mit einem Glas in jeder Hand kehrte Alexander Mello-Wilbank zum Schreibtisch zurück.

„So? Wie ist das möglich?" spaßte seine Frau und nahm ihr Glas entgegen. „Ich dachte, ein Naturwissenschaftler lernt bei den vielen, vielen fehlgeschlagenen Experimenten, seine Neugier zu zügeln und sich in Geduld zu üben?"

Sie lächelte augenzwinkernd und trank einen Schluck. Dann fiel sie unter einem leichten, vergnügten Aufschrei nach hinten, und ein paar Tropfen schwappten aus dem Glas auf ihren Kaschmirpullover. Ihr Mann hatte ohne Vorwarnung den Sessel nach hinten gekippt und lächelte sie nun noch breiter an.

„Alexander!"

„Ein Naturwissenschaftler kann auch zäh ringen, wenn er die Antworten auf seine vielen, vielen Fragen nicht bekommt. Prost!" Die Eiswürfel in seinem Glas klirrten aneinander, als er die Hälfte seines Orangensafts in einem Zug leerte. Dann schob er den Sessel behutsam wieder nach vorne und setzte sich auf die Tischkante.

„Im Ernst: Wie sind die Verhandlungen mit der Zuliefererfirma gelaufen?"

„Langwierig, aber optimal. Ich denke, Vater wäre stolz auf mich."

„Na herrlich!" prostete er ihr zu und trank sein Glas nun ganz aus. „Daher also die Heiterkeit?"

„Nicht nur", machte sie es spannend.

„Was noch?"

Unvermittelt legte sich ein Strahlen auf das Gesicht seiner Frau, und ihre Augen fingen an zu glänzen. Diese Veränderung ließ ihn die Antwort erraten. So glücklich hatte sie in den letzten drei Monaten immer dann ausgesehen, wenn sie sich über etwas ganz Bestimmtes unterhalten hatten.

„Hattest du heute eine Kontrolluntersuchung?" Es klang mehr nach einer Feststellung als nach einer Frage.

Sie nickte strahlend.

„Komm, erzähl schon! Wie war's?" Ihr Mann wurde auf einmal neugierig wie ein kleiner Junge.

„Oh, Alexander, unser Baby ist wundervoll. Dr. Nicolai sagt, daß der ganze Körper des Babys schon mit einem feinen Haarflaum überzogen ist. Es saugt auch schon ab und zu an seinem kleinen Däumchen, und – weißt du was? – es hört und erkennt sogar schon die Stimme seiner Mutter. Ist das nicht einmalig schön?"

„So einmalig schön wie seine Mutter selbst!" Ihr Mann beugte sich über sie und küßte sie. Seine Hand streichelte die Bauchdecke seiner Frau, unter der sich gerade ein kleiner Mensch eine bequeme Lage suchte, um ein Nickerchen zu machen.

4

Die Haustür knallte ins Schloß, daß überall die Fenster-
scheiben vibrierten.

„Wenn du das Kind bekommst, trennen sich unsere
Wege. Ich kann deinetwegen nicht meine Zukunft aufs
Spiel setzen!" hatte Patrick seiner Freundin unmißver-
ständlich klargemacht und wutentbrannt das Haus verlassen.

Betroffen saß die Familie Landeau im Wohnzimmer. Natalie war in sich gekrümmt und weinte. Ihre Mutter hockte
ratlos da und blickte hilferingend zu ihrem Mann, der es
nicht mehr auf dem Sofa aushielt. Ungehalten durchmaß
er heftigen Schrittes ein ums andere Mal das Zimmer.
Schließlich faßte er sich an den Kopf und schrie los:

„Ich begreife das nicht! Wir haben die Atteste der Ärzte.
Wir haben den Beratungsschein. Der Termin steht seit über
einer Woche fest. Und plötzlich will unser Töchterchen
morgen nicht hingehen. Wo gibt's denn so was! Daß du
Angst hast, kann ich verstehen. Aber daß du grundsätzlich
alles umschmeißen willst – nein! Nicht mit mir!"

„Walter, bitte! Sei nicht so streng mit ihr. Ich kann Natalie gut verstehen. In ihren Gefühlen dem Kind gegenüber
hat sich etwas verändert!" versuchte Frau Landeau ihren
Mann zu besänftigen.

„Aber es gibt doch keine Alternative! Soll sie ihren Grips
mal ein bißchen anstrengen, dann wird sie das einsehen."
In seiner Aufgebrachtheit ebbte sein Redeschwall nicht ab.
„Patrick will das Kind nicht. Und mir kommt es nicht ins
Haus, verdammt noch mal!" Er schlug mit seiner Faust auf
das Sideboard, an dem er gerade vorbeikam, so daß beide
Frauen von dem Knall zusammenzuckten.

„Ich will nicht, daß wir unter Freunden und Verwandten
ins Gerede kommen oder daß man auf unsere Tochter mit
dem Finger zeigt. Und jetzt ist Schluß mit der Diskussion.
Geh ins Krankenhaus und erledige das! Falls nicht, bilde dir
bloß nicht ein, daß du weiter hier wohnen kannst und wir
in diesem Haus dein Kind großziehen. Wenn du es zur

Welt bringst, dann bist du nicht mehr meine Tochter. Entscheide dich!"

„Walter ...", begann Frau Landeau. Doch zu mehr Worten reichte ihre Kraft nicht. Ihre Augen füllten sich mit Tränen.

Walter Landeaus Gesichtsmuskel zuckten erregt. Auch wenn er es so hart nicht hatte ausdrücken wollen – nun war es draußen. Er sah seine Tochter aufstehen und wie zerbrochen zur Tür schleichen. Dieser jammervolle Anblick traf ihn. Sollte er noch etwas sagen? Sollte er ihr nachgehen? In seinem Kopf schossen die Gedanken kreuz und quer: „Ich bin im Recht." „Vielleicht war es etwas zu hart." „Es ist doch das Beste für sie!" „Sie wird schon wissen, wie ich das meinte!" In seinem Hals saß ein Kloß, und seine Beine waren schwer wie Blei. Als er diese Lähmung endlich überwunden hatte, war es zu spät. Die Haustür war längst ins Schloß gefallen. Zitternd schloß er seine Augen. Für eine lange Zeit drang an sein Ohr nur das gleichmäßige Ticken der Wanduhr – und das leise Weinen seiner Frau.

*

Nachdem Natalie das Haus ihrer Eltern verlassen hatte, war sie ziellos und verzweifelt durch die Stadt geirrt. Sie fühlte sich einsam und zerrissen. Alles und jeder hatte sich gegen sie verschworen. Und warum? Bloß weil sie nicht mehr glauben konnte, daß das in ihr nur ein „Klumpen" war, und weil sie „ihn" erst recht nicht mehr hassen konnte, wie zu Anfang! Was konnte sie denn dazu, daß ihr Gefühl sich „ihm" gegenüber geändert hatte? Daß sie „ihn" schon wie ein Kind zu lieben begann? Wie konnte ihr Vater ihr das zum Vorwurf machen? Und außerdem – so war ihr in den vergangenen Tagen der Gedanke gekommen –, was konnte das Baby in ihr dazu, daß es nicht aus Liebe heraus entstanden war? Es war doch an allem völlig unschuldig!

Dr. Nicolai hatte gesagt, daß das in ihr noch kein Mensch sei, sondern lediglich ein Klumpen von Zellen, und daß der Gesetzgeber deshalb auch einen Abbruch bis zum dritten Monat erlaubt. Erst danach würde allmählich ein Mensch entstehen. – Der Arzt mußte es wissen. Sie hatte von diesen Dingen keine Ahnung und sich auch nie damit beschäftigt.

Aber irgendwie waren ihr in den letzten Tagen Zweifel daran gekommen und hatten ihre Unsicherheit verstärkt, so daß sie dem Schwangerschaftsabbruch einfach nicht mehr ungeteilten Herzens zustimmen konnte. Was sollte sie jetzt tun? Ihre Gedanken und Zweifel einfach beiseite kehren und ihrem Vater gehorchen? Bei dem, was er angekündigt hatte, falls sie morgen nicht zum Krankenhaus ging, blieb ihr anscheinend gar keine andere Wahl. Morgen nachmittag um 16.15 Uhr hatte sie ihren Termin in der gynäkologischen Ambulanz. Ihr blieb nicht mehr viel Zeit, und dieser Druck vergrößerte ihre Not noch mehr.

„Verdammt, was soll ich machen!" hatte sie bei ihrem ziellosen Umherlaufen durch Straßen und Parks immer wieder geflucht. Geholfen hatte ihr das nicht.

Als sie schließlich nach fast drei Stunden durch die Fußgängerzone hetzte, drückte ihr ein junger Mann ein Faltblatt in die Hand. Irritiert warf sie einen flüchtigen Blick darauf und ging weiter. Erst im angrenzenden Rosenpark, wo sie sich ermattet auf eine Bank hockte, schaute sie es genauer an. Es schien keiner der üblichen Werbeprospekte zu sein, denn es war mit eigenartigen Worten überschrieben. „Kennst du deinen Vater ..." lautete die erste Zeile, und unten auf der Titelseite folgte die Ergänzung „... Gott?"

Dazwischen stand etwas Text, und Natalie las ihn durch.

„Die wenigsten Menschen haben eine Ahnung davon, was für ein liebender Vater Gott eigentlich ist und wieviel Interesse ER an ihnen hat. Dabei hat ER deine ersten Gehversuche genau verfolgt! ER hörte, wie dein Mund das erste richtige Wort formte. Die Stunden, die du damit verbrachtest, mit deinen Babyhänden unbekannte Dinge zu entdecken und zu ertasten, waren eine Wonne für deinen Schöpfer. Gott freute sich riesig über dein Kinderlachen und deine leuchtenden Augen. ER wußte: niemals zuvor

29

hatte es so ein Kind wie dich gegeben, und niemals wieder würde es ein Kind so wie dich geben! ..."

Die Worte rührten Natalie an. Und wie durch einen Geistesblitz erkannte sie, an wen sie sich wenden konnte.

*

„Das freut mich, daß Sie den Weg zu mir gefunden haben und mir Ihr Vertrauen schenken!" sagte Pastor Phillip Valentin zu der Besucherin, die plötzlich vor seiner Tür stand. Er freute sich auch darüber, daß der Auslöser für ihr Kommen – das Faltblatt – eine Aktion seines Jugendbibelkreises war.

Pastor Valentin hatte zu Beginn gebetet, und erst danach hatte Natalie ihm ihr sorgenvolles Herz ausgeschüttet. „Es müßte uns doch gelingen, eine Lösung zu finden", meinte er. „Wenngleich uns nicht mehr viel Zeit bleibt – morgen ist buchstäblich der letzte Termin."

Natalie nickte. „Ein Verschieben geht nicht, weil ich dann über die Drei-Monats-Frist hinauskomme."

„Und dann wäre eine Abtreibung illegal!" Valentin kratzte sich nachdenklich den Kranz seiner widerspenstigen grauen Haare, die seinen kahlen Schädel säumten. Statt dem Wort „Abtreibung" hätte er viel lieber ein anderes gebraucht, das dem Sachverhalt eher entsprochen hätte – doch so direkt wollte er das junge Mädchen nicht mit der Wahrheit konfrontieren. Es hätte sie womöglich nur noch mehr durcheinandergebracht. So begann er mit einer behutsamen Frage.

„Was passiert denn überhaupt bei einer Abtreibung?"

Natalies Antwort fiel ohne Überzeugung aus. Ihre Zweifel bewirkten, daß die Worte eher wie ein hohles Nachplappern klangen. „Es ist nichts weiter als eine Entleerung des Uterus. So ähnlich wie bei einer Warzenentfernung, nur eben drinnen im Bauch."

„Haben Sie das gelesen?"

„Nö. Das hat mir der Arzt erzählt."

„Entleerung des Uterus", wiederholte Pastor Valentin.

30

„Ja, so hat er es genannt. Eben eine Entfernung des Fetus oder Zellklumpens", ergänzte Natalie – ein wenig verwirrt darüber, daß der Pfarrer ihre Worte mit einer eigenartigen Betonung wiederholt hatte.

Phillip Valentin stand auf und ging an seinen Schrank. Als er die Klapptüren des unteren Faches öffnete, trat eine ganze Reihe von Aktenordnern zutage. Sein Zeigefinger lief von links an ihnen entlang und hielt etwa in der Mitte an. Diesen Ordner zog er heraus, blätterte einige Sekunden darin und entnahm ihm, so meinte Natalie zu erkennen, ein Blatt Papier. Während sie wieder zu den Keksen griff, die Valentin ihr angeboten hatte, kehrte er zu seinem Sessel zurück. Beim Hinsetzen reichte er ihr nicht ein Blatt Papier, sondern eine große Fotografie.

Natalie erkannte sofort, was darauf abgebildet war: ein ungeborenes Kind in seiner Fruchtblase!

„Oh, ist das ein süßer, kleiner Mensch!" rief sie spontan aus. Sie sah, wie sich am Kopf schon Augen, Mund und Ohren abgezeichnet hatten, und staunte über die kleinen Arme und Beine mit den winzigen Fingern und Zehen.

„So ein Foto habe ich noch nie gesehen!" Sie hielt es dem Pfarrer hin und zeigte darauf. „Kann man da sogar schon die Rippen erkennen?"

Phillip Valentin brauchte nicht erst hinzuschauen, um diese Frage bejahen zu können. „Man kann! An diesem kleinen Menschen ist so gut wie alles fertig. Er benötigt nur noch Wachstum und Reife."

„Echt?" fragte Natalie erstaunt. „Aber nicht mehr viel Wachstum, oder? Er sieht schon so groß aus."

„Die Fotografie täuscht. Der Kleine ist nur etwas mehr als fünf Zentimeter groß."

„Bloß fünf Zentimeter?" Natalie war ganz baff und schüttelte fassungslos ihren Kopf. „Das gibt's nicht! Wie alt ist er denn?"

Einen Moment lang zögerte der Geistliche. „Drei Monate."

Von einer Sekunde zur anderen wurde Natalies Gesicht kreideweiß. Ihre Finger begannen so stark zu zittern, daß sie die Fotografie nicht länger halten konnten. Valentin beugte sich in seinem Sessel vor, zog ihr das Foto langsam aus den Händen und verharrte abwartend in dieser Stellung. Nach einigen Augenblicken des Schweigens durchbrach er die Stille.

„Ich weiß", begann er in weichem, einfühlsamem Ton, „das bereitet Ihnen einen Schock. Aber es ist die Wahrheit. Das Kind, das Sie in sich tragen, ist schon genauso entwickelt wie das hier auf dem Foto."

„Aber der ... der Arzt hat doch gesagt ...", stammelte sie bestürzt.

„Daß es nur ein Zellklumpen ist? Wie eine Warze?"

Kraftlos nickte sie.

„Das gaukeln manche Menschen den Frauen leider vor, weil sie sie nicht ‚unnötig beunruhigen' wollen, wie sie es ausdrücken. Aber es ist eine glatte Lüge."

In Natalies Gesicht war etwas Farbe zurückgekehrt. Sie bebte am ganzen Leib. Wie apathisch starrte sie am Kopf des Pfarrers vorbei ins Leere. „Was ... was soll ich denn jetzt machen?" Abrupt stützte sie ihren Kopf in ihre Hände. „Was?" schrie sie und brach in Tränen aus. „Mein Vater wirft mich raus! ... Patrick verläßt mich! ... Aber geh ich morgen hin, dann ..."

„Ich spreche mit Ihren Eltern und Ihrem Freund."

„Nein!" rief sie wild entschlossen.

„Aber sie müssen erfahren, was sie Ihnen aufzwingen und Ihnen damit antun", ließ der Pastor nicht locker.

„Nein! Nein! Nein!" schrie Natalie. „Ich will das Kind ja gar nicht! Ich hasse es! Jawohl, ich hasse es! Ich hasse es!" kreischte sie und schlug gegen ihren Bauch.

Für Bruchteile von Sekunds erschreckte dieser unerwartete Ausbruch Valentin. Doch schnell sammelte er sich und sagte mit ruhiger Stimme: „Das stimmt nicht. Und Sie wissen das auch. Sie haben mir vorhin selbst geschildert, wie Ihr anfänglicher Haß in den letzten Tagen in Zuneigung für Ihr Kind umgeschlagen ist."

Er rechnete damit, daß erneut ein heftiger Protest lostobte. Doch nichts passierte. Er fuhr fort: „Und die Gedanken, die Sie dazu brachten, sind völlig richtig. Das Baby kann nichts dazu, daß es nicht aus Liebe entstanden ist. Und es ist geradezu Irrsinn, über das Kind ein Todesurteil zu fällen, wo es vollkommen unschuldig an der verfahrenen Situation ist."

Natalie hatte sich wieder etwas gefaßt und fragte zaghaft: „Ist es nicht unfair für das Kind, überhaupt nicht erwünscht zu sein?"

Phillip Valentin schüttelte den Kopf.

„Ich wünsche mir Dinge wie eine neue Jeans, gute Zeugnisnoten und längere Ferien. Aber ein Kind ist kein Objekt. Es ist ein Mensch, der mir von Gott geschenkt und anvertraut wird. Wie weit sind wir gesunken, daß ein Kind erst beweisen muß, daß es wichtiger ist als ein Schulabschluß, ein Freund, die Meinung der Leute oder unser bequemer Tagesablauf."

„Aber ich kann das Kind nicht auf die Welt bringen, wenn mein Vater ...", Natalie brach den Satz schluchzend ab.

„Das Kind *ist* bereits in dieser Welt!" stellte Valentin nüchtern fest. „Sie haben ja das Foto selbst gesehen. Jetzt ist es in Ihrem Schoß, und bei der Geburt wechselt es bloß den Aufenthaltsort. Patrick wünscht sich das Kind nicht. Aber Sie dürfen nicht vergessen, daß das Kind in Ihnen auch Ihr eigenes Fleisch und Blut ist. Es hat vielleicht Ihre Augenfarbe, Ihr Lachen. – Wenn Sie morgen herausfinden würden, daß auch Sie ungewünscht gezeugt wurden, wäre es Ihnen dann lieber, Ihre Mutter hätte Sie abgetrieben? Meinen Sie, das Kind in Ihnen wünscht sich das? Es wird Ihnen eines Tages danken, wenn Sie ihm die Chance zum Leben lassen."

Für eine kurze Zeit herrschte Stille. Natalie hob ihren Kopf und sah dem Pastor kurz in die Augen.

„Aber ich glaube, ich kann das Kind nicht so lieben, wie eine Mutter es sollte. Es stimmt schon, daß ich ihm gegenüber in letzter Zeit anders empfinde, aber ich wehre mich auch immer wieder gegen das Kind."

„Das mag im Moment so sein", sagte Valentin einfühlsam. „Doch Sie müssen berücksichtigen, daß in den ersten Monaten bei über zwei Dritteln aller Frauen, bei denen die Schwangerschaft überraschend kommt, Gefühle der Abneigung gegen das Kind vorhanden sind. Sie bilden also keinen Sonderfall. Es ist sozusagen normal, wie Sie jetzt empfinden. Wollen Sie darauf wirklich eine Entscheidung auf Leben und Tod gründen? Wenn das Ihre und meine Mutter getan hätten, würden wir vermutlich heute hier nicht sitzen und miteinander reden können."

Eine ganze Weile sprach keiner von beiden ein Wort. Der Tee in den Tassen vor ihnen war längst kalt geworden. Die Tränen auf Natalies Augen waren allmählich versiegt. Schließlich seufzte sie und sagte:

„Sie haben wohl recht, Pastor Valentin. Aber ich sitze zwischen den Stühlen. Und egal, für welchen ich mich entscheide – er wird zusammenbrechen!"

„Nicht in jedem Fall!" widersprach Valentin. „Es gibt gute Lösungen. Auch für Sie. Zum Beispiel die Adoption. Über eine Million Paare in unserem Land warten darauf, ein Baby adoptieren zu können. Und es besteht eine ganze Reihe von christlichen Einrichtungen, bei denen Sie während und nach der Schwangerschaft wohnen können, die Sie finanziell, materiell und mit Rat und Tat unterstützen. Ich habe eine Liste davon. Moment, ich hol' sie Ihnen."

Er ging wieder zu dem Ordner, dem er schon die Fotografie entnommen hatte. Als er die Liste gefunden hatte und sich umdrehte, stand Natalie bereits hinter ihm.

„Ich danke Ihnen, daß Sie sich so viel Zeit für mich genommen haben, Pastor Valentin. Und danke auch für die Liste." Sie faltete die Liste zusammen und steckte sie in ihre Hosentasche. Etwas in Natalies Stimme beunruhigte Valentin. Hatte er da nicht einen resignierenden Unterton herausgehört? Er hoffte, sich geirrt zu haben.

Sie wollte sich zum Gehen abwenden.

„Natalie, wenn Sie sich gegen Ihre Eltern entscheiden, so wird der Ärger gewiß nicht lange anhalten. Ihre Eltern lieben Sie und werden sich mit Ihrer Entscheidung abfinden. Wenn Sie sich aber gegen Ihr Kind entscheiden, so machen Sie sich klar, daß Sie durch eine grausame Qual gehen werden, die vielleicht niemals enden wird. Bis zu dem Tag, an dem Sie sterben, werden Sie nicht mehr vergessen, Ihr Kind getötet zu haben. Bei einer Abtreibung ist es wie beim Pflücken eines unreifen Apfels – ein Stück vom Baum geht immer mit ab! Sie können morgen das Baby aus Ihrem Bauch schaben lassen. Aber Sie werden es Ihr Leben lang niemals aus Ihrem Gedächtnis kratzen können!"

Betroffen senkte Natalie den Blick.

„Und bei allem vergessen Sie bitte eines nicht. Ganz gleich, hören Sie, *ganz gleich*", Valentin betonte diese beiden Worte besonders, „wozu Sie sich morgen entschließen, ich bin immer für Sie da. Auch ohne Einladung durch ein Traktat steht Ihnen meine Tür Tag und Nacht offen!"

Natalie nickte und lächelte. Es schien ein mühevolles Lächeln zu sein, wie das eines Kranken, aber es war wenigstens ein Lächeln. Und das ließ Phillip Valentin Hoffnung fassen – vor allem, wenn er an die katastrophale Verstörtheit dachte, mit der sie vor zwei Stunden an seiner Tür gestanden hatte.

Als sie fort war, drängte es ihn, auf die Knie zu gehen und eine lange Zeit für Natalie Landeau zu seinem Herrn Jesus Christus zu beten.

*

Mitten in der Nacht wurde Natalie wach. Die roten Leuchtziffern an ihrem Radiowecker, die ihr grell entgegenblinkten, zeigten 2.21 Uhr an. Sie hatte sich im Schlaf unruhig hin und her gewälzt, und die Erinnerungen an wirre Traumfetzen gingen nun in ihrem Kopf herum. Nur allmählich wurden sie von den Schmerzen verdrängt, die Natalie an ihren Wangen und Lippen spürte.

Als sie nach dem Gespräch bei Pastor Valentin abends nach Hause gekommen war, hatte ihr Vater sie geschlagen und ihr drohend erklärt, was geschehen würde, wenn sie morgen die Abtreibung nicht vornehmen ließe. Natalie hatte noch flüchtig das Gespräch mit Pastor Valentin erwähnt, doch dann war sie weinend in ihr Zimmer gelaufen und hatte sich eingeschlossen. Nachdem es lange gedauert hatte, bis sie sich beruhigte, war sie schließlich für eine Stunde eingeschlafen. Die große Verzweiflung, die während des Gesprächs mit Pastor Valentin fast ganz von ihr gewichen war, wucherte nun doppelt so stark auf. Ihr Finger ging zur Lippe und tastete eine dicke Schwellung. Was sollte sie tun? Morgen zum Krankenhaus gehen? Es nicht tun? Oder einfach weglaufen? Ihre Hand glitt unter ihren Pullover und streichelte den Bauch.

„Und das alles wegen dir, Kleines", flüsterte sie. Doch dann riß sie abrupt ihre Hand vom Bauch fort und schlug mehrmals mit der Faust gegen ihren Leib.

„Verstehst du denn nicht, daß das nicht geht! Es geht nicht, Kleines! Warum hast du dir kein anderes Nest ausgesucht?" schluchzte Natalie und brach in einen Weinkrampf aus.

Über Stunden tobte ein Kampf in ihr. Er brach erst ab, als sie, völlig erschöpft, vom Schlaf überwältigt wurde. Durch die Fenstervorhänge drangen bereits die ersten Lichtstrahlen des neuen Tages.

5

Zum ersten Mal, seit Kristina Berensen vor drei Wochen in die gynäkologische Ambulanz versetzt worden war, hatte sie Spätdienst. Es war kurz vor elf Uhr, als sie die Station betrat. Das Wartezimmer quoll beinahe über vor Patientinnen, und drinnen in der Ambulanz herrschte hektische Betriebsamkeit. Die Sprechstunde hatte heute erst um zehn Uhr begonnen, weil Schwester Ruth heute und morgen am Nachmittag länger bleiben und Kristina in das einweisen wollte, was der Spätdienst zu tun hatte.

Kristina grüßte im Hereinkommen die Sekretärin, die gerade ein Formular aus dem Schreibtisch holte.

„Hallo", erwiderte Frau Nicolai kurz. „Sie kommen wie gerufen. Schwester Ruth ist in Zimmer eins. Nehmen Sie Zimmer drei!" sagte sie ohne Umschweife und drückte Kristina zehn Karteikarten in die Hand. Achselzuckend nahm Kristina sie entgegen und begann ihren ersten Spätdienst.

Gegen 16 Uhr saßen im Wartezimmer nur noch fünf Patientinnen, und die beiden Schwestern konnten sich eine kurze Kaffeepause gönnen.

„Das hat prima geklappt!" meinte Schwester Ruth anerkennend und goß ihrer Kollegin im Dienstzimmer eine Tasse Kaffee ein.

„War ja bisher nicht viel anders als morgens auch", stellte Kristina fest und riß ein Tütchen mit Süßstoff auf.

„Milch?"

„Nein, danke."

„Ach ja, du trinkst ihn lieber schwarz", erinnerte sich Schwester Ruth und goß sich selbst Milch in den Kaffee.

„Offen gestanden wird mir ein bißchen flau im Magen, wenn ich an den weiteren Nachmittag denke", gab Kristina zu und lächelte etwas verlegen.

„Das Gefühl kenn' ich aus eigener Erfahrung", sagte Schwester Ruth mitfühlend. Seit fünfzehn Jahren arbeitete sie bereits im Städtischen Krankenhaus, davon allein zehn Jahre in der gynäkologischen Ambulanz. „Wenn man auf eine neue Station kommt, ist die Umstellung ziemlich groß." Sie langte nach ihrer Schachtel Zigaretten.

„Und was genau sind das für OPs heute nachmittag?" wollte Kristina wissen.

„Hauptsächlich Saugcurettagen."

Kristina mußte schlucken. Daß solche Eingriffe in der Ambulanz vorgenommen wurden, war im Haus bekannt. Durch Gespräche mit Kolleginnen war sie öfter damit in Berührung gekommen, doch hatte sie sich gerne bedeckt gehalten. Sie war sich bei diesem Thema zu unsicher, um eine feste Meinung zu haben. Deshalb hatte sie sich derartigen Diskussionen immer schnell entzogen, zumal diese Frage sie bisher nie direkt betraf. Das hatte sich nun schlagartig geändert. Jetzt wurde sie so unmittelbar damit konfrontiert, daß sie sich vorkam wie ein hin und her treibendes Holzstück auf den Wellen des Meeres.

Als suche sie nach einem festen Halt, wandte sie sich in aller Offenheit an ihre Kollegin: „Ich habe mich mit so etwas noch nie beschäftigt. Ehrlich gesagt, weiß ich auch nicht, was ich von Abtreibungen halten soll. Wie stehst du denn dazu?"

Schwester Ruth hatte an der heißen Tasse Kaffee genippt und setzte sie wieder ab, bevor sie antwortete. „Ich kann sie nur befürworten. Und so wird es dir auch bald gehen, wenn du die Not der Frauen siehst, die hierherkommen. Sieh mal, es kann doch nicht in Ordnung sein, daß wir Frauen durch Strafgesetze daran gehindert werden sollen, unseren freien Willen bei der Fortpflanzung zu entfalten. Schließlich leben wir nicht mehr im Sklaventum des Mittelalters."

Kristina wog das Argument ab. Es hörte sich vernünftig an. „Schon. Aber wenn Frauen diesen freien Willen haben, warum werden sie überhaupt erst ungewollt schwanger? Zeigt das nicht, daß es mit der Beherrschung dieses freien Willens nicht weit her ist?"

Schwester Ruth winkte ab. „Jeder Frau muß das fundamentale Recht zugestanden werden, über ihren Körper selbst zu bestimmen."

Diesen Satz hatte Kristina schon oft gehört. Er klang einleuchtend, aber irgend etwas daran schien ihr nicht ganz stimmig. Sie erwiderte aber weiter nichts, sondern nahm sich vor, sich selbst einmal genauer mit diesem Thema zu befassen.

Da ertönte auch schon der dreimalige Piepton. Schwester Ruth holte das Funksprechgerät aus ihrer Kitteltasche, zog eine kleine Antenne heraus, drückte eine Taste am Gehäuse und meldete sich. „Schwester Ruth."

Sie ließ die Taste los, und die Stimme Dr. Nicolais erklang. „Können wir weitermachen?"

Sie drückte die Taste erneut. „Wir kommen sofort."

Ohne ein weiteres Wort abzuwarten, schob sie die Antenne wieder zusammen und verstaute den Piepser in ihrer Tasche. „Das war die Pause!" kommentierte sie freudlos und kippte hastig ihren Kaffee hinunter. „Ich schlage vor, du nimmst die letzten fünf Patientinnen, und ich bereite schon mal alles für die OPs in Zimmer zwei vor. Ich erklär' dir dann bei den Eingriffen alles genauer. Einverstanden?"

Kristina nickte und folgte ihrer Kollegin aus dem Dienstzimmer.

*

Gegen Viertel nach fünf sah Schwester Ruth in Behandlungszimmer 3 nach Kristina.

„Hat alles geklappt?"

„Ich denke, ja." Kristina spannte gerade einen neuen Müllbeutel ein, was nach den Sprechstunden beim Aufräumen meist der letzte Handgriff war.

„Das ist fein. Hab' vom Chef auch nur Lobesworte über dich gehört", entgegnete Schwester Ruth und beobachtete Kristina, deren Blick im tadellos aufgeräumten Behandlungszimmer noch einmal prüfend umherging. „Alles picobello", meinte sie, „das fehlende Material füll' ich morgen früh auf."

Kristina sah sie an und lächelte zufrieden. „Danke. Dann

können wir." Schwester Ruth knipste das Licht aus und schloß hinter ihnen zu.

Sie gingen hinüber in Behandlungsraum 2.

„Sie assistieren, Schwester Ruth?" fragte Dr. Nicolai, der in grüner OP-Kleidung auf einem fahrbaren Hocker saß und gerade sterile Handschuhe überstreifte.

„Ja, Herr Doktor", erwiderte sie kurz, griff ebenfalls zu einem Paar steriler Handschuhe und eilte an seine Seite.

Kristina stellte sich dazu und blickte auf die Patientin, die bereits narkotisiert auf dem OP-Tisch lag, die Beine gespreizt und hoch auf Stützen festgeschnallt. Sie bemerkte die großen dunklen Augenränder und die geschwollenen Lippen auf dem hübschen jugendlichen Gesicht, und seine Züge prägten sich ihr tief ein. Dann sah sie zum Anästhesisten, der gerade seinen Daumen zu einem Okay hob. Dr. Nicolai begann mit dem Eingriff.

Kristina verfolgte, wie der Arzt zunächst ein Instrument in den Unterleib des jungen Mädchens einführte, das sie als Scheidenspiegel identifizierte. Sie wußte, daß es dazu diente, den Gebärmutterhals sichtbar zu machen. Überhaupt kannte sie fast alle Instrumente. Sie gehörten zum OP-Set, und das hatte sie während ihrer Ausbildung kennengelernt. Mit einer Ausnahme: ein Instrument war ihr noch nie begegnet. Es lag in einer sterilen Klarsichtpackung. Wozu mochte es dienen? Sie würde es sicher gleich sehen.

Dr. Nicolai hatte unterdessen eine sogenannte Kugelzange am Gebärmutterhals angesetzt und damit angefangen, Sonden in die Gebärmutter ein- und wieder auszuführen, bei der er jedesmal zu einer größeren griff. Ein ganzer Satz von diesen metallischen, gebogenen Instrumenten gehörte zum OP-Set.

„Spitze!" ertönte Dr. Nicolais Stimme.

Kristina sah, wie Schwester Ruth nach der Klarsichtpackung griff und sie ein Stück weit aufriß, so daß der Arzt das Instrument herausziehen konnte.

„Spitze heißt das also", dachte Kristina und schaute verwundert zu, wie der Gynäkologe dieses in der Tat spitze

Instrument ebenfalls in den Unterleib der Patientin einführte.

„Schlauch!" rief der Arzt, und Schwester Ruth reichte ihm das scharfkantige Ende einer dicken, durchsichtigen Plastikröhre. Er klemmte es an die Spitze.

„Alles klar!" Auf diese Bemerkung hin trat Schwester Ruth zu einer Apparatur, an der der Schlauch angeschlossen war. Sie schaltete das Gerät ein, und der Zeiger des Manometers kletterte langsam höher. Kristina erkannte, daß es sich bei diesem Gerät um eine Vakuumpumpe handelte. Sie ahnte, was nun kommen würde, und beim bloßen Gedanken daran wurde ihr beinahe schlecht.

Das Geräusch, das abrupt die Stille im Raum zerriß, jagte ihr einen Schauer ein. Es war ein gräßliches, lautes und gieriges Schlürfen.

Der Körper des jungen Mädchens vibrierte heftig. Immer und immer wieder stieß der Arzt mit der Spitze vor und zurück.

Kristina mußte schlucken. Ihr Mund war ausgetrocknet. Krampfhaft bemühte sie sich, sich nichts anmerken zu lassen. Mit eigenen Augen sah sie, wie durch den durchsichtigen Schlauch Fruchtwasser floß, das sich schnell zu vermengen begann – zu vermengen mit schaumigem Blut!

Ihr wurde übel. Immer gieriger sog die Pumpe. Teile eines menschlichen Körpers flutschten durch den Schlauch in das Glasgefäß am anderen Ende, wo ein Gazenetz alle Teile auffing.

Das war zu viel für sie! Mit weichen, zittrigen Knien und leichenblaß schleppte sie sich aus dem Behandlungszimmer ins Sekretariat.

„Reichen Sie mir noch eben die Geburtszange, dann gehen Sie ihr am besten nach!" Dr. Nicolai zeigte Verständnis für die Reaktion seiner noch neuen Schwester.

Schwester Ruth gab ihm das gewünschte Stahlinstrument, und der Gynäkologe versuchte, den in der Gebärmutter zurückgebliebenen Kopf mit den löffelförmigen Ringen der Geburtszange zu fassen, um ihn damit zu zerstückeln und die einzelnen Teile dann herauszuholen.

41

Schwester Ruth hatte inzwischen ein Glas Wasser geholt und lehnte sich neben Kristina an den Schreibtisch. „Hier, trink das!" sagte sie. Mit etwas Widerwillen nahm Kristina schließlich einen Schluck.

„So war's bei mir auch, als ich es zum ersten Mal mitgemacht habe. Aber glaub' mir, man gewöhnt sich fix daran – wie an den Anblick von Blut, Wunden und anderen Dingen auch. Und das ist gut so!" Sie legte teilnahmsvoll ihren Arm um Kristinas Schulter, die starr auf den grauen Linoleumboden blickte.

„Gut?" preßte Kristina mühsam hervor. „Wieso ist es gut, sich daran zu gewöhnen, daß die Leibesfrucht abgesaugt wird?"

„Hab' ich anfangs auch nicht verstehen können. Aber weißt du, ich habe noch die Zeit miterlebt, wo es die Abtreibung auf Krankenschein nicht gab. Und wenn man dann die armen Frauen und Mädchen in die Ambulanz kommen sah, die mit Nadeln versucht hatten, ihr Kind selbst wegzumachen und sich dabei oft sehr schwere innere Verletzungen zufügten, oder die bei Hinterzimmer-Abtreibungen verstümmelt wurden – ich kann dir sagen, dann ist das hier eine sichere und notwendige Hilfe."

Kristina schwieg. War die Antwort wirklich so einfach?

„Was glaubst du, was die Kleine da drin alles angestellt hätte, wenn sie sich in ihrer Not nicht an uns hätte wenden können?" fuhr Schwester Ruth fort. „Meinst du, sie ist die Treppe runtergefallen, daß sie so aussieht? Wie oft habe ich diese Leier schon aufgetischt bekommen! O nein, sie ist verprügelt worden! Und sie würde weiter verprügelt, wenn es uns nicht gäbe. Sie hätte die Hölle auf Erden, wenn wir ihr nicht geholfen hätten. Glaub' mir, wir tun an diesen Frauen wirklich einen Liebesdienst! Ein schlechtes Gewissen ist völlig unangebracht. Und die Leute, die uns eins einreden wollen, haben meist überhaupt keine Ahnung!"

Kristina schaute ihre Kollegin ungläubig an. „Du denkst wirklich, dem Mädchen wurde damit geholfen?"

„Und ob!" bekräftigte Schwester Ruth. „Wir waren ihre

einzige Hoffnung." Sie wartete noch einen Moment, ehe sie hinzufügte: „Ich muß jetzt zurück und die Station anrufen. Sie müssen die Kleine abholen, damit sie ihre Narkose ausschlafen kann. Und du, mein Fräulein, du gehst nach Hause."

„Aber ..."

„Keine Widerrede!" fuhr Schwester Ruth dazwischen. „Ab, marsch! Wir sehen uns morgen vormittag."

Damit war sie wieder in Zimmer 2 verschwunden.

*

Langsam ging Kristina aus der Ambulanz hinüber zum Umkleideraum. Sie wechselte ihre Kleidung, fuhr mit dem Lift ins Erdgeschoß und verließ das Krankenhaus. Draußen verging allmählich ein wunderschöner Nachmittag. 25 Grad waren es den Tag über gewesen, und auch jetzt sank das Quecksilber nur unwesentlich.

Die frische Luft sowie die mollig-warmen Sonnenstrahlen, die ein angenehmes Prickeln unter der Haut bereiteten, veränderten Kristinas Stimmung fast schlagartig. Sie schenkten ihr eine wohltuende Gelöstheit von der inneren Spannung, so daß sie beschloß, noch nicht nach Hause zu gehen. Sie wollte die Sonne genießen, sie wollte unter Menschen sein. Ohne lange zu überlegen, marschierte sie los.

Der Marktplatz der Stadt war relativ groß. In seiner Mitte erhob sich ein stattlicher Springbrunnen, an dessen Steinflächen sich hier und dort eine dicke grüne Algenschicht angesetzt hatte. Um ihn herum und über den Marktplatz verteilt luden Bänke zum Verweilen ein, und kleine Kübel mit Blumen und große Drehkugeln, an denen Kinder spielten, lockerten die ganze Anlage auf.

Kristina hatte gehofft, einen Platz auf einer Bank in der Sonne ergattern zu können, und sie brauchte nicht lange zu suchen. Vermutlich hatte eine junge Frau ihre Gedanken erraten, denn sie nahm ihre beiden Einkaufstaschen von der Bank und gab Kristina mit einem freundlichen Nicken zu verstehen, daß noch ein Platz frei war. Kristina lächelte zum Dank und setzte sich. Es war ein sonniges Plätzchen, genau, wie sie es sich gewünscht hatte.

Sie warf einen Blick auf das muntere Treiben auf dem Platz, schmunzelte über die herumlaufenden Kinder und die in Schwärmen stetig startenden und landenden Tauben und streckte dann behaglich ihren Kopf der Sonne entgegen. Mit geschlossenen Augen genoß sie die wohlige Wärme und das monotone Plätschern des Wassers. Sie fühlte sich prächtig, so, als hätte es die schlimmen Szenen im Krankenhaus nie gegeben. Die Erinnerung an diese Dinge schien wie verflogen.

Kristina verlor jedes Zeitgefühl. So wußte sie nicht, wieviel Zeit verstrichen war, als sie die rufende Stimme der Frau neben sich hörte.

„Jessica, komm bitte mal!" Eine kleine Pause verging. Dann etwas energischer: „Du sollst mal herkommen!"

Kristina vernahm das eilige Tippeln von Kinderfüßen. Ein wenig neugierig blinzelte sie und sah ein kleines Mädchen mit langen kastanienbraunen Haaren vor seiner Mutter stehen.

„Was ist denn?"

„Laß jetzt mal die Tauben in Ruhe und bleib hier! Vati muß jeden Augenblick kommen."

Keck und wenig begeistert verzog die Kleine ihr Schnütchen, aber gehorchte. Gelangweilt drehte sie sich nun auf ihren Hacken umher, während ihre lebhaften, kugelrunden Augen den gesamten Platz nach etwas Interessantem absuchten. Plötzlich schien sie etwas entdeckt zu haben. Kristina mußte jetzt genau hinschauen, um sehen zu können, was die Aufmerksamkeit der Kleinen so erregte. Es war offenbar das winzige Baby, das die Frau gegenüber soeben aus dem Kinderwagen nahm. Die Frage, die nun kam, bestätigte Kristinas Vermutung.

„Du, Mutti, war ich früher auch mal so klein?" Das Mädchen zeigte ohne Scheu mit dem Finger zur Bank hinüber.

„Macht man das, Jessica!" folgte die Ermahnung der Mutter. Das Mädchen zog abrupt den Arm zurück.

44

„War ich denn so klein?" schnellte sie herum und blickte ihre Mutter wißbegierig an.

„Ja. Und noch viel kleiner", lachte die Frau.

„Och!" kam es erstaunt heraus, und die Augen der Kleinen wurden größer. „Erzähl mal, Mutti! Wie klein?"

„Ganz am Anfang ..."

„Wo ich noch in dir drin war?"

Die Frau nickte. „... da warst du so klein, daß man dich mit den Augen nicht hätte sehen können. Kleiner als ein winziges Körnchen Sand aus deinem Sandkasten."

Erneut stieß die Kleine ein erstauntes „Och" hervor, schmiegte sich an die Oberschenkel ihrer Mutter und schaute sie gebannt an.

„Als du eine Woche alt warst, hattest du die Größe eines" – die Frau überlegte kurz und holte dann ein kleines Kärtchen aus ihrer Handtasche – „... warst du etwa so groß wie dieser Punkt hier." Das Mädchen bohrte fast seine Nase in die Karte, so genau untersuchte es die Stelle, auf die seine Mutter mit dem Finger zeigte.

„War denn nur ich so klein?" fragte es plötzlich beunruhigt.

Kristina hatte die Unterhaltung mitverfolgt, und nun entlockten die erschreckten Gesichtszüge der Kleinen ihr ein Lächeln.

„Aber nein, Jessica", tröstete die Frau ihr Töchterchen und gab ihr einen herzhaften Kuß auf die Wange. „Jeder Mensch war einmal so klein. Der Papa, dein Bruder und ich auch."

Langsam, aber stetig hellten sich die Gesichtszüge wieder auf, und das Unbehagen verflog so schnell, wie es gekommen war.

„Und weiter, Mutti?" Mit einem Mal war die Unbekümmertheit und Faszination zurückgekehrt.

„Dann wurdest du so groß wie dieses Wort." Die Frau deutete von neuem auf die Karte in ihrer Hand.

Diesmal flog die Nase nicht ganz so dicht heran. „Konnte ich dich da schon angucken?"

„Nein, mein Kleines", lachte ihre Mutter, strich ihr sanft

durchs Haar und legte ihren Arm um sie. „Das konntest du noch nicht. Aber deine Augen waren schon da. Nur blieben sie viele Monate geschlossen."

„Hab ich sooo lange geschlafen?" fragte die Kleine baff.

„Das tatest du, um deine Äuglein zu schützen. Damals formten sich auch deine Ohren, die Nase, die Lippen und die Zunge. Händchen und Füße waren schon da."

„Meine Zehen auch?"

„Die auch", nickte die Frau.

Ihre Tochter schwieg einige Sekunden und überlegte. Dann verkündete sie stolz: „Da war ich ja schon ganz da!"

„Ja, das warst du!" Die Frau steckte das Kärtchen zurück in ihre Handtasche. „Erst acht Wochen alt und schon eine richtige kleine Person."

Das Mädchen strahlte. „Und was habe ich die anderen Wochen in dir gemacht, wenn ich doch schon da war?"

Die Frau erklärte ihrem Töchterchen, was es wissen wollte, doch Kristina hörte es nicht mehr. Wie ein Schlag hatten sie die Worte getroffen: „Erst acht Wochen alt und schon eine richtige kleine Person."

Dieser eine Satz riß in ihr eine klaffende Wunde auf. So abrupt die Erinnerung an das Erlebnis im Krankenhaus verschwunden war, so plötzlich war sie jetzt zurückgekehrt. Erneut sah Kristina es vor sich – das heftige Vibrieren des Körpers auf dem Operationstisch ... das gierige Geräusch der Pumpe ... dann der Schlauch, gefüllt mit Wasser, Blut, Händen, Füßen ...

Die Übelkeit kam wieder. Wie alt mochte die „richtige kleine Person" gewesen sein? Vielleicht auch acht Wochen? Oder sogar noch älter? Ihre Augen starrten auf das kleine fröhliche Mädchen, das sich geborgen an seine Mutter schmiegte, ihr aufmerksam lauschte und voller Leben und Freude steckte. Wie süß wäre wohl die kleine Person geworden, die sie hatte zerstückelt durch den Schlauch fließen sehen?

Kristina riß ihren Blick von dem Mädchen los. Tränen schwammen in ihren Augen. Konnte man das wirklich Hilfe nennen, ein aufblühendes Leben zu vernichten? Sie hörte, wie die Kleine weiter ihre Fragen stellte und die Mutter geduldig und liebevoll antwortete. Beides konnte sie plötzlich nicht mehr ertragen. Um Fassung ringend, sprang sie von der Bank auf und rannte fort. Sie nahm nichts mehr um sich herum wahr – weder das Plätschern des Brunnens noch das kleine Mädchen, das ihr nachsah und seine Mutter fragte: „Mutti, was hat die Frau?"

*

Es klopfte kurz an der Tür, und eine Schwester trat ein.

„Fertig?"

Schwester Ruth nickte. „Ihr könnt sie mitnehmen."

Sogleich stieß die Schwester die Tür weiter auf, und eine zweite Schwester schob langsam ein Bett durch den Türrahmen hindurch.

Dr. Nicolai stand am Waschbecken und trocknete sich die Hände ab.

„Schwester Ruth", dröhnte seine Stimme, „Sie denken an die Plazenta?"

„Ich weiß Bescheid", nickte sie ihm zu.

„Gut. Ich geh' dann nach Hause. Die Berichte diktiere ich morgen. Und vergessen Sie nicht abzuschließen!" Lässig warf er seinen Kittel über die Schulter.

„Bis morgen, Herr Kollege!" rief er dem Anästhesisten zu, der noch an seinem Narkosegerät beschäftigt war und kurz zurückwinkte. Dann war er schon an Schwester Ruth und dem hereinrollenden Bett vorbeigegangen.

Der Narkosearzt faßte mit an das grüne OP-Tuch an, auf dem die Patientin lag, um sie vom Tisch ins Bett zu heben, und machte sich dann ebenfalls auf den Weg. Er war gerade fort, als Schwester Ruth einer ihrer Kolleginnen von der gynäkologischen Station das Narkoseprotokoll gab.

„Gebt acht auf die Frau. Sie hat ziemlich starke Blutungen. Eventuell ist eine Bluttransfusion nötig."

„Ist der Uterus perforiert?" fragte die Kollegin besorgt.

„Ich denke nicht. Dr. Nicolai hat zumindest nichts gesagt", antwortete Schwester Ruth.

„Bei dieser Massenabfertigung bleibt so was ja nicht aus. Das ist die siebte, die wir in zwei Stunden abgeholt haben."

„Ich weiß", sagte Schwester Ruth und legte ihrer Kollegin die Hand auf die Schulter, „aber was können wir kleine Lichtchen schon ändern! Das Programm für morgen sieht genauso aus."

Ihre Kollegin schüttelte den Kopf, während sie das Bett aus dem Behandlungsraum schob. „Zum Glück habe ich morgen Frühdienst."

„So ist's richtig! Nicht verzagen, sondern immer die guten Seiten sehen", scherzte Schwester Ruth und schloß hinter den beiden Schwestern die Tür.

Mit Elan machte sie sich daran, das Behandlungszimmer aufzuräumen. Während der halben Stunde, die diese Arbeit in Anspruch nahm, mußte sie wiederholt an Kristina denken. Sie konnte deren Reaktion verstehen. So war es ihr vor Jahren auch gegangen. Um mit diesem psychischen Druck fertig zu werden, hatte sie begonnen, eine Art Tagebuch zu führen. Und sie konnte sich noch gut an den Tag erinnern, an dem sie abends nur einen einzigen Satz niederzuschreiben brauchte. „Heute habe ich zum ersten Mal keine Gewissensbisse bekommen." Mit diesen Worten hatten ihre Eintragungen geendet.

Ihr Gewissen war seither ruhig geblieben, und blieb es auch jetzt. Daran hatten auch die Fragen ihrer neuen Kollegin nichts ändern können. Sie war sich sicher, daß auch Kristina sehr bald ihre Meinung teilen und die Notwendigkeit dieser Schwangerschaftsunterbrechungen einsehen würde. Ihrer Meinung nach ging es hier um einen Dienst der Barmherzigkeit, und gegen den konnte niemand wirklich ernsthaft etwas einwenden. Er half Not beseitigen, und was entfernt wurde, war ihrer Meinung nach nichts weiter als reine Geburtsmasse.

Daß Schwester Ruth so viel an Kristina dachte, hatte seine Ursache darin, daß sie ihr leid tat. Schwester Ruth kannte die Qualen, die sie durchmachte. Ob sie Kristina mal auf die Therapie mit dem Tagebuch ansprechen sollte?

Die gesamte halbe Stunde, die sie zum Ordnungschaffen benötigte, gingen solche Gedanken in ihrem Kopf herum. Auch als Schwester Ruth einen abschließenden Kontrollgang durch alle Räume der gynäkologischen Ambulanz machte, waren ihre Sinne mehr auf Kristina gerichtet. Daher entging ihr im Lagerraum eine wichtige Einzelheit, die einige Stunden später Konsequenzen haben würde.

*

Der Lieferwagen der Firma *MediSanol* fuhr zur gewohnten Zeit an die Verladerampe des Krankenhauses heran. Wie gedrillt sprangen die drei Männer aus dem Wagen und machten sich zielstrebig an ihre Arbeit. Einer öffnete die hinteren Türen des Lieferwagens, ein anderer sprang mit einem Satz auf dessen Ladefläche, und der dritte schritt auf den Fahrstuhl hinter der Verladerampe zu und fischte ein dickes Schlüsselbund aus seinem Overall. Mit geübtem Blick wählte er einen Schlüssel aus und steckte ihn in das Schloß neben der Lifttür. Eine kurze Drehung nach rechts, und das leise Surren eines Elektromotors erklang. Der Fahrstuhl hatte sich in Bewegung gesetzt.

Die Türen glitten gerade auf, als auch schon die beiden anderen Männer mit zwei Aluminiumkisten in den Lift einstiegen. Der dritte zog den Schlüssel ab, ging ebenfalls hinein und steckte den Schlüssel in das Schloß, das sich unter der Zahlenleiste der Kabine befand. Damit hatte er einen Mechanismus ausgelöst, der den Fahrstuhl unter seine Kontrolle brachte. Er drückte den Knopf 2. Der Knopf leuchtete auf, und die Türen schoben sich zu. Ein paar Sekunden verstrichen, dann waren die Männer im zweiten Stock angelangt. Der dritte blockierte den Fahrstuhl in dieser Etage, zog den Schlüssel ab und trat mit den anderen auf den spärlich beleuchteten Flur. Geradewegs gingen sie den Gang hinunter. An der letzten Tür der gynäkologischen Ambulanz, die als einzige keine Bezeichnung trug, blieben sie stehen. Der dritte Mann wählte – wieder ohne lange prüfen zu müssen – den passenden Schlüssel aus dem dicken Bund aus und schob ihn ins Schloß. Mit zwei Umdrehungen wollte er die Tür entriegeln. Doch der Schlüssel ließ sich nicht einen Millimeter bewegen.

„Was ist das denn?" zischte er verärgert und zog den Schlüssel heraus, um ihn genauer zu betrachten.

„Vielleicht der falsche", kommentierte einer seiner Begleiter.

Er runzelte die Stirn. „Es ist der richtige!" Er ließ sich nicht irremachen und versuchte es noch einmal. Doch auch diesmal gelang es ihm nicht, den Schlüssel herumzudrehen. „Verdammt, was soll das!" rief er aufgebracht aus und hantierte weiter mit dem Schlüssel herum. Aber auch mit Gewalt ließ er sich keinen Deut drehen.

„Und durch eine andere?" schlug der zweite seiner Begleiter vor und deutete mit dem Kopf auf die Tür daneben, an der sich eine Plakette mit der Zahl 2 befand.

„In die kommen wir nicht rein", erwiderte der dritte und riß wütend den Schlüssel aus dem Schloß. „Mist! Das war's dann!" Er sah sich Schlüssel und Schloß noch genauer an. „Es liegt nicht am Schlüssel, so viel steht fest. Etwas anderes stimmt hier nicht!"

Ein letztes Mal versuchte er es, dann gab er auf.

„Was soll's", sagte er und zuckte mit den Achseln, „wir haben unser möglichstes getan. Können wir die Kisten heut' eben nicht mitnehmen!"

„Das riecht nach Ärger!" unkte einer der beiden anderen, als sie unverrichteter Dinge zum Fahrstuhl zurückkehrten.

„Und ob! Der da am Schloß gepfuscht hat, kann sich schon jetzt gratulieren."

Er löste die Sperre, und die Fahrstuhltüren glitten hinter ihnen zu.

*

Der Pförtner traute seinen Augen nicht. Gerade wollte er einem jungen Mädchen das Sprechfenster öffnen, als auf seinem Monitor der Lieferwagen der Firma *MediSanol* auftauchte. Er ließ die Schranke hoch und schaute auf eine Uhr.

„Nicht mal zehn Minuten", stellte er verdutzt fest. Das hatte er und seine Arbeitskollegen in den fünf Jahren, seit *MediSanol* spätabends vorfuhr, nicht ein einziges Mal erlebt.

„Wenn das mal nicht's zu bedeuten hat!" dachte er. Er konnte nicht ahnen, wie recht er mit dieser Vermutung hatte.

Nachdem der Pförtner die Schranke hinter dem Lieferwagen geschlossen hatte, leuchtete zwar ein Licht auf seinem Telefonpult auf, doch er wandte sich erst dem jungen Mädchen vor dem Sprechfenster zu. Nicht nur, weil es an der Reihe war, sondern auch, weil es auf ihn einen mitleiderregenden Eindruck machte. Die Lippen waren geschwollen, unter den Augen lagen dunkle Furchen in einem aschfahlen Gesicht, und die Augen selbst glichen leeren, kalten Höhlen.

„Guten Abend", begrüßte er es.

Schweigend reichte ihm das Mädchen seine Marke. Dabei berührte es seine Hand ganz kurz, und ein eisiges Gefühl durchfuhr ihn. Diese Hand war völlig kalt gewesen – leichenkalt!

„Ist Ihnen nicht gut?"

Wortlos wandte sich das Mädchen zur Tür.

„Hallo!" Dem Pförtner ließ es keine Ruhe. Er erhob sich von seinem Stuhl, um zur Tür sehen zu können. Starr stand das Mädchen davor. Es blickte sich nicht um, noch zeigte sich an seinem Körper die leiseste Regung. Es wartete nur, daß die Tür entriegelt wurde.

Schulterzuckend ließ der Pförtner es schließlich dabei bewenden, nahm wieder seinen Platz ein und drückte den Entsicherungsknopf. Ein Summen – die Tür glitt auf, und das Mädchen verließ das Haus.

6

Neun Stunden später hatte an der Pforte der Schichtwechsel stattgefunden, und der Pförtner des Tagdienstes übergab Schwester Ruth die Schachtel mit den Marken. Bei einem flüchtigen Blick darauf beschlich sie instinktiv das Gefühl, daß das nicht alle Marken waren. Während sie auf den Fahrstuhl wartete, zählte sie nach. Ihr Gefühl hatte sie nicht betrogen. Eine Marke fehlte tatsächlich! Das bedeutete, daß eine der Patientinnen nicht nach Hause gegangen war. Unweigerlich mußte sie an die letzte Patientin denken, die übermäßig starke Blutungen gehabt hatte. War in der Nacht doch eine Bluttransfusion nötig geworden?

Als sie wenig später die Umkleidekabine verließ, lief ihr die Kollegin von der gynäkologischen Station in die Arme, die gestern die Patientin abgeholt hatte.

„Das erspart mir gleich einen Weg", lachte Schwester Ruth und drückte ihr die Schachtel mit den Marken in die Hand. „Eine Marke fehlt. Ist was losgewesen heut' nacht?"

„Kann man wohl sagen!" Das Gesicht ihrer Kollegin wurde sehr ernst.

„Was denn?" drängte Schwester Ruth. Eine böse Vorahnung hatte sie befallen. „Die letzte Patientin?"

Die Kollegin nickte, sagte jedoch nichts.

„Und? Nun erzähl' schon!"

Mit betroffener Miene entgegnete sie: „Sie ist vor vier Stunden gestorben. Lungenembolie."

Schwester Ruth war wie vom Schlag gerührt. „Ist Dr. Nicolai schon da?"

„Er weiß Bescheid. Ich komme gerade von ihm." Sie schüttelte ihre Hand, als habe sie sich verbrannt. „Ist ganz schön dicke Luft – auch ohne diese Sache. Ich muß weiter, Ruth."

„Tschüß!" Schwester Ruth schaute ihrer Kollegin nachdenklich hinterher. Dann begab sie sich in die Ambulanz.

„Guten Morgen!" begrüßte Schwester Ruth die Sekretärin – wegen des niederdrückenden Ereignisses nicht so gut gelaunt wie sonst.

„Morgen, Schwester Ruth", erwiderte diese freundlich den Gruß. „Sie sollen sofort zum Chef kommen. Er ist in seinem Büro."

Mit einem kaum merklichen Stirnrunzeln ging Schwester Ruth in Dr. Nicolais Büro. Der Arzt saß an seinem Schreibtisch und blickte verdrießlich von dem Blätterwald vor sich auf.

„Guten Morgen, Herr Doktor."

„Ob der Morgen gut ist, muß sich erst noch herausstellen. Momentan spricht wenig dafür." Er bedeutete ihr mit einer Handbewegung, Platz zu nehmen.

„Tut mir leid, Dr. Nicolai, aber ich verstehe nicht, was Sie meinen", sagte Schwester Ruth irritiert, als sie sich setzte.

„Das glaube ich Ihnen aufs Wort." Er lehnte sich in seinen Sessel zurück. „Die Firma *MediSanol* hat vergangene Nacht vergeblich versucht, die Kisten auszutauschen. Oder genauer gesagt, sie hat vergeblich versucht, die Tür zum Lagerraum aufzuschließen."

„Vergeb...?" Zum zweiten Mal am heutigen Morgen durchfuhr Schwester Ruth der Schreck. „Hab' ich etwa ...?"

„Sie haben! Leider!" bestätigte Dr. Nicolai seufzend. „Und wenn Sie die Jahre über nicht eine so fabelhafte und zuverlässige Mitarbeiterin gewesen wären, würde ich Ihnen jetzt ordentlich den Marsch blasen. Denn was Sie da angerichtet haben, hat für Wirbel und einigen finanziellen Schaden gesorgt. Die Firma *MediSanol* hat sofort ihren Justitiar eingeschaltet und nicht nur mich, sondern auch Direktor Bagenholm um Klarstellung ersucht."

Schwester Ruth senkte den Kopf. „Es tut mir aufrichtig leid", sagte sie betroffen.

„Grund zu irgendeiner Panik besteht allerdings nicht." Dr. Nicolai hatte sich erhoben und klopfte seiner Schwester aufmunternd auf die Schulter. „Wir werden die Sache schon glimpflich hinbiegen. Machen Sie sich da mal keine Sorgen! Ich geh' jetzt zu Bagenholm, und Sie machen ganz normal Ihre Arbeit, in Ordnung?"

Schwester Ruth nickte zwar, aber innerlich war sie über ihren folgenreichen Fehler am Boden zerstört.

*

Als Kristina um elf Uhr zum Dienst erschien, war die Sprechstunde in vollem Gange. Im Sekretariat traf sie niemanden an, nicht einmal die Sekretärin. Sie schien aber offensichtlich nur kurz fortgegangen zu sein, denn die elektrische Schreibmaschine surrte leise vor sich hin, und der Lader des Recorders, in den die kleinen Cassetten mit den Patienten-Berichten eingelegt wurden, stand offen. Anscheinend tauschte Frau Nicolai bei ihrem Mann gerade eine Leer-Cassette gegen ein besprochenes Band ein.

Müde und mit wenig Tatendrang stand Kristina vor dem Schreibtisch. Sie fühlte sich schlapp. Eine solch unruhige Nacht wie die zurückliegende hatte sie bislang noch nie erlebt. Und sie hoffte, so etwas nicht noch einmal durchmachen zu müssen.

Sie blickte im Zimmer umher und fingerte auf dem Schreibtisch mal hier, mal dort, ohne irgendeiner Sache jedoch die geringste Beachtung zu schenken. Als sie gähnen mußte, führte sie mit ihrer Hand eine der Karteikarten vor den Mund. Gerade wollte sie die Karte wieder hinlegen, als sie plötzlich etwas Seltsames bemerkte. Es war die letzte Eintragung, die ihr ins Auge sprang. Drei Worte standen da: „Lungenembolie – exitus letalis".

Sie hörte das Zuschnappen einer Tür und das zackige Klacken hochhackiger Schuhe. Die Sekretärin preschte aus Behandlungszimmer 3 an ihren Schreibtisch.

„Na, Sie sehen aber reichlich übernächtigt aus!" sagte sie statt einer Begrüßung und ließ Kristina nicht aus dem Blickfeld. „Ihre Augen sind ja ganz schön gerötet!" Sie lächelte wissentlich. „War wohl eine aufregende Nacht, was?" Frau Nicolai schob eine kleine Cassette in den Recorder und drückte ihn zu.

Kristina hatte nicht die Absicht zu antworten. Die Mißdeutung ihrer geröteten Augen fand sie dumm, ja, sie fühlte sich sogar ein bißchen gekränkt. Ohne Vorwarnung brachte sie das Gespräch direkt auf das Thema, das sie brennend interessierte. „Was haben wir eigentlich mit Lungenembolien zu tun? Noch dazu mit tödlichem Ausgang?"

Die Sekretärin, die mit ihrem Stuhl in die richtige Position fuhr, hielt auf einmal inne und schaute Kristina verblüfft an.

Zur näheren Erläuterung hielt Kristina die entsprechende Karteikarte hoch. Frau Nicolai registrierte, daß diese Karte auf ihrem Schreibtisch fehlte, und ihre Verblüffung verflog augenblicklich.

„Fragen Sie Schwester Ruth!" entgegnete sie kurz angebunden und nahm Kristina die Karteikarte weg. Wortlos ging sie an den Karteischrank und ordnete die Patientenkarte in das verschließbare Fach ein.

„Schwester Ruth hat mir noch manches zu erklären", dachte Kristina ein wenig ärgerlich. „Über dieses mysteriöse Schließfach und über die Alukisten im Lagerraum hat sie mir noch nicht das geringste mitgeteilt. Wenn das nicht bald geschieht, werde ich bei passender Gelegenheit zur Eigeninitiative schreiten!" Mit diesem festen Vorsatz verließ sie das Sekretariat.

*

Walter Landeaus Urlaub hatte heute geendet. Natalie war nach einer unruhigen Nacht erst gegen Morgen eingeschlafen und bis über Mittag im Bett geblieben. Nun füllte ihre Mutter ihr das Essen auf und stellte den Teller auf den Tisch. Sie setzte sich nicht dazu, sondern machte sich am Abwasch zu schaffen, den sie nach dem gemeinsamen Essen in der Mittagspause ihres Mannes erst einmal hatte stehenlassen.

Still begann Natalie, einige Bissen zu essen. Sie wußte, was das Schweigen zu bedeuten hatte. Gestern nacht hatte es angefangen. Ihre Eltern hatten sie mit dem Auto vom Krankenhaus abgeholt, sie umarmt und auf der Fahrt viele Worte gemacht. Viele leere und hohle Worte. Nicht mit einer Silbe waren sie auf das Geschehen im Krankenhaus eingegangen – als hätte es die Drohungen und die Abtreibung selbst nie gegeben. Als wäre überhaupt nichts passiert, hatten sie viel geredet und doch nichts gesagt. Dabei hatte Natalie ihren Eltern angemerkt, wie sie krampfhaft um immer neue Worte rangen – als fürchteten sie sich davor, daß ein anderes unangenehmes Thema aufkommen könnte. Innerlich betroffen und verletzt, war sie zu Bett gegangen. Sie konnte nicht darüber hinwegkommen, daß ihre eigenen Eltern sie zu diesem ungewollten Schritt gezwungen hatten.

Jetzt, wo sie mehr im Essen herumstocherte als aß, war der Schmerz noch genauso heftig spürbar. Es war der Schmerz zweier tief klaffenden Wunden: Da war der Verlust des Kindes, das sie, wie sie es empfand, feige geopfert hatte – ohne auf den Druck mit Gegenwehr zu antworten. Und da war das Leid, von den Menschen, die sie einmal geliebt hatte, erbärmlich im Stich gelassen worden zu sein. Ihre Mutter hatte ihr den Rücken zugewandt und spülte Teller um Teller, dabei von neuem viele Worte machend.

„Der Pastor, mit dem du gesprochen hast, hat übrigens angerufen. Du lagst noch im Bett, und ich wollte dich nicht stören. Du möchtest dich bitte mal bei ihm melden. Patrick will nachher vorbeikommen. Du bist doch da?"

Das Geschirr klapperte. Ihre Mutter erzählte noch einiges über das Gespräch mit Patrick, doch Natalie hörte nicht hin. Es interessierte sie nicht. Ihre Gedanken blieben vielmehr bei Pastor Valentin hängen und ihrem Besuch bei ihm. Er erwartet also einen Rückruf, dachte sie. Warum?

„Soll ich dir noch nachfüllen?" fragte Frau Landeau bereits zum zweiten Mal und drehte sich nun um. Erschrocken rief sie aus: „Du hast ja gar nichts angerührt!"

Natalie hatte geistesabwesend ins Leere gestarrt, und nun riß die laute Stimme sie zurück in den Gegenwart. Sie schob den Teller von sich weg.

„Das ist dein Lieblingsessen! Ich habe es extra für dich gekocht, obwohl Vater es nicht mag!" rief Frau Landeau bekümmert aus. „Du mußt etwas essen, Natalie. Wenigstens das frische Gemüse!" setzte sie eindringlich hinzu, als ihre Tochter sogar vom Tisch aufstand. „Oder den Nachtisch! Er ist mit Obst. Den ißt du doch so ... gerne ..."

Schweigend, sie nicht einmal eines Blickes würdigend, hatte ihre Tochter die Küche verlassen. Bei ihrem letzten Wort, das in Resignation erstarb, war Frau Landeau erschüttert auf den Küchenhocker gesunken. Sie erkannte auf einmal den Bruch, der durch ihre Familie ging und sie von ihrer Tochter trennte. Diese Erkenntnis umklammerte ihr Herz wie eine eiserne Hand.

*

„Was ist los? Du bist heute so einsilbig", fragte Kristina.

Schwester Ruth zog eine Grimasse. „Ach, ich hab' heute morgen eine ziemliche Pleite erlebt. Das kann ich nur schwer verdauen."

Die beiden Schwestern saßen seit einigen Minuten im Dienstzimmer und machten Pause. „Möchtest du drüber reden?"

Schwester Ruth schüttelte den Kopf, während sie an ihrer Zigarette zog. „Nee, lieber nicht. Das würde mich bloß noch mehr frusten, schätz' ich. Ich will lieber versuchen, es zu vergessen."

Sie blies eine blaue Wolke in die Luft. Die Quarzuhr an ihrem Handgelenk piepste zweimal kurz hintereinander zur vollen Stunde – es war 15 Uhr.

„Ich schlage vor", sagte sie dann, „daß wir heute die Vorbereitungen zu den OPs gemeinsam machen. Du siehst zwar von gestern noch reichlich fertig aus, aber je schneller du da durch bist, um so besser für dich."

Kristina gähnte und nickte. Von dem Gedanken war sie wenig angetan. „Sind das wieder Saugcurettagen?"

Schwester Ruth nickte und schnippte die Asche von ihrer Zigarette in den Aschenbecher.

Eine Gesprächspause trat ein. Stumm tranken sie gleichzeitig einen Schluck Kaffee. Da kam Kristina wieder in den Sinn, was ihr vor ein paar Stunden unter den Nägeln gebrannt hatte.

„Du, hör mal, Ruth, als ich um elf kam, fand ich vorne auf dem Schreibtisch zufällig eine Karteikarte mit der Eintragung ‚Lungenembolie – exitus letalis‘. Frau Nicolai wollte mir nicht sagen, was wir damit zu tun haben. Ich solle dich fragen."

Schwester Ruth zögerte. Nachdenklich zog sie an ihrer Zigarette und blies den Rauch ganz langsam heraus. „Du weißt um deine Schweigepflicht!"

„Klar. Aber was hat das damit zu tun?"

„Ich betone das deshalb, weil Dr. Nicolai und Direktor Bagenholm darauf bedacht sind, daß besonders von der Arbeit in der gynäkologischen Ambulanz absolut nichts nach draußen dringt. So zum Beispiel auch das mit dem Todesfall." Sie zögerte, als sei sie unschlüssig, ob sie ihrer Kollegin überhaupt Näheres mitteilen sollte. Schließlich begann sie zu reden.

„Die mit der Lungenembolie war eine Patientin von uns. Sie kam gestern nachmittag wegen einer Abruptio, also einer Schwangerschaftsunterbrechung, zu uns. Eigentlich verlief der Eingriff ohne nennenswerte Komplikationen. Es war eine ganz normale Saugcurettage, die gebräuchlichste und sicherste Methode. Das einzige, was mir auffiel, war die starke Blutung. Zu Blutungen kommt es sowieso. Aber wenn sie heftiger sind, ist Vorsicht geboten. Das habe ich der Station, die die Frau zum Ausschlafen abholte, auch ordnungsgemäß mitgeteilt. Wie es konkret zu der Lungenembolie kommen konnte, weiß ich nicht. Dr. Nicolai hat sich mir gegenüber ausgeschwiegen. Aber es gibt ja noch weitere Ärzte. Also hab' ich einen anderen gefragt. Und der sagte mir, daß das Herauskratzen der unreifen Plazenta von der Gebärmutterwand das Eindringen von Amnionflüssigkeit oder Gewebsstücken oder Blutgerinnseln in die Blutbahn der Mutter fördern kann. Naja, und wenn so was in die Lungen gerät – aber das weißt du ja selbst, was dann passiert."

Kristina nickte betroffen. „Das ist ja furchtbar!"

Schwester Ruth beeilte sich anzufügen: „Nun darfst du diese eine Sache aber nicht hochspielen. Auf der Gegenseite stehen nämlich viele, viele gelungene Eingriffe. Und außerdem birgt jede Operation, ganz gleich welcher Art, Gefahren in sich. Auch eine simple Blinddarm-OP."

„Werden die Frauen und Mädchen denn über die möglichen Komplikationen und Gefahren aufgeklärt?" hakte Kristina nach. Sie konnte sich nicht vorstellen, daß so viele Frauen und Mädchen sich wissentlich derart leichtfertig solchen OPs aussetzten, bei denen sie schwere Schädigungen davontragen, ja sogar sterben konnten.

„Das weiß ich nicht", Schwester Ruth zuckte die Achseln. Und wie zur Rechtfertigung schob sie nach: „Liegt aber auch nicht in unserem Aufgabenbereich. Das ist allein Dr. Nicolais Angelegenheit."

Kristina überlegte. Ihre Miene verriet Skepsis. Dann sagte sie plötzlich: „Du hast eben von Schwangerschaftsunterbrechung gesprochen. Klingt irreführend, findest du nicht?"

„Wieso irreführend?" Schwester Ruth war über diese Frage überrascht. „Ist ein gängiger Begriff. Hast du ihn vorher nie gehört?"

„O doch! Sogar sehr oft", beeilte sich Kristina richtigzustellen. „Deshalb habe ich manchesmal über ihn nachdenken müssen. Ich finde, er trifft die Sache gar nicht. Von ‚Unterbrechung' kann man nur sprechen, wenn etwas nach einiger Zeit wieder fortgesetzt wird. Aber das ist bei einer Abtreibung nicht der Fall. Hier wird radikal ein Leben beendet."

„Wenn dich das stört, sag ich demnächst ‚Schwangerschaftsabbruch'!" Ihre Kollegin fand den Gedanken nicht weiter wild. Kristina blickte sie etwas scheu an. „Darf ich dich mal was ganz offen fragen?"

„Nur zu", lächelte Schwester Ruth sie an.

„Fürchtest du nicht, daß durch so abstrakte Begriffe wie ‚Geburtsmasse', ‚Empfängnisprodukt' oder ‚Schwangerschaftsabbruch' Tatsachen verschleiert werden könnten, weil sie auf diese Art viel akzeptabler klingen und das Gewissen nicht belasten?"

„Was für Tatsachen?"

„Daß es sich in Wirklichkeit um Menschen wie du und ich handelt, nur eben kleiner, und ...", Kristina stockte einen Moment, „... und um Mord. Wir kennen das doch, wie mit Begriffen etwas beschönigt und vorgetäuscht werden kann. Vor der Bundestagswahl beteuerten die Politiker, daß es wegen der deutschen Einheit keine Steuererhöhungen geben würde. Nach der Wahl sprachen sie davon, zur Finanzierung der Einheit ,Sonderabgaben' zu erheben. Ein verschleierndes Wort, das das gleiche meinte und die Wahrheit vertuschen sollte! Oder wenn Leute von ,Tierversuchen' reden. Das Wort sagt nichts über die Qualen aus, die die Tiere tatsächlich zu erleiden haben."

„Meine liebe Kristina!" konnte ihre Kollegin jetzt kaum noch an sich halten. „Laß das mit dem ,Mord' bloß nicht Dr. Nicolai hören! Ich finde es ja gut, daß du dich kritisch mit diesem Thema auseinandersetzt, aber hüte deine Zunge. Ich sage das in deinem eigenen Interesse. Abtreibung ist völlig legal – also Vorsicht!"

„Aber früher war sie das nicht. Ist doch eigenartig!"

Schwester Ruth rutschte auf ihrem Stuhl hin und her. „Ich find's schlimm, daß Menschen, die gar nicht persönlich betroffen sind, sich ein so pauschales Urteil anmaßen. Denn was ist mit den Kindern, die nicht gewollt waren und später mißhandelt werden? Dann kräht kein Hahn mehr nach ihnen, und sie müssen allein mit ihrem entsetzlichen Schicksal fertig werden."

„Das ist keine Lösung, Ruth", bemerkte Kristina rasch. „Trotz legaler Abtreibung hat die Häufigkeit der Kindesmißhandlungen in unserem Land rapide zugenommen. Ich hab vor kurzem einen Bericht vom Bundesministerium für Jugend und Familie gelesen. Nach dieser zuverlässigen Quelle gibt es in Deutschland jährlich bis zu 300 000 Kinder, die allein sexuell mißhandelt werden – andere Mißhandlungen gar nicht dazugerechnet!"

Schwester Ruth wich ihrem Blick aus und begann mit

dem Aschenbecher zu spielen. Nachdem sie einen langen Zug an ihrer Zigarette genommen hatte, erwiderte sie: „Und was ist mit den Frauen, die durch eine Vergewaltigung schwanger werden oder deren Kinder mißgebildet sind? Allein ihretwegen muß es die Möglichkeit einer straffreien Abtreibung geben."

Kristina war verwundert. Sie mochte nicht glauben, daß eine Schwester, die schon jahrelang auf einer gynäkologischen Station arbeitete, ernsthaft derartige Argumente vorbrachte.

„Das sind doch keine Rechtfertigungen für lockere Abtreibungsgesetze, Ruth!"

„Wieso nicht? Als Unbetroffene hat man immer leicht reden, Kristina."

Nur kleinlaut wagte Kristina ihr zu widersprechen, da sie überzeugt war, daß eine sachkundige Schwester über die wirklichen Tatsachen informiert sein mußte.

„Es ist erwiesen, daß mehr als 99 Prozent aller vergewaltigten Frauen gar nicht schwanger werden. Und", so fuhr sie fort, „müßte man nicht da, wo doch eine Schwangerschaft eintritt, der Frau mit psychologischer Beratung helfen – statt mit einer neuerlichen Gewaltanwendung an ihrem Körper? Außerdem, ist es gerecht, daß für eine solche Untat statt des Täters das unschuldige Ungeborene bestraft wird, noch dazu mit der Todesstrafe?"

„Du weißt wohl auf alles eine Antwort, was?" reagierte Schwester Ruth verstimmt.

„Ganz und gar nicht, aber gibt es denn für eine Abtreibung wirklich hieb- und stichfeste Gründe? Nimm zum Beispiel die Vermutung einer Mißbildung beim Kind. Du müßtest doch wissen, daß die Fruchtwasseruntersuchung eine sehr wackelige Angelegenheit ist. Daß der Test keinen Schluß über das Ausmaß der Mißbildung zuläßt und sogar schon manchesmal das Todesurteil von Kindern besiegelte, die sich nach der Abtreibung als völlig gesund herausstellten."

Schwester Ruth blickte unverwandt in den Aschenbecher und sagte nichts. Kristina wußte, wie sie das Schweigen zu deuten hatte: ihre Kollegin mußte ihr wohl oder übel recht geben.

„Entschuldige, Ruth, falls ich mich oberlehrerhaft aufspiele", wandte sie sich versöhnlich an ihre Kollegin. „Das will ich nicht. Ich bin eben total zerrissen und voller Zweifel und Fragen, weil für so viele Menschen das Ja zu einer Abtreibung so selbstverständlich ist, aber für mich nicht."

„Voller Fragen?" Schwester Ruth schaute erstaunt auf. „Das soll wohl ein Witz sein! Du gibst serienweise Antworten – und dazu noch verdammt gute, wie ich gestehen muß."

„Aber ich habe viele Fragen, glaub mir", beteuerte Kristina.

„So? Was willst du denn wissen?"

„Zum Beispiel, was mit dem abschließbaren Karteifach ist! Frau Nicolai ordnete die Karte der Embolie-Toten dort ein."

„Mal hübsch langsam, Kristina. Eins nach dem andern." Schwester Ruth drückte ihre Zigarette aus. „Ich denke, für heute haben wir genug Fragen gewälzt. Jetzt konzentrieren wir uns lieber auf unsere Arbeit." Sie schaute auf ihre Armbanduhr und stand auf. Kristina erhob sich ebenfalls, aber sie fand ganz und gar nicht, daß das für heute genug der Fragen sei. Im Gegenteil, jetzt war sie erst richtig darauf aus, endlich das Geheimnis zu lüften, das der verschlossene Karteikasten so fest hütete.

*

Zu der Zeit, als in der gynäkologischen Ambulanz des Städtischen Krankenhauses die erste Abtreibung dieses Tages vorbereitet wurde, stand vor der Haustür der Familie Landeau ein junger Mann und wartete auf Einlaß. Er brauchte sich nicht lange zu gedulden.

„Guten Tag, Patrick. Komm herein!"

„Guten Tag, Frau Landeau", erwiderte der junge Mann freundlich und kam der Aufforderung nach. Als er im Flur stand, wandte er sich um.

„Ist Ihnen nicht gut, Frau Landeau?" fragte er, denn ihm war sofort das kreideweiße Gesicht aufgefallen.

„Ach, nicht der Rede wert", winkte sie ab und schob den jungen Mann vor sich her in die Richtung, wo das Zimmer ihrer Tochter lag.

„Viel Vergnügen euch beiden."

„Danke", entgegnete Patrick schmunzelnd, klopfte kurz an und trat ein. Er bekam nicht mehr mit, wie Frau Landeaus eben noch lächelndes Gesicht kummervoll wurde und sie sich mühsam vorwärtsschleppte.

Natalie Landeau lag auf dem Bett und starrte unentwegt zur Decke. Ihre Augen lösten sich auch nicht, als ihr Freund auf sie zutrat und sie fröhlich mit „Hallo Schnuckelchen" anredete.

„Freust du dich, daß ich vorbeigekommen bin?" Er dachte sich nichts weiter bei ihrem Verhalten, setzte sich auf die Bettkante und gab ihr einen Kuß auf die Wange.

Noch immer regte sich Natalie nicht. Nicht einmal ihre Augen wandte sie ihrem Freund zu. Unverändert klebte ihr Blick an der Decke. Patrick fiel die Kleidung auf, die sie trug. Geringschätzig musterte er Natalie von oben bis unten. „Ich dachte, der Tick mit diesen häßlichen schwarzen Klamotten wäre vorbei!" sagte er und zupfte beinahe verächtlich an Natalies Pullover. „Hm. Was hat dich dazu getrieben, diesen scheußlichen Plunder wieder hervorzukramen?" Er lachte. „Du siehst darin aus wie der Tod auf zwei Beinen."

Nicht ein Muskel in Natalies Gesicht bewegte sich. Verärgert sprang Patrick auf und guckte aus dem Fenster.

„Komm schon, Schnuckel, was ist los? Du liegst da wie ein Ölgötze", murrte er. „Ich dachte, jetzt, wo du gestern im Krankenhaus warst, wär' zwischen uns wieder alles in Ordnung. Und so schlimm kann es nun auch nicht gewesen sein! Ich kenne mehrere Mädchen, die das haben machen lassen. Das geht doch ruckzuck! Fünf Minuten, und die Sache ist vergessen. Eine von ihnen, so alt wie du, hat sogar schon zwei hinter sich." Er lachte kurz auf. „Die sieht das sogar als Verhütungsmethode an. Die Pille hat ihr zu viele Nebenwirkungen. Weißt du, was ihr Wahlspruch ist? Den hat sie mir gestern gesagt, als ich ihr erzählt habe, daß es dich auch erwischt hat. Hör zu: ‚Auf der Alm, da läßt sich's lieben, denn jeden Herbst wird abgetrieben.‘ Klingt witzig, nicht?" grinste er vor sich hin und fuhr auf den Hacken herum.

Er schreckte zurück, daß er rücklings gegen das Fenster schlug. Ein Blumentopf fiel knallend zu Boden. Das Grinsen auf seinem Gesicht erstarb mit einem Mal zu einer verzerrten Grimasse. Er hatte Natalie weder aufstehen noch sich ihm nähern hören – und doch stand sie jetzt so dicht vor ihm, daß er ihren Atem spüren konnte. Ihm wurde es unheimlich. Das Mädchen, das da vor ihm stand, war ihm ganz und gar fremd. Leblose Augen in dunklen Höhlen durchbohrten ihn. Das Gesicht war hart und bleich. Er bekam eine Gänsehaut. Starr stand sie vor ihm und sagte kein Wort. In diesem Augenblick verging es ihm gründlich, Natalie Landeau in ihren schwarzen Sachen als Tod auf zwei Beinen zu bezeichnen.

„Was …", stammelte er, doch er brachte keinen Satz heraus.

„Es ist am besten für dich, wenn du von hier verschwindest. Und ich empfehle dir, dich nie wieder sehen zu lassen."

Natalies Stimme war monoton und emotionslos. Aber gerade darin lag eine eiskalte Drohung.

Patrick bemühte sich, seiner anfänglichen Verängstigung Herr zu werden, und nahm allen Mut zusammen.

„Was ist denn los, Natalie?" Diesmal schaffte er es, seine Frage herauszubringen. „Weißt du, was du da sagst?"

Erneut fuhr es ihm durch alle Glieder, als er das Lächeln sah, das Natalies Mund umspielte. Es war ein Lächeln der Verachtung.

„Das weiß ich. Und ich denke dabei nur an dich, lieber Patrick. Ich will dir die peinliche Lüge ersparen, vor dem Altar zu stehen und zu sagen: ‚… wie in schlechten Tagen.'"

„Wie meinst du das?" Er verstand ihre Anspielung nicht.

„Du kapierst nichts! Deshalb hast du auch fleißig mitgeholfen, mich in diese Abtreibungsmühle zu jagen. Glaub' ja nicht, daß ich dir das jemals vergessen werde! Dafür wirst du bezahlen. Auf Heller und Pfennig! Genauso, wie auch ich bezahlt habe!"

Er wich von neuem erschrocken zurück, als er in Natalies Augen schaute. Blanker, abgrundtiefer Haß stand darin geschrieben. Natalie machte einen Schritt zur Seite. „Hau ab! Solange du noch Zeit hast!"

Der Weg zur Tür war frei. Mit einem Satz war er an ihr vorbei. Erst als er die Tür einen Spaltbreit geöffnet hatte, fühlte er sich sicher genug, sich nochmals umzudrehen.

„Du bist wahnsinnig, Natalie! Wahnsinnig!" rief er ihr hastig zu und verließ fluchtartig das Haus.

Frau Landeau hatte in der Küche den Knall des Blumentopfes gehört, sich jedoch nichts weiter dabei gedacht. Jetzt hingegen, wo sie Patricks erregte Worte vernahm und mitbekam, daß er wie in Panik aus dem Haus rannte, wurde sie hellhörig. Sie wagte es allerdings nicht, zu ihrer Tochter zu gehen. Sie ahnte, was geschehen war, und es versetzte ihr einen Stoß. Wie versteinert stand sie da, schwer auf den Tisch gestützt, auf dem sie gerade die Bügeldecke ausbreiten wollte. Die Arbeit hatte ihr bisher schon viel Mühe bereitet. Doch nun versagten auch die letzten Kräfte. Schlaff sank sie auf einen Stuhl und begrub ihr Gesicht in ihren Händen.

Dann war es still im Haus. Eine unheimliche Stille lag plötzlich über allen Räumen. Frau Landeau saß fassungslos da. Sie wußte nicht, wieviel Zeit vergangen war, als ein Geräusch die Stille zerriß. Jemand machte sich am Telefon zu schaffen und drehte die Wählscheibe! Das konnte nur Natalie sein. Rief sie vielleicht Pastor Valentin an? Frau Landeau schöpfte neue Hoffnung.

„Das ist gut, Natalie. Sprich mit ihm!" dachte sie und sah einen kleinen Silberstreif am Horizont. Sie selbst fühlte sich ratlos und machtlos. Doch es mußte Hilfe her. Dringend! So konnte und durfte es nicht weitergehen. Ihr Mann würde bald explodieren, wenn diese Spannung anhielt und Natalie sich weiterhin so abweisend benahm.

„Ruf ihn an, Natalie!" sprach sie leise – fast wie ein Gebet – und lauschte.

Eine Pause trat ein. „Nein!" rief sie in sich hinein. Der Hörer war auf die Gabel gefallen. Aber ein Fünkchen Hoffnung blieb.

„Noch mal, Natalie! Versuch's noch einmal!" flehte sie leise, dabei ihre Hände faltend. Sekunden knisternder Anspannung vergingen. Das nächste, was sie hörte, waren die Laute sich entfernender Schritte. Wie eine feine Kristallschale zerbrach alle Hoffnung in ihr.

7

Das Möbelhaus *Kedar* zählte zu den größten der Stadt. Mit seinen sieben Stockwerken überragte es die Konkurrenz um Längen. Wie an jedem Samstagvormittag herrschte ein reger Zulauf von Kunden, und nur in ganz wenigen Abteilungen ging es weniger betriebsam zu. Dazu gehörte auch die Abteilung mit den Kinderzimmermöbeln.

Für ein Ehepaar war es bereits das vierte Geschäft, das es auf der Suche nach einer schönen Kinderzimmereinrichtung betreten hatte, denn in weniger als fünf Monaten erwartete es Nachwuchs. Nun war es endlich fündig geworden. Während die Frau mit zufrieden leuchtenden Augen noch die Möbel bewunderte, die in ein paar Tagen in ihrem Haus stehen würden, begleitete ihr Mann den Verkäufer, um den Kaufvertrag perfekt zu machen. Als er nach einigen Minuten zurückkam, deutete seine Frau auf ein kleines Schränkchen.

„Ja, Alexander, das mußt du zu Hause unbedingt ausmessen. Es wäre so schade, wenn wir es nicht nehmen könnten!" Gabriela Mello-Wilbank war ganz angetan von dem Möbelstück, an dem ihr Blick unverwandt hing.

„Es ist wirklich fein", stimmte ihr Mann zu, wenn er sich auch nicht gerade überschwenglich begeistert zeigte. „Ich bin mit dem Verkäufer übereingekommen, daß wir uns gleich Anfang nächster Woche melden, ob wir das Schränkchen noch dazunehmen oder nicht. Solange hält er es für uns zurück."

Mit einem strahlenden Lächeln hakte Gabriela Mello-Wilbank sich bei ihrem Mann unter. „Jetzt würd' ich gern noch ein paar Babysachen kaufen", sagte sie unternehmungslustig.

Ihr Mann zog eine leichte Grimasse und sah sie schief an. „Kompromiß: Wir machen eine kleine Pause und essen was, bevor der große Ansturm im Restaurant einsetzt, und sehen dann weiter, wo wir als nächstes unser Geld lassen!"

Sie gab ihm einen Kuß zur Antwort, und die beiden marschierten zielstrebig zum Aufzug.

Das Restaurant des *Kedar* lag im obersten Stockwerk und bot einen herrlichen Blick über die Stadt. Obwohl es unüberschaubar großräumig war, wirkte es durch viele Pflanzen und andere Dekorationen doch sehr nett und gemütlich. Die Wahl des Tisches fiel nicht schwer, da nur noch eine Handvoll der begehrten Fensterplätze frei war. Das Ehepaar Mello-Wilbank hatte gerade Platz genommen und einen ersten Rundblick über die Dächer der Stadt geworfen, als auch schon eine Bedienung die Speisekarte brachte.

„Einen Martini und einen Orangensaft bitte!" gab Alexander Mello-Wilbank die Bestellung der Getränke auf, während die Augen seiner Frau über das faszinierende Panorama wanderten, das sich gestochen scharf vom blauen Himmel abhob. Die Bedienung notierte sich das Gewünschte und verschwand flinken Schrittes.

Alexander Mello-Wilbank langte in seine Jackettasche, um eine Packung Kaugummi hervorzuholen. Dabei zog er einen bedruckten Zettel mit heraus. Er begutachtete ihn kurz, knüllte ihn dann naserümpfend zusammen und wollte ihn in den Aschenbecher werfen.

„Was ist das?" Die Aufmerksamkeit seiner Frau war nun auf das Papierknäuel gelenkt. Sie nahm es und faltete es auseinander.

„Ach, irgend so ein Flugblatt, das sie in der Fußgängerzone verteilen." Alexander Mello-Wilbank entfernte die Folie von dem Kaugummi und schob es sich in den Mund. „Ich dachte, ich steck's mal ein – hätte ja was Interessantes sein können. Aber wenn ich lese, wer dahintersteckt, weiß ich schon Bescheid!"

Seine Frau schaute sich die letzten beiden Zeilen an: „Überreicht durch Aktionsgruppe *Vogelstrauß*. Verantwortlicher Leiter: Pastor Ph. Valentin." Obwohl auch sie nicht viel von Pastor Valentin hielt, in dessen Gemeindebezirk sie wohnten, begann sie doch zu lesen.

„Im Bundestag war es wieder einmal soweit. Man entsetzte sich durch alle Parteien hindurch über die Schrecken des Dritten Reiches. Man gedachte des Holocausts an den Millionen von Juden, und man erinnerte sich an die Tausende von Urteilen, die damals über geistig und körperlich Behinderte gesprochen wurden und lauteten: ‚Nicht lebenswert!‘ Per Gesetz wurden diese Menschen umgebracht! Und wieder waren sich alle Politiker einig, daß es niemals mehr zu einem Völkermord kommen dürfe. Man beschwor die Menschenrechte und die Achtung vor dem Leben. – Nur eine Kleinigkeit übersah man, als man von den behinderten Menschen sprach: Daß es heute keine Gaskammern mehr gibt, liegt nicht daran, daß wir etwa so menschlich geworden sind. Es gibt sie nicht, weil der behinderte Mensch oft gar nicht mehr das Recht erhält, überhaupt geboren zu werden. Es wurde bei den Gedenkfeiern ganz vergessen zu erwähnen, daß die Behinderten es ja oft überhaupt nicht bis zur Gaskammer schaffen können, weil sie per Gesetz bereits im Mutterleib getötet werden können. Dank Krankenschein und eugenischer Indikation werden Tausende gleich im Mutterleib ‚vergast‘. Niemand merkt offensichtlich, daß wir uns längst mitten im ‚Embryocaust‘ befinden!

‚Warum denn so ein abscheuliches Schauerbild, Herr Pastor?‘ werden Sie mir jetzt vielleicht entgegenhalten. Aber dann gestatten Sie mir eine Gegenfrage: Bringen die massenhaften Abtreibungen – jährlich 500 000 (!) im vereinigten Deutschland – wirklich die Hilfe für die Betroffenen, wegen der sie legalisiert wurden?

Da nun viele ‚unerwünschte‘ Kinder gar nicht mehr geboren werden, müßte die Kinderliebe in unserem Land sprunghaft angestiegen sein. Statistiken jedoch beweisen das Gegenteil! Wie bei uns, so hat auch in Schottland, den USA und anderen Ländern mit den Abtreibungen die Zahl der Kindesmißhandlungen zugenommen – manchmal sogar im gleichen Verhältnis!

Die Partnerschaften und Ehen sind nun stabiler und harmonischer, oder nicht? Frauen sind glücklich über die neuen Möglichkeiten zur Selbstbestimmung, oder nicht?

Beides wäre die logische Folge, trifft aber leider nicht zu. Die Scheidungsquote hat einen Rekord erreicht! Frauen, die ein Kind haben abtreiben lassen, machen in Statistiken über Depressionen und Selbstmordversuche häufig einen sehr hohen Anteil (ein Drittel!) aus – aber das wird nur zu gern verschwiegen. Überhaupt wird meistens gar nicht über die Komplikationen bei Abtreibungen ..."

Gabriela Mello-Wilbank brach an dieser Stelle ab und las den Satz über Depressionen und Selbstmordversuche noch einmal. Er entlockte ihr ein müdes Lächeln.

„So ein dummes Gewäsch!" meinte sie. Verärgert zerriß sie das Blatt und plazierte es in den Aschenbecher. „Typisch Männer! Selbst nicht schwanger werden können, aber allen Ernstes meinen, über Frauenangelegenheiten mitreden zu müssen!"

Ihr Mann setzte gekünstelt eine gekränkte Miene auf. „Alle Männer? Sieh mal, ich geb' dir jetzt doch was Ordentliches zu lesen!"

Sie schmunzelte und nahm die Speisekarte, die er ihr hinhielt.

Erst jetzt bemerkte sie, daß die Getränke schon serviert waren. Alexander Mello-Wilbank schlug erwartungsvoll die Menüseite auf, und damit war für ihn die Sache erledigt. Er wechselte das Thema: „Bleibt es eigentlich dabei, daß du die Firmenaufsicht *möglichst bald* Richard überträgst?" Er betonte die Worte „möglichst bald", weil seine Frau sie vor wenigen Tagen in dem gleichen Zusammenhang benutzt hatte.

„Am Montag", entgegnete sie so belanglos wie möglich, obschon sie genau wußte, daß diese Nachricht bei ihrem Mann wie eine Bombe einschlagen würde.

Sie hörte, wie er die Speisekarte auf den Tisch knallte. „Ist das dein Ernst?" Ein starker, hoffnungsvoller Unterton schwang in seiner Frage mit.

„Na klar!" sagte Gabriela Mello-Wilbank wie selbstverständlich und hielt ihre Augen weiter auf die Speisekarte gerichtet, obwohl sie nicht wirklich darin las. „Meinst du, ich will ein Risiko für unser Baby eingehen?"

„Wow!" rief ihr Mann freudig aus.

Sie riskierte einen blitzschnellen Blick über den Rand der Speisekarte hinweg und sah in ein Gesicht, das strahlte, als würde ein kleiner Junge seine Weihnachtsgeschenke auspacken.

8

Seit zwei Tagen machte die Hitze in der Stadt den Menschen zu schaffen. Schon in den Vormittagsstunden hatte das Quecksilber über 28 Grad angezeigt. Jetzt, um 13 Uhr, erreichte es seinen vorläufigen Höchststand: 34 Grad im Schatten!

Zusätzlich lag eine schwere Dunstglocke über der Stadt. Kein Lüftchen wehte. Die heiße, stickige Luft stand wie eine durchsichtige Wand zwischen den Häusern. Und schenkte man den Vorhersagen der Metereologen Glauben, dann war auf Tage hinaus kein Ende der Hitzewelle in Sicht.

Am Städtischen Gymnasium hatte der Direktor frühzeitig Konsequenzen gezogen und dem Lehrerkollegium um neun Uhr die Anweisung erteilt, den Unterricht für die Unter- und Mittelstufe nach der zweiten Stunde enden zu lassen. Lediglich die Schüler der Oberstufe hatten kein Hitzefrei erhalten. Sie mußten sich weiter in den brütendheißen, stickigen Räumen mühsam durch die Stunden quälen. Unter ihnen war auch Natalie Landeau.

Sie saß um 13 Uhr in Kursraum 8. Ihr Englischlehrer, zugleich auch ihr Mentor, gab die letzte Klassenarbeit zurück. Die Fenster standen sperrangelweit offen, ebenso die Tür. Trotzdem ging nicht der leiseste Luftzug, der doch so wohlgetan hätte, durch die Klasse.

Wie erschlagen hockten die Schüler auf ihren Plätzen. Sie versuchten sich mit Heften lindernde Kühle zuzuwedeln, hingen schlaff auf ihrem Stuhl und tauchten in Gedanken in das erfrischende Naß im Schwimmbad ein.

Der Englischlehrer, dem nun schon zum zehnten Mal ein Versprecher unterlaufen war, schaute luftringend auf seine Armbanduhr. Bei dieser Hitze war es auch mit seiner Konzentration nicht weit her. Er legte das Stück Kreide in das Kästchen unter der Tafel und rieb sich die Fingerspitzen.

„Liebe Leute, die Arbeit besprechen wir nächste Stunde weiter."

Schlagartig brandete tosender Lärm auf. Einige klatschten Beifall, andere riefen „Bravo!", „Da Capo!", und wieder andere schlugen zu ihrer Beifallsbekundung mit den Händen auf den Tisch.

Mit schweißverklebtem Hemd stand der Lehrer da und sah zu, wie eine grölende Meute ihre Sachen zusammenpackte und eilends an ihm vorbeistürmte. In einem Pulk Schüler war auch Natalie Landeau. Er rief sie.

„Natalie! Ich hätte Sie gerne kurz gesprochen!"

Sie reagierte sofort, ließ die Gruppe weitergehen, in der sie ohnehin wie ein Fremdkörper zur Tür mitgespült worden war, und kam auf den Lehrer zu. Er hatte sich inzwischen an sein Pult gesetzt und das Kursbuch aufgeschlagen, um seine Eintragung zu machen. Als er damit fertig war und es in seiner Aktentasche verstaut hatte, war nur noch ein schwacher, sich immer weiter entfernender Schülerlärm zu hören. Der Lehrer blickte Natalie an und brachte sein Anliegen ohne schmückende Umschweife auf den Punkt.

„Ich mache mir Sorgen, Natalie. Nicht wegen der Sechs heute in der Klausur. Ein Ausrutscher kann jedem passieren! Aber da ich Ihr Mentor bin, haben mich Kollegen angesprochen und mir mitgeteilt, daß Sie in deren Fächern fast schlagartig mündlich wie schriftlich total abgebaut haben. Und zum Teil wohl recht erheblich. Das läßt die Sechs von heute natürlich in einem ganz anderen Licht erscheinen. So viele Ausrutscher gibt es nicht! Da steckt meistens etwas dahinter."

Regungslos stand Natalie da, ihre Schultasche auf dem Arm, und starrte ihren Lehrer ausdruckslos an. Für einen Moment beschlich ihn der Gedanke, sie habe ihm gar nicht zugehört. Doch er verwarf diesen Gedanken rasch und sprach weiter:

„Ich will offen mit Ihnen reden. Es gehört nicht viel pädagogische Beobachtungsgabe dazu, um zu erkennen, daß etwas nicht in Ordnung ist, und zwar etwas Gravierendes. Und das erkenne ich nicht allein an dem schulischen Absturz, sondern zum Beispiel auch an Ihrem hageren, fahlen

Gesicht. Sie haben mächtig abgenommen. Auch von Ihrer einstigen Fröhlichkeit ist nichts geblieben. Seit Wochen habe ich Sie nicht mehr lachen, ja nicht mal mehr schmunzeln sehen. Ihre Gesichtszüge sind stets unglücklich und versteinert. Was ist los, Natalie?"

Er betrachtete aufmerksam ihr Gesicht. Nicht ein Muskel zuckte, und in ihren Augen konnte er nichts erkennen als Leere und Dunkelheit. Aber er ließ sich nicht beirren und fuhr mit seinen Worten fort.

„Ich mache mir Sorgen, echte Sorgen. Nicht um Ihre Versetzung. Da kann in den letzten Wochen nichts mehr anbrennen! Wegen Ihnen persönlich bin ich beunruhigt. Wenn Sie jemand brauchen, mit dem Sie reden können, so bin ich gern bereit. Ich möchte Ihnen helfen."

Er versuchte, irgendeine Reaktion auszumachen, doch ohne Erfolg. Genausogut hätte er gegen die Klassenwände reden können. Krampfhaft überlegte er, was er jetzt noch tun könnte, als Natalie schließlich doch ein paar Worte von sich gab. Sie bestanden aus gefühllosen Silben, als kämen sie aus einer leblosen Maschine.

„Zu spät. Mir braucht niemand mehr zu helfen."

Langsam kehrte Natalie sich ab und ging fort. Dem Lehrer schnürte ihre Antwort die Kehle zu. Erschüttert sah er der schmächtigen, schwarzen Gestalt hinterher.

*

Daß die Klimaanlage nichts taugte, hatten die Schwestern und Pfleger schon des öfteren moniert, aber beim technischen Dienst waren sie damit auf taube Ohren gestoßen. Nun, bei der seit Tagen anhaltenden extremen Wettersituation, wurde der miserable Zustand der Anlage nur zu deutlich. Überall, in allen Gängen und allen Zimmern des Städtischen Krankenhauses, stauten sich die Hitze und die verbrauchte Luft. Seit zwei Tagen arbeiteten mehrere Elektriker fieberhaft an der Klimaanlage, um den Defekt aufzuspüren. Bisher ohne Erfolg. Das Pflegepersonal hatte also recht gehabt, aber darüber empfand es keinen Triumph.

Denn gerade die Schwestern und Pfleger waren es, die über die stickigen Flure und von einem miefigen Zimmer ins nächste flitzen mußten und am meisten unter dem groben Mißstand zu leiden hatten.

Pastor Phillip Valentin war von der diensthabenden Schwester der Station 6 angerufen worden. Der Zustand eines Patienten hatte sich rapide verschlechtert, so daß es sein konnte, daß er den morgigen Tag nicht mehr erlebte.

Als Valentin die Krankenhaushalle betrat, mußte er sein Taschentuch zücken, um sich den Schweiß von der kahlen Stirn zu wischen. Die Mauern waren gegenüber der prallen Sonne eine Wohltat, doch hatte er sich mehr kühlende Erleichterung von der Halle erhofft.

Vor den vier Aufzügen standen nur wenig Leute. Er gesellte sich geduldig dazu. Der Gong ertönte, und ein Lift kam. Am beleuchteten Pfeil auf der Anzeigetafel erkannte Phillip Valentin, daß der Aufzug abwärts in den Keller fuhr. Trotzdem stiegen beinah alle Wartenden ein.

„So sind wir Menschen manchmal", dachte er amüsiert, „rennen blind durch die Gegend."

Die Lifttür schloß sich, und er stand fast allein da. Nur eine Schwester mit einem Haufen Zettel in der Hand hatte ebenfalls auf den Pfeil achtgegeben und wartete weiter. Erfreut stellte er jetzt fest, daß er die Schwester sogar kannte, ja, von Kindesbeinen an kannte, denn sie war in seinem Gemeindebezirk aufgewachsen.

„Guten Tag, Schwester Kristina", sprach er sie an und machte einen Schritt auf sie zu.

Kristina erwiderte den Blick, und ihr Gesicht erhellte sich ein wenig. „Guten Tag, Pastor Valentin", entgegnete sie höflich.

Valentin hatte Kristina eine ganze Weile nicht gesehen, so daß ihm besonders auffiel, wie blaß und schmal ihr Gesicht geworden war. Da er langes Gerede um den heißen Brei herum haßte, fragte er unumwunden: „Krank, Schwester Kristina? Sie sehen schlecht aus."

Er bemerkte, daß seine Direktheit sie traf und erröten ließ. Da gongte es von neuem. Diesmal fuhr der Lift aufwärts. Während sie abwarteten, bis die Fahrgäste ausgestiegen waren, entschuldigte sich der Pfarrer.

„Tut mir leid, ich wollte Sie nicht verletzen."

„Das haben Sie auch nicht." Sie sah ihm direkt in die Augen. „Sie haben ja recht. Nur, manchmal will man die Wahrheit eben nicht hören!" gestand sie ein.

Sie stiegen in den Fahrstuhl. „Sind Sie nicht mehr auf Station sieben?" fragte Phillip Valentin erstaunt, als Kristina die 2 drückte.

„Nicht mehr. Ich bin jetzt auf Station vier", sagte sie kurz mit einem Kopfschütteln.

Ihm entging nicht, daß er offenbar wieder an einen wunden Punkt gerührt hatte.

Das Licht von Knopf 2 erlosch, und die Tür glitt auf. „Wiedersehen, Herr Pastor", verabschiedete sich Kristina, ohne ihn anzusehen, und rannte fast aus dem Lift.

„Auf Wiedersehen, Schwester Kristina", sagte er verdattert und schaute ihr stirnrunzelnd nach.

„Da stimmt doch was nicht!", dachte er und schon ehe sich der Fahrstuhl wieder in Bewegung setzte, hatte er einen Entschluß gefaßt.

*

Kristina hörte erst auf zu rennen, als der Fahrstuhl weiterfuhr. Sie blieb ruckartig stehen, schloß ihre Augen und atmete tief durch, und erst nach einigen Sekunden ging sie langsam weiter zum Sekretariat der gynäkologischen Ambulanz. Dort wurde sie flüchtig Zeugin eines kurzen Gesprächs, dem sie jedoch kaum Beachtung schenkte.

„Frau Lombardi kenne ich", bejahte Dr. Nicolai. „Und warum schickt Frau Lombardi Sie?"

Die junge Frau blickte unbehaglich umher. „Könnten wir das vielleicht unter vier Augen besprechen?"

Dr. Nicolai zögerte.

„Es dauert nicht lange. Zwei Minuten."

„Meinetwegen", gab der Arzt nach. Er wandte sich an

Kristina, die am Schreibtisch die mitgebrachten Zettel sortierte, und sagte:

„Schwester Kristina, in Zimmer drei wartet eine Patientin auf einen Krebsvorsorgetermin. Würden Sie sich bitte darum kümmern?"

Dann ging er der Frau voran in sein wohnlich eingerichtetes Büro.

„Sie sind also eine Freundin von Frau Lombardi", begann er, nachdem sie in der Sitzecke Platz genommen hatten. „Und warum schickt Frau Lombardi Sie zu mir? Was kann ich für Sie tun?" Die Frau fingerte nervös an ihrer Handtasche. „Das gleiche, was Sie für Frau Lombardi getan haben."

„Einen Schwangerschaftsabbruch?"

Die Frau nickte.

„Um mir das zu sagen, hätten wir nicht in mein Büro gehen brauchen. Ein Abbruch ist ein ganz normaler Eingriff wie jeder andere auch. Da ist nichts Verwerfliches dran, das man verheimlichen müßte. Außerdem ist er Ihr gutes Recht. Daher dürfen Sie ihn ja auch auf Krankenschein vornehmen lassen."

„Das genau ist der Punkt, Dr. Nicolai", hakte die Frau ein.

Der Gynäkologe sah sie verdutzt an. „Welcher Punkt?"

„Die Krankenkasse."

„Wieso ...?" setzte er zu einer Frage an, brach dann allerdings ab, da ihm selbst die Antwort kam. „Ah ja", bemerkte er statt dessen, „jetzt verstehe ich, weshalb Frau Lombardi Sie schickt. Sie legte damals großen Wert darauf, daß nirgends erschien, daß sie eine Abtreibung hatte durchführen lassen – auch nicht auf dem Krankenschein."

Die Frau nickte. Die Sache war klar, und sie wurde sicherer. Sie öffnete ihre Handtasche, griff hinein und führte anschließend ihre Hand über den Tisch. Der Arzt konnte nicht erkennen, was die Frau in ihrer Hand hielt. Als sie die Finger spreizte, fiel ein Papierbündel heraus.

„Frau Lombardi sagte mir, daß fünfhundert reichen würden."

Mit geschürzten Lippen starrte der Arzt das Bündel Geldnoten an. Er beugte sich vor und ergriff es. Während er es in seiner Hosentasche verschwinden ließ, meinte er: „Ich verspreche Ihnen, daß in Ihren Akten nirgends auch nur der leiseste Hinweis auf eine Abtreibung auftauchen wird. Weil Sie eine Freundin von Frau Lombardi sind! Sonst mache ich so etwas nicht."

Der Frau war anzumerken, daß eine Zentnerlast von ihr abfiel. Erleichtert atmete sie auf. „Danke, Dr. Nicolai! Vielen Dank! Sie ahnen nicht, wie sehr Sie mir damit aus der Klemme helfen."

„Zum Helfen bin ich da", entgegnete er lapidar und erhob sich. „Sie entschuldigen mich. Einen ersten Termin können Sie bei meiner Sekretärin ausmachen."

„O ja, natürlich!" Die Frau sprang auf. „Ich danke Ihnen herzlich, daß Sie sich außer der Reihe Zeit für mich genommen haben."

Behenden Schrittes geleitete Dr. Nicolai seine neue Patientin ins Sekretariat und verabschiedete sich dort von ihr. Gleich darauf verschwand er in Behandlungsraum 1, wo Kristina eine Patientin für die Untersuchung vorbereitet hatte.

*

In Hawaii-Hemd und Shorts kam Alexander Mello-Wilbank pfeifend die Treppe in die angenehm kühle Vorhalle hinuntergeschlendert. Auf der Chippendale-Kommode legte er den Schraubenzieher und die vier Rollen ab, die er in Händen hielt. Er würde sie später in seinen Hobbyraum bringen. Fürs erste hatte die Hitze ihm jede Lust an der Bewegung genommen.

Er betrat die Küche, und die Hausangestellte, die gerade vor dem offenen Kühlschrank gestanden hatte, drehte sich sofort um.

„Anna", redete er sie an, „servieren Sie uns bitte den Tee auf der Terrasse?"

„Schwarzer, wie gestern?" fragte sie.

„Bei der Hitze das Beste. Und vergessen Sie die Zitronenscheiben nicht!"

Alexander Mello-Wilbank ging ins Wohnzimmer hinüber.

Als er es betrat, war seine Frau gerade im Begriff, vom Schreibtisch aufzustehen, um ihr leeres Glas nachzufüllen.

„Bleibst du wohl sitzen!" Er sprang herbei und nahm ihr das Glas aus der Hand. „Du sollst dich schonen. Was möchtest du?" Sie lächelte ihn an und gab ihm einen Kuß auf die Wange.

„Tomatensaft."

„Kommt sofort, schöne Frau." Ihr Mann stelzte in übertriebener Kellnermanier zur Bar. „Das Schränkchen paßt wirklich hervorragend neben das Kinderbett. Wie gut, daß wir es dazugenommen haben!" erzählte er munter drauflos. Er ahnte nicht, daß hinter seinem Rücken seine Frau für einige Sekunden ihr Gesicht schmerzvoll verzog. „Die Räder habe ich abmontiert. Du hattest recht, es sieht so noch viel besser aus."

Er goß das Glas voll und kam zum Schreibtisch zurück. Einen Blick über ihre Schulter auf die Papiere werfend, meinte er: „Sind die Verträge von Richard, hm?"

„Ja. Danke für den Saft." Gabriela Mello-Wilbanks Züge hatten sich wieder entspannt. Sie lächelte ihren Mann an und fuhr streichelnd über seine Hand.

„Ich leg' mich ein bißchen an den Pool. Sag mir, wenn du etwas brauchst, hörst du?" Er küßte sie erneut auf die Wange und verschwand augenzwinkernd im grellen Sonnenlicht der Terrasse. Während er draußen sein Hawaii-Hemd aufknöpfte und es sich im Liegestuhl bequem machte, bekam er von der sich allmählich zuspitzenden Dramatik im Wohnzimmer nichts mit.

*

Immer noch stand die Sonne wie angenagelt am Firmament. Mit unbändiger Kraft strahlte sie unablässig von einem kobaltblauen Himmel herab, als habe sie sich in einem Zornesausbruch vorgenommen, jeden Tropfen Wasser von der Erde aufzusaugen und alles mit ihrer Glut zu versengen. Die weite, sonst saftig grüne Wiese hinter dem Städtischen Krankenhaus war bereits völlig vertrocknet. Nun drückte die Hitze schwer gegen die Fenster der gynäkologischen Ambulanz. Trotz der Jalousien schaffte es die Sonne, die Luft in Behandlungsraum 2 aufzuheizen.

Mit jeder Minute wurde es Kristina dort unerträglicher. Seit einiger Zeit machten Schwester Ruth und sie den üblichen getrennten Schichtdienst, doch für heute hatte ihre Kollegin noch einmal eine gemeinsame Schicht anberaumt. Der Grund: es sollte eine Abtreibungsmethode angewandt werden, die für Kristina noch neu war. Dabei war sie überhaupt nicht darauf aus, noch eine Variante dieser grausigen Eingriffe mitzuerleben. Die, die sie kannte und bei der sie Dr. Nicolai inzwischen allein assistieren mußte, reichte ihr völlig. Mehr schlecht als recht hatte sie diese Nachmittage hinter sich gebracht. Jedesmal war sie abends körperlich kaputt und seelisch niedergeschlagen nach Hause gekommen. Es genügte ihr, mit den bisherigen scheußlichen Erlebnissen fertig zu werden. Und nun sollte sie eine weitere Methode kennenlernen!

Matt von der Hitze und mit einem üblen Geschmack im Mund stand sie am Verbandstisch und betrachtete die Unterlagen der Patientin. Immer wieder hörte sie, wie die Patientin, bei der starke Wehen eingesetzt hatten, schmerzvoll aufschrie. Schwester Ruth kümmerte sich um sie.

Kristina entnahm den Unterlagen, daß die Frau im dritten Monat schwanger war. Sie runzelte die Stirn. Im dritten Monat? Sie hatte den leicht gewölbten Bauch der Frau gesehen und auf den fünften oder gar sechsten Monat getippt. Sie wunderte sich, daß sie sich derart grob verschätzt hatte.

Sie drehte sich zu der Patientin um. Dabei fiel ihr Blick auf die Alukiste am Boden, die Schwester Ruth merkwürdigerweise aus dem Lagerraum herübergeholt hatte. Weshalb jetzt hier eine der Kisten stand, in die sie die sogenannten Abtreibungsabfälle packten, wußte sie nicht.

Die Wehen der Frau wurden heftiger. Sie klammerte sich mit ihren Händen an Schwester Ruth, wandt sich gepeinigt auf dem Tisch und schrie immer lauter. Ihr Gesicht war mittlerweile rot angelaufen, und die Haare klebten verschwitzt auf der Stirn. Eine solch qualvolle Prozedur hatte Kristina noch nicht miterlebt! Sie wußte von Schwester Ruth, daß Dr. Nicolai bei der Frau Prostaglandine in die Gebärmuttermuskulatur gespritzt hatte, die anhaltende Wehen auslösen sollten, um den Abgang des Fetus zu erzielen. Was sie sah, wirkte jedoch eher wie ein vehementer Wehensturm!

„Wo bleibt denn bloß Dr. Nicolai?", dachte Kristina ärgerlich. Die Frau tat ihr unsagbar leid. Schwester Ruth schien den gleichen Gedanken zu haben. Mit besorgter Miene und einem Handzeichen bedeutete sie ihr, sich im Sekretariat nach dem Arzt zu erkundigen. Kristina hatte noch keinen Schritt tun können, da wurde die Tür aufgestoßen.

Mit einer „So, dann wollen wir mal!"-Floskel kam Robert Nicolai in seiner grünen OP-Kleidung in den Raum. Er ließ sich von Schwester Ruth sterile Handschuhe verpassen und wandte sich nun der Frau zu. Kristina hatte während ihrer Ausbildung nicht vielen Geburten beiwohnen können, aber sie hatte den Eindruck, daß das, was vor ihren Augen geschah, einer normalen Entbindung sehr glich. Auffallend war lediglich, daß die Frau übermäßig qualvoll litt und alles außerordentlich rasch verlief.

Dr. Nicolai brauchte kaum Hilfe zu leisten, da lag der Fetus schon in einer Schale. Kristina trat vorsichtig näher heran, um die „fotoplazentare Einheit", wie ihr Chef sich oft ausdrückte, zu betrachten. Für einen Moment war die Sicht darauf frei, und sie konnte in die Schale blicken. Kristina traf beinahe der Schlag! Das Lebewesen in der Schale war mindestens zwanzig Zentimeter groß, wog bestimmt fünfhundert Gramm und war ein vollständig geformter Mensch! Ein feiner Haarflaum überzog seinen ganzen Körper.

„Im dritten Monat!" dachte sie verächtlich. „Das ist eine scheinheilige Lüge!" Sie hatte recht gehabt. Dieses Kind mußte wenigstens fünf Monate alt sein! Schließlich hatte sie für einige Wochen auf der Frühgeburten-Station gearbeitet. Da hatte sie kleine Menschen wie diesen hier, die mit Hilfe des Brutkastens überlebten, gepflegt. Dort war niemand auf die Idee gekommen, die kleinen Geschöpfe als „fotoplazentare Einheit" oder „fötales Gewebe" anzusehen. Es waren lebensfähige Kinder, die heute an der Hand ihrer Mutter laufen lernten und morgen fröhlich hüpfend in den Kindergarten gehen würden.

Der Arzt flüsterte Schwester Ruth etwas zu. Kristina konnte es wegen des Mundschutzes nicht klar verstehen. Sie glaubte, etwas wie „Komplikationen" gehört zu haben. „Was konnte er damit meinen?" fragte sie sich und suchte eine Lücke, um wieder einen Blick in die Schale werfen zu können. Was sie sah, zerriß ihr das Herz. Das winzige Menschlein zappelte – es lebte! Voller Verzweiflung bewegte es seine Arme und Beine. Mit seinem kleinen Mündchen machte es Atmungsversuche. Sie blieben vergeblich. Zu früh und zu brutal war es seinem bisher flüssigen Lebensraum entrissen worden. Ein Zittern ging über seinen Körper. In seinem Todeskampf streckte es noch einmal Ärmchen und Beinchen aus – dann verharrten sie starr in ihrer Stellung. Der eben noch rosige Körper wurde leichenblaß. Das kleine Menschlein war tot!

Beklemmung überfiel Kristina. Sie mußte hier raus – so schnell wie möglich raus. Ohne sich zu besinnen, stürzte sie aus dem Raum.

Als wäre sie soeben dem Erstickungstod entronnen, lehnte sie an dem Türrahmen des Sekretariats und rang nach Luft. Allmählich nahm sie ihre Umgebung wieder wahr, und ihre Atmung wurde ruhiger. Die kurze Betäubung ihrer Sinne ließ nach. Messerscharfe Gedanken zischten ihr durch den Kopf.

„Was für eine Bosheit!" dachte sie. „Und das in einem Krankenhaus. In wie vielen geschieht so was wohl noch? Und da redet Schwester Ruth von Schweigepflicht! Ha, das könnte denen so passen! Ich soll schweigen, damit keiner was erfährt und hier in aller Ruhe auf Krankenschein weiter gemordet werden kann. Nicht mit mir! Nicht mit mir!"

Kristinas Miene verriet Härte und Entschlossenheit. In ihrem Kopf arbeitete es fieberhaft, und sie begann, im Sekretariat auf und ab zu gehen. Als ihr Blick dabei zufällig den Karteischrank streifte, blieb sie abrupt stehen: Schwester Ruth hatte vergessen, den Schlüssel abzuziehen! War das ein Köder? Immerhin hatte sie einmal in der Pause deutlich gesagt, das verschlossene Karteifach sei für Kristina im Moment nicht aktuell. Und jetzt diese Chance.

Mit klopfendem Herzen sah Kristina zur Tür. Alles war still. Ein paar Minuten würde sie haben, bis Schwester Ruth die Patientin versorgt und im Behandlungsraum wieder Ordnung geschafft hatte. Langsam näherte sich Kristina dem Schrank, dabei unverwandt die Tür im Auge behaltend, durch die Schwester Ruth ins Zimmer kommen konnte. Ihr Puls raste. Sie spürte, wie es unter ihren Achseln feucht wurde. Sie schaute zum Schrank, zur Tür, wieder zum Schrank. Mit zittrigen Fingern drehte sie den Schlüssel herum. Sie horchte. Immer noch war alles ruhig. Behutsam zog sie das Fach auf. Die Karteikarten waren nach dem Alphabet geordnet. Wahllos pickte sich Kristina eine Karte heraus, sah ängstlich zur Tür. Kamen da nicht Schritte? Sie war bereits auf dem Sprung, das Fach wieder zu schließen, und spitzte die Ohren.

„Falscher Alarm!" atmete sie erleichtert auf und begutachtete unter der Rubrik „Therapie": „Abruptio".

Die nächsten Karten, die sie willkürlich herausnahm, bestätigten ihre Vermutung. Dieses Fach enthielt ausnahmslos Karteikarten von Frauen und Mädchen, die eine Abtreibung hatten vornehmen lassen. Kristina war entsetzt, als sie die Geburtsdaten mancher Patientinnen las. Dreizehn- und Vierzehnjährige befanden sich darunter.

Sie betrachtete mehr und mehr Karten. Etwa jede dritte war die eines Teenagers.

Und dann entdeckte sie noch etwas. Sie las die eine, die andere, die nächste – und hielt schockiert inne.

„Das gibt's doch nicht!" murmelte sie fassungslos und forschte weiter. Das durfte nicht wahr sein! Jetzt begriff sie, warum man so bedacht darauf war, daß dieses Fach verschlossen blieb. Die Tür vergaß sie völlig – so sehr hielt ihre Entdeckung sie gefesselt.

∗

Wenn man unter dem Sonnenschirm blieb und sich gelegentlich im Swimming-pool abkühlte, konnte man es eine Zeit im Garten aushalten. Alexander Mello-Wilbank schwamm bedächtig eine letzte 25-Meter-Bahn und stieg aus dem erfrischenden Wasser. Sein Gefühl verriet ihm, daß es allmählich Zeit für den Tee sein mußte.

Triefend patschte er zum Liegestuhl, über dessen Lehne ein rosa Frotteehandtuch hing, und begann sich abzutrocknen. Vergnügt pfiff er dabei vor sich hin, als plötzlich ein lautes Scheppern an sein Ohr drang. Instinktiv wandte er sich dem Haus zu. Von dort, vom Wohnzimmer her, war es gekommen. Es hatte geklungen, als wäre etwas zu Boden gefallen.

„O Anna, hoffentlich war es nicht das gute Service!" dachte Alexander Mello-Wilbank – allerdings keineswegs erbost, sondern mit leiser Heiterkeit. Gelassen rubbelte er sich weiter trocken. Da! Ein schrilles Kreischen! Das war Annas Stimme! Eilig warf er das Handtuch auf die Liege und klaubte seine Sachen zusammen.

„Herr Mello-Wilbank! Schnell! Kommen Sie schnell!" hörte er die Haushälterin aufgeregt rufen. Er schaute zur Terrassentür und sah ihr Gesicht – kreideweiß und in panischer Angst!

Er begriff sofort. Hier ging es nicht um kaputtes Geschirr. Etwas Ernstes war passiert. Hemd und Shorts in der Hand haltend rannte er barfuß zum Haus.

„Was ist ...?" Die Frage erstarb ihm in der Kehle, als er das Wohnzimmer erreicht hatte. Achtlos ließ er seine Sachen fallen und lief um den Schreibtisch herum.

„Gabi! Gabi!!" rief er erschüttert und hob vorsichtig den

Oberkörper seiner Frau von der Schreibtischplatte hoch. Ein feiner Faden Blut rann aus einer aufgeplatzten Wunde an der Stirn das Gesicht herunter. Gabriela Mello-Wilbank stöhnte und zog eine schmerzverzerrte Miene, als er sie in den Sessel zurücklehnte.

„Gabi, hörst du mich?"

Ihre linke Hand bewegte sich zitternd zum Bauch. „Es tut ... so weh! So ... weh!" stotterte sie mit gepreßter Stimme.

„Sei tapfer, Punzel! Es wird alles wieder gut!" Er streichelte ihr die Wangen und wandte sich der Haushälterin zu, die völlig aufgelöst neben ihm stand.

„Suchen Sie ein paar Sachen zusammen, Anna! Vielleicht muß sie ins Krankenhaus."

Während die Haushälterin schnell eine Tasche packte, schlug Alexander Mello-Wilbank im Adressenverzeichnis seiner Frau nach, das neben dem Telefon lag. Hastig tippte er eine Nummer ein. Nachdem zum zweiten Mal das Rufzeichen ertönt war, wurde er ungeduldig. „Nun geht schon ran, verdammt!" zischte er, seine Frau nicht aus den Augen lassend.

*

„Durch die Saug-Curettage kam es an der Innenwand der Gebärmutter zu Vernarbungen. Ein befruchtetes Ei konnte daraufhin später nicht wie normal in die Gebärmutter wandern. Es blieb im Eileiter liegen und nistete sich dort ein. Die Zygote wuchs heran, es kam zu einer Eileiterschwangerschaft. Nach einigen Wochen setzten bei der Patientin starke Schmerzen im Bereich des Abdomens ein. Schwere innere Blutungen machten eine Notfall-OP notwendig. Dabei mußte der Eileiter der Patientin entfernt werden."

Kristina las die nächste Karteikarte. Es war die eines vierzehnjährigen Mädchens: „D&C, Perforation, Sepsis, operative Entfernung der Gebärmutter." Was sich hinter dieser nüchternen Auflistung an Worten für ein Leid verbarg, konnte Kristina aufgrund ihres medizinischen Wissens zumindest erahnen. Ein junges Mädchen hatte eine Abtreibung vornehmen lassen, vielleicht freiwillig, vielleicht aber auch auf Drängen der Eltern und Freunde. Bei der „Dilatation und Curretage" hatte der Arzt mit seinem ösenartig geformten Metallgerät versehentlich die Gebärmutterwand durchstoßen. Es war zu einer allgemeinen Blutvergiftung gekommen. Schließlich hatte dem Mädchen sogar die Gebärmutter entfernt werden müssen.

Aus einem „kleinen und einfachen" Eingriff war eine lebenslange Schädigung entstanden. Das Mädchen würde nie mehr ein Kind bekommen können! Und das Baby, das sie damals hatte zur Welt bringen können, hatte sie ausschaben lassen.

Betroffen ordnete Kristina die Karte wieder ein und nahm eine andere zur Hand: „Bedingt durch zwei Abtreibungen in der Vergangenheit war Narbengewebe entstanden. In der 12. Schwangerschaftswoche mußte der Muttermund vorbeugend vernäht werden. Stationäre Aufnahme der Patientin erfolgte."

Durch ihre Ausbildung als Krankenschwester war Kristina schon immer bewußt gewesen, daß eine Abtreibung Gefahren in sich barg. Daß die Komplikationen hingegen so häufig und so massiv auftreten konnten, hatte sie nicht geglaubt. Infektionen, Sterilität, Plazentaverwachsungen, Rhesussensibilisierungen, Blutungen, Perforationen, Eileiterschwangerschaften – die Liste war lang, erschreckend lang!

„Suchst du was?"

Kristina zuckte zusammen. Die Karte, die sie gerade in Händen hielt, fiel zu Boden.

„Du brauchst kein schlechtes Gewissen zu haben!" Schwester Ruth sprach in ruhigem Ton weiter, als sei nichts Besonderes geschehen. „Nur wäre es mir lieber, wir gingen die Kartei einmal gemeinsam durch."

Sie stand neben Kristina und blickte sie freundlich an. Kristina brachte kein Wort hervor. Sie spürte, wie ihre Wangen heiß wurden. Vor Beschämung wagte sie nicht, Schwester Ruth in die Augen zu schauen, und senkte ihren

Blick. Sie war nicht nur verlegen, sie ärgerte sich auch, daß sie so unachtsam gewesen war und sich hatte erwischen lassen.

„Vergessen wir diese Situation ganz schnell", meinte Schwester Ruth und schlug plötzlich sogar einen humorvollen Ton an. „Ein ganzer Berg Arbeit wartet, und ich bin hier ja zum Glück nicht alleine angestellt." Sie kniff Kristina leicht in die Seite. „Komm schon! Vergiß es! Hier ist niemand nachtragend. Die nächste Saug-Curettage bereitest bitte du vor, ja?"

Kristina nickte. Sie war noch immer verdattert über das Verständnis und die Freundlichkeit, mit der Schwester Ruth ihr „Schnüffeln" quittierte. Damit hatte sie am allerwenigsten gerechnet. Erst schien man diese Karteikarten vor ihr verbergen zu wollen, und dann wurde es als Bagatelle abgetan, daß sie sich klammheimlich an dem Fach zu schaffen gemacht hatte. Dieses seltsame, unerklärliche Verhalten gab ihr ein neues Rätsel auf.

„Gut", meinte Schwester Ruth auf Kristinas Nicken, „ich geh' eben in den Lagerraum. Bin gleich zurück." Mit einem Lächeln, wie Kristina es bisher an ihrer Kollegin noch nicht beobachtet hatte, wandte Schwester Ruth sich ab. Kristina sah ihr nach und bemerkte die Alukiste in ihrer Hand. Wieso brachte sie die nun wieder zurück?

Jetzt, wo es gerade diesen peinlichen Zwischenfall gegeben hatte, traute Kristina sich nicht, danach zu fragen. Es war zum Haareraufen, was sich in dieser Ambulanz – und an ihr selbst vorbei – für Ungereimtheiten und Geheimniskrämereien abspielten! Was ging hier eigentlich vor?

Die Tür wurde aufgestoßen, und Dr. Nicolai trat ins Büro. Er sah Kristina fürsorglich an und fragte in väterlichem Ton: „Wie geht's unserer Patientin?"

Seine Anteilnahme beeindruckte Kristina nicht. Unvermittelt schleuderte sie ihm die Frage entgegen, die sie beschäftigte: „Was haben Sie mit dem Kind in der Schale gemacht, Dr. Nicolai?"

„Dafür haben wir jetzt keine Zeit. Aber offenbar geht es Ihnen wieder besser. Sie können sich gern noch ein bißchen ausruhen. Sobald Sie sich kräftiger fühlen, kommen Sie bitte nach."

Er machte auf den Hacken kehrt, als gerade Schwester Ruth wieder ins Sekretariat kam.

„Auf, auf, Schwester Ruth! Wir haben eine Menge zu tun!"

„Das war Mord, was Sie getan haben, Dr. Nicolai. Glatter Mord!"

Der Arzt blieb abrupt im Türrahmen stehen und drehte sich bedächtig um. „Diese unflätige Äußerung schreibe ich Ihrem momentan geschwächten Bewußtseinszustand zu, Schwester Kristina. Ansonsten müßte ich sie nämlich als böswillige Verleumdung zur Anzeige bringen. Und das täte ich nur sehr ungern."

„So? Warum?" Kristina ließ sich nicht einschüchtern. Die Erinnerung an das schreckliche Geschehen, das sie mit angesehen hatte, verlieh ihr Kraft und Mut, kein Blatt vor den Mund zu nehmen. „Weil Sie damit Ihre Arbeit einer Prüfung aussetzen müßten?"

„Schwester Kristina, was soll das? Wollen Sie mich mutwillig beleidigen? Ich habe nichts zu verbergen und bewege mich im Rahmen des Gesetzes."

„Wirklich?"

„Kristina!" mischte sich Schwester Ruth empört ein. „Weißt du überhaupt, was du sagst?"

„Lassen Sie nur, Schwester Ruth", wehrte Dr. Nicolai ab, „jetzt kommt endlich auf den Tisch, was sich bei Schwester Kristina angestaut hat."

Das Telefon läutete. Schwester Ruth ging an den Apparat.

„Sie bezweifeln die Legalität meiner Arbeit?" fragte Dr. Nicolai leise, aber eindringlich.

„Ja!" folgte ohne Zögern die Antwort. „Und ich bin sicher, die Öffen..." Kristina brach ab. Am liebsten hätte sie sich auf die Zunge gebissen. Sie hatte eindeutig einen Fehler begangen.

„Was wollten Sie sagen, Schwester Kristina?" sprang Robert Nicolai sofort darauf an. „Die Öffentlichkeit?

Wollen Sie die Öffentlichkeit informieren? Schauen Sie sich mal Ihren Arbeitsvertrag an! Da steht etwas von Schweigepflicht. Mir unterstellen Sie bösartig Gesetzesverstöße, und Sie selbst geben offen preis, das Gesetz brechen zu wollen."

Kristina wurde unwohl. „So meinte ich das nicht."

„Aber natürlich nicht!" Die Ironie der Worte war bissig wie eine Kobra.

„Ich will nur sagen", stammelte Kristina, die nun mit dem Rücken zur Wand stand, unbeholfen, „daß ich das Recht habe, mich gegen eine Assistenz bei Abtreibungen zu wehren. Ich muß diese Arbeit nicht tun."

„O gewiß, dieses Recht steht Ihnen zu. Das will Ihnen auch keiner streitig machen. Nur unterhalten Sie sich darüber am besten mit der Pflegedienstleitung, statt mich hier grundlos anzufeinden."

Schwester Ruth unterbrach sie. „Ein dringendes Gespräch für Sie, Dr. Nicolai. Ich habe es auf Leitung 1 gelegt."

Als sich der Arzt in sein Büro begab, um das Telefonat entgegenzunehmen, nutzte Schwester Ruth die Gelegenheit, ihrer heißspornigen Kollegin den Kopf zurechtzurükken.

„Bist du eigentlich plemplem, dich so aufzuführen?" fauchte sie Kristina mit unterdrückter Stimme an. „Was ist bloß in dich gefahren? Du hast ..."

Der Wortschwall, der nun einsetzte, prallte an Kristina ab. Sie gewährte Schwester Ruth, Dampf abzulassen, und hing selber dem letzten Satz Dr. Nicolais nach.

Die Pflegedienstleitung – nein, sie würde sich gleich an Direktor Bagenholm wenden. Sie kannte ihn als einen offenen, redlichen Mann, mit dem man reden konnte. Sie hatte sich zwar stets gesagt, daß sie jederzeit Bagenholm um eine Versetzung bitten konnte. Noch dazu war sie ja nicht freiwillig in die Ambulanz gegangen. Doch hatte sie bisher gezögert, weil sie sich nicht nachsagen lassen wollte, daß sie gleich die Flinte ins Korn warf. Das heutige Erlebnis allerdings machte das Maß voll. Hier blieb sie nicht einen Tag länger! So schnell wie möglich würde sie zu Direktor Bagenholm gehen und um einen sofortigen Wechsel bitten.

Dr. Nicolai trat ins Sekretariat. Seine Stimme riß Kristina aus ihren Gedanken und ließ Schwester Ruth schlagartig verstummen. „Ich muß dringend in den Rea-Raum und anschließend, so, wie es aussieht, wohl in den OP. Sagen Sie den Patienten, sie möchten sich gedulden."

Mit diesen Instruktionen – und ohne Kristina eines Blickes zu würdigen – verließ er das Sekretariat, Schwester Ruth bis zum Wartezimmer in seinem Schlepptau. Sie würde die Patienten über die Verzögerung informieren, dann zurückkommen und womöglich ihre Standpauke fortsetzen. Kristina verblieb also nicht viel Zeit. Sie lehnte die Tür an und griff zum Telefon. Direktor Bagenholms Nummer kannte sie auswendig. Sie drückte die Tasten und hoffte inbrünstig, daß er noch in seinem Büro saß.

„Bagenholm." Zu Kristinas Erstaunen nahm nicht seine Sekretärin das Gespräch an, sondern er selbst – um so besser!

„Guten Tag, Herr Direktor Bagenholm", meldete sie sich. „Hier spricht Schwester Kristina Berensen von der Gyn-Ambulanz. Ich hätte Sie gerne etwas gefragt."

„Schießen Sie los, Schwester Kristina!" forderte der Direktor sie mit weicher, vertrauenerweckender Stimme auf. „Oder möchten Sie lieber zu mir ins Büro kommen?"

„Nein, nein, nicht nötig. Das geht auch so. Ich möchte mich nämlich nur vergewissern, ob ich in dieser Abteilung bleiben muß oder hier weg kann."

„Natürlich können Sie weg, Schwester Kristina, was für eine Frage!" lachte der Chef des Städtischen Krankenhauses am anderen Ende der Leitung. „Niemand kann sie zwingen, zu bleiben."

Kristina spürte Erleichterung. „Jederzeit?"

„Selbstverständlich jederzeit." Sie schmunzelte triumphierend. „Wann kann ich hier weg?"

„Wenn Sie es wünschen, schon morgen."

„Das klappt ja wie am Schnürchen!" freute Kristina sich

innerlich. „Das wäre fein!" gab sie Direktor Bagenholm zu verstehen.

„Gut. Gehen Sie zur Pflegedienstleitung und geben Sie dort Ihre Kündigung ab. Ihr Zeugnis und Ihre Papiere stellen wir Ihnen mit der Post zu."

Kristina brachte kein Wort mehr heraus. Sie verstand augenblicklich. Ihr Magen verkrampfte sich, als sie den Hörer auflegte.

*

Achtzig Minuten später haderte Alexander Mello-Wilbank mit dem Schicksal. Nervös marschierte er im Städtischen Krankenhaus den langen, neonbeleuchteten Flur vor dem Eingang zu den Operationssälen auf und ab. Mal ballte er beide Hände zu Fäusten, mal schlug er mit einer Faust heftig gegen die Innenfläche der anderen Hand. Eine geschlagene Stunde befand sich seine Frau nun schon im OP-Saal, und noch immer hatte er nicht den leisesten Hinweis erhalten, wie es um sie stand. Zum x-tenmal lief er den Flur hinunter, als er vom anderen Ende her Stimmen vernahm. Sofort schnellte er herum.

„Endlich!" schrie es in ihm auf, und er rannte auf Dr. Nicolai und den diensthabenden Kollegen zu, den der Gynäkologe hinzugezogen hatte. Schon von weitem rief er ihnen zu: „Dr. Nicolai, was ist mit meiner Frau?"

Noch während er sich dem Arzt näherte, erkannte er helle, lächelnde Züge auf Dr. Nicolais Gesicht, und seine Furcht verflog ein wenig. „Dann muß es gutgegangen sein", dachte er.

„Kein Grund zur Aufregung mehr, Herr Mello-Wilbank. Ihrer Frau geht es gut. Und das Baby lebt – auch wenn es erheblich zu früh gekommen ist. Ich gratuliere Ihnen, Sie sind soeben Vater eines wackeren Jungen geworden."

Alexander Mello-Wilbank schloß genüßlich seine Augen und klatschte mehrmals freudig in die Hände. „Ein

Junge! Juhu!" Er scheute sich nicht, seinem Glücksgefühl vor den Ärzten lauthals Ausdruck zu geben. „Genau, wie ich es mir gewünscht habe!".

Einige Augenblicke lang gab er sich seiner Freude hin, dann besann er sich auf die Realität. „Besteht für das Baby irgendeine Gefahr? Ich meine, es ist ja vier Monate zu früh gekommen."

Dr. Nicolai winkte gelassen ab. „Sicherlich, es ist noch sehr winzig. Aber dank unserer erstklassigen neonatalen Intensivstation besteht kein Anlaß zur Sorge. Wir werden Ihren kleinen Stammhalter schon hochpäppeln, verlassen Sie sich drauf!"

„Das tue ich auch", lachte Alexander Mello-Wilbank fast übermütig. „Und meine Frau? Wie geht es ihr?"

„Wir behalten sie selbstverständlich ein paar Tage stationär. Das Ganze hat sie physisch wie psychisch verständlicherweise stark mitgenommen."

„Das glaub' ich", sagte er einfühlsam und dachte wehmütig daran, wie seine Frau gelitten haben mußte. „Wie war das möglich, Dr. Nicolai, diese plötzlichen Schmerzen meiner Frau? Sie ist doch regelmäßig bei Ihnen zur Kontrolluntersuchung erschienen, und Sie haben Ihr immer versichert, daß alles in Ordnung war."

Der Kollege neben Dr. Nicolai meldete sich unvermittelt zu Wort. Alexander Mello-Wilbank richtete zum ersten Mal gezielt seine Aufmerksamkeit auf ihn. Dabei fiel ihm auf, daß seine Gesichtszüge keineswegs heiter und gelöst waren.

„Hat Ihre Frau vor Jahren mal eine Abtreibung vornehmen lassen?" fragte der Arzt mit ernster Miene.

Alexander Mello-Wilbank hob verblüfft seine Brauen.

„Danke, verehrter Kollege, für Ihre Mithilfe", fuhr Robert Nicolai seinem Kollegen in die Parade. „Der Rest ist allein meine Aufgabe." Mit einer unmißverständlichen Geste bat er den Arzt zu gehen. Verärgert über das schroffe Manöver, ließ der Arzt die beiden Männer allein.

„Was sollte die Frage, ob meine Frau eine Schwangerschaft abgebrochen hat?" wollte Alexander Mello-Wilbank wissen. „Was hat Ihr Kollege damit andeuten wollen? Die Frage hatte doch ihren Grund!"

Nun wurde auch Dr. Nicolais Miene ernster. Er vergrub seine Hände in den Kitteltaschen, schob die Lippen nachdenklich vor und schaute auf den Fußboden.

„Sie hatte ihren Grund, in der Tat", bekannte er, auf den Fußballen auf und ab wippend.

„Und welchen?" drang Alexander Mello-Wilbank in ihn. „Dr. Nicolai, Sie verheimlichen mir etwas!"

„Ach, Unsinn!" versetzte der Gynäkologe scharf. Er war plötzlich sichtbar gereizt. „Ich will Ihnen gar nichts verheimlichen. Ich habe bloß einen günstigeren Zeitpunkt abwarten wollen."

„Für was? Dr. Nicolai, reden Sie schon!"

„Es besteht ein Zusammenhang zwischen dem heutigen Vorfall und der Abtreibung vor fünf Jahren. Das kann man nicht leugnen. Dazu muß man wissen – und der Kollege ist ja nicht auf den Kopf gefallen –, daß bei einer normalen Geburt der Muskel des Gebärmutterhalses weich ist und der Muttermund offensteht. Unternimmt man nun einen Abbruch der Schwangerschaft, muß der Arzt Instrumente in die Gebärmutter einführen. Dazu ist er gezwungen, den noch fest verschlossenen Muttermund aufzudehnen. Da es sich dabei um Muskel handelt, ist es möglich, daß es hierbei zu Zerrungen und zu einer bleibenden Schwächung kommt. Das ist zu diesem Zeitpunkt nicht weiter von Bedeutung, spielt jedoch dann eine Rolle, wenn die Frau nochmals schwanger wird und das Kind jetzt austragen möchte. Dann kann eine sogenannte Zervixinsuffizienz auftreten, was bedeutet, daß der Gebärmutterhals und der Muttermund sich zu früh öffnen. Das ist dadurch bedingt, daß das Kind, vor allem wenn die Frau aufrecht steht, sozusagen immer wieder gegen die Tür haut, und das bei stetig zunehmendem Gewicht. Ist der schließende Muskel aber nicht mehr vollständig intakt, resultiert das entweder in einer Fehlgeburt oder, wie bei Ihrer Frau, in einer Frühgeburt."

Alexander Mello-Wilbanks Gesichtsfarbe wurde blei-

96

cher. „Wenn ich Sie richtig verstanden habe, Dr. Nicolai, dann haben Sie eben bescheinigt, daß es bei meiner Frau ebensogut zu einer Fehlgeburt hätte kommen können."

Der Gynäkologe brachte lediglich ein Nicken zustande. „Ist es aber nicht, Herr Mello-Wilbank."

„Dank Ihrer Kompetenz?" Alexander Mello-Wilbank war sichtlich erregt. „Von all dem, was Sie mir gerade erzählt haben, erfahre ich heute zum ersten Mal. Wußte meine Frau damals über die möglichen Komplikationen einer Abtreibung Bescheid?"

Robert Nicolai nickte.

„Ich kläre alle meine Patientinnen darüber auf."

„Auch über die Risiken für spätere Schwangerschaften?"

Der Arzt nickte erneut.

Alexander Mello-Wilbank fühlte sich wie vor den Kopf geschlagen. Er konnte es nicht fassen, daß seine Frau ihn mit keiner Silbe über diese Gefahren informiert hatte.

„Gibt es noch mehr Dinge, die ich wissen sollte, aber bislang nicht weiß? Ihr Kollege zog ein merkwürdig langes Gesicht, obwohl die Geburt gelungen ist."

„Ihr Junge lebt, das sagte ich Ihnen ja bereits", begann der Gynäkologe. „Darüber sollten wir uns freuen. Ich will jedoch nicht verhehlen, daß trotz der optimalen Intensivpflege auf unserer Frühgeburten-Station Ihr Kind noch sterben *könnte*. Nicht, daß es sterben muß! *Könnte!* Die Sterblichkeitsrate von Frühgeburten gegenüber Neunmonatskindern liegt dreißigmal höher. Aber das ist nicht der Punkt, auf den ich hinaus will. Ich will Ihnen reinen Wein einschenken, Herr Mello-Wilbank ..."

*

„Und weißt du, was er mir dann gesteckt hat?" schrie Alexander Mello-Wilbank aufgebracht und durchmaß zum wiederholten Mal das Krankenzimmer von der Tür bis zum Fenster. „Reinen Wein einschenken, nannte er das. Reinen Wein! Wir müssen damit rechnen, daß unser Sohn geburtstraumatisch bedingte Hirnschädigungen erlitten hat. Vielleicht ist er erblindet. Es können noch neurologische Erkrankungen dazukommen und ein geistiger Entwicklungsrückstand, der eine erzieherische Sonderbetreuung nötig macht." Er verharrte am Fenster und schlug mit der Faust auf die steinerne Fensterbank. Seine Stimme wurde weinerlich verzerrt. „Ich faß es nicht! Mein Kind blind und schwachsinnig!" Er schrie auf. „Und warum? Wegen dieser verfluchten Abtreibung!" Wie von Sinnen stieß er seinen Kopf mehrmals gegen die Wand und brach in ein hemmungsloses Schluchzen aus.

Gabriela Mello-Wilbank, die mit Entsetzen den Ausbruch ihres Mannes beobachtet hatte, war tief erschüttert. Ihr Kind, ihr erstes Baby – vielleicht blind und behindert!

Unbewußt zog sie die Decke höher über die Schulter. Sie fror am ganzen Leib. Ihre Augen füllten sich mit Tränen. Sie war kaum fähig, einen Gedanken zu fassen, doch dann brach mit einem Mal die Selbstanklage in ihr hervor. Was hatte sie nur getan! Ihr erstes Kind wäre bestimmt gesund zur Welt gekommen. Doch sie hatte es nicht gewollt. Hatte es wegmachen lassen! Erst wollte sie sich beruflich eine Zukunft aufbauen. „Danach können wir uns so viele Kinder anschaffen, wie du willst", hatte sie ihren Mann vertröstet. Und nun, wo sie sich sehnlichst ein Baby wünschten, war sie womöglich nicht mehr in der Lage, ein gesundes Kind zu bekommen. Vielleicht würde ihr Sohn sogar sterben müssen. Sie war schuld, wenn es nicht überlebte! Sie war schuld, wenn es sein Leben in Blindheit und Behinderung fristen mußte! Schuld! Sie! Sie verwünschte den Tag, an dem sie ihr erstes Kind verleugnet und weggeworfen hatte. Sie verfluchte die Stunde, in der sie sich zu einer Abtreibung entschlossen hatte. Zu spät! Es gab kein Zurück! Es gab kein Wiedergutmachen!

Gequält hielt sie die Hände vor die Ohren. Sie konnte das Jammern ihres Mannes nicht ertragen. Jeder seiner Schluchzer pochte wie eine anklagende Stimme tausendfach in ihr. Blitzartig stand es vor ihr, wie mit Feuerschrift an der Wand: Sie hatte sich als Mutter für immer verschnitten! Heute erntete sie, was sie vor Jahren gesät hatte! Eine bittere Frucht aus Galle und ein hämmerndes Gewissen, das sie damals hatte zuschütten können, das mit dem heutigen Tag jedoch freigeschürft war. Es lag blank – und tat unendlich weh!

Sie hatte ein Menschenleben auf dem Altar ihres egoistischen Berufsstrebens geopfert. Und Schuld vermoderte eben nicht mit den Jahren. Sie schwelte vielleicht unter einer dünnen Kruste, aber sie blieb so lange da, bis sie gesühnt war. Hatte diese Schuld sie mit diesem Tag eingeholt?

In einem Versuch, den Schmerz zu betäuben und die innere Stimme zu übertönen, sprach sie zaghaft ihren Mann an: „Alexander, zusammen werden wir mit allem fertig. Egal ..."

Weiter kam sie nicht. Ihr Mann war herumgefahren und schrie sie wie ein Irrsinniger an: „Zusammen! Jetzt heißt es auf einmal ‚wir'!" Die Adern traten ihm an Schläfen und Hals hervor. „Wie die Zeiten sich doch ändern. Vor Jahren hieß es immer ‚ich'! ‚Ich' will Karriere machen! ‚Ich' will noch kein Kind! Da hätten wir noch ein gesundes haben können. Und heute? Heute heißt es großzügig ‚wir'. Und warum? Weil du einen Krüppel zur Welt gebracht hast ..."

Als habe er unversehens einen Schlag ins Gesicht bekommen, brach er seinen Satz ab. Stück für Stück kam ihm zu Bewußtsein, was er da gesagt hatte. Betreten fuhr er sich mit der Hand durchs Gesicht und senkte seinen Kopf.

Er wußte, daß er sich für diese grausame Entgleisung zu entschuldigen hatte. Aber sein Stolz und seine Wut ließen es nicht zu. Vorsichtig wagte er einen Blick in das Gesicht seiner Frau. Es war wie zu Stein erstarrt. Alexander Mello-Wilbank war sich nicht klar, daß er den Lebensnerv seiner Ehe getroffen hatte. Ja, daß ein leises Absterben auf Raten seinen Anfang genommen hatte.

*

Als Kristinas Dienst gegen 19 Uhr endete, war sie mit den Nerven völlig herunter. Sie wollte nur noch eins – auf dem schnellsten Weg in ihre Wohnung. Dort hoffte sie abschalten und vergessen zu können – diesen widerlichen Tag einfach begraben zu können. Da das Warten auf den Bus ihr heute zu nervtötend war, nahm sie sich kurzerhand ein Taxi. Schon die Fahrt wirkte lindernd auf ihr Gemüt. Das leise, monotone Geräusch des Motors und der weiche, bequeme Sitz halfen ihr, sich zu entspannen. Und trotz des noch recht regen Verkehrs herrschte für ihr Empfinden eine wohltuende Stille.

Zu Hause in ihrem Zwei-Zimmer-Apartment riß sie sofort die Fenster auf. Die Temperatur draußen war inzwischen auf eine angenehme Gradzahl gesunken, und von dieser streichelnden Wärme wollte sie sich gern verwöhnen lassen. Erschöpft warf sie sich auf die Couch, alle viere von sich streckend. Ihre Gedankenwelt wurde rasch träge, und eine bleierne Müdigkeit legte sich über ihre Glieder. Ihre Augenlider sanken beschwert herab, klimperten, sich gegen den heraufziehenden Schlaf sträubend, und fielen schließlich zu.

Über der Stadt lag abendliche Ruhe, als Kristina wieder wach wurde. Gähnend rieb sie sich die Augen. Dann spürte sie, wie ihr Magen sich regte. Ein furchtbarer Hunger hatte sie befallen. Das letzte Mal hatte sie um drei Uhr etwas gegessen, ein Brötchen. Sie schaute auf ihre Armbanduhr. Halb neun. Sie fühlte sich zwar wieder recht fit, verspürte aber keinerlei Lust dazu, den Abend am Herd zu verbringen. Kurz entschlossen packte sie ihre Handtasche und verließ das Appartment.

Die Spaghetti alla carbonara, der große italienische Salat und der anschließende Birnenkuchen hatten ausgezeichnet geschmeckt und ihren Heißhunger gestillt. Doch an Stelle des Magenknurrens kehrte etwas zurück, das sie unbedingt hatte vergessen wollen: die Erinnerung an den zurückliegenden Tag. Alles tanzte wieder vor ihren Augen: die qualvoll schreiende Frau, das Todesringen des kleinen Menschleins in der kalten Blechschale, das durch den

Saugschlauch spritzende Blut, die zerrissenen Körperteile, die Abfuhr von Direktor Bagenholm.

Eiskalt hatte Bagenholm sie abserviert und ihr den Boden unter den Füßen weggezogen. Was konnte sie tun? Kündigen? Wovon sollte sie dann leben? Für ein paar Wochen würde ihr Erspartes ausreichen. Und dann? Sie mußte schon weit fortziehen, wenn sie eine neue Stelle finden wollte. Denn die Personalchefs der Häuser kannten sich untereinander oft sehr gut und hielten telefonisch Rücksprache, sobald sich aus Häusern der Umgebung jemand bei ihnen bewarb. Und einen wohlmeinenden Leumund hatte sie im Städtischen Krankenhaus offensichtlich nicht mehr. Oder sollte sie bleiben? Dann gab es nur eine Devise, wenn sie bei der Arbeit nicht vor die Hunde gehen wollte: das Gewissen absterben lassen und zu dem Unrecht schweigen. Allein bei dem Gedanken an diesen hohen Preis wurde ihr schwindelig. Verzweifelt trank sie ihr Glas Wein in einem Zug leer.

„Hat es geschmeckt?" Der Kellner war an ihren Tisch gekommen, um abzuräumen.

„Sehr lecker, danke", antwortete sie leichthin. „Bringen Sie mir bitte noch ein Glas Wein, ja?"

Mit einem Kopfnicken nahm der Kellner Glas und Teller, auf dem Kristina nichts übriggelassen hatte außer einer zerknüllten Papierserviette, und ging fort.

Kristina hing sogleich von neuem ihren Gedanken nach. In ihrer Magengegend fing es an zu kribbeln. Es lag nicht am Wein. Es waren die Zukunftsängste, die sie packten. Was sollte sie bloß tun? Tatsächlich zur Pflegedienstleitung gehen und kündigen?

Wieder wurde ihr Gedankengang vom Kellner unterbrochen, der ihr das bestellte Glas Wein servierte. „Zum Wohl!"

„Danke", entgegnete sie kurz und nahm gleich drei kräftige Schlucke. Für Sekundenbruchteile ließ das Kribbeln in der Magengegend nach.

Ein Mann hatte sich lautlos ihrem Tisch genähert. „Guten Abend, Kristina."

Kristina sah von ihrem Glas Wein auf, und augenblicklich erhellte sich ihre Miene. „Peter!" stieß sie erfreut hervor und wurde plötzlich lebendig. „Das ist eine Überraschung, dich hier anzutreffen. Komm, setz dich!"

„Strenggenommen ist es keine", meinte Peter Fleming lachend, als er Kristina gegenüber Platz nahm. „Das ist nämlich unser Stamm-Restaurant. Wenn du öfter ..."

„Unser?" warf Kristina verblüfft ein.

Er grinste. „Nicht, was du denkst. Ein paar Kollegen aus der Redaktion."

„Im Gedankenlesen warst du schon immer gut", lachte Kristina.

„Tja, das stimmt", bemerkte er trocken und ergänzte mit ernstem Ton: „Und deshalb weiß ich auch, daß es dir mies geht."

„Wie kommst du denn darauf?" empörte sich Kristina. „Ich fühl' mich prächtig."

„Kippst du dir deswegen ein Glas nach dem anderen rein? Komm schon, Kristina! Wir kennen uns so lange, mir kannst du nichts vormachen."

Verlegen schlug sie die Augenlider nieder. Sie war beschämt, daß sie sich dazu hatte hinreißen lassen, einen alten Freund zu belügen. „Tut mir leid, Peter", sagte sie mit erstickter Stimme und schaffte nicht, es zu verhindern, daß eine Träne an ihrem Nasenflügel herunterlief. „Ich fühle mich sogar hundeelend."

Nach diesem Geständnis brach sie vollends in Tränen aus. Leise schluchzend erzählte sie Peter Fleming die ganze unliebsame Geschichte, die vor wenigen Wochen mit ihrem Stationswechsel begonnen hatte. Daß sie die Schweigepflicht brach, registrierte sie in diesem Moment überhaupt nicht. Sie war froh, jemanden gefunden zu haben, dem sie ihr Herz ausschütten konnte. Und Peter Fleming war ein stiller, aufmerksamer Zuhörer. Obschon er hergekommen war, um mit seinen Arbeitskollegen einen gemütlichen Abend zu verbringen, nahm er sich geduldig Zeit. Er tat es gerne. Um der alten Freundschaft zu Kristina wegen, aber auch, weil er sie einfach sehr mochte. Sie hatten als Kinder viel miteinander gespielt, weil sie im selben Mietshaus aufgewachsen waren. Nach der Schule hatten sich ihre Wege zwar getrennt, doch aus den Augen hatten sie sich nie verloren. So war ihre Freundschaft bis heute erhalten geblieben.

Peter Fleming war nur ein Jahr älter als Kristina und arbeitete als Journalist beim größten Verlagshaus der Stadt, dessen Zugpferd – ein Wochenmagazin – eine landesweite Auflage von drei Millionen Exemplaren vorwies. Seine stahlblauen, aufgeweckten Augen unter dem blonden Schopf wurden immer stärker von einem Schatten des Entsetzens umflort, je mehr Kristina über das berichtete, was sie in der gynäkologischen Ambulanz erlebt hatte. Er hatte sich bisher noch nicht ausführlicher über das Thema „Abtreibung" informiert. Was er nun aus Kristinas Mund erfuhr, erschütterte ihn und ließ ihn aufhorchen. Beklommen kauerte er auf seinem Stuhl. Nur der Kellner, der mit einem Getränk am Tisch auftauchte, verhinderte, daß er emotional völlig in das, was er da hörte, hineinstieg.

„Wünschen Sie, daß ich das Tonic hier serviere, Herr Fleming, oder lieber ..."

Peter Fleming hatte den Drink vom Tablett genommen, trank ihn in einem Zug weg und stellte das Glas wieder zurück.

„Bringen Sie mir noch eins, Giovanni."

„Aber an den Tisch dort hinten zu seinen Kollegen", ergänzte Kristina.

„Möchtest du mich loswerden?"

„Natürlich nicht, Peter", erwiderte Kristina, „und das weißt du auch. Ich danke dir, daß du mir so lieb zugehört hast. Aber ich will dir nicht noch mehr Zeit vom Abend stehlen. Deine Kollegen warten."

„Ach, die seh' ich jeden Tag."

„Keine Widerrede!" Kristina lächelte ihn gutmütig an. „Es geht mir schon wesentlich besser. Wirklich! Das tat gut, daß ich mir das mal von der Seele reden konnte."

„In Ordnung. Wenn du darauf bestehst!" Er gab seinen Widerstand auf und erhob sich. „Aber falls die lästige

Krähe zurückkommt, um dich zu ärgern, zögere nicht, mich anzurufen, okay?"

„Okay!"

„Versprochen?"

Kristina kniff mit einem Lächeln die Augen zu und sagte leise: „Versprochen!"

Mit einem Fingerschnipp verließ er Kristinas Tisch. Das, was er gehört hatte, raubte ihm für den Rest des Abends seinen Frieden. Die unglaublichen Dinge, von denen er nun Mitwisser war, hafteten in seinem Kopf wie Fliegen am Klebeband. Und eine ganz bestimmte Sache schien dabei, was ihren journalistischen Wert anbelangte, sozusagen etwas anderes als eine Eintagsfliege zu sein. Sie machte auf ihn eher den Eindruck eines sehr seltenen Insekts. Kristina hatte sie nur im Nebensatz erwähnt, weil sie ihr keine Bedeutung beizumessen wußte. Aber als sie davon sprach, war bei Peter sofort etwas eingerastet. Er war sich sicher: die merkwürdigen Aluminiumkisten, die Schwester Ruth hin- und hertrug, standen für mehr. Für weit mehr!

*

„Was ist los?" schlug ein Kollege Peter Fleming auf die Schulter, als die Journalisten kurz vor Mitternacht das Restaurant verließen und durch die laue, sternenklare Nacht zu ihren Autos gingen. „Du wirktest heute abend reichlich geistesabwesend. Kummer?"

Er boxte Peter spaßig in die Rippen. „Oder war die hübsche Braunhaarige eine Informantin von dir, die dir den großen Coup zugesteckt hat?" Er lachte lauthals.

Peter Fleming entlockte die witzig gemeinte Bemerkung ein gezwungenes Lächeln. „Du laberst manchmal einen furchtbaren Stuß, Harry!" versetzte er kopfschüttelnd und steckte den Schlüssel in die Tür seines Renault Coupé. „Aber wenn es deine Neugierde befriedigt – sie hat mir gesteckt, daß unser Bürgermeister von einem schweren Augenleiden befallen ist." Er stieg in sein Auto.

„Ehrlich?" Der Redakteur roch Lunte. „Erzähl!"

„Ja, seit er verheiratet ist, hat er kein Geld mehr gesehen!" grinste Peter mit einem Zwinkern und zog die Autotür zu.

„Ha! Ha!" Der gefoppte Kollege fand den Witz überhaupt nicht lustig und trat verstimmt dem abbrausenden Wagen hinterher ein Loch in die Luft.

Der Renault tauchte in den spärlich gewordenen Nachtverkehr ein und hatte bald sein Ziel erreicht.

Mit zwei großen Sätzen nahm Peter Fleming die sechs Stufen, die hinauf zum Eingang führten, und verschwand durch eine Drehtür in dem Riesen aus Stahl und Beton.

„Guten Abend, Herr Fleming! Ist wieder eine Nachtschicht fällig?" grüßte der uniformierte Pförtner freundlich.

Peter Fleming winkte dem Mann hinter der Kontrollanlage zu und lenkte seine Schritte unvermindert zu den Aufzügen. „Tja, bei uns heißt ,rund um die Uhr arbeiten' eben nicht, daß wir eine Uhr in die Mitte unseres Büros stellen."

Der Pförtner lachte herzhaft. „Wo soll's hingehen?"

„In den Pool."

Während er die Knöpfe an seinen Kontrollapparaturen bediente, glitt die Fahrstuhltür zu. Der Lift benötigte nur ein paar Sekunden, um seinen Fahrgast zum Pool zu befördern, der ergiebigsten Etage im gesamten Verlagshaus *Celten*. Hier befand sich kein Wasserbecken; hier wurden Millionen von Informationen gesammelt. Tag und Nacht speicherten Computer alle Meldungen, die von Presseagenturen rund um den Globus angeboten wurden. Peter Fleming wandte sich dem Areal zu, wo die bereits verarbeiteten Informationen abrufbereit lagerten. Hier würde er unter Garantie etwas zu dem finden, was ihn seit dem Gespräch mit Kristina nicht in Ruhe ließ.

Er betrat den Pool, der sich um diese nachtschlafene Zeit menschenleer präsentierte. Zielstrebig steuerte er auf einen der zahllosen Computer-Terminals zu, hängte sein Jackett über die Rückenlehne des Stuhls und machte sich an die Arbeit.

Dank seines gekonnten Umgangs mit dieser Art von

Technik dauerte es nicht lange, und Peter Fleming hatte gefunden, wonach er suchte. Nun bedurfte es nur noch eines einzigen Tastendrucks, und der Computer bot Artikel über Artikel an.

Der erste Artikel, der auf dem Bildschirm erschien, stammte aus der irischen Zeitschrift *Cork Examiner* vom 25. August 1983. Er meldete, daß eine Kommission des Europäischen Parlaments einen Report erhalten habe, in dem auf Kinder hingewiesen wurde, die in der 12. bis 21. Woche durch Kaiserschnitt abgetrieben wurden. An ihnen seien Experimente an verschiedenen Organen durchgeführt worden. Ferner seien manche Ungeborenen eingefroren und an die Kosmetik-Industrie verkauft worden.

Peter Fleming sträubten sich die Haare. Er ließ sich den Artikel ausdrucken und rief die nächste Information ab. In der *Arizona Republic* vom 26. März 1981 hieß es, die Firma *Squibb Drug Company* habe vierzehn schwangeren Frauen kostenlose Abtreibungen angeboten, wenn sie vor dem Eingriff ein bestimmtes Medikament zu sich nähmen und gestatteten, ihre abgetriebenen Babys einem Bluttest zu unterziehen. Den Ärzten habe die Firma 10 000 Dollar gezahlt.

Weitere Berichte sprachen von experimentellen Versuchen an abgetriebenen Kindern, zum Beispiel davon, daß zwei Ärzte die menschlichen Gehirne aus lebenden, abgetriebenen Babys genommen und bis zu fünf Monate am Leben erhalten hatten.

Peter Fleming konnte es kaum fassen! Von derart grausigen, menschenverachtenden Praktiken hatte er vielleicht mal gehört, sie aber immer als Gerüchte abgetan. Er hatte es nicht wahrhaben wollen, daß es Ärzte und Wissenschaftler geben sollte, die zu solchen Dingen fähig waren. Nun wurde er eines anderen belehrt. Die Meldungen nahmen ihn so mit, daß sich vor Anspannung ein dünner Schweißfilm auf seiner Oberlippe gebildet hatte.

Der nächste Text, den der Computer anbot, war der *Pittsburgh Catholic* entnommen. In ihr wurde die Zeugenaussage einer Anästhesistin des Magee-Frauenspitals in

Pittsburgh wiedergegeben, die vor einer Abtreibungskommission des US-Bundesstaates Pennsylvania erschienen war. Zwei Sätze daraus stachen Peter Fleming besonders ins Auge.

„... Es war schier abartig, mitansehen zu müssen, wie lebende Kinder in Eis gepackt wurden, während sie sich noch bewegten und zu atmen versuchten, um sie dann eiligst in ein Laboratorium zu fahren ... Meine Bitte, bei Abtreibungen nicht mehr assistieren zu müssen, wurde unter Androhung der Entlassung und mit Einschüchterungsversuchen abgelehnt ..."

Er mußte an Kristina denken. Paßte das, was er hier las, nicht zu dem, was sie ihm heute abend erzählt hatte? Er bekam eine Gänsehaut.

Der Computer hatte zum Themenkomplex „Versuche an Embryonen" noch etliche Artikel aus den unterschiedlichsten Magazinen – *TIME, Medical Tribune, Science* – parat, aber Peter besaß zunächst genug Material. Jetzt ging es ihm darum, dem Zwischenglied der Kette nachzuspüren. Das erste hieß Abtreibung, das letzte Laborversuche – und das mittlere offenbar organisierter Embryonenhandel. So ungeheuerlich es schien, dergleichen existierte anscheinend.

Er fütterte den Computer, damit er im Pool nun nach Informationen suchte, ob außer in den USA auch in anderen Ländern solche Vorkommnisse bekannt geworden waren. Das Ergebnis bestätigte seine schlimme Vermutung. Eine deutsche Tageszeitung hatte 1986 in einem kleinen Artikel mit der Überschrift „Handel mit abgetriebenen Kindern" gemeldet: „Roland Rösler, CDU-Abgeordneter im hessischen Landtag, hat Beweise dafür vorgelegt, daß ein gewerbsmäßiger Handel mit ungeborenen Kindern existiert, was abgetriebene miteinschließt. Der Politiker veröffentlichte den Vierfarbkatalog der amerikanischen Tochterfirma *Flow Laboratories GmbH* aus Meckenheim. Darin bietet das Unternehmen sowohl gesamte menschliche Embryonen an als auch Einzelteile wie: Leber, Lunge, Nieren, Hoden, Haut, Muskeln usw. So heißt es in dem Katalog zum Beispiel unter der Bestell-Nummer 05-547 wörtlich: Neger (männlich), embryonale Lunge, Wachstumsmedium 1 ..."

„Wo lebe ich eigentlich?" fragte sich Peter Fleming erschüttert. Die Lücke war damit gefüllt. Er ließ sich auch diesen hochkarätigen Text ausdrucken.

Was ihm nun noch fehlte, waren Namen. Namen von kompetenten Leuten, an die er sich wenden konnte. Auch hierzu zog er den Computer heran, der ihm in gewohnt schneller Manier eine volle DIN-A4-Seite präsentierte. Er legte die Liste zu den anderen Papieren. Das Auswerten der Namen würde er morgen erledigen.

Gähnend reckte er sich und schaute auf seine Uhr. Es war schon weit nach eins. Er schaltete den Terminal ab, nahm die erarbeiteten Papiere und warf lässig sein Jackett über die Schulter. Müde, aber zufrieden verließ er den Pool und wenig später das Verlagshaus, in das er nach einer kurzen Nacht zurückkehren würde.

9

Die unerträgliche Hitzewelle hatte, wie die Meteorologen es vorhergesagt hatten, noch ein paar Tage angehalten. Dann war über Nacht von Westen her eine Wolkenbank aufgezogen. Die Hitzeglocke über der Stadt hatte sie in ein Treibhaus verwandelt, in dem eine drückende Schwüle den Menschen zu schaffen machte, besonders denen, die alt und herzkrank waren. Immer wieder ertönten die Sirenen der Notarztwagen. Bis zum Nachmittag war es nur noch eine Frage der Zeit, wann das erlösende Gewitter Einzug halten würde.

Die anfallende Haushaltsarbeit machte vor der Hitze keinen Halt. Frau Landeau trug einen ganzen Packen frischgebügelter Wäsche auf dem Arm. Sie war harte Arbeit von Kindesbeinen an gewohnt.

Bevor sie die Türklinke faßte, strich sie sich schnell eine Haarsträhne aus dem Gesicht, dann betrat sie das Zimmer ihrer Tochter. Es war stockfinster darin. Natalie mußte wegen der Sonne die Rolläden heruntergelassen haben. Frau Landeau tastete nach dem Lichtschalter neben der Tür. Als sie die Deckenstrahler anknipste und helles Licht das Zimmer durchflutete, erschrak sie. Der Packen Wäsche auf ihrem Arm kam bedenklich ins Schwanken. Blitzschnell legte sie eine Hand obendrauf und balancierte ihn aus.

„Bist du doch da!" stieß sie verdutzt hervor. „Ich dachte, du wärst zu diesem Treffen hin?"

Natalie lag regungslos auf dem Bett, die Arme hinter dem Kopf gekreuzt. Mit leeren Augen, die nicht einmal jetzt blinzeln mußten, wo greller Lichtschein in sie hineinfiel, starrte sie unverwandt an die Decke.

Für einen Moment stand Frau Landeau unsicher da, weil sie nicht wußte, wie sie auf das Schweigen ihrer Tochter reagieren sollte. Seit Wochen ging das nun schon so! Sie wandte alle Kraft auf, sich natürlich zu geben, und schritt zum Kleiderschrank. Während sie mit großer Sorgfalt die Wäsche einsortierte, versuchte sie, so locker wie möglich zu bemerken: „Hätte ich eher gewußt, daß du hier bist, hättest du selbst mit Pastor Valentin sprechen können. Er hat eben angerufen und sich nach dir erkundigt. Er dachte, du hättest vielleicht irgendwann versucht zurückzurufen und ihn nicht erreicht. Heute ist er bis 20 Uhr zu Hause, soll ich dir ausrichten."

Sie blickte verstohlen zum Bett, ob diese Worte eine kleine Reaktion hervorrufen würden. Doch ihre Tochter lag stumm und bewegungslos da. Deprimiert legte Frau Landeau das letzte Wäschestück in sein Fach, schloß den Schrank und ging gebeugt aus dem Zimmer. Niemand nahm die Tränen wahr, die über ihr Gesicht strömten. Sie schaltete das Licht aus, und die alte Finsternis fiel über den Raum, ihre Tochter zur Unsichtbarkeit verschlingend.

Bevor sie die Küche erreichte, beeilte sie sich, ihre Tränen mit dem Handrücken abzuwischen. Ihr Mann erfuhr besser nichts von ihnen. Sie würden seine Gereiztheit gegen Natalie nur noch verstärken.

*

„Das Kondenswasser läuft an den Türen und Fliesen herunter wie aus einem Hahn", sagte Walter Landeau und nahm einen erfrischenden Schluck aus dem Glas Selterswasser, in dem die Eiswürfel klimperten. Er war vor einer Stunde von der Arbeit nach Hause gekommen, hatte eine Zeitlang im Keller Hand angelegt und nun liebevoll den Kaffeetisch gedeckt.

„Vom Gefrierschrank bestimmt auch, oder?" fragte seine Frau und setzte sich zu ihm. Walter Landeau nickte. „Da kommt man kaum nach."

„Laß es doch erst mal gut sein", meinte seine Frau, „es gibt nachher bestimmt ein Gewitter."

„Mit Sicherheit. Aber die neue Kartoffelkiste will ich noch aufstellen." Herr Landeau kratzte sich den Oberarm. „Dabei könnte Natalie mir eigentlich ein bißchen zur Hand gehen."

110

Seine Frau erwiderte nichts.

Sie ließen sich zwei Stücke des selbstgebackenen Topf-kuchens schmecken, dann trank Walter Landeau entschlossen sein Glas aus, daß kleingeschmolzene Eiswürfel auf dem Glasboden übrigblieben.

„So, dann will ich wieder an die Arbeit", ließ er verlauten, ging aus der Küche und auf Natalies Zimmertür zu. Mit bangen Augen sah Frau Landeau ihrem Mann hinter-her. Verkrampft blieb sie auf dem Küchenstuhl sitzen, als erwarte sie jeden Augenblick ein Unglück, und horchte. Sie hörte das kurze, harte Klopfen, dann das leichte Quiet-schen der Türklinke.

Walter Landeaus Augen gewöhnten sich rasch an die Lichtverhältnisse, da das verdunkelte Zimmer durch den eingeschalteten Fernseher etwas erhellt wurde.

„Mußt du nichts lernen?" Er bemühte sich redlich, einen ruhigen, vorwurfslosen Ton anzuschlagen.

Seit Wochen herrschte eine kaum zu ertragende Span-nung zwischen Natalie und ihm, und schon mehrmals hat-ten sie kurz vor dem großen Knall gestanden.

Er stand im Türrahmen und wartete auf eine Reaktion. Nichts geschah. Natalie saß reglos auf ihrem Bett und starrte unverwandt auf den Bildschirm, so, als sei niemand da und als habe niemand sie angesprochen. Ihr Verhalten brachte Herrn Landeau trotz aller guten Vorsätze beinahe auf die Palme. Gereizt trat er ins Zimmer und schaltete den kleinen Schwarzweißfernseher aus. Von seiner Tochter ver-mochte er nun bloß noch schemenhafte Konturen zu er-kennen. So entgingen ihm die Augen, die ihn trafen.

„Ich möchte ...", er mußte sich räuspern, da seine Stimme vor Anspannung belegt war. „... ich möchte, daß du mir im Keller mal hilfst", brachte er den Satz zu Ende. Ohne eine Antwort abzuwarten, verließ er das Zimmer, die Tür hinter sich offenlassend.

Ein ungutes Gefühl befiel ihn, als er die Treppe in den Keller hinabstieg. Während er die einzelnen Teile der Kar-toffelkiste zurechtstellte, lauschte er nach Tritten auf der Treppe. Alles blieb still. Seine Tochter kam nicht.

Wutentbrannt pfefferte er den Hammer in den Werkzeugkasten und stürzte zur Tür. Er riß sie auf – und fuhr zusammen. Vor ihm stand seine schwarzgekleidete Tochter. Zaghaft riskierte er einen Blick in ihr Gesicht, um eine Gefühlsregung zu erspähen. Nichts! Weder Zorn noch Widerwillen, noch sonst etwas. Eine ausdruckslose Maske mit seltsam funkelnden Augen war ihm zugewandt.

„Die Kartoffelkiste bekomme ich alleine nicht zusammen", sagte er so gefaßt wie möglich und ging zurück in die hintere Ecke, wo die Einzelteile standen.

Schweigsam, aber korrekt tat Natalie, was ihr Vater ihr sagte. Er freute sich darüber, und als die Kiste schließlich fertig in der Ecke stand, fühlte er sich ermutigt, das Gespräch zu suchen.

„Natalie", redete er sie behutsam an, „so, wie es seit Wochen zwischen uns läuft, darf es nicht weitergehen. Wenn wir uns gemeinsam bemühen ..."

„Du hast wohl nichts kapiert!" fiel sie ihm ins Wort.

„Natalie, bitte! Laß uns vernünftig miteinander reden!" meinte er eindringlich.

„Das hätte ich gebraucht, bevor du mich alleingelassen und erpreßt hast. Bevor du dich zum Henker über mein Baby aufgeschwungen hast. Jetzt ist es zu spät!"

Ihr Vater wurde weiß wie eine Kalkwand, und seine Unterlippe zitterte. „Das ist alles nicht wahr. Wie sprichst du mit deinem Vater!"

Natalie blieb gelassen. Nicht ein Gesichtsmuskel zuckte, als sie ihm entgegenhielt: „Ich rede so mit dir, wie du mich behandelt hast. Du trägst zwar den Namen ‚Vater', aber du bist keiner."

Walter Landeau wurde feuerrot. „Was fällt dir ein!" polterte er los und machte aufgebracht einen Schritt auf sie zu, den rechten Arm hebend.

Die Drohgebärde entlockte ihr nicht einmal ein Wimpernzucken. „Willst du mich schlagen?" fragte sie, und die Leere auf ihrem Gesicht wich einem Ausdruck der Verachtung. „Ja, das kannst du prima! Prügeln und kommandieren!"

In ihren Augen blitzte blanker Haß auf. „Was du mir angetan hast, du und Mutter, aber vor allem du, das werde ich euch nicht vergessen. So, wie ihr mir weh getan habt, so werde ich euch weh tun. Wartet's ab! Schon bald! Sehr bald!"

Ehe Walter Landeau überhaupt fähig war, einen klaren Gedanken zu fassen, war die schwarze Gestalt aus dem Kellerraum entwichen.

*

Um 18.10 Uhr desselben Tages suchte Pastor Phillip Valentin mit einem Blumenstrauß in der Hand die Wöchnerinnen-Station des Städtischen Krankenhauses auf. Als er die Tür zur Station aufstieß, fiel sein Blick als erstes auf den Essenswagen, der mitten auf dem Flur stand und in den eine Schwester gerade ein Abendbrot-Tablett hineinschob. Sie lugte zur Tür, und ein Lächeln erschien auf ihrem Gesicht. Pastor Valentin fächelte sich demonstrativ Luft zu.

„Jetzt läßt es sich doch um einiges besser arbeiten, nicht?"

„Das kann man wohl sagen", erwiderte die Schwester und rollte ihre Augen. „Es war wirklich schlimm. Seit gestern funktioniert das doofe Ding von Klimaanlage wieder. Und endlich auch vernünftig!"

„Hab' ich gleich gemerkt, als ich unten hereinkam. Im Vergleich zu draußen ist es hier drinnen jetzt wirklich angenehm."

„Die Schwüle ist kaum zum Aushalten, nicht wahr?"

Der Pastor prustete mit den Lippen. „Da wird jeder Schritt zur Qual." Und mit dem Kopf auf das Flurfenster nach draußen deutend, wo es beängstigend dunkel geworden war, meinte er: „Das kracht auch bald."

Die Schwester folgte seinem Blick. „Macht nichts! Hauptsache, es kühlt sich dabei ordentlich ab."

Valentin nickte, dann fragte er: „Wo liegt Frau Mello-Wilbank?"

„Hinten links. Zimmer 08." Die Schwester zeigte den Gang hinunter.

„Danke", nickte Valentin freundlich. „Und vielen Dank auch für die Benachrichtigung."

„Ach, machen wir doch gerne", winkte die Schwester ab und flitzte zum nächsten Zimmer, um abzuräumen.

Phillip Valentin hatte das Ende des Flures beinahe erreicht, als er hörte, wie eine Tür zufiel. Kurz darauf kam eine Schwester mit einem Tablett auf dem Arm um die Ecke geschossen. Leicht erschrocken bremste sie ab und begrüßte ihn.

„Guten Tag, Pastor Valentin."

„Tag, Schwester Tanja", erwiderte er und fuhr augenzwinkernd fort: „Immer Tempo, Tempo, nicht wahr?"

„Tja", hob die Schwester seufzend die Achseln, „sonst schaffen wir es nicht."

Er schüttelte den Kopf. „Ihr seid auch immer dünn besetzt!" Dann, nach einem flüchtigen Blick auf das Tablett, meinte er: „Keinen großen Appetit, was?"

„Das zu sagen wär' schon übertrieben. Überhaupt keinen! Sie hat kaum was angerührt. Und es wird von Tag zu Tag schlimmer. Sie wird zum echten Sorgenkind."

„Ist sie so krank?"

Die Schwester schüttelte den Kopf. „Psychisch bedingt. Eigentlich müßten wir uns um diese Probleme auch kümmern. Aber es bleibt einfach keine Zeit dafür – leider."

Valentin nickte verständig. „Und das, wo die Zahl der psychisch Kranken ständig steigt!"

Er verabschiedete sich mit einem sachten Händedruck auf den Unterarm und ging um die Ecke auf das Zimmer zu. Was war mit Frau Mello-Wilbank? fragte er sich. Worunter sollte sie, diese nach außen hin so erfolgreiche Frau, psychisch leiden?

Nach zweimaligem Klopfen bat ihn eine helle, weibliche Stimme herein.

„Herr Pastor? Ich wußte gar nicht, daß es so schlecht um mich bestellt ist", schlug ihm ein ausgelassenes Lachen, voll mit schwarzem Humor, entgegen.

114

„Meinen herzlichen Glückwunsch zu Ihrem Nachwuchs, Frau Mello-Wilbank", sagte Valentin und überreichte den Blumenstrauß.

Gabriela Mello-Wilbank setzte sich im Bett auf und nahm den Strauß mit einem Strahlen entgegen. „Woher wissen Sie ...?"

Phillip Valentin grinste verschmitzt in der Art eines Lausbuben. „Man hat so seine Beziehungen."

Gabriela Mello-Wilbank betrachtete die Blumen, als Valentin sich einen Stuhl ans Bett zog und lachend hinzufügte: „Es ist schon komisch, daß mit dem Pastor so oft nur Sterben und Tod verbunden wird. Dabei bin ich eigentlich unterwegs, um den Menschen den Tod *und* das Leben vorzulegen, damit sie dazwischen wählen."

Gabriela Mello-Wilbank zog rätselnd ihre feinlinigen Augenbrauen hoch. Doch fragte sie nicht nach, wie er das gemeint hatte, sondern wandte ihren Blick immer wieder auf die Blumen.

„Die sind wirklich hübsch!" sagte sie freudig. „Ein richtig bunter Strauß. Wie ich das mag!" Sie drückte die Blumen leicht an sich und schnupperte an den einzelnen Blüten, um ihren Duft zu genießen. „Ich danke Ihnen, Herr Pastor. Damit haben sie mir eine ganz große Freude gemacht."

Phillip Valentin brachte diese beinahe überschwengliche Freude fast ein wenig in Verlegenheit. „Ist bloß eine kleine Aufmerksamkeit. Das Baby ... ach so, das hätte ich beinahe vergessen."

Er langte in das Seitenfach seiner Aktentasche und brachte einen schmalen, rechteckigen Gegenstand zum Vorschein, der in buntes Geschenkpapier eingepackt war.

„Das hat meine Frau für Sie ausgesucht. Sie gratuliert Ihnen auch sehr herzlich."

Mit offenem Mund nahm Gabriela Mello-Wilbank das Geschenk entgegen. „Das ist ...", stammelte sie sprachlos. „Ich weiß nicht, was ich sagen soll." Ein bißchen unbeholfen vor Aufregung begann sie, die Schleife zu lösen. „Tun Sie das bei jedem aus Ihrem Gemeindebezirk?"

„Ja. Warum auch nicht!"

„Toll!" meinte sie anerkennend, die Klebebandstreifen an den Seiten abziehend.

„So? Ach, wissen Sie", sagte er warmherzig und strich sich lächelnd mit dem Finger über den Nasenrücken, „wer Christ ist, der hat erfahren, daß der Herr Jesus sein ganzes Leben für ihn hingegeben hat – bis zum Tod. Und der weiß deshalb, daß er lebt, um seinerseits andere Menschen zu beschenken."

Erneut schaute sie ihn mit hochgezogenen Augenbrauen fragend an, weil sie den Sinn seiner Worte nicht begriff. Aber wieder hakte sie nicht nach. Statt dessen wickelte sie das Büchlein aus dem Papier.

Diesmal kam es zu keinem spontanen Freudesausbruch. Im Gegenteil – Gabriela Mello-Wilbank wurde merkwürdig still und starrte gebannt auf den Buchdeckel. Valentin registrierte diese Reaktion sofort, konnte sie sich allerdings nicht erklären. Seine Frau hatte ihm vor dem Einpacken das Büchlein gezeigt. Der Umschlag zeigte schlicht das wunderschöne Foto eines aus ganzem Herzen lachenden Kindes.

Warum versank sie mit einem Mal in eine niedergedrückte Stimmung, daß ihr sogar Tränen in die Augen schossen? Er rutschte unbehaglich auf seinem Stuhl hin und her. Gabriela Mello-Wilbank ließ das Buch auf die Bettdecke sinken und hielt sich weinend die Hand vors Gesicht.

„Entschuldigen Sie, Herr Pastor", schluchzte sie.

„Sie brauchen sich nicht für Ihre Gefühle zu entschuldigen, Frau Mello-Wilbank. Offenbar habe ich mich mit dem Büchlein in die Nesseln gesetzt. Ich habe zwar nicht die leiseste Ahnung, warum, doch tut es mir aufrichtig leid. Hätte ich gewußt ..."

„Sie können nichts dazu", sagte sie mit tränengefüllten Augen. „Das ist ein feines Büchlein und ein liebes Geschenk. Es ist nur, das Kind darauf ..." Sie senkte ihren Kopf. „Es hat mich daran erinnert, daß mein Kind vielleicht niemals so lachen wird."

Phillip Valentin war bestürzt. Warum hatten ihm die Schwestern nichts gesagt? Für einen Moment haderte er mit der Situation, doch sogleich konnte er sie wieder in Gottes Hände legen. Denn wie vor jedem Besuch hatte er auch vor diesem zu Hause gebetet, daß sich ein gesegnetes Gespräch ergeben möge. Bisher hatte Gott ihn nie im Stich gelassen. Und so warf er auch jetzt all sein Vertrauen auf ihn.

„Das habe ich nicht gewußt", bekannte er teilnahmsvoll.

„Es war eine Frühgeburt", fing sie an zu erzählen und wischte sich mit der Hand über die tränenüberströmten Wangen.

Eilends zückte Phillip Valentin eine Packung Papiertaschentücher und reichte sie ihr. Mit dankbarem Lächeln nahm sie ein Taschentuch heraus, tupfte sich die Augenwinkel und rieb ihre Hand trocken. Es festhaltend und daran herumnestelnd, setzte sie mit mühsamer Stimme hinzu: „Möglicherweise ist das Kind blind ... und hat noch andere Schädigungen."

Nun begriff Valentin. Deswegen rührte sie das Essen nicht an! Und deswegen hatte die Schwester gemeint, daß die Appetitlosigkeit psychisch bedingt sei!

„Das tut mir leid", sagte er mit einfühlsamer Stimme und sah sie offen an. „Hadern Sie nun?"

„Mit Gott? Seh' ich so naiv aus, Herr Pastor?" fragte sie fast ein wenig vorwurfsvoll. „Ich bin nicht so kleinkariert, daß ich Gott links liegenlasse, solange es mir gut geht, aber ihn auf die Anklagebank zerre, sobald ein Unglück über mich hereinbricht. Nicht, weil ich etwa so gottgläubig wäre. Nein. Nur – solch ein Verhalten finde ich dumm. Es ist zutiefst inkonsequent. Ich für mich halte es so, daß ich selbst meines Glückes Schmied bin, aber dann auch Gott aus dem Spiel lasse, wenn das Schicksal mir nicht hold ist."

Sie stockte einen Augenblick. Als sie dann weitersprach, schwang in ihrer Stimme größte Verbitterung.

„Außerdem wäre es in meinem Fall nichts als eine billige

Ausrede, wenn ich einen Gott für das Unglück an meinem Sohn verantwortlich machen würde. Damit könnte ich vielleicht andere Menschen täuschen, aber nicht mich, nicht mein Gewissen."

Ihre Stimme wurde hart. „Denn *ich* bin schuld an dem tragischen Leid meines Sohnes. *Ich* trage die Verantwortung dafür, daß er vielleicht niemals diese Welt wird sehen können. Weil *ich* vor Jahren abgetrieben habe, Herr Pastor, deshalb kam es zu dieser Frühgeburt."

Sie blickte Valentin mit versteinerter Miene geradewegs in die Augen. „Was ist, empört Sie das nicht?" forderte sie ihn in aggressivem Ton heraus.

Mit ruhiger Stimme stellte er eine Gegenfrage: „Warum sollte es?"

Sie lachte hysterisch. „Ich habe eine Kindestötung vornehmen lassen und ein weiteres Menschenleben ruiniert. Und Sie sitzen da wie ein Ölgötze. Kapieren Sie nicht?" schrie sie auf. „Vor Ihnen liegt eine Mörderin!"

„Abtreibung ist Mord, da gibt es wahrlich nichts zu beschönigen. Aber bei 60 Millionen Kindestötungen im Mutterleib jedes Jahr habe ich aufgehört, mich zu empören. Was nützt Empörung? Tun ist angesagt. Würde Ihnen eine Empörung meinerseits helfen oder eine Moralpredigt mit erhobenem Zeigefinger? Sie wissen doch längst selbst, daß Sie Schuld auf sich geladen haben. Und diese Schuld quält Sie. Soll ich da noch in der Wunde herumstochern, indem ich mich künstlich empöre? Ich finde es viel gescheiter, daß ich Ihnen aufzeige, wo Sie Ihre Schuld abladen können, um Ihr Gewissen zu erleichtern und Frieden im Herzen zu bekommen."

Sie lachte verächtlich auf. „Sie glauben doch nicht im Ernst, daß ich jemals wieder mit mir im Frieden leben kann!"

„O doch, daß *weiß* ich sogar", entgegnete Valentin bestimmt. „Wer mit Gott im Frieden lebt, der – und nur der – wird auch mit sich selbst im Frieden leben. Deshalb ist es völlig unwichtig, ob Sie vor *mir* als Mörderin stehen. Das Entscheidende ist, daß Sie erkennen, daß Sie *vor Gott* so dastehen. Mit Gott müssen Sie Ihre Schuld bereinigen – und das geht! Lassen Sie sich von Ihrer inneren Stimme nicht das Gegenteil vorsäuseln. Sie lügt! Bei Gott werden Sie Vergebung und Frieden finden. Ich könnte Ihnen unzählige Frauen nennen, die in der gleichen scheinbar verfahrenen Situation steckten wie Sie. Als sie ihre Schuld vor Gott brachten, fanden sie Befreiung."

Gabriela Mello-Wilbank lauschte skeptisch, aber aufmerksam, und Valentin sprach unverdrossen weiter. „Auch in der Bibel gibt es Beispiele dafür. Kennen Sie Mose und David?"

Sie rümpfte die Nase. „Meine Noten in Religion waren nicht sonderlich. Aber wenn ich mich entsinne, hat Mose das Volk Israel aus ägyptischer Gefangenschaft geführt, und David war ein großer König."

„Richtig. Na, so schlecht können die Noten aber nicht gewesen sein", schob er schmunzelnd ein. „Wissen Sie, was beide außer ihrer besonderen Stellung noch gemeinsam haben?"

Sie zuckte die Achseln.

„Sie hatten beide ein Menschenleben auf dem Gewissen! Sie waren beide Mörder! Mose erschlug einen Ägypter. David beging erst Ehebruch mit der Frau eines seiner Gardisten und ließ ihn dann umbringen, um sein Vergehen zu vertuschen. Trotzdem wurden beide zu gesegneten und herausragenden Personen der Bibel. Mose wurde zum großen Führer Israels, und fünf Bücher der Bibel tragen sogar seinen Namen. David erhielt von Gott ein riesiges Königreich und schrieb die meisten der Psalmen. Scheinbar paradoxerweise nennt die Bibel Mose einen Mann Gottes und David sogar einen Mann nach dem Herzen Gottes. Klingt unfaßbar, nicht? Da stellt sich Gott auf die Seite von Mördern! Dabei gab es damals doch bestimmt unschuldigere Menschen als diese zwei. Man ist eher geneigt zu sagen, die gehören ins Gefängnis, aber nicht in die Reihen Gottes. So denken wir. Aber Gott denkt anders! Gott sieht nicht nur die Taten der Menschen. Er sieht ihr Herz. Und genau dort, im Herzen, ist bei Mose und David nach ihrem Vergehen

Entscheidendes passiert. Sie haben nicht versucht, die Schuld zu beschönigen oder sich herauszureden. Sie haben auch nicht die Schuld in sich hineingefressen! Daß ihr Leben trotz der Morde zu einem frohen und segensreichen Wandel wurde, hat seinen Grund darin, daß sie mit ihrer Schuld zu Gott gegangen sind. Sie haben offen und ungeschminkt ihre verbrecherischen Taten vor Gott als Schuld bekannt. David hat sie in seinen Psalmen sogar öffentlich vor der gesamten Menschheit niedergelegt.

Da schreibt er zum Beispiel: ,Wasche mich völlig von meiner Schuld, und reinige mich von meiner Sünde! Denn ich erkenne meine Vergehen, und meine Sünde ist stets vor mir. Gegen dich, gegen dich allein habe ich gesündigt und getan, was böse ist in deinen Augen.‘ Wie frei David durch das Schuldbekenntnis geworden ist, sieht man an seinem Leben und an einem weiteren Psalm, den er verfaßt hat. In ihm schildert er in wundervoller Weise, wie friedvoll und glücklich der ist, dem die Schuld vergeben wurde. Dort heißt es: ,Glücklich der, dem Schuld vergeben, dem Sünde zugedeckt ist! Glücklich der Mensch, dem der Herr die Schuld nicht zurechnet. Ich tat dir kund meine Sünde und deckte meine Schuld nicht zu. Ich sagte: Ich will dem Herrn meine Vergehen bekennen. Du, du hast vergeben die Schuld meiner Sünde.‘ Und freudig ruft David aus: ,Freut euch an dem Herrn! Jubelt, alle ihr von Herzen Aufrichtigen!‘ Da spürt man richtig, wie eine Zentnerlast von Davids Gewissen gefallen ist. Im Herzen aufrichtig, wandte er sich an Gott um Hilfe. Deshalb Gottes Ausspruch über ihn, daß er ein Mann nach seinem Herzen ist! Sehen Sie die ungeheure Chance – die Tür, die sich auch Ihnen auftun kann, Frau Mello-Wilbank? Sie müssen Ihre Schuld nicht für immer mit sich schleppen, bis Sie an ihr zugrunde gehen. Sie können sie abladen. Sie sind nicht besser als Mose und David. Sie sind aber auch nicht schlechter!"

Gabriela Mello-Wilbank holte tief Luft. „Was Sie da sagen, Herr Pastor, mag für manchen bestimmt ermutigend sein. Nicht aber für mich. Ich kann das nicht fassen."

„Damit sind Sie in bester Gesellschaft. Wer kann denn im

Ernst behaupten, Gottes überwältigende Liebe zu uns Menschen ergründet zu haben? Wissen Sie", er beugte sich zu seiner Aktentasche und kramte darin herum, „das ist wie bei Kindern, die im Hof um eine Tageszeitung herumstehen und einen Artikel über die neueste Wirtschaftsbilanz betrachten. Die Worte und die Zahlen können Sie lesen. Die Bedeutung allerdings, die in ihnen verborgen liegt, vermögen sie nicht zu begreifen." Er zog ein in schwarzes Leder gebundenes Buch aus der Tasche hervor. „Verstehen Sie? Nehmen Sie Gottes Liebe und die Vergebung, die er für Sie bereithält, einfach für sich in Anspruch."

„Und dann? Damit kann ich meine Schuld nicht ungeschehen machen. Mir ist vielleicht geholfen, aber nicht meinem Kind. Es wird deshalb nicht wieder gesund."

„Das nicht." Valentin blätterte in dem Buch und legte an zwei Stellen Lesezeichen hinein. „Aber haben Sie sich überlegt, ob Ihre Selbstzerfleischung Ihrem Sohn eine Hilfe ist? Machen stetige Selbstvorwürfe etwas ungeschehen oder Ihren Sohn gesund? Wenn Sie Ihr Schuldproblem lösen, erfahren Sie Freude, Friede und Selbstannahme – Dinge, die Sie Ihrem Sohn weitergeben können und müssen. Denn gerade in seiner Situation braucht er diese positiven Werte und Gefühle besonders. Eine Mutter, die resigniert und mit sich selbst existentiell zu ringen hat, schadet ihm nur noch mehr. Und sie erhöht ihren Schuldenberg ständig."

„Das ist alles graue Theorie, Herr Pastor", meinte sie wehmütig. Valentin schüttelte verneinend den Kopf. „Das ist die Wahrheit. Und das wissen Sie."

Er reichte ihr das Buch. „Ich möchte Ihnen gerne meine Bibel dalassen. Vielleicht lesen Sie die Worte Davids, die ich vorhin zitiert habe, einmal selbst nach. Sie stehen in den Psalmen 32 und 51. Ich habe Lesezeichen zwischen die Seiten gelegt."

Gabriela Mello-Wilbank nahm das Buch entgegen.

„Sie sind ein selten feiner Mensch, Herr Pastor. Ich muß gestehen, ich bereue es fast, daß ich kein eifrigerer Kirchgänger gewesen bin und wir uns nie richtig kennengelernt haben. Schade, daß es jetzt zu spät ist."

Der letzte Satz löste in Phillip Valentin Beklemmung aus. Beunruhigt forschte er in ihrem Gesicht, das einen strengen Ausdruck angenommen hatte.

Das Tageslicht draußen hatte sich mittlerweile gelblich-braun gefärbt. Ein erster Blitz zuckte vom Himmel.

10

Der grüne Renault Coupé bog auf die Chaussee, die längs durch das Villenviertel führte, und verlangsamte seine Fahrt. Die beiderseits des Straßenrandes sich mächtig über die Chaussee wölbenden Linden tauchten das von der Sonne überströmte Auto in ein Geflimmer von Licht und Schatten. Der Fahrer musterte aufmerksam die Häuserreihe der rechten Straßenseite. Ganz ohne Zweifel suchten seine durch eine Sonnenbrille verdeckten Augen etwas Bestimmtes.

Der Renault rollte ein paar hundert Meter die Straße hinunter und hielt dann unversehens an. Der Mann am Steuer zog aus der Brusttasche seines Hemdes ein Blatt Papier und schaute prüfend zu einer Grundstückseinfahrt. Zufrieden steckte er das Blatt weg und steuerte seinen Wagen langsam auf den Parkstreifen, direkt unter eine Linde. Nachdem er seine Sonnenbrille über den Rückspiegel gehängt hatte, langte er nach seinem Sakko und stieg aus. Beim Zuschließen der Wagentür blickte er die Chaussee rauf und runter. Sie war gänzlich leer.

Er schlüpfte ins Sakko, ging zum Kofferraum und entnahm ihm einen kleinen Lederkoffer, den er sich an einem Riemen über die Schulter hängte. Dann schritt er auf das Eisentor des Grundstücks zu. Es wurde von zwei klobigen Mauersäulen gehalten, von denen aus eine dichte Tannenhecke die Straße säumte. In eine der Säulen war eine Rufanlage eingebaut. Das Messingschild, das darüberhing, versicherte ihm, daß er bei der richtigen Adresse war: Prof. Dr. T. A. Abramson – Neonatologe.

Noch ehe er den Klingelknopf drücken konnte, surrte es, und das Eisentor sprang auf. Mit verblüfftem Stirnrunzeln trat er auf den Kiesweg. Während es bei jedem Schritt unter seinen Füßen knirschte, freute er sich über den angenehmen Sommertag. Das gewaltige Gewitter vom Vortag hatte eine erholsame Abkühlung und dem verdurstenden Land das ersehnte Naß gebracht. Nun zogen kleine Schäfchenwolken am hellblauen Gewölbe Nordostwärts.

Er richtete seinen Blick auf die Rosensträucher, die entlang dem Kiesweg in der buntesten Vielfalt gepflanzt waren. An einer Art, die ihm besonders ins Auge fiel, hielt er kurz an, um ihren Duft zu schnuppern. Ihre großen Blüten waren von blutroter Farbe, hatten einen feinen Samtschein und dufteten traumhaft lieblich. Es kostete ihn Mühe, sich davon loszureißen.

Die übrige Gartenanlage präsentierte sich ebenfalls prachtvoll und mannigfaltig. Es war nicht zu verkennen, daß ein Experte und Liebhaber für die Pflanzen sorgte. Zu gerne hätte der Besucher diese Augenweide genauer betrachtet, doch er wußte, daß er erwartet wurde. Und tatsächlich erblickte er jetzt an der Haustür einen Mann mittleren Alters. Er besaß graumeliertes, volles Haar und trug einen dunkelblauen Anzug, der maßgeschneidert saß. Mit einem breiten Lächeln beobachtete er seinen Gast, der flinken Schrittes auf ihn zueilte.

Als er nur noch ein paar Meter von der Haustür entfernt war, rief der Mann ihm zu: „Da haben Sie sich auf Anhieb die edelste Rose herausgepickt. Alle Achtung! ‚Burgund‘ heißt sie."

„Das macht Eindruck, nicht wahr? Aber offen gestanden habe ich von Blumen nicht die blasseste Ahnung. Purer Zufall!" gestand sein Gast lächelnd. Er streckte seine Hand aus und stellte sich vor. „Fleming. Peter Fleming."

„Angenehm, Abramson", erwiderte der Neonatologe. „Bitte treten Sie näher."

„Ich möchte Ihnen nochmals danken, Herr Professor, daß Sie mir Zeit für ein Interview gewähren!" Peter Fleming folgte der stattlichen, fast zwei Meter großen Gestalt ins Arbeitszimmer.

„Aber ich bitte Sie, Herr Fleming, keine Ursache", meinte Professor Abramson. Er schloß hinter ihnen die Tür und deutete einladend auf die beiden Sessel vor dem mächtigen Mahagoni-Schreibtisch. Während Peter Fleming es sich in einem der Sessel bequem machte, nahm sein Gastgeber in dem ledernen Sessel hinter dem Schreibtisch Platz und ergänzte: „Es freut mich außerordentlich, daß sich der seriöse und auflagenstarke *Celten-Verlag* dieser Katastrophe annehmen will!"

„Wir wollen es zumindest versuchen. Und da ja, wie ich anhand einer Expertenliste festgestellt habe, eine international anerkannte Kapazität in der medizinischen Betreuung von Neugeborenen sozusagen vor unserer Haustür wohnt, verspricht das natürlich ein sachkundiges Fundament. – Bevor ich's vergesse, wir haben bereits Ihr gespendetes Honorar wie gewünscht auf das Konto der Organisation ‚Weißes Kreuz' überwiesen."

Der Wissenschaftler nickte dankend.

„Darf ich fragen, was ‚Weißes Kreuz e.V.' ist? Bei uns in der Redaktion hat es ein großes Rätselraten gegeben."

T.A. Abramson lachte. „Daran ist nichts Geheimnisvolles. Es ist eine vorwiegend im deutschsprachigen Raum arbeitende Organisation aus ganz verschiedenen Menschen, darunter Ärzte, Geistliche, Juristen und Psychologen, die sich *für* das ungeborene Leben einsetzen. Dabei wird durch Seminare, Schriften etc. viel Aufklärungsarbeit geleistet. Sie unterhält auch offiziell anerkannte Beratungsstellen, an die sich in Not geratene Schwangere wenden können. In den einzelnen Ländern tritt diese Organisation unter ähnlichen Namen auf. In der Schweiz heißt sie zum Beispiel ‚Weißes Kreuz Zentrum' und hier bei uns eben ‚Weißes Kreuz e.V.' mit Sitz in Vellmar bei Kassel."

Peter Fleming machte ein erstauntes Gesicht. „Hm. Das ist interessant." Er zeigte auf den Lederkoffer, den er auf dem zweiten Sessel abgesetzt hatte. „Haben Sie etwas dagegen, Herr Professor, wenn ich unsere Unterhaltung aufzeichne?"

„Nicht im geringsten. Bitte!" gab Abramson seinem Gast freie Hand. Durch seine mit einem feinen Goldrand umfaßte Brille beobachtete er, wie der junge Reporter das Tonbandgerät aufnahmebereit machte.

„Darf ich Ihnen eine Kleinigkeit anbieten, Herr Fleming? Eine Erfrischung? Einen Kaffee?"

„Im Moment nicht, danke. Vielleicht später, nach getaner Arbeit." Peter Fleming plazierte das Mikrophon auf der Schreibtischplatte. „Würden Sie bitte einfach ein paar Worte sprechen, damit ich Ihre Stimme richtig aussteuern kann?" bat er.

Ohne Umschweife fing T. A. Abramson an: „Das trifft sich gut. Immerhin bin ich Ihnen in gewisser Weise eine Erläuterung schuldig, wieso ich mich über dieses Interview so außerordentlich freue. Nun, ich erhoffe mir, daß dadurch eine Bresche in das schwindelerregende Wissensdefizit der Bevölkerung geschlagen und einiges an Aufklärung gebracht werden kann. Denn es ist verheerend, was in der breiten Masse an Mangel- beziehungsweise Fehlinformationen kursiert. Nicht zuletzt deswegen, weil der Fluß an Falschinformationen geschickt von Befürwortern der Abtreibung gesteuert wird. Damit meine ich auch Regierungen."

Beim letzten Wort sah Peter Fleming von der Pegelanzeige auf. „Denken Sie da an etwas Konkretes?"

„O ja! Oder wie werten Sie das, wenn zum Beispiel unsere ehemalige Bundesgesundheitsministerin wörtlich erklärt, sie widerspreche der unter Medizinern unbestrittenen Ansicht, ein Embryo sei der angelegte Mensch und Leben von Anfang an? Oder wenn der Präsident des Bundesverfassungsgerichtes, also der höchste Richter Deutschlands, auf einer öffentlichen Veranstaltung den menschlichen Embryo ein ‚himbeerähnliches Gebilde‘ und eine ‚wuchernde Substanz der ersten Stunde‘ nennt. Solche Äußerungen widersprechen nicht nur den wissenschaftlichen Erkenntnissen der internationalen Humanembryologie. Von einer ‚wuchernden Substanz‘ zu reden ist auch unsinnig, weil Substanzen überhaupt nicht wuchern können. So etwas beweist eindeutig, daß es hier einzig und allein um Propaganda und Meinungsmache geht. Außerdem werden Abtreibungszahlen frisiert. Einer, der das eingesteht, ist beispielsweise Professor Dr. Bernhard Nathanson, der ehemalige Direktor des *Center for Reproductive and Sexual Health* in den USA, dem größten Abtreibungszentrum der Welt. Er gab 1981 in einer Rede in Kanada zu, daß die Abtreibungsbefürworter mit gefälschten Zahlen und Statistiken die Öffentlichkeit getäuscht hätten, um so eine Liberalisierung der Gesetze zu erreichen – was dort 1973 ja auch gelang. Dr. Nathanson wörtlich: ‚Wir bauschten die Folgen illegaler Abtreibungen auf und erfanden Umfragen, aus denen hervorging, daß 85% der Öffentlichkeit Abtreibungen ohne Einschränkung befürworteten, während wir wußten, daß es in Wirklichkeit nur 5% waren. Wir logen schamlos.‘ – Das sagt einer, der zugibt, selbst 60 000 Ungeborene auf dem Gewissen zu haben.“

„Das ist ja unglaublich!“ Peter Fleming unterbrach schockiert das Hantieren am Gerät.

„Bei dieser wohlgesteuerten Manipulation darf es nicht verwundern, daß der Widerstand gegen die Abtreibung in der öffentlichen Meinung immer weiter ausgehöhlt und aufgeweicht wird. Einzelne oder ganze Gruppen passen sich aus Nützlichkeitsgründen dieser massiven Verwässerungskampagne an. Zum Beispiel Regierungsparteien, die bei drastischen Verschärfungen der Abtreibungsgesetze ein großes Wählerpotential von Frauen verlieren würden. Aber nicht nur sie erliegen leider zunehmend dem Sirenengesang von der angeblich so leichten und bequemen Lösung.“

Peter Fleming hatte das Aufnahmegerät eingeschaltet. In monotoner Regelmäßigkeit drehten sich die Spulen. Von nun an zeichnete das Magnetband auf, was in dem Arbeitszimmer gesprochen wurde. Fleming schlug die Beine übereinander und konzentrierte sich auf sein Konzept, wenngleich er zuvor auf Abramsons Bemerkung einging.

„Sirenengesang ist ein symbolträchtiges Wort, wenn wir uns an die griechische Sage erinnern, aus der es stammt. Wie möchten Sie es verstanden wissen?“

„So, wie es in der Sage ausgedrückt wird. Als eine große Gefahr. Wissen Sie, wo in unserer heutigen Gesellschaft der gefährlichste Platz für ein Kind ist? Viele denken, es seien die Straßen mit ihrem Autoverkehr. Aber das stimmt nicht. Der gefährlichste Platz für ein Kind ist heute paradoxerweise der Leib der eigenen Mutter! Denn 60 Millionen

Babys werden jährlich weltweit im Mutterleib umgebracht. Das sind mehr Tote, als der Erste und Zweite Weltkrieg zusammen gefordert haben! Im Vergleich heißt das: Jahr für Jahr wird die gesamte Bevölkerung unserer ehemaligen BRD restlos ausgerottet! Ist das nicht unfaßbar? In vier Jahren wären die USA oder ganz Westeuropa menschenleer. Wir fürchten uns vor einem Atomkrieg und bemerken gar nicht, daß ein viel furchtbareres Szenario an Menschenvernichtung längst über uns hereingebrochen ist. 60 Millionen Kindestötungen! Eine unvorstellbare Zahl, ermittelt von renommierten Instituten wie der *Howard University* oder dem *Dr.-Alan-G.-Guttmacher-Institut*, und auch der UNO. Bei 60 Millionen Tötungen muß man meiner Ansicht nach von so etwas wie einem Genozid oder Völkermord sprechen!

Daraus kann das Aussterben einiger Nationen resultieren, allen voran unser Staat. Der Rückgang von Geburten – im vereinigten Deutschland sind es jährlich über 500 000 Abtreibungen – führt schon jetzt zu einer belastenden Überalterung der Bevölkerung. Das absehbare Ende wird das soziale Chaos sein, denn wer soll die Renten, die Krankenkassen etc. finanzieren – und das bei einer stetig steigenden Lebenserwartung? Gestatten Sie mir eine Prognose: ich fürchte, dieses Chaos wird in einem großangelegten Euthanasieprogramm enden. Denn für ein Volk, das sich zum Gott erhebt und willkürlich bestimmt, wann das menschliche Leben beginnt, ist es bloß noch ein kleiner Schritt dahin, ebenso willkürlich festzulegen, wann dieses Leben zu enden hat. Vielen Menschen fällt es schwer, diesen Zusammenhang zwischen Abtreibung und Euthanasie zu sehen. Aber er besteht, und Euthanasiebefürworter reden ganz offen davon. Derek Humphrey zum Beispiel, Präsident der amerikanischen ‚Recht-zu-sterben-Gesellschaft‘, sagte in einer Fernsehdebatte, die Legalisierung der Abtreibung durch den Präzedenzfall Roe gegen Wade öffnete in den USA die Tür zur Legalisierung der Euthanasie, worauf er stolz sei. Und diese Euthanasiegesellschaften bilden nach Ansicht von Experten bereits ein globales Netzwerk mit

Institutionen in vielen Ländern, zum Beispiel Deutschland, Holland und Japan, um nur drei zu nennen."

„Ich muß gestehen, das habe ich auch nicht gewußt." Peter Fleming zog die Brauen hoch. „Sie erwähnten nebenher, daß ein Volk willkürlich bestimmt, wann das menschliche Leben beginnt. Wann beginnt es denn tatsächlich? Die landläufige Meinung ist geteilt. Manche sagen, ab dem dritten Monat, andere wieder behaupten, mit der Geburt. Was sagt die Wissenschaft?"

Dr. Abramson entgegnete engagiert: „Sehen Sie, da haben Sie es! So ist in der Tat die landläufige Meinung. Und weshalb? Weil gewisse Ideologen und geschäftsorientierte Interessenverbände hier mit Hilfe von Staatsregierungen geschickt diese Meinungen gesteuert haben, und das mit nichts weiter als mit dem lauten Gerassel von philosophischen Gedanken. Etwas anderes als solche ‚Argumente' – in Anführungszeichen – haben sie auch nicht, denn die biologisch-wissenschaftlichen Fakten sprechen eine eindeutige Sprache: sie bezeugen, daß das menschliche Leben mit der Befruchtung beginnt. Von dem Moment an, wo der männliche Same in die Eizelle der Frau eindringt, steht nämlich unwiderruflich fest, ob Junge oder Mädchen, ob blondes, braunes oder schwarzes Haar, welche Blutgruppe und so weiter."

Abramson schob mit dem Zeigefinger seine Brille höher. „Wissen Sie, im Jahre 1981 behandelte der US-Senat den Gesetzentwurf 158 über menschliches Leben. Ausgedehnte Hearings mit 57 Zeugen wurden von Senator John East durchgeführt. Nationale wie internationale Kapazitäten aus Paris, von der Harvard University etc. wurden angehört. Ich lese Ihnen jetzt von der Seite 7 des offiziellen Senatreports vor."

Er zog ein Blatt heran und sagte erklärend: „Ich habe mich ein wenig auf das Interview vorbereitet. Ich hoffe, Sie haben nichts dagegen."

„O nein, absolut nicht", versicherte Peter Fleming, angetan von den Informationsquellen, über die sein Gesprächspartner offenbar verfügte.

T.A. Abramson las ruhig und betont aus dem Dokument vor: „‚Ärzte, Biologen und andere Wissenschaftler stimmen darin überein, daß die Empfängnis (sie definierten Befruchtung und Empfängnis als gleich) den Beginn des Lebens eines menschlichen Wesens bezeichnet – eines Wesens, das lebt und das ein Mitglied der menschlichen Art ist. Es besteht eine geradezu überwältigende Übereinstimmung in diesem Punkt mit zahllosen medizinischen, biologischen und anderen wissenschaftlichen Veröffentlichungen.‘“

Er reichte ihm das Papier über den Tisch. „Wenn Sie möchten, können Sie diese Kopie mitnehmen und Ihrem Material beilegen.“

Peter Fleming griff bereitwillig zu. Abramson fuhr unterdessen fort.

„Man kann sagen, seit der deutsche Professor Dr. Erich Blechschmidt die Schnittserienrekonstruktion über die Embryonalentwicklung des Menschen erstellt hat – die übrigens an Universitäten weltweit Eingang gefunden hat – existiert unter den Humanembryologen wie unter den Humangenetikern kein Zweifel: die befruchtete menschliche Eizelle muß als die erste Erscheinungsform eines Individuums bezeichnet werden!“

Peter Fleming nickte aufmerksam und wartete gespannt auf weitere Ausführungen.

„Von der Empfängis an bis zur letzten Sekunde des Menschen wird dem lebenden Wesen nichts hinzugefügt – keine Organe, keine Glieder, nichts! Nur Nahrung und Sauerstoff. Jeder Mensch existiert von der Befruchtung an als Ganzes, auch wenn er seiner Größe nach auf die Spitze einer Nadel paßt. Alles, was dann geschieht, ist ein Reifen – wie ein Kind zum Mann oder zur Frau heranwächst. Keiner spricht doch einem Baby sein Menschsein ab, nur weil es den Reifungsgrad eines Erwachsenen noch nicht erreicht hat, nicht gehen und nicht sprechen kann! Wenn das Wissen um die bloße Ausreifung vom Baby zum Erwachsenen gilt, warum dann plötzlich nicht das Wissen um die bloße Ausreifung von der winzigen befruchteten Eizelle zum Baby? In ihr liegen doch die Pläne zum Heranreifen zum Baby und zum Erwachsenen bereits parat! Und die Geburt bedeutet schon lange nicht den Beginn des Lebens! Sie stellt für das Baby lediglich eine Veränderung in der Art zu leben dar, bewirkt einen Wechsel in seinem Aufenthaltsort – mehr nicht!"

„Das ist überzeugend! Aber angenommen, jemand hat trotzdem noch Zweifel, ob menschliches Leben wirklich bei der Empfängnis beginnt. Was würden Sie demjenigen antworten?"

Dr. Abramson brauchte nur kurze Zeit zum Überlegen.

„Ich würde an die Menschlichkeit appellieren und aufzeigen, wie in ähnlichen Situationen der ethisch-moralische Grundsatz aussieht, nach dem gehandelt wird – Verstorbene Personen zum Beispiel dürfen nicht eher begraben werden, bis vollkommen sicher ist, daß sie auch wirklich tot sind. Nach großen Erdbeben in Städten wird das Gebiet nicht eher eingeebnet, ehe man nicht die absolute Gewißheit hat, daß kein lebendes Opfer mehr geborgen werden kann. Das heißt, es wird im Zweifelsfalle stets zugunsten des Lebens entschieden."

„Das leuchtet ein", drückte Peter Fleming seine Zustimmung aus.

„Im übrigen", setzte der Wissenschaftler hinzu, „wäre es in diesem Zusammenhang höchst bedeutenswert, wenn man einmal erläuterte, wie weit das menschliche Leben sich in den ersten drei Monaten entwickelt, denn bis zum Ende des dritten Monats werden die meisten Abtreibungen durchgeführt – da gehört es zu unserer Verantwortung, daß wir die wichtigsten Fakten kennen."

„Da muß ich Ihnen recht geben", pflichtete Peter Fleming bei. „Vielleicht können Sie die Entwicklung kurz skizzieren, Herr Professor? Ich glaube, auch auf diesem Gebiet besteht ein gravierendes Informationsdefizit."

„Sehr gern, wenn Sie noch etwas Zeit mitgebracht haben! Beginnen wir mal mit dem zehn Tage alten Embryo. Das winzige männliche oder weibliche Menschenleben sendet eine hormonale Botschaft in den Körper der Mutter, die den Menstruationszyklus zum Stoppen bringt. Später sorgt dieser kleine Bewohner dafür, daß die Brüste sich in Vorbereitung auf das Stillen vergrößern und die Beckenknochen im Hinblick auf die Wehen weicher werden. Diese kleine Person ist von der Mutter genetisch, hormonell sowie organisch völlig unabhängig. Sie ist so selbständig, daß sie allein das Einsetzen der Wehen bestimmt und den Tag, wann sie ihr Heim verlassen und die Welt sehen möchte.

Um den 20. Tag ist das Herz einen halben Millimeter groß und beginnt zu schlagen. Es pumpt das Blut durch einen eigenen abgeschlossenen Kreislauf. Die Wirbelsäule und das Nervensystem formen sich. Die Grundlagen für alle organischen Systeme werden gelegt. Nieren, Leber und der Verdauungtrakt haben bereits Formen angenommen.

Am 26. Tag entwickeln sich die Ärmchen wie Knospen, zwei Tage später geschieht das gleiche mit den Beinen. Man hat schon Bewegungen des 26 Tage alten Fetus auf Film aufgenommen.

Am Ende des ersten Monats hat das Gehirn begonnen sich zu formen. Nur zehn Tage später sind auf dem EEG bereits die ersten Gehirnströme zu messen. Es ..."

„Das ist ja'n Ding!" Peter Fleming konnte sich nicht zurückhalten. „Entschuldigen Sie, Herr Professor, daß ich Sie so rüde unterbreche, aber das erstaunt mich. Die Gehirnfunktion wird doch unbestritten als Hinweis auf Leben akzeptiert."

„Ich weiß, was Sie sagen wollen. Ja, so ist es! Ein Mensch gilt nicht bei einem Herzstillstand als tot, sondern erst, wenn auf dem EEG keinerlei Gehirnströme mehr erkennbar sind. Wäre der kleine Ungeborene ein erwachsener Mensch, würde alles versucht werden, ihn am Leben zu erhalten. So aber mißt man mit zweierlei Maß. Man spricht dem kleinen Menschen trotz seiner Gehirnströme das Leben ab und bringt ihn obendrein um. Spätestens jetzt, am Ende des ersten Monats, müßte doch akzeptiert werden, daß menschliches Leben im Leib der Mutter heranwächst. Aber weit gefehlt! Die Abtreibungslobby setzt sich auch darüber skrupellos hinweg."

„Und schafft es sogar, Politiker auf ihre Seite zu ziehen!" setzte Peter Fleming betroffen hinzu. „Aber bitte, Herr Professor, ich habe Sie eben unterbrochen."

T.A. Abramson fand den roten Faden rasch wieder.

„Wir waren etwa am 30. Tag. Die Gesichtszüge beginnen sich klar abzuzeichnen, die Ohren, die Nase, die Lippen. Aufgrund der schon vorhandenen sensiblen Nervenfasern zuckt der kleine Mensch oder wendet sich ab, wenn er an der Nase gekitzelt wird."

„Darf ich da noch mal einhaken?" fragte Peter Fleming interessiert.

„Bitte, sicher."

„Hab' ich Sie richtig verstanden, daß der Mensch nach vier Wochen schon Schmerzen empfinden kann wie Sie und ich?"

„Wenn Sie damit meinen, ob der kleine Mensch den Schmerz zu realisieren vermag, so kann ich Ihnen das nicht beweisen. Genauso, wie Sie mir Ihre Kopfschmerzen nicht beweisen könnten, wenn Sie welche hätten. Fest steht, daß beim sieben Wochen alten Menschen Nervenfasern nachweisbar sind. Der deutsche Gynäkologe Dr. Wisser hat Hinweise auf Schmerzempfindungen bei wenige Wochen alten Embryos registriert. Und Versuche an lebenden Embryos, die mit einer nicht zerstückelnden Methode abgetrieben wurden, haben ferner folgendes gezeigt: wenn man die Kleinen auch bloß mit einem feinen Haar im Gesicht berührte, reagierten sie darauf mit einem Zucken oder Abwenden. Die gleiche Beobachtung läßt sich auch im Zuhause des kleinen Menschen, in der Fruchthöhle, mit einem Fetoskop machen. Wenn man bei Abtreibungen das Verhalten des ungeborenen Kindes per Ultraschall verfolgt, kann man beobachten, daß das Kind beim Einführen der Saugspitze in hastigen Bewegungen angstvoll an die hintere Uteruswand zu fliehen sucht. Es spürt so eindeutig die Gefahr, daß sich sein Herzschlag auf 200 Schläge pro Minute beschleunigt!"

Peter Fleming schüttelte den Kopf. „Erstaunlich! Mich überzeugt das."

„Ich meine auch, daß es überzeugend ist. Aber wer dennoch skeptisch bleibt, sollte sich vor Augen halten, welche Maßstäbe wir sonst anlegen, wenn es um Lebewesen geht. Wir empören uns und protestieren – und das zu Recht – wenn wir von Tierversuchen hören. Im Tierschutzgesetz ist festgelegt, daß bei Wirbeltieren jeder mögliche Schmerz, etwa bei der Schlachtung, vermieden werden muß. Daran gemessen – und darüber sollte man gründlich nachdenken – hat das ungeborene Kind bei einer Abtreibung weniger Rechte als ein Kalb im Schlachthof! Spricht diese Tatsache nicht Bände? Als vor einiger Zeit in der Nord- und Ostsee massenhaft Robbenbabys wegen giftiger Chemikalien schon im Mutterleib umkamen, gaben *Greenpeace,* weitere Naturschützer und Politiker aller etablierten Parteien sofort ihrer Empörung Ausdruck. Menschenbabys hingegen dürfen sogar auf Krankenschein absichtlich von einem Arzt im Mutterleib zerstückelt werden. Geht der Irrsinn noch deutlicher?"

„Ich habe mir das früher nie bewußtgemacht. Das ist ja maßlos pervers!" Peter Fleming war schockiert. Er verstand plötzlich selbst nicht mehr, wie er sich jahrelang seiner Liebe zu Tieren hatte brüsten können, während er gleichzeitig tatenlos zusah, wie Millionen hilfloser Kinder ermordet wurden. Ihm wurde zutiefst unbehaglich.

„Gehen wir zur Chronologie zurück? Wir waren, glaube ich, beim 30. Tag."

„Viel ist nicht mehr zu ergänzen. Weitere zehn Tage später arbeiten zum ersten Mal die 40 Muskelsets mit dem Nervensystem zusammen. Schwache Bewegungen sind feststellbar, auch wenn die meisten Mütter erst ab dem vierten oder fünften Monat die Bewegungen des Kindes fühlen. Aber das liegt daran, daß das Baby bis dahin noch nicht stark genug war, so kräftig gegen die Gebärmutterwand zu stupsen, daß die Mutter es spürt.

Um den 50. Tag sind die Zahnkeime aller zwanzig

Milchzähne vorhanden. Das kleine Menschlein besitzt nun schon die Fingerabdrücke, die einmalig auf der Welt sein werden. Das Geschmacks- und Geruchssystem ist angelegt. Blutgefäße befinden sich an Ort und Stelle. Alles ist am Ende des zweiten Monats wohl geformt, und bis zum Erwachsenensein verändert sich der Körper nur noch in seiner Größe.

Soweit die physiologische Entwicklung. Was noch viel weniger bekannt ist, ist die Tatsache, daß das Ungeborene auch schon ein psychologisches Erleben kennt. Deutlich wird das bei etwa 24 Wochen alten Babys. Sie sind in der Lage, Stimmen außerhalb des Mutterleibes zu hören. Sind die Stimmen der Eltern beispielsweise laut und wütend, wird das Kleine unruhig, tritt nicht selten mit den Füßen und wirft sich aufgeregt in seinem beengten Heim hin und her. Umgekehrt beruhigen ihn ein weicher Tonfall und Streicheleinheiten durch die Bauchdecke.

Aber auch in den Wochen vorher ist bereits eine psychologische Wahrnehmung vorhanden. Wissenschaftliche Studien haben ergeben, daß Neurotransmitter, Hormone und andere biochemische Nachrichtenträger Botschaften von der Mutter in das Nervengewebe des Kindes senden. Dazu ein Beispiel aus der Universität Uppsala in Schweden. Dort wurde ein Neugeborenes an die Brust seiner Mutter gelegt, drehte jedoch eigenartigerweise sein Köpfchen zur Seite. Durch nichts konnte man es zum Saugen an der Mutterbrust bewegen. Dann gab man es einer anderen stillenden Mutter, und an ihrer Brust begann das Kind sofort zu saugen. Der Grund dafür, daß es die Brust der eigenen Mutter ablehnte: sie hatte das Baby nie gewollt! Selbst ihr Mann hatte von diesen Gefühlen nichts gewußt – wohl aber das Baby! Die Mutter hatte während der Schwangerschaft jede Bindung an das Kind abgelehnt, und nun war nach der Geburt das Kind offenbar nicht bereit, eine Bindung an diese Mutter einzugehen."

„Erstaunlich! Es kommt mir so vor, als würde mir eine neue Welt aufgeschlossen." Nach ein paar Sekunden des Nachdenkens meinte Peter Fleming: „Dann liegt ja alles eindeutig auf der Hand, und wir brauchen gar nicht bis zum dritten Monat vorzugehen, wie ich dachte."

Er vergegenwärtigte sich sein Konzept, ohne das Tonbandgerät anzuhalten. „Über die Abtreibungsarten habe ich Material", murmelte er leise vor sich hin und faßte für sich die bisherigen Hauptgedanken kurz zusammen. „Die gravierende Fehl- und Falschinformation, den brisanten Zusammenhang zwischen Abtreibung und Euthanasie, die Frage nach dem Beginn des menschlichen Lebens und den moralisch-ethischen Grundsatz, im Zweifelsfalle stets zugunsten des Lebens zu entscheiden, haben wir eben erwähnt." Er wurde wieder lauter. „Ich würde gerne ein paar Einzelfragen stellen, zum Beispiel, ob Sie für eine Verschärfung der Abtreibungsgesetze sind?"

T.A. Abramson wog seinen Kopf abschätzend hin und her.

„Das ist eine heikle Angelegenheit, die ich pauschal nicht mit ja oder nein beantworten kann. Die Abtreibungsbefürworter argumentieren, daß verschärfte Gesetze nichts bringen. Das ist jedoch allenfalls eine Behauptung, aber kein Argument. Eher gibt es Gegenbeweise: 1977 verabschiedete der US-Kongreß das sogenannte *Hyde-Amendment*, ein Nachtragsgesetz zum Schwangerschaftsabbruch, das eine echte und strenge medizinische Indikation fordert. Daraufhin gingen die Abtreibungsbefürworter mit der Behauptung auf die Barrikaden, daß nun viele Frauen zu Kurpfuschern gehen und es zu vielen Todesfällen kommen würde. Diese Annahmen erwiesen sich als falsch, wie Studien ergaben. Gleichzeitig ging die Zahl der staatlich finanzierten Abtreibungen um sage und schreibe 99 Prozent zurück! Daten aus aller Welt beweisen obendrein, daß eine ganze Reihe von Frauen eine Abtreibung vornehmen ließen, die bei strengen Gesetzen nicht einmal auf den Gedanken gekommen wären. Und selbst der Einwand, Frauen würden auch bei härteren Gesetzen abtreiben lassen, ist genau besehen kein Argument. Denn in keinem anderen Bereich unserer Gesellschaft ziehen wir die Tatsache, daß Gesetze gebrochen werden, als Rechtfertigung heran, sie

136

allesamt abzuschaffen. Es entbehrt für mich jeglicher Logik, daß Gesetze nichts bringen sollen. In allen Bereichen des Lebens gibt es Gesetze. Sind die wirkungslos? Absolut nicht! Und wenn sie wirkungslos scheinen, werden sie verschärft. Nehmen wir die Gurtpflicht beim Autofahren. Mit bloßen Appellen und Aufklärung kam man nicht ans Ziel, also wurden gesetzgeberische Maßnahmen unter Strafandrohung ergriffen. Dieses Mittel wirkte. Der Bußgeldkatalog wird generell laufend verschärft, um Autofahrer zu disziplinieren und die Zahl der Verkehrstoten zu senken, denn über die Vernunft allein geht es nicht. Oder nehmen Sie die sogenannten Umweltsünder. Auch hier brachten Appelle und Aufklärung allein nichts. Wer bei uns in Deutschland eine Blechdose wegwirft, muß vierzig DM Bußgeld bezahlen. Unsere Regierung spricht sogar von Umweltkriminalität und hat die weltweit schärfsten Strafgesetze gegen derartige Delikte entworfen – sie will sie mit Gefängnis bis zu zehn Jahren ahnden! Eine Wirkung des Strafrechts erhoffen sich der Gesetzgeber und alle Betroffenen auch, wenn demnächst bei uns die Vergewaltigung in der Ehe kriminalisiert wird. Sie sagen: Eine pure Existenz des Gesetzes trägt dazu bei, ein gewisses Unrechtsbewußtsein zu erzeugen. Richtig! Das wird es ohne Zweifel! Warum aber denkt man bei der Abtreibung plötzlich in ganz anderen Bahnen? Sicher, Strafandrohung ist nichts Optimales, und ich will sie hier schon gar nicht als Allheilmittel glorifizieren. Aber manchmal ist der Mensch über seinen Verstand eben nicht zu bändigen. Gesetze sind notwendig und haben in allen Bereichen des zivilisierten Lebens ihre gewünschte Wirkung. Nur ausgerechnet bei der Abtreibung sollten sie wirkungslos sein? Das ist einfach unglaubwürdig! Wahrscheinlich werden bei einer Gesetzesverschärfung die Kurpfuscher mit ihren Hinterhofsabtreibungen Zuwachs bekommen. Aber ganz zweifellos wird die Zahl der Kindestötungen abnehmen, die nach der Liberalisierung der Gesetze rapide angestiegen ist. Setzen wir sonst nicht alles daran, auch mit großen Risiken Menschenleben zu retten, sei es bei verschütteten Bergleuten oder in Seenot geratenen Matrosen? Warum nicht bei den kleinsten Mitgliedern unserer Gesellschaft, die vom Zerstückelungstod bedroht sind?"

„Aber sind wir dann nicht in Gefahr, moralische Urteile zu fällen?" warf Fleming ein. „Brauchen Frauen, die ungewollt schwanger werden, nicht erst mal unsere Hilfe?"

„Natürlich brauchen sie Hilfe", stimmte Abramson zu, „aber sie brauchen die richtige Hilfe! Häufig wird Abtreibungsgegnern vorgehalten, sie würden Frauen verdammen, anstatt ihnen zu helfen. Das ist ein unzutreffender Vorwurf. Hier geht es nicht um den moralischen Zeigefinger! Ich persönlich weigere mich zu glauben, daß eine Gesellschaft, die den höchsten Lebensstandard aller Zeiten erreicht hat – die sogar Männer auf den Mond gebracht hat – Frauen in Not keine andere Hilfe bieten kann als Mord, als das Zerstückeln, Zerreißen und Zermalmen hilfloser Babys im Mutterleib. Und ich weigere mich, das als ‚Hilfe' zu bezeichnen, was ein unschuldiges Kind tötet und eine Frau psychisch und zum Teil auch physisch aufs schwerste verletzt. Die seelischen und auch die körperlichen Spätfolgen einer Abtreibung können verheerend sein! Wenn ein Sozialstaat anerkennt, daß er der sozialen Not einer schwangeren Frau nur durch die Tötung ihres eigenen wehrlosen Kindes begegnen kann, gibt der Staat damit zu, daß er der Mutter keine zumutbare Alternative zum Mord bieten kann. Das kommt einer Kapitulation gleich! Das ist die größte Bankrotterklärung, die für einen Staat überhaupt denkbar ist! In Deutschland werden jährlich Millionen an Krankenkassengeldern für das Töten von Babys ausgegeben. Warum verwendet man dieses Geld nicht zur Unterstützung der Frauen und zum Lebensunterhalt der Babys? Es gibt eine ganze Reihe privater christlicher Gruppierungen, in denen Menschen zum Teil ihren Beruf aufgegeben haben, um schwangeren Frauen in Not zu helfen. Ganz selten nur werden sie vom Staat finanziell unterstützt. Weshalb eigentlich? Sind denn durch Steuererleichterungen nur Firmen, die Abtreibungsmedikamente herstellen, unterstützungswürdig? Wieso erleichtert man nicht das Adoptionsverfahren? Wie viele Ehepaare warten verzweifelt darauf, endlich ein Baby lieben und umsorgen zu dürfen, und in den Krankenhäusern werden diese Babys zu Millionen getötet! Nehmen Sie hier nur unser Land. Über eine Million Paare können keine eigenen Kinder bekommen, weil der Mann oder die Frau unfruchtbar ist. Die Zahl steigt ständig. Viele Paare leiden sehr darunter, ja, Ehen gehen deswegen sogar kaputt. Wie sehr könnte hier geholfen werden, wenn Frauen ihre Kinder austragen und zur Adoption freigeben würden, anstatt sie töten zu lassen!

Und wenn ich mir vorstelle, die Generationen vor uns wären mit der Abtreibung ebenso umgegangen wie wir, wäre die Wahrscheinlichkeit, daß Sie und ich heute hier säßen, verschwindend gering. Selbst ein Drittel der heutigen Abtreibungsbefürworter gäbe es nicht, weil sie von ihren Müttern vor der Geburt bereits umgebracht worden wären.“

Peter Fleming nickte nachdenklich. Er fand diesen Gedanken schaurig, aber er hatte es in der Fachliteratur selbst nachgelesen: auf zwei normale Geburten kam eine Abtreibung! Als er das registriert hatte, war er froh und dankbar geworden, daß seine Mutter vor 25 Jahren ja zu ihm gesagt hatte.

*

Verärgert über den Schachzug der Krankenhausleitung hatte Kristina ganz normal ihren Dienst getan und war vor ein paar Tagen nicht zur Pflegedienstleitung gegangen, um ihre Kündigung einzureichen. Der Patienten wegen bemühte sie sich jedoch, sich nichts von ihrem Verdruß anmerken zu lassen.

Dr. Nicolai rollte auf seinem Hocker vom Behandlungsstuhl fort, streifte die Handschuhe ab und warf sie in den Mülleimer.

„Da machen wir am besten Aufnahmen.“

Die Patientin blickte ihn besorgt an. „Ist es was Ernstes, Herr Doktor?“

„Ich denke nicht. Wir machen aber lieber die Aufnahmen, um sicherzugehen. – Sie können sich wieder anziehen."

An Kristina gewandt, sagte er kurz: „CT Uterus."

Kristina entnahm dem Wandhalter ein Formular. Der Arzt drehte sich der Patientin zu, die vom Behandlungsstuhl stieg.

„Die Schwester füllt Ihnen einen Schein aus. Mit dem gehen Sie dann hinüber in die Röntgenabteilung und kommen anschließend nochmal her."

Die Patientin nickte und verschwand in einer Kabine. Im gleichen Augenblick klingelte das Telefon. Kristina machte schon Anstalten, zum Apparat zu gehen, als der Arzt ihr zuvorkam.

„Ich geh' ran. Das ist bestimmt die Patientin von heute morgen. Sie wollte um diese Zeit noch mal anrufen."

Kristina zog überlegend die Stirn in Falten. „Die Frau, die in der Nacht ihr ungeborenes Baby schreien hört?"

Robert Nicolai lachte. „Klingt verrückt, nicht?"

Während Kristina sich dem Formular widmete, nahm er den Hörer ab.

„Nicolai."

…

„Guten Tag, Frau Reger."

…

„Schwester Ruth hat es mir ausgerichtet."

…

„Nein. Ich kann Ihnen erklären, wie es dazu kommt."

…

„Sie und Ihr Mann hören die Schreie ja erst seit kurzem."

…

„Genau. An dem Tag waren Sie bei mir in der Praxis. Da habe ich Ihnen erläutert, daß wir wegen einiger Untersuchungen vorübergehend einen Teil der Amnionflüssigkeit, in der das Baby schwimmt, durch Luft ersetzen müssen."

…

„Richtig, Frau Reger. Aber wenn Sie auf dem Rücken

liegen, also nachts im Bett, kann es nun passieren, daß die Nase und der Mund des Babys in die Luftblase hineinragen. Das Kind atmet die Amnionflüssigkeit aus und Luft ein. Durch diesen Luftstrom kommt es dann zu den Schreien, denn Sie befinden sich ja immerhin schon in der 16. Woche, und da ist der Kleine bereits mit dem vollen Satz an Stimmbändern ausgestattet."

Er verfolgte, wie Kristina der Patientin, die sich mittlerweile angezogen hatte, das Formular gab und mit ein paar Handbewegungen den Weg zur Röntgenabteilung beschrieb.

„Das hängt mit der Luft zusammen."

...

„Ja, denn sobald Sie sich auf die Seite drehen, atmet es die Luft ja aus und wieder ausschließlich Flüssigkeit ein."

...

„Deshalb ist der Schreiton wieder weg!"

...

„Na, das freut mich."

...

„Haben Sie für morgen einen Termin?"

...

„Gut, dann bis morgen früh, Frau Reger. Wiederhören."

In der Zwischenzeit hatte Kristina schon die nächste Patientin in Behandlungsraum 1 geführt.

*

„Darauf, daß die Pille erhebliche Nebenwirkungen hat, habe ich Sie von Anfang an hingewiesen." Dr. Nicolai ging zum Waschbecken.

Die junge Frau, die er soeben untersucht hatte, war Mitte Zwanzig und auffallend durchtrainiert. Man sah ihr auf den ersten Blick an, daß sie eine Hochleistungssportlerin war. Deprimiert kletterte sie vom Untersuchungsstuhl und verschwand in der Kabine.

„Ist die Schädigung schwer?" fragte sie, während sie sich anzog.

„Nicht irreparabel, wenn Sie das meinen. Wieviel Antibabypillen haben Sie genommen?"

„Drei pro Tag."

Seine Hände abtrocknend, schaute der Arzt auf die Karteikarte und wog seinen Kopf hin und her. „Das ist eines der stärksten Mittel, das ich Ihnen verschrieben habe. Wir könnten es zeitweise mit einem leichteren Präparat versuchen. Vielleicht würden die Beschwerden zurückgehen. Aber das Risiko ..."

„Das nehme ich auf mich", versicherte die Frau eifrig. Sie schöpfte neue Hoffnung. „Es wäre ja schließlich nur noch für kurze Zeit. Die Qualifikationsnorm habe ich in der Tasche. Es geht nur noch um die Weltmeisterschaften selbst. Wenn ich bis dahin meine Leistung konservieren kann, wird der Traum meines Lebens, eine Medaille, wahr."

Dr. Nicolai hängte das Handtuch auf, setzte sich auf seinen Schreibtischstuhl und sah zu seiner Patientin hinüber, die nun vor ihm saß.

„Sie pokern ziemlich hoch, meine Verehrte. Wann ist denn die WM?"

„In zwei Monaten."

Robert Nicolai überlegte einen Moment. Dann schüttelte er den Kopf. „Daß Sie weiterhin die Pillen schlucken, kann ich nicht verantworten."

„Aber ...", wollte die Frau lospoltern, doch er hob abwehrend seine Hand.

„Es gibt eine andere Möglichkeit. Eine bessere, die genauso leistungssteigernd wirkt. Mit dieser Methode sind schon einige Frauen Olympiasiegerinnen geworden. Allein 1956 sollen es zehn sowjetische Athletinnen gewesen sein."

Die Augen der Frau wurden größer. „Was ist das für eine Methode?"

„Eine sehr simple. Sie brauchen bloß schwanger zu werden."

Die Frau lachte laut auf. „Sie wollen mich wohl foppen!"

„Nein", blieb Dr. Nicolai ernst. „Das ist kein Witz. Das

Prinzip ist folgendes: Bisher haben Sie Pillen mit einem hohen Gestagenanteil geschluckt. Wenn Sie schwanger werden, produziert Ihr Körper dieses Hormon selbst. Eine ganz natürliche und völlig ungefährliche Sache."

„Das hab' ich ja noch nie gehört!" Die Frau war völlig baff.

„Wie Doping überhaupt wird auch diese Methode nicht an die große Glocke gehängt, sondern lieber kaschiert – es gibt immer einige Biedermänner, die das unmoralisch und verwerflich finden."

Die Frau starrte auf den Boden. Es arbeitete fieberhaft in ihrem Kopf. Nach einer Weile schien sie einiges für sich abgeklärt zu haben.

„Und wie soll ich schwanger werden? Ich meine, ich bin weder verheiratet noch habe ich einen festen Freund. Und mich deshalb in ein Abenteuer stürzen ...?"

Robert Nicolai winkte ab. „Sie brauchen sich auf kein Abenteuer einzulassen. Das erledigen wir kurz und schmerzlos durch eine künstliche Befruchtung."

„Und dann?" wollte die Frau wissen. „Ich will doch noch gar kein Kind. Und schon gar nicht von einem wildfremden Mann!"

„Auch das erledigen wir ganz schonend. Nach der Weltmeisterschaft unterbrechen wir kurzerhand die Schwangerschaft."

Die Frau blickte ihn skeptisch an. „Eine Abtreibung?"

„Einfacher geht es doch nicht." Er zählte an seinen Fingern auf: „Sie vermeiden Gesundheitsschäden, weil Sie die Pille nicht mehr nehmen müssen. Stehen trotzdem unter einem leistungssteigernden Hormon. Können mit ziemlicher Sicherheit Ihren Traum von einer Medaille verwirklichen. Und nachher verbleiben keinerlei Komplikationen. Außerdem weiß niemand etwas, nur Sie und ich." Er hielt ihr die gestreckten Finger hin. „Mindestens fünf gute Gründe."

„Und das klappt so problemlos?"

Der Arzt grinste. „Die Medaille erspringen müssen Sie sich natürlich selbst. Für den Rest kann ich garantieren.

Mein Wort drauf." Er reichte ihr seine Hand über den Tisch. Lachend legte sie die ihre hinein. „Fein!" sagte er und stand auf. „Bezüglich eines Termins zur Befruchtung wenden Sie sich bitte an meine Sekretärin."

Die Frau nickte froh und hängte lässig ihre Tasche um. „Vielen Dank, Dr. Nicolai."

„Keine Ursache. Schön fleißig weitertrainieren!"

Robert Nicolai begleitete die Sportlerin ins Sekretariat. Er gab die Karteikarte seiner Frau und erklärte: „Hier muß ein baldmöglichster Termin zur Insemination abgeklärt werden. Vorzumerken ist auch ein Termin zur Abruptio etwa zwei Monate nach Insemination."

Frau Nicolai nahm die Karte und machte sich mit Bleistift ein paar Notizen darauf.

11

Die linke Spule des Tonbandgerätes drehte sich besonders schnell, da sie nahezu abgelaufen war. Aus dem Lautsprecher erklang die volltönende Stimme T. A. Abramsons:

„Ganz ohne Frage existiert ein Embryonenhandel. Der amerikanische Gynäkologe Dr. Nathanson erklärte auf einem internationalen Kongreß in Bonn, daß mit abgetriebenen Kindern jährlich weltweit ein Umsatz von 12,6 Milliarden DM erzielt wird. Der Pressesprecher des hessischen Regierungspräsidenten wies 1989 darauf hin, daß es einen Markt für menschliches Zellmaterial gebe, etwa bei der Herstellung von Hautcremes. Neben sogenannten Entbindungsabfällen geht es in der Hauptsache um abgetriebene Kinder. So fuhr zum Beispiel im März 1981 ein Lkw aus Ostdeutschland quer durch die BRD nach Frankreich. Als Zollbeamte den Laderaum kontrollierten, fanden sie Hunderte von tiefgekühlten menschlichen Föten aus Abtreibungen. In London SW3 gibt es sogar eine *Bank für Fötalgewebe,* die Embryos und Föten für 102 englische Pfund Sterling pro Kilogramm an Laboratorien verkauft. Ein Monatsmagazin berichtete 1989 darüber, wie abgetriebene Babys von namentlich genannten Ärzten in Deutschland zum Verkauf angeboten wurden.

Eine Kosmetikfirma gibt in dem Beipackzettel zu einer ihrer Schönheitscremes an, daß ihr Produkt besonders geschmeidig sei, weil es aus embryonischem Gewebe stamme. In Frankreich werden ganzseitige Werbeanzeigen aufgegeben, die Schönheitsprodukte auf der Basis menschlicher Embryos anbieten. So geschehen am 8. Mai 1984 im *Le Quotidien de Paris.* Da heißt es wörtlich: *Aux embryons humains* – aus menschlichen Embryos!"

Die Stimme des Neonatologen brach abrupt ab. Peter Fleming hatte die Aus-Taste gedrückt. Beide Spulen standen still. Erwartungsvoll schaute er zu dem Mann, der mit verschränkten Armen auf der Kante seines Schreibtisches saß.

„Eine heiße Sache. Das könnte eine Feature-Story werden", bemerkte der Redakteur beeindruckt. „Wie soll's weitergehen?"

„Ich hab' dir von der Bekannten erzählt, die im Städtischen Krankenhaus arbeitet und mir da was von seltsamen Alukisten gesteckt hat. Ich dachte, daß ich mit ihrer Hilfe dem Laden mal ein bißchen auf den Zahn fühle."

Der Vorgesetzte strich sich skeptisch über den Kinnbart. „Meinst du, daß sie mitmachen wird? Immerhin würde sie dabei ihren Job riskieren."

Peter Fleming blickte nachdenklich durch das große Sichtfenster in den neonerleuchteten Saal. Die hektische Betriebsamkeit darin, das Rattern der Schreibmaschinen und das eifrige Gerenne von Männern und Frauen, nahm er bloß unbewußt wahr. Es stimmte. Wenn er Kristina in seine Recherchen einspannte, brachte das für sie sicher weitreichende Folgen mit sich. Und ihr Schaden zuzufügen war das letzte, das er wollte. Andererseits konnte man bei den Nachforschungen ohne einen Informanten an der Quelle nicht gut vorankommen. Ein heißer Kampf entbrannte in Peter Fleming über den Weg, den er einschlagen sollte.

12

Sie hängte das Handtuch an den Wandhaken, Zahnbürste und Zahnpasta stellte sie zurück in den Zahnputzbecher. Nachdem sie vor einem halben Jahr mehrere hundert Mark für die Zahnarztbehandlung bezahlen mußte, hatte sie sich vorgenommen, ihre Zähne nach jedem Essen sofort gründlich zu putzen.

Sie fuhr sich mit der Bürste durch ihr glänzendes, schulterlanges Haar, wobei sie es tunlichst vermied, sich im Spiegel zu betrachten. Sie wußte, was sie zu sehen bekommen hätte: rotunterlaufene Augen. Auf diesen Anblick war sie nicht besonders scharf.

Mit einem angenehmen Gefühl der Frische im Mund ging Kristina auf Strümpfen in das Wohnzimmer ihres Apartments. Dort lagen auf dem Sekretär allerhand Zettel und Papiere verstreut. Sie wollte sich gerade von neuem daransetzen, als es an der Tür läutete. Verdutzt schlüpfte sie in ihre Schuhe. Da sie niemanden erwartete, sah sie vorsichtshalber durch den Spion.

„Ah!" kam ein überraschter Ausruf über ihre Lippen, als sie den Mann erkannte, der vor ihrer Wohnung stand. Sie öffnete die Tür.

„Guten Abend! Ich freue mich, daß Sie wieder mal vorbeischauen!"

Mit einer lausbübischen Miene trat Phillip Valentin ein. „Ich hoffe, ich störe Sie nicht, Schwester Kristina. So unangemeldet."

„I wo! Allein bin ich oft genug. Kommen Sie, setzen Sie sich!"

Kristina war zur Sitzecke vorangegangen. Bedächtig folgte Valentin, wobei sein Blick auch auf die übervolle Platte des Sekretärs fiel.

„Kann ich Ihnen etwas anbieten?"

„Nein, danke", wehrte er ab.

„Gar nichts?"

Valentin schüttelte lächelnd den Kopf.

„Wie gut, daß Sie kein Politiker geworden sind."

„Wieso?" wollte er wissen.

„Na, wenn die einen Staatsbesuch machen, gibt's doch immer ein riesiges Bankett!" scherzte sie.

Der Pfarrer lachte herzhaft. „Und was die da nicht alles auftragen ... auch zu dick auftragen", grinste er schelmisch.

Kristina hatte das Wortspiel verstanden. Lachend sagte sie: „Das hat meine Mutter mir schon früh gepredigt: Mein Kind, hüte dich davor, die Wahrheit zu verdrehen!"

„Wie weise!" Valentin nickte und versuchte bewußt, der Unterhaltung behutsam eine ernsthafte Ausrichtung zu geben. „Dann müßte unser Gespräch ja ein besonders aufrichtiges und offenes werden, nicht wahr?"

Seine Worte verfehlten die Wirkung nicht. Abrupt war Kristinas Frohsinn erstorben, senkte sie bedrückt ihre Lider.

Die einzelnen Puzzlestücke fügten sich für Valentin allmählich zusammen: das schlechte Aussehen Kristinas, ihre geröteten Augen, die Papiere auf der Schreibplatte des Sekretärs. Er fühlte sich in den Befürchtungen, die ihm vor Tagen bei ihrer Begegnung im Krankenhaus gekommen waren, mehr als bestätigt. Er roch nicht mehr nur Rauch, er konnte die Flammen selbst sehen. Es brannte lichterloh!

„Wollen Sie sich verändern?" fragte er direkt.

Erschrocken hob sie die Augen. Er hatte ins Schwarze getroffen.

„Ich meine wegen der Paßfotos und der Papiere", fügte er hinzu und deutete mit dem Kopf zum Sekretär.

Ihre Nasenflügel bebten mehrmals, und ihre Augen blinzelten leicht. Valentin bemerkte die Vorboten des Weinens sofort. Sein Ton wurde sanft und einfühlsam.

„Manche Lasten können wir allein nicht tragen. Verteilen Sie sie, Schwester Kristina! Sprechen Sie ruhig aus, was Ihnen Kummer macht!"

Er durchbrach die Mauer, die Kristina umgab. Unter Tränen sprudelten Bäche von allem Schrecklichen aus ihr hervor, die sich bis zum Ersticken angestaut hatten.

„Es ist so fürchterlich!" fing sie schluchzend an und erzählte alles, angefangen von ihrem Stationswechsel bis zu den Abtreibungen, die sie während ihres heutigen Dienstes erlebt hatte.

Phillip Valentin wurde mit jedem Satz betroffener und aufgewühlter. Er vertrug eine Menge. Aber diese Not, dieses Leid und vor allem diese grausamen Untaten, geschehen in der Stadt, in der er lebte – das schaffte selbst ihn.

„… Die Schmerzen der Frau waren so schlimm, daß sie sich ihre Lippen blutig gebissen hat." Kristina schneuzte sich in ihr Taschentuch. „Die Untersuchung des Fruchtwassers war positiv ausgefallen. Deshalb war die Prostagladin-Abtreibung aufgrund der eugenischen Indikation ja noch möglich. Selbst in diesem späten Stadium von 22 Wochen. Doch als das Kind in der Schale lag, wurde Dr. Nicolai kreideweiß. Denn von einer angeblich unbehebbaren Behinderung des Babys war nichts …" Ihr versagte bei dem Gedanken an das schaurige Bild des starren, leblosen Körpers in der Schale die Stimme.

Kristina brach neuerlich in bittere Tränen aus. Phillip Valentin kniff betroffen seine Augen zusammen. Welch entsetzliche Tat hatte sich heute nachmittag im Krankenhaus zugetragen!

22 Wochen, fast sechs Monate – er wußte augenblicklich, was das bedeutete: Ein Kind, das unbekümmert am Daumen lutschte. Ein Kind, das zuckte, als wolle es lächeln, wenn man es im Mundbereich streichelte. Ein Kind, das offenbar auch schon Träume erlebte, wie die REM zeigten, die schnellen Augenbewegungen, die Wissenschaftler festgestellt hatten. Ein Kind, das langsam seine Händchen schützend vor die Augen führte, wenn man den Bauch der Mutter mit grellem Licht bestrahlte, und das seine kleinen Händchen vor die Ohren hielt, wenn es von lauter Musik aufgestört wurde. 22 Wochen hieß auch: ein Mensch, der Schmerzen empfand wie jedes Baby, jeder Jugendliche, jeder Erwachsene!

Bestürzt starrte Phillip Valentin zur Decke. Wie hatte diese Blinddarm-Mentalität nur Fuß fassen können, daß viele dem Schwindel glauben, eine Abtreibung sei mit einer Blinddarm- oder Warzenentfernung vergleichbar!

Wurde aus einem Blinddarm denn im Laufe von Monaten ein Baby? Besaß ein Blinddarm etwa eine ewige Seele? Das Ungeborene war doch eine eigenständige Person mit einem von der Mutter unterschiedlichen Chromosomensatz, mit einem eigenen Blutkreislauf; oft war es sogar einer anderen Blutgruppe zugehörig und von entgegengesetztem Geschlecht. Konnte man noch eindeutiger belegen, daß das Baby im Mutterleib eine eigene Person war und ein von der Mutter getrenntes Leben besaß?

„Es ist unfaßbar, wie brutal und willkürlich sich der Mensch als göttlicher Richter über Leben und Tod erhebt!"

Kristina wischte mit dem Taschentuch ihre Tränen ab und schaute zu Valentin hinüber. Er sprach wie zu sich selbst. „Die zuckersüße Praline ‚Ihr werdet sein wie Gott' hat den Menschen schon von jeher gelockt. Leider denkt er nicht an ihre bittere Füllung und die Warnung ‚... an dem Tag mußt du sterben.'"

Kristina verstand, was Valentin damit sagen wollte. Auch wenn sie niemals in der Bibel las – wer kannte die Verführungsgeschichte im Paradies nicht?

Der Pastor atmete tief durch. „Wenn es nicht zu unverschämt ist, würde ich jetzt doch gerne etwas trinken."

„Natürlich!" Kristina sprang auf und rieb sich die letzten Tränenspuren mit ihrem Ärmel von der Wange. „Was möchten Sie denn?"

„Eine Tasse Tee, wenn's keine Umstände macht. Welche Sorte, ist egal", meinte er bescheiden.

Kristina nickte und ging in die Küche. Während sie darauf wartete, daß das Wasser kochte, kühlte sie ihr vom Weinen heißes Gesicht unterm Wasserhahn. Frisch und mit neuem Schwung kehrte sie mit einem kleinen Tablett ins Wohnzimmer zurück. Dankbar nahm Phillip Valentin die dampfende Tasse Tee entgegen. Auf den Zucker verzichtete er, von der Milch nahm er einen kleinen Schuß. Er fuhr mit dem Löffel geräuschvoll über den Tassengrund und nippte genüßlich an dem heißen Getränk. Es half, Mund und Gaumen neu zu beleben und den faden Geschmack hinunterzuspülen. Kristina hatte sich selbst keinen Tee eingegossen.

Ungelenk saß sie da und beobachtete ihren Gast. Sie hätte ihn gerne etwas gefragt, wußte aber nicht, wie. Sie staunte über ihre plötzliche Befangenheit. Schließlich gab sie sich einen Ruck.

„Sie wissen gut über Abtreibung Bescheid, Pastor Valentin. Interessiert Sie das als Mensch oder als Pastor?"

Valentin schien diese Frage nicht zu überraschen. Er setzte die Tasse ab.

„Ein derartiges Massenmorden an den Schwächsten unserer Gesellschaft müßte eigentlich jeden Menschen tief in seiner Seele treffen, wenn er nicht dickhäutig, oberflächlich und abgestumpft ist. Von daher ist mein Engagement etwas ganz Normales. Aber diese Kindestötungen regen mich auch als Pastor auf. Denn als Kind Gottes weiß ich um ihre geistliche Dimension."

Kristina runzelte die Stirn. „Sie meinen das Gebot ‚Du sollst nicht töten'?"

„Das ist gewiß das Zentrale", bestätigte er. „Doch wenn ich ‚geistliche Dimension' sage, meine ich noch etwas anderes, nämlich daß ich durch die Bibel weiß, mit welchen Augen Gott die Kinder im Mutterleib sieht. Und dieses Wissen läßt mich noch mehr erschaudern."

Kristinas Neugier war erwacht. Was meinte Valentin? Er ließ sie nicht lange im dunkeln tappen.

„In der Bibel sagt Gott einmal: ‚Ehe ich dich im Mutterleib bildete, habe ich dich erkannt, und ehe du aus dem Mutterschoß hervorkamst, habe ich dich geheiligt. Zum Propheten an die Nationen habe ich dich eingesetzt.' Diese Worte sind an Jeremia gerichtet, aber sie machen deutlich: Gott kennt jeden einzelnen Menschen, während er noch im Mutterleib ist, und er hat einen Plan mit ihm. Wäre Jeremia durch eine Abtreibung getötet worden, niemand hätte seinen Namen erfahren, niemand gewußt, was aus ihm hätte werden sollen – mit Ausnahme von Gott. Deshalb hätte *er* einen Verlust empfunden, deshalb schmerzt *ihn* jede Abtreibung zutiefst. Und das um so mehr, da *er* es ja ist, der das ‚Wunder Mensch' überhaupt erst möglich macht. So heißt es in der Bibel in Psalm 139: ‚Du hast meine Nieren bereitet und hast mich gebildet im Mutterleib. Es war dir mein Gebein nicht verborgen, als ich im Verborgenen gemacht wurde. Deine Augen sahen mich, als ich noch nicht bereitet war, und alle meine Tage waren in dein Buch geschrieben, die noch werden sollten, als noch keiner von ihnen da war.' Ja, das Ungeborene ist ein Meisterwerk Gottes, eine Gabe Gottes an Mann und Frau, eine Gabe, von der es niemals mehr irgendwo auf der Erde ein zweites Exemplar geben wird. Und was tun wir? Wir werfen es auf den Müll!"

Das also war die geistliche Dimension! Jetzt, wo sie von ihr gehört hatte, war Kristina im Blick auf ihre Arbeit in der Ambulanz noch elender zumute. Weg! Nur schnell weg von dort! Sie wurde in ihrem Entschluß zu kündigen neu bestärkt.

„O Gott, was mußt du alles aushalten!" ging es ihr spontan durch den Kopf, und sie schrak auf. Was war denn das? Die Anteilnahme, mit der sie diese Worte im Innern gesprochen hatte, ließ sie aufhorchen. Sie kam ihr befremdlich vor, denn sie hatte so etwas in den wenigen Momenten, wo sie in ihrem Leben gebetet hatte, noch nie empfunden. Gott schien plötzlich so real. Eine Person, die nicht irgendwo fernab majestätisch thronte, sondern die nahe bei ihr stand, die hautnah miterlebte, was auf Erden passierte, und deren Herz beim Anblick der vielen, vielen Abtreibungen blutete und brach.

„Merkwürdig!" dachte Kristina. „Wieso sehe ich heute zum ersten Mal, daß Gott so nah ist? Doch schlimm, wo ich sein Kind ..."

Sie stockte in ihren Überlegungen. Ein Satz Valentins hallte in ihr nach.

„Denn als Kind Gottes weiß ich um ihre geistliche Dimension." Weshalb hatte *sie* um die geistliche Tragweite der Abtreibung nicht gewußt, ja nicht mal einen blassen Schimmer davon gehabt? Als Kind Gottes hätte sie das doch eigentlich wissen müssen. Aber da war nichts gewesen. Und wenn nun, wie es schien, ein Zusammenhang zwischen dem Erkennen der geistlichen Dimension und der Gotteskindschaft bestand? War sie dann überhaupt ein Kind Gottes?

Ein unwohles Gefühl durchrieselte sie, als sie an diesen Punkt der Konsequenz gelangte. Ihr Herz klopfte auf einmal bis zum Hals.

„Ach was!" versuchte sie die Gedanken hitzig wegzuwischen. „Ich bin getauft und gehöre der Kirche an. Gut, ich geh' nicht oft hin, aber ich tue nichts Böses, sondern helfe anderen Menschen. Was soll da noch fehlen?"

Doch ihre eigene Erklärung überzeugte sie nicht mehr. Flugs kehrten die zweifelnden Gedanken zurück und bemächtigten sich ihrer. Sie ließen sich nicht abschütteln.

„Pastor Valentin", tastete sie sich vorsichtig an das Thema heran, während sie unsicher mit ihren Händen spielte, „ein Kind Gottes ist doch nicht allein der, der die geistliche Dimension der Abtreibung erkennt, nicht wahr? Ich bin da ein bißchen durcheinander."

Phillip Valentin mußte sich erst besinnen, was er gesagt hatte. Dann erklärte er mit einem Lächeln:

„O nein! Das sollte keine allgemeingültige Definition darüber sein, wer ein Kind Gottes ist."

Kristina fiel ein Stein vom Herzen. Doch sie spürte, daß da noch etwas war, was sie keine endgültige Ruhe finden ließ. „Nun weiß ich, was nicht die Definition für ein Kind Gottes ist", dachte sie. „Aber wann man eins ist, weiß ich auch nicht. Ist das nicht unnormal? Ich bin Krankenschwester und weiß, ab wann man Krankenschwester ist. Ich bin eine Autofahrerin und weiß, ab wann man das ist. Ich meine ein Kind Gottes zu sein, aber ich weiß in diesem Fall nicht im mindestens, wann man das ist."

Erneut durchspülte sie eine Woge des Unwohlseins.

„Wenn ich jemanden treffen würde, der vorgibt, Arzt zu sein, mir aber mit keiner Silbe erklären kann, wie man das wird und ab wann man das ist, würde ich ihm doch glatt nicht glauben, daß er Arzt ist", überlegte sie. Die logische Folgerung, daß also auch sie nicht glaubhaft behaupten konnte, ein Kind Gottes zu sein, wenn sie vom Wie und Wann keine Ahnung hatte, hätte sie am liebsten nicht wahr gehabt. Aber sie konnte sie nicht verdrängen. „Hoffentlich fragt er mich nicht danach!" bangte Kristina.

Valentin nahm nach einem kurzen Schweigen das Gespräch wieder auf. „Nehmen wir die Vater-Kind-Beziehung im menschlichen Leben." Es lag ihm am Herzen, Kristina verständlich zu machen, was es heißt, ein Kind Gottes zu sein, und wie man es wird. „Sie beginnt dort, wo ein Baby zur Welt kommt. Aber wie ist das Baby entstanden? Macht es aus heiterem Himmel ‚plup', und ein Baby ist da? Kann man es in der Apotheke kaufen? Oder bestellt man es bei einem Chemiekonzern, der ja alle Substanzen auf Vorrat hat, aus denen ein Mensch besteht, daß dort eins angerührt wird? Nein! Es gibt nur einen einzigen, von Gott geschaffenen Weg, auf dem ein Baby entstehen kann. Nicht viele Wege. Auch nicht Wege, die wir uns nach Belieben aussuchen können. Nur einen! Der Same des Mannes muß sich mit dem Ei der Frau verschmelzen, es muß zu einer Befruchtung kommen. Dann hat sich das Entscheidende vollzogen, und ein Baby ist da. Denn der Rest bedeutet ja nur noch Wachstum."

Bei den letzten Worten mußte Kristina innerlich aufseufzen. Diese Erkenntnis konnte sie aus der leidvollen Erfahrung der vergangenen Wochen nur bestätigen.

„Ebenso gibt es auch nur einen Weg, wie ein Kind Gottes entstehen kann: der Same des Wortes Gottes muß in das Herz des Menschen fallen und vom Menschen aufgenommen werden. Und wie man bei einem Menschenkind von einer Geburt spricht, so spricht auch die Bibel beim Gotteskind von einer Geburt – der Wiedergeburt. Damit ist aber keine Reinkarnation gemeint! Niemand kommt nach seinem Tod noch einmal auf diese Welt. Wenn die Bibel von Wiedergeburt spricht, dann meint sie, daß einem Menschen ganz neues – und zwar geistliches – Leben geschenkt wird. Die Wiedergeburt ist die Antwort Gottes auf eine Bekehrung, auf eine Umkehr des Menschen hin zu ihm – darauf, daß der Mensch Gottes Wort aufgenommen hat. Man kann das griechische Wort, das in der Bibel für ‚wiedergeboren' steht, auch mit ‚von oben her geboren' übersetzen.

Gott hat allen Menschen durch die Geburt das irdische Leben geschenkt. Durch die Wiedergeburt will er ihnen ewiges Leben schenken. Denn mit der Geburt leben wir zwar körperlich, aber erst mit der Wiedergeburt erhalten wir das geistliche Leben, das wir brauchen, um die Ewigkeit bei Gott erleben zu dürfen. Denn der Leib wird ja eines Tages zu Staub verfallen."

„Halt! Moment!" Kristina zog ihre Stirn kraus. „Das versteh' ich nicht. Wenn wir die Wiedergeburt brauchen, um ewiges Leben zu erlangen, warum bekommen wir dann dieses ‚geistliche Leben' nicht gleich bei der Geburt mit?"

„Das ist eine leidvolle Geschichte", entgegnete Valentin. „Was geschieht, wenn zwei verschieden geladene blanke elektrische Kabel miteinander in Berührung kommen?"

„Hm", machte Kristina verdutzt, da sie keinen Zusammenhang zu ihrer Frage erkannte. „Es gibt einen Kurzschluß, oder?"

„Richtig. Die Verbindung ist hin. Auch zwischen Gott und dem Menschen hat es einen gewaltigen Kurzen gegeben – durch die Sünde des Menschen. Seitdem ist die Leitung total unterbrochen. Auch Ihr Kabel zu Gott ist defekt, Schwester Kristina!"

„Was?" rief Kristina entrüstet aus. „Pastor Valentin, Sie kennen mich. Ich bin zwar kein eifriger Kirchgänger, aber ich glaube daran, daß es Gott gibt, und ich bemühe mich, keiner Fliege etwas zuleide zu tun."

Valentin lächelte sie an. „Sie brauchen sich nicht zu rechtfertigen, Schwester Kristina. Das war kein persönlicher Angriff auf Sie. So ist es bei jedem Menschen, seitdem die ursprüngliche Beziehung zu Gott zerstört ist – seit die Menschen sich zum ersten Mal gegen ihn auflehnten. Sie sagten, Sie glauben an Gott. Doch das ist nicht die Frage. Kennen Sie ihn wirklich persönlich? Kennen Sie ihn als Ihren liebenden Vater, der mit Ihnen durch den Alltag geht? Oder kennen Sie ihn bloß so, wie man Napoleon kennt? Von dem hat man ja auch schon mal was gehört und gelesen. Verstehen Sie, Schwester Kristina? Dazwischen liegt ein himmelweiter Unterschied!"

Kristina hatte begriffen. Und es zeigte ihr, daß bei ihr wirklich was nicht stimmte. Jesus und Napoleon – wenn sie ehrlich war, existierte für sie in der Bedeutung beider Namen kein Unterschied. Und schon gar nicht in ihrem Herzen!

„Ich weiß, Schwester Kristina, daß Sie keine Mörderin sind. Aber vor Gott beginnen die Sünden nicht erst dort, wo für uns die Kavaliersdelikte aufhören. Hand aufs Herz: Haben Sie noch nie gelogen? Sind Sie noch nie auf andere neidisch gewesen? Haben Sie Gott nicht schon oft aus Ihrem Leben ausgeschlossen? Wenn nur eines davon zutrifft, sitzen Sie mittendrin im erlauchten Kreis der Sünder, dann sind auch Sie von Gott getrennt."

Kristina gestand sich offen, wenn auch schweren Herzens, daß sie auf alle drei Fragen mit ja hätte antworten müssen. Vor dem Pastor hätte sie es vielleicht verbergen können, aber vor Gott? Sah er nicht alles, auch die kleinsten Gedankenregungen von Neid, Zorn und Antipathie in der tiefsten Falte des menschlichen Herzens?

„Und wie kann ich mit Gott wieder in Verbindung kommen?" wollte sie jetzt gezielt wissen.

„Nun, es ist jedem Menschen freigestellt, diese Wiedergeburt zu wählen. Wer aus der Todeszelle – denn in nichts anderem leben wir hier – ausbrechen und ewiges Leben haben möchte, der muß wiedergeboren werden. Wer darauf verzichten will, der kann weiterleben wie bisher und wird von Gott auch nicht belästigt werden. Unser Wille steht bei Gott sehr hoch im Kurs!

Aber wenn ein Mensch nicht wiedergeboren wird, wird er niemals die Ewigkeit bei Gott erleben! Auf einen Nenner gebracht heißt das: wer nur einmal – nämlich körperlich – geboren wurde, muß zweimal sterben, den natürlichen sowie den ewigen Tod! Wer hingegen zweimal geboren wurde – körperlich und geistlich – stirbt nur einmal. Er stirbt den natürlichen Tod und lebt danach in der Ewigkeit bei Gott!

156

In seinem Sohn Jesus hat Gott ein großes Ja zu uns gesprochen. Aber es rettet uns erst dann, wenn wir unser Ja darauf sprechen. Unser ‚Ja‘ heißt einzugestehen, daß ich Gottes Gebote übertreten habe und schuldig geworden bin. ‚Ja‘ heißt persönlich annehmen, daß Jesus am Kreuz meine Schuld bezahlt hat. Das hat er wirklich! Er hat stellvertretend für meine und Ihre Schuld geblutet, meinen und Ihren Neid, meine und Ihre Lüge, und hat sein Leben gegeben! Wenn ich dieses Ja spreche, macht Gott mich zu seinem Kind, und die Verbindung ist wiederhergestellt.“

Kristina war sprachlos. Daß Jesus am Kreuz gestorben war, wußte sie; sie hatte es früher in der Kirche gehört. Daß er für die Schuld der Welt sein Leben gegeben hatte, wußte sie auch. Aber daß er für *sie*, für *ihre* Sünden hatte sterben müssen, hatte sie nie verstanden. Und jetzt traf es sie mitten ins Herz. Das war ja, als hätte sie selbst Jesus gekreuzigt, ihm die Nägel in Hände und Füße geschlagen!

Etwas in ihr stachelte sie zur Revolte gegen diesen Gedanken auf. Es war wie der letzte verzweifelte Aufschrei eines Angeklagten, über den der Richter soeben das Todesurteil gesprochen hatte.

„Aber das ist doch grausam von Gott, seinen unschuldigen Sohn so hinrichten zu lassen!“

Kristina ging sofort auf, wie haltlos ihr Einwand war.

Aber Valentin entgegnete ruhig: „Kann ein Feuerwehrmann stillsitzen, wenn Menschen verbrennen? Kann ein Polizist ruhig sitzenbleiben, während ein Mensch getötet wird? Oder gehen Sie als Krankenschwester seelenruhig weiter, wenn gerade ein Mensch erstickt? Ganz gewiß nicht! Wenn wir Menschen bei der Not anderer schon nicht stillsitzen können, wieviel weniger vermag es Gott! Er hat jeden von uns in Liebe geschaffen – wie könnte er ruhig mitansehen, wie wir in die Hölle marschieren! Gott möchte uns retten. An uns liegt es, uns retten zu lassen. Dazu müssen wir unser Verlorensein zugeben und Jesus im Gebet bitten, in unser Leben zu treten. In der Bibel heißt es: ‚So viele ihn aufnahmen, denen gab er das Recht, Kinder Gottes zu werden‘.“

Phillip Valentin sah Kristina fest an. „Wollen Sie dem

Herrn Jesus Christus die Herrschaft über Ihr Leben übergeben?"

Kristina nickte scheu.

„Dann sprechen Sie jetzt einfach zu ihm. Sagen Sie's ihm in Ihren eigenen Worten. Er hört uns zu."

Wie sie es aus ihrer Kindheit gewohnt war, faltete Kristina ihre Hände. Stockend begann sie zu beten.

„Ich ... ich sehe ein, Herr Jesus Christus, wieviel ... wieviel ich in meinem Leben falsch gemacht habe. Es ist sehr, sehr viel ... das erkenne ich heute. Ich danke dir, daß ... daß du mich trotzdem nicht verstößt, sondern liebhast ... und mir hilfst. Ich danke dir ... daß du für ... für meine Schuld am Kreuz gestorben bist ... Ich ... ich möchte dich gerne, wie es die Bibel sagt ... in mein Leben aufnehmen."

Große Freude durchrieselte Kristina – wie Nestwärme, die ein kleines, frierendes Vögelchen nach kalter Nacht endlich wiedergefunden hat. Ihr war, als zerschmelze ein dicker Brocken Eis in ihrem Herzen.

„Pastor Valentin", sagte sie froh, und es kribbelte ihr vor Aufregung am ganzen Körper, „Jesus hat so unendlich viel für mich getan. Sagen Sie mir, was er nun von mir möchte. Was kann *ich* tun? Ich meine ... ich weiß", überschlug sich ihre Stimme, „ich weiß, daß ich nichts von meiner Schuld wiedergutmachen kann. Aber ich will von nun an ein Leben führen, daß ihm gefällt."

Phillip Valentin freute sich riesig. Eine solche Frage beantwortete er nur zu gerne! „Der Herr Jesus will, daß Sie ihn immer besser kennenlernen. Lesen Sie in der Bibel! Denn nur dort können Sie seinen Willen erfahren. Und wenden Sie sich an ihn im Gebet! Außerdem ist es Jesu Wille, daß Sie Gemeinschaft mit anderen Christen haben, denn wir alle brauchen einander. Vielleicht wird Ihnen beim Lesen in der Bibel manches nicht recht verständlich sein. Holen Sie sich dann Hilfe von anderen Menschen, die mit Jesus leben! Und haben Sie keine Sorge, es ist nichts Ungewöhnliches, wenn Sie manches nicht verstehen. Jeder Christ hat mal wie ein kleines Kind angefangen. Und für ein Kind ist es normal, daß es lernen muß, stimmt's?"

Kristina nickte.

„Und noch etwas!" fuhr Valentin fort. „Werden Sie nicht mutlos, wenn Sie wieder schuldig werden. Laden Sie Ihre Schuld bei Jesus ab. Wenn Sie Ihre Sünden bekennen, vergibt er sie Ihnen.

Und falls Sie demnächst umziehen, Schwester Kristina, dann sagen Sie mir, wohin, und ich werde Ihnen die Adresse einer bibeltreuen Gemeinde geben, zu der Sie sich dort halten können. Bis dahin sind Sie selbstverständlich herzlich zum Gottesdienst und zu den Bibelstunden in meiner Gemeinde eingeladen."

„O ja, gerne. Wann Gottesdienst ist, weiß ich noch. Sonntags um zehn, nicht?"

„Und die Bibelst…"

Das Schrillen des Telefons unterbrach Valentin. Kristina entschuldige sich, um an den Apparat zu gehen, und meldete sich schwungvoll.

„Peter, hallo!" erwiderte sie freudig die Begrüßung des Anrufers.

Phillip Valentin, der die Gelegenheit nutzte, um Gott in seinem Herzen für das Gespräch zu danken, konnte Kristina nur von der Seite her sehen. Dennoch erkannte er deutlich, wie ihr Strahlen wich und ihr Gesicht sich allmählich tief umwölkte. Aus den Wortfetzen, die er mitbekam, konnte er nicht schließen, worum es ging – aber daß es ernste Dinge sein mußten, war offensichtlich.

13

„Wenn nun der Sohn euch frei machen wird, so werdet ihr wirklich frei sein." Dieser Satz hatte Kristina bei ihrer morgendlichen Bibellese am meisten imponiert, denn er war maßgerecht auf sie zugeschnitten. Seitdem sie den Sohn Gottes in ihr Leben aufgenommen hatte, fühlte sie sich unbeschreiblich frei und unbeschwert – ohne die früheren Zwänge, anderen Menschen gefallen zu wollen, und mit einem unendlichen Frieden in ihrem Herzen.

Sie hatte den Rat Pastor Valentins beherzigt und las regelmäßig in der Bibel. Er hatte recht! Es stärkte sie ungemein für den Tag, ebenso wie das tägliche Gespräch mit Jesus. Sie fand es herrlich, endlich jemanden zu haben, dem sie alle ihre Not anvertrauen und auf den sie sich verlassen konnte.

Auch der gestrige Abend hatte mit zu diesem wundervollen Aufschwung in ihrem Leben beigetragen. Da hatte sie zum ersten Mal einen sogenannten Hausbibelkreis besucht. Nicht nur, daß sie dabei viel von Jesus und aus der Bibel erfahren hatte! Das allein war das Hingehen schon wert gewesen. Nein, sie war so freundlich und liebevoll aufgenommen worden, wie sie es sonst noch nirgendwo erlebt hatte. Überglücklich, als wäre sie auf einen Goldschatz gestoßen, war sie nach Hause gegangen und hatte vor lauter Freude lange nicht einschlafen können. Sie wußte, daß es kein Zufall war, daß sie ausgerechnet an den ersten Tagen, an denen sie diese große Freude erlebte, Frühdienst gehabt hatte, so daß sie nicht bei Abtreibungen zu assistieren brauchte. Heute nun lief die Schonzeit ab, und sie rüstete sich für den Kampf, dessen Tage ohnehin gezählt waren.

Sie hatte Jesus für diese Zeit gedankt und ihn um seine weitere Hilfe gebeten. Denn jetzt, wo sie als Kind Gottes die geistliche Dimension der Tötungen verstand, würde es noch schwieriger für sie werden. Und noch etwas lag ihr flau im Magen: Peter Flemings Anruf. Heute wurde die Zusage akut, die sie ihm am Telefon gegeben hatte.

*

Mit nasser Stirn schoß Gabriela Mello-Wilbank von der Couch hoch. Sie war augenblicklich hellwach. Ihr Puls raste. Orientierungslos irrten ihre Blicke im Zimmer umher. Es dauerte einige Sekunden, bis ihr bewußt wurde, daß sie nur geträumt hatte.

„Wieder so ein schrecklicher Alptraum!" Sie erschrak innerlich darüber, daß diese furchtbaren Bilder sie jetzt sogar am Tag verfolgten. Bruchstücke des Traumes flimmerten wie Filmszenen vor ihren Augen:

Ein schmaler, von Gestrüpp überwucherter Waldweg. Nur vereinzelt fiel ein Lichtstrahl durch die Tannenwipfel, deren Nadelkleid erschreckend dünn war. Wie häßliche, schwarze Gerippe ragten sie in die Höhe. Dann riß der Film, und plötzlich befand sie sich im warmen Licht der Sonne. Die Sonne wurde zu einem dunkelroten Ball, der langsam zwischen den Berggipfeln unterging. Vor ihr lag in majestätischer Ruhe ein See, blutrot getränkt von den Strahlen des Feuerballs. Einem spitzen Pfeil gleich schoß ein Steg schnurgerade vom Land aus über die Oberfläche des Wassers. Jetzt stand sie an der Kante des Stegs. Alles ging blitzschnell – platschend warf sie es ins Wasser. Sie konnte verfolgen, wie es auf dem Grund des Sees aufschlug. Es lag nicht alleine da. Der See war voll! Überall! Dicke, rote Fäden aus Blut verfärbten das Wasser.

Erschöpft wischte Gabriela Mello-Wilbank sich mit dem Handrücken über die Stirn.

„Wenigstens sind die Kopfschmerzen nicht mehr so stark!" versuchte sie, der Situation etwas Gutes abzugewinnen. Während sie erschöpft den Kopf in die Hände legte, fiel die Haustür ins Schloß. Gleich darauf hörte sie Stimmen in der Halle.

„Guten Tag, Herr Mello-Wilbank!" Die Hausangestellte kam aus der Küche.

„Tag, Anna", grüßte Alexander Mello-Wilbank gutgelaunt zurück.

„Ihr Essen ist in fünf Minuten fertig", teilte sie ihm mit.

„Fantastisch. Ich hab' auch einen Bärenhunger", erklärte er und stellte seine ausgebeulte Aktentasche vor die Kommode, um sich seine Lederjacke auszuziehen. Als er sie über den Bügel hängte, hielt er verwundert inne. Anna war entgegen ihrer sonstigen Gewohnheit nicht zurück in die Küche gegangen, sondern stand immer noch da. Ihr schien etwas Schweres auf der Seele zu liegen, und er ahnte, was es sein könnte.

„War meine Frau wieder nicht in der Firma?"

Die Hausangestellte schüttelte mit besorgtem Gesichtsausdruck den Kopf. „Sie hat den ganzen Morgen über Migräne gehabt. Drei Tabletten hat sie gebraucht, um einigermaßen Linderung zu bekommen. Und erbrochen hat sie diesmal auch. Ich habe ihr deshalb zum Mittag Kamillentee und Zwieback gebracht."

„Danke, Anna. War der Arzt bei ihr?"

„Ich durfte ihn nicht rufen. Die gnädige Frau hat sich mit Händen und Füßen dagegen gesträubt."

„Wo ist meine Frau? Oben?"

„Sie hat sich unten auf das Sofa gelegt."

Alexander Mello-Wilbanks Gesichtszüge hatten sich verfinstert. Er lenkte seine Schritte auf das Wohnzimmer zu. Ohne Rücksicht darauf, daß seine Frau schlafen könnte, riß er die Tür auf. Ihr blasses Gesicht und die feuchten Haarsträhnen an der Stirn entgingen ihm nicht.

„Hallo, Alex", begrüßte sie ihn.

Er erwiderte nichts.

„Mir geht es wieder nicht gut, Alex. Der Kopf, der Bauch, alles tut weh."

Seine Augen maßen sie mit einem ablehnenden Blick. Seit jenem Abend im Krankenhaus hatte er sich in seine Bitterkeit zurückgezogen. Er hatte es nicht fertiggebracht, sich bei seiner Frau für seinen Gefühlsausbruch zu entschuldigen. Wortlos wandte er sich jetzt von ihr ab, dem Schreibtisch zu. Dieses Verhalten traf Gabriela Mello-Wilbank tief. Dennoch gab sie nicht auf.

„Wollen wir heute zusammen zum Krankenhaus fahren? Wir haben unser Kind noch nicht ein einziges Mal besucht. Vielleicht hilft es uns …"

Ihr Mann fiel ihr ins Wort. „Du kannst dein Kind besuchen, so oft du willst. Aber ohne mich."

Eine Schublade am Schreibtisch knallte zu. Ohne ein weiteres Wort verließ er das Wohnzimmer. Gabriela Mello-Wilbank war wieder allein. Allein mit ihrem Schmerz, allein mit ihrer Schuld. Still weinend vergrub sie ihren Kopf in dem Kissen.

Sofort nach dem Essen ging ihr Mann aus dem Haus. Sie wußte nicht, wohin. Das verletzte sie noch mehr, denn früher hatte er sich niemals so verhalten. Sie hörte, wie er wegfuhr, und versuchte zu schlafen. Zwar ließen die Schmerzen endlich nach, doch sie konnte keinen Schlaf finden und wälzte sich unruhig auf der Couch hin und her. Schließlich holte sie unter dem Kissen ein Buch in schwarzem Ledereinband hervor und begann, darin zu blättern. Sie war in dem Buch auf eine Geschichte gestoßen, in der sie gründlicher gelesen hatte. Sie handelte von einem Mann, dem eine Unmenge an Bösem widerfahren war. Er hatte sogar seine Kinder verloren, und nun ließ ihn seine Frau allein und machte ihm Vorwürfe.

Diese Geschichte sprach ihr aus dem Herzen. Sie schlug die Stelle auf, wo sie das Lesezeichen hineingelegt hatte, und las weiter – nicht immer Satz für Satz, oft überflog sie Passagen. Was sie hingegen ansprach, betrachtete sie genauer.

„Ruf doch, ob da einer ist, der dir antwortet! ... Den Toren bringt der Gram um, und den Einfältigen tötet die Erbitterung ... Fern vom Heil bleiben seine Kinder ..." Sie erschrak darüber, wie sehr diese Worte auf ihre Situation zutrafen. War hier nicht *sie* gemeint? Hielt sie nicht einen Spiegel in der Hand, der ihr unkaschiert ihr Bild zeigte? Ja, sie vergrub sich in ihrem Gram, war verbittert und zudem voller Selbstmitleid. Und was half es ihr? Der Schreiber hatte recht, ein Tor handelte so, ein Einfältiger! Denn es verschlimmerte nur das Leid, vergrößerte die Not – und tötete schließlich! Diese beinharte Konsequenz fand sie nicht im mindesten übertrieben. Aber was konnte *sie* tun? Wie sollte *sie* von dieser Bahn des Todes ausbrechen?

Ihre Augen wanderten suchend weiter und fanden schließlich eine Stelle, an der sie hängenblieben: „Ich würde Gott suchen und meine Sache vor Gott darlegen, der Großes und Unerforschliches tut ..."

Sollte das die Antwort sein? Sie kam ihr zu banal vor. So einfach konnte man diese Bahn doch nicht verlassen! Sie erinnerte sich, daß Pastor Valentin, der sie im Krankenhaus besucht hatte, es auch so gesagt hatte:

„Mit Gott müssen Sie Ihre Schuld bereinigen. Und das geht. Lassen Sie sich von Ihrer inneren Stimme nicht das Gegenteil vorsäuseln. Sie lügt!"

Sie dachte an ihren Sohn. Wie sah er wohl aus? Wie ging es ihm? Sie malte sich vor Augen, wie er in dem Brutkasten lag, wie sie ihre Hände durch die Öffnungen an der Seite durchschob und ihn behutsam streichelte.

„... gerade in seiner Situation braucht das Kind positive Werte und Gefühle. Eine Mutter, die resigniert, hilft ihm nicht, sondern schadet ihm nur noch mehr."

Sie wunderte sich, wie gut sie sich an die Worte des Pastors erinnerte.

„Verdammt, er hat recht!" platzte es aus ihr heraus, und sie klappte entschlossen das Buch zu. Auf der Stelle würde sie ihren Sohn, ihr eigen Fleisch und Blut, im Krankenhaus besuchen! „Jawohl!" sagte sie mit Bestimmtheit. „Und von heute an jeden Tag."

Mit fast vergessenem Elan machte sie sich daran, sich für den Besuch herzurichten. Sie entschied sich für eins der schönsten Kleider, die sie besaß. Nach zwanzig Minuten war sie soweit. Ehe die Haushälterin recht registrierte, was geschehen war, war eine neu aufgeblühte Frau bereits an ihr vorbei aus dem Haus gesaust.

Während Gabriela Mello-Wilbank abwartete, daß sich das mechanisch gesteuerte Garagentor öffnete, trällerte sie fröhlich eine Melodie und trommelte dazu im Rhythmus mit ihrem Fuß. Das Tor rastete ein, und sie wollte schon in die Garage gehen, als ein Ball in die Einfahrt hineinrollte. Ein kleines Mädchen lief hinter ihm her.

„Das gilt nicht! Ich war noch nicht fertig!" schnatterte

sie irgendwohin. Mit wehenden Haaren lief sie die Einfahrt entlang, die Wangen ganz erhitzt.

Gabriela Mello-Wilbank kannte das Mädchen. Es war die jüngste Tochter ihrer Nachbarn.

„Tag, Frau Mello-Wilbank", keuchte die Kleine außer Atem und blickte erwartungsvoll aus ein paar Metern Entfernung auf den blaugepunkteten Ball.

Gabriela Mello-Wilbank hatte ihren Fuß auf den Ball gesetzt, damit er nicht weiterrollte.

„Guten Tag, Geraldine", begrüßte sie die Nachbarstochter mit einem Lächeln und kickte den Ball langsam auf sie zu. Das Mädchen ließ ihn in seine Arme rollen und rief ein kurzes „Danke".

„Hab ihn!" verkündete sie lauthals und rannte zu ihren Spielgefährten zurück.

Gabriela Mello-Wilbank schaute dem kleinen Mädchen nach. „Ein süßes Ding!" dachte sie entzückt. „Sie wird von Jahr zu Jahr hübscher!"

Unbewußt weckte sie mit diesem Gedanken ein schlafendes Untier. „Von Jahr zu Jahr hübscher! ... Geraldine ist fünf Jahre alt ... fünf Jahre!" hämmerte es in ihrem Kopf. Genauso alt wie ihr Kind sein könnte ... Es würde ebenso lachen, spielen, sich freuen ... wenn ... wenn sie es nicht vor fünf Jahren hätte ...

Schlagartig drohte es Nacht in ihr zu werden. Wie durch eine gesprengte Wand brachen vulkanartig die Kopfschmerzen wieder hervor. Ein beißender Schmerz! Er versuchte, alle guten Vorsätze unter sich zu begraben – wie Lavamassen ihre Beute. Sie hielt ihren Kopf, als wolle sie ihn am Zerplatzen hindern. Eine halbe Stunde hatten ihre Vorsätze gehalten. Sollten sie nun wie ein Kartenhaus einstürzen? Für einige Sekunden brach ein glasklarer Gedanke in ihr auf: das, was sie quälte, war überhaupt keine Migräne! Es war ihr Gewissen! Und da halfen keine Tabletten.

„Du hast recht! Du rebellisches Gewissen hast recht!" fauchte sie und schlug auf ihren Schädel ein. „Aber diesmal kriegst du mich nicht klein. Ich werde mich wehren!" Sie rang mit dieser inneren Qual, daß eine Gänsehaut über ihren Körper lief. „Wenn es dich tatsächllich gibt, Gott, dann hör jetzt gut zu. Ich habe vieles falsch gemacht. Ich habe mein erstes Kind getötet. Aber nicht noch mal! An diesem will ich nicht schuldig werden. Und wenn es noch so behindert ist, ich werde versuchen, es zu lieben. Es ist mein eigenes Fleisch und Blut!"

Zielbewußt steuerte Gabriela Mello-Wilbank ihren Wagen durch die City zum anderen Ende der Stadt. Vor Nervosität klebten ihre Hände förmlich am Lenkrad. Zum ersten Mal besuchte sie ihr Kind! Was würden wohl die Schwestern dazu sagen, daß sie erst jetzt kam? Sie würden sie vermutlich für das halten, was sie war – eine Rabenmutter! Aber das sollte sich ändern. Radikal! Dazu war sie fest entschlossen.

„Sind Sie eine Verwandte?" fragte die Stationsschwester der Frühgeburten-Abteilung und führte die Besucherin zu einem der Brutkästen.

„Nein ...", Gabriela Mello-Wilbank stockte die Stimme, „die ... die Mutter."

Die Augenbrauen der Schwester gingen überrascht in die Höhe. Während Gabriela Mello-Wilbanks Blick gebannt an dem kleinen, hilflosen Wurm klebte, an dessen Körper so viele Strippen hingen, pochte ihr Herz stürmisch vor Aufregung. Die Schwester blieb einige Zeit neben ihr stehen, um sie über den Zustand ihres Kindes zu informieren. Mit gehobener Stimme erklärte sie: „Der Kleine macht sich den Umständen nach ausgesprochen prächtig. Über den Kippunkt ist er hinweg. Es besteht keinerlei Lebensgefahr mehr."

Gabriela Mello-Wilbank staunte über sich selbst, als sie plötzlich ein Gefühl der Erleichterung und Freude verspürte.

„Mein Sohn!" dachte sie voller Stolz. Sie war von diesem sich drollig räkelnden Geschöpf so fasziniert, daß sie gar nicht bemerkte, daß die Schwester sie allein gelassen hatte. Eine fast unstillbare Sehnsucht packte sie, ihren Sohn anfassen zu dürfen, ihn auf den Arm zu nehmen und innig an sich zu drücken. Doch fehlte ihr der Mut, die

Schwester darum zu bitten, wenigstens durch die Öffnungen an der Seite ihren Sohn berühren zu dürfen. Aber das würde sie nachholen. Gleich morgen! Gleich morgen würde sie ihn wieder besuchen – und fortan jeden Tag.

Er brauchte sie. Pastor Valentin hatte recht gehabt. Er brauchte sie sogar dringend. Und nichts mehr würde sich zwischen sie stellen können. Nichts!

Als sie die Station verließ, brach ein Gefühl in ihr auf, daß ihr so fremd vorkam, als habe sie es vor vielen, vielen Jahren zum letztenmal erlebt: sie war überglücklich!

Während sie mit dem Aufzug ins Erdgeschoß fuhr, mischte sich ein wenig Wehmut hinein. Wehmut darüber, daß sie ihr Kind – an ein Durcheinander von Schläuchen angeschlossen – in einem unpersönlichen Krankenhaus zurücklassen mußte.

Sie stieg aus dem Fahrstuhl und sah, wie eine junge Frau heraneilte. Gabriela Mello-Wilbank machte einen Schritt zurück und stellte sich in die Lichtschranke, um die Tür für die junge Frau offenzuhalten. Die Frau bedankte sich für die Aufmerksamkeit mit einem freundlichen Lächeln, schlüpfte an ihr vorbei in die Fahrstuhlkabine und drückte den Knopf 2. Gabriela Mello-Wilbank war beim Vorbeihuschen die sachte Rundung am Bauch nicht entgangen. Sie mußte schmunzeln. Obwohl sie die junge Frau überhaupt nicht kannte, freute sie sich für sie, daß sie guter Hoffnung war. Sie wußte nicht, daß diese Frau mit einem Kind unter dem Herzen das Krankenhaus betreten hatte, es aber allein wieder verlassen würde.

*

Phillip Valentin hatte es zwar nicht eingeplant, aber da er ohnehin gerade in der Siedlung zu tun gehabt hatte, hielt er es für eine gute Idee, bei den Landeaus vorbeizuschauen. Er hatte schon oft versucht, Natalie zu erreichen, doch eigentümlicherweise stets ohne Erfolg. Und zurückgerufen hatte sie auch nie.

Nun war es nach fünf – sie mußte also eigentlich von der

168

Schule zurück sein. Vielleicht klappte es heute mit einem Gespräch. Es war überfällig. Das hatte er Frau Landeau abgespürt, als er vor ein paar Tagen kurz am Telefon mit ihr sprach.

Er stellte den Wagen vor dem Haus der Landeaus ab und stieg die Treppe zur Eingangstür empor. Das schmucke Haus mit dem roten Ziegeldach lag an einem kleinen Hang.

Frau Landeau öffnete ihm die Tür. Im ersten Moment war sie überrascht, doch als der ihr noch unbekannte Besucher sich vorstellte, erschien ein Lächeln auf ihrem Gesicht. „Pastor Valentin! Das ist lieb, daß Sie vorbeischauen!"

Während er sich die Schuhe auf der Matte abtrat, fragte er: „Ich wollte zu Natalie. Ist sie da?"

Frau Landeaus Gesichtszüge änderten sich erneut. Ein Schleier des Kummers zog herauf. „Eigentlich müßte sie es. Sie hat heute nur bis zwei Uhr Schule gehabt. Ich weiß auch nicht, wo sie steckt."

„Vielleicht bei einer Schulfreundin?"

Frau Landeau schüttelte den Kopf. „Das glaub' ich nicht. Gerade heute wollte sie pünktlich zu Hause sein, um mir beim Kuchenbacken zu helfen. Mein Mann hat morgen Geburtstag."

„Hm." Phillip Valentin war ratlos. Er wußte nicht, was er davon halten sollte.

Sie standen noch immer im Flur, die Haustür geöffnet. Frau Landeaus Besorgnis sprang auf ihn über. Irgendwie beschlich auch ihn ein ungutes Gefühl. Welche Ursache hatte Natalies Fortbleiben? War etwa ein Unfall geschehen? Oder bestand womöglich ein Zusammenhang mit den großen Spannungen, die zwischen ihr und ihren Eltern herrschten? Frau Landeau hatte ihm kurz davon erzählt. Es machte ihn stutzig, daß ihm nur negative Ursachen in den Sinn kamen.

„Wenn es Sie beruhigt, Frau Landeau, fahr' ich den Schulweg mal ab. Sie könnten inzwischen ein paar Freundinnen und Freunde anrufen. Vielleicht hat Natalie ihr Versprechen vergessen, Ihnen beim Backen zu helfen."

Frau Landeau war einverstanden. Ihr war anzumerken, wie froh sie war, daß sie ihre Herzenslast mit jemandem teilen konnte. „Ich rufe Sie später an", sagte Valentin und machte auf den Hacken kehrt, um keine Zeit zu verlieren. Erleichtert schaute Frau Landeau ihm nach, bis er in sein Auto gestiegen war.

Phillip Valentin hatte noch mehr vor, als nur den Schulweg abzufahren. Darüber hatte er sie aber lieber nicht informiert, um sie nicht unnötigerweise noch stärker zu ängstigen. Man mußte es allerdings in Betracht ziehen: wenn seine Suche ergebnislos verlief, würde ihm keine andere Wahl bleiben, als bei der Polizei vorbeizufahren.

*

„Ist es schon soweit?" fragte der Arzt kurz und deutete mit dem Daumen auf die Tür zu Behandlungszimmer 2.

„Ja, ich glaube. Schwester Kristina hat jedenfalls schon nach dir gefragt", gab seine Frau zur Antwort.

Er nickte wissentlich und verschwand in Zimmer 2.

Die Prostaglandin-Abtreibung, der Kristina besonders nervös entgegengefiebert hatte, kam als dritte an die Reihe. Diesmal war es an ihr, die Schüssel zu halten, die das abgetriebene Kind auffangen sollte. Kristina merkte, wie ihre Knie immer weicher wurden. Ihre Hände zitterten. Das Metall der Schüssel beschlug unter ihren feuchten Händen. Sie hoffte, daß ihr Chef nicht bemerkte, wie grenzenlos aufgeregt sie war.

„Der Wehensturm ist ziemlich heftig. Ich denke, der Gebärmutterinhalt wird das Trauma nicht aushalten", kommentierte Robert Nicolai nüchtern das starke Stöhnen der Frau, das sich mit einigen kurzen Aufschreien vermischte.

Was ihr Chef damit meinte, war Kristina sofort klar. Er hoffte, daß es nicht zu der „Komplikation" kam, daß das Kind lebend geboren wurde. Kristina sah plötzlich schwarze Flecken vor ihren Augen, und ihre Gedankengänge waren wie blockiert. Sie wünschte nur eins: daß diese mörderische Prozedur endlich ein Ende fand!

„Machen Sie mir bloß jetzt nicht schlapp, Schwester Kristina!" Dr. Nicolai hatte sehr wohl bemerkt, in welchem Zustand sich seine Assistentin befand. Doch dann mußte er sich auf die Patientin konzentrieren. Das Kind kam.

Wie lange es dauerte und wie es geschah, entging Kristina. Das, was ihre Sinne wieder wahrnahmen, war die unversehens schwerer gewordene Schüssel in ihren Händen. Durch eine Nebelwand sah sie etwas Kleines, Rotes und Lebloses. Dumpf vernahm sie Dr. Nicolais Anweisung, „es" wegzubringen. Selbsttätig setzten sich ihre Hände in Bewegung, Silbriges blitzte auf, Eisiges berührte ihre Finger. Unterwegs zum Lagerraum wurde ihr Kopf wieder klarer. Mit unbeschreiblichem Ekel stapelte sie die Alukiste auf zwei andere.

Als sie zurückging, blieb sie vor dem Sekretariat stehen. Durch die geöffnete Tür starrte sie ängstlich das Telefon an. Plötzlich wurde ihr sehr heiß. Niemand war da – sie mußte es tun! Nicht nur, weil sie es versprochen hatte. Vielleicht half es, zumindest in diesem Krankenhaus dem Grauen ein Ende zu bereiten. Zielstrebig, alle ihre Kraft zusammennehmend, ging sie an den Schreibtisch. Ihre Finger zitterten, als sie nach dem Hörer langte und den Knopf für das Freizeichen zum Anwählen eines Anschlusses außerhalb des Hauses drückte. Sie zog einen kleinen Zettel aus ihrer Tasche und wählte die Nummer, die sie vor ein paar Tagen darauf notiert hatte.

„Ja?" meldete sich ein Mann.

Kristina drückte die Sprechmuschel ganz nah an ihren Mund und umgab sie schützend mit ihrer Handfläche.

„Es sind schon drei Alukisten" flüsterte sie leise.

„In Ordnung. Danke!" kam die knappe Antwort, und schon klickte es in der Leitung. Schnell, als sei es glühendes Eisen, legte Kristina den Hörer aus der Hand. Erleichtert zerknüllte sie den Zettel und schickte einen flehenden Blick nach oben.

„Wo bleiben Sie denn, Schwester Kristina?" rief ihr Chef von nebenan. Erschrocken steckte sie den Zettel in ihre Kitteltasche.

*

Phillip Valentin bog mit seinem Wagen auf den Parkplatz des Gymnasiums ein. Von dort aus konnte er den gesamten Schulhof überblicken. Wie um diese Uhrzeit nicht anders zu erwarten, lag er menschenleer und ruhig da. Papierfetzen wurden wie Spielbälle vom Wind umhergewirbelt. Nur zwei Autos standen noch da. Hier suchte er vergeblich nach Natalie Landeau, das war ihm klar. Aber auch, daß er ihren Schulweg abgefahren war, hatte nichts ergeben.

Er wendete den Wagen und fuhr einen Teil der Strecke zurück. Unterwegs kreisten seine Gedanken um Natalie. Sie war ein Mädchen, das er ins Herz geschlossen hatte. Es hatte ihm jedes Mal weh getan, wenn er von ihrer Mutter hörte, in welch großer psychischer Not Natalie steckte. Er ahnte die Ursache. Was aber hatte es zu bedeuten, daß sie heute von der Schule nicht nach Hause kam? Er wog alle Eventualitäten ab. Realistisch erschienen ihm im Blick auf die Umstände nur zwei. Gerade sie wollte er lieber nicht zu Ende denken.

Auf der Polizeiwache wandte er sich mit gemischten Gefühlen an den Beamten, der ihm Auskunft erteilen konnte. Er brachte sein Anliegen vor und mußte eine Weile warten, während der Beamte den Computer abfragte. Doch unter den eingegangenen Unfall- und Verbrechensmeldungen ließ nicht eine darauf schließen, daß Natalie davon betroffen war.

Valentin verließ die Polizeistation. Er war innerlich froh darüber, daß die Computerabfrage negativ ausgefallen war. Das ließ auf einen glimpflichen Ausgang der Situation hoffen.

Er beschloß, zu den Landeaus zu fahren, statt sich nur

telefonisch danach zu erkundigen, ob die Anrufe bei Freunden und Bekannten Erfolg gehabt hatten. Falls nämlich nicht, würde Frau Landeau Trost und Zuspruch nötig haben.

Während der Fahrt drängte es ihn, ein lautes Zwiegespräch mit seinem Herrn zu führen, um ihm seine Sorge mitzuteilen.

„Herr, du weißt, wo Natalie ist. Du siehst sie und bist bei ihr. Es macht mich ruhig, das zu wissen, Herr. Ich bitte dich, bewahre sie vor dem Bösen! Ich bitte dich, daß der Teufel Natalie nicht antastet und sie sich zu keiner Übeltat von ihm verleiten läßt. Bitte, Herr Jesus! Du selber liebst sie so unaussprechlich! Gerade du willst, daß sie lebt und glücklich wird."

Er war mit seinen Gedanken so sehr bei Natalie, daß er nicht gleich registrierte, daß er in eine Umleitung geraten war. Erst als der Verkehr ins Stocken kam, fiel es ihm auf. Er saß mitten im dichten Feierabendverkehr!

Mit gerümpfter Nase schloß er den Fensterspalt, durch den strenger Abgasgestank ins Wageninnere drang. Im Schrittempo ging es vorwärts, vorbei an der Hauptpost und auf den Bahnhof zu. Überall war Hupen zu hören, schlängelten sich eilende Passanten wagemutig durch die Blechkarawane. Valentins Finger tippten nervös auf das Lenkrad. Allmählich kamen die überdimensional großen Portale des Haupttraktes in sein Blickfeld. Sie zogen seine Aufmerksamkeit auf sich, da um sie herum eine mächtige Geschäftigkeit herrschte.

„Wie in einem Ameisenbau!" dachte er. Sein Wagen befand sich auf Höhe der Portale und rollte gemächlich an ihnen vorbei.

„Herr Jesus, auch wenn ich Natalie nicht finde – danke, daß deine Augen auf ihr liegen. Danke, daß kein Haar von ihrem Haupt fällt, ohne daß du es weißt. Ich bitte dich für Natalie. Behüte sie davor, eine Dummheit zu begehen. Zeig ihr den Weg aus ihrer Not. Zeig ihr den Weg zum Leben in der Freude, zum Leben mit dir. Herr, rette sie!"

Valentin ahnte nicht, was sich in diesen Minuten nicht weit von ihm entfernt auf dem Gelände des Bahnhofs abspielte.

*

Bahnsteig 12 war von einer buntgewürfelten Schar von Reisenden bevölkert: Jugendliche mit Rucksäcken, Männer in feinen Anzügen, ältere Leute, die auf den Bänken saßen und plauderten, junge Frauen, die in Zeitschriften blätterten oder ihre Kinder anhielten, nicht zu nah an das Gleis zu gehen. In drei Minuten sollte, wie auf der elektronischen Anzeige zu lesen war, der Zug einlaufen. Plötzlich sah eine junge Frau von ihrer Zeitschrift auf und blickte den Bahnsteig hinunter. Zwei Männer hielten in ihrem Gespräch inne und schauten sich um. Von dort, wo sich die einzelnen Schienen zu einem verworrenen Netz verwoben, drang stürmisches Schreien zu ihnen.

In der Ferne jagte ein Zug heran. „Bitte Vorsicht auf Gleis 12. Es fährt ein der Eilzug ..."

Unter den Fahrgästen erhob sich ein erregtes Stimmengewirr. Sie starrten wie gebannt auf den mit hohem Tempo herannahenden Zug – und auf die schwarze Gestalt, die durch abgestellte Waggons den Blicken des Zugführers entzogen war, aber genau dorthin lief, wo in wenigen Sekunden die tonnenschwere Stahllawine über die Gleise hinwegdonnern würde. Doch noch jemand rannte dort. Er trug einen Overall und einen Helm. Der Bahnarbeiter schrie und gestikulierte wild. Seine Stimme wurde übertönt von dem dröhnenden Geräusch des Zuges. Mit aller Kraft lief er hinter der schwarzen Gestalt her, geschickter und schneller als sie. Doch noch hatte er die in den Selbstmord rennende Person nicht erreicht.

*

Die letzte Patientin hatte sich in die Kabine begeben, um sich anzuziehen. In ihrer Stimme schwang hörbare Erleichterung mit, als sie sagte:

„Danke, Doktor Nicolai, daß Sie mich kurz vor Feierabend und außerhalb der regulären Sprechstunde dazwischengeschoben haben."

„Keine Ursache", meinte der Arzt, während er handschriftlich einen Vermerk in der Karteikarte machte. „Es ist gut, daß Sie gekommen sind. Es hätte wirklich etwas Ernstes sein können."

„Zum Glück ja nicht." Die Erleichterung über den Ausgang der Untersuchung machte die Frau nicht nur froh, sondern auch redselig.

„Wissen Sie, mein Mann legt gerne seinen Kopf auf meinen Bauch, um den Herzschlag des Babys zu hören."

„Da sollte er sich aber vorsehen", lachte Robert Nicolai. „Im sechsten Monat kann sich der kleine Kerl nämlich dazu entschließen, neugierigen Lauschern den Ellenbogen ins Ohr zu stoßen. Und das ist recht unangenehm."

„Was?" lachte die Frau ungläubig.

„Das ist kein Witz." Er schrieb noch immer.

„Manchmal spür' ich so ein rhythmisches Zucken im Bauch. Was kann das wohl sein?"

„Vermutlich ein Schluckauf des Kleinen."

„Aha", kam es zunächst nachdenklich. „Stimmt. Ich habe dann immer das Gefühl, als hätte *ich* einen Schluckauf." Sie lachte fröhlich.

„Ihr Schößling hält Sie schon jetzt auf Trab, was?"

Die Frau kam aus der Kabine hervor und zupfte hier und da an ihrem Umstandskleid. „Kann man wohl sagen. Aber es ist wundervoll!" antwortete sie begeistert und mit funkelnden Augen.

Robert Nicolai klemmte seinen Kugelschreiber an die Kitteltasche. „Ich lese gerade, daß Sie zur Empfängnisverhütung ein Diaphragma benutzen?"

„Ja. Warum?"

„Nach der Geburt muß es der veränderten Form und Größe ihrer Gebärmutter neu angepaßt werden. Denken Sie bitte mit daran?"

Die Frau nickte. Zufrieden und glücklich verabschiedete sie sich von ihm.

Als Dr. Nicolai ins Sekretariat ging, um die Karteikarte auf den ordentlich aufgeräumten Schreibtisch zu legen, kam Kristina aus Behandlungsraum 3 herein.

„Ist die Saugpumpe wieder in Ordnung?" fragte er. „Nicht, daß sie morgen wieder nur stotternd funktioniert."

Kristina nickte. „Es lag am Ventil."

„Schön. Dann gehen Sie jetzt nach Hause."

Mit dieser klaren Order ging er in sein Büro. Kristina hörte, wie der Schlüssel in der Tür herumgedreht wurde.

Robert Nicolai trat auf den etwa einen Quadratmeter großen Wandschrank zu, zu dem nur ein einziger Schlüssel existierte. Er öffnete die drei Zentimeter dicke Eisentür, und eine komplizierte Apparatur kam zum Vorschein. Nachdem er einen Knopf gedrückt hatte, setzte ein monotones Rasseln ein, und aus einem kleinen Schlitz glitt ein Streifen Papier heraus. Er riß den Streifen ab und sah ihn durch. Eine ganze Reihe von Nummern, versehen mit einer Uhrzeit, stand darauf. Es handelte sich hauptsächlich um Anschlüsse im Krankenhaus. Nur wenige Gespräche waren nach außerhalb geführt worden. Ein paar von ihm selbst, ein paar vom Sekretariat aus. Bei der Nummer eines Gespräches, das laut Aufzeichnung am Nachmittag vom Sekretariat aus stattgefunden hatte, stutzte er. In eine Zahlentastatur gab er die Nummer ein, worauf ein Band ein Stück vorwärts gespult wurde. Dann spielte es das Gespräch ab.

Robert Nicolais Gesicht blieb sonderbar ausdruckslos. Die Bedeutung des sehr kurzen Dialogs war für ihn nicht schwer nachzuvollziehen. Und einen Teilnehmer des Gesprächs erkannte er augenblicklich. Sorgfältig schloß er den Wandschrank zu, dann begab er sich an seinen Schreibtisch. Er achtete nicht auf die Sirene, mit der unten an der Notaufnahme ein Ambulanzwagen vorfuhr. Seine Sinne kreisten um etwas ganz anderes. Er setzte sich und schlug sein privates Telefonverzeichnis auf. Nachdem er unter dem Buchstaben L die Nummer, die er suchte, gefunden hatte, griff er zum Hörer.

*

Zwei Stockwerke tiefer verließ Kristina Berensen nachdenklich die Krankenhaushalle. Was mochte der Anruf bei Peter wohl erbracht haben? Würde er wirklich von Nutzen sein, wie er meinte? Oder war womöglich alles schiefgegangen? Zog vielleicht sogar Gefahr herauf? Ihre Gedanken wurden von dem Ambulanzwagen unterbrochen, der in die Notaufnahme einbog. Für eine Krankenschwester kein ungewöhnliches Ereignis, und Kristina wollte einfach weitergehen.

Als aus dem Wagen plötzlich Schreie erschallten, blieb sie unwillkürlich stehen.

„Ich will nicht! Weg! Hört auf!" schrie die Frau auf der Trage aus voller Kehle und wehrte sich, so gut sie konnte, gegen den Zugriff der Sanitäter und des herbeieilenden Pflegepersonals.

Kristina trat an die Trage heran. Sie erschrak, als sie in das Gesicht der jungen Frau schaute. Irgendwo hatte sie es schon mal gesehen. Ja, sie mußte es sein! Kristina hatte nie das zerschundene Gesicht des Mädchens vergessen können, in das sie hatte blicken müssen, als sie das erste Mal bei einer Abtreibung assistierte. Was war geschehen, daß sie jetzt mit dem Notfallwagen eingeliefert wurde und sich so abwehrend benahm?

„Oh! Tag, Schwester Kristina", grüßte der diensthabende Arzt. Er kannte Kristina, seit sie als Lehrschwester eine Zeitlang auf seiner Station gearbeitet hatte. „Ein ganz pflegeleichter Fall heute!" kommentierte er mit dem für ihn typischen Galgenhumor. Doch als das Mädchen immer noch keine Ruhe gab, verlor er die Geduld. „Jetzt seien Sie nicht so zickig. Wir wollen Ihnen nur helfen!" bölkte er entnervt los.

Kristina wußte selbst nicht genau, warum sie es tat, aber sie beugte sich zu dem Mädchen hinunter und sprach es sanft an.

„Hallo!" sagte sie. „Ich bin Schwester Kristina. Du kennst mich sicher nicht, aber ich habe dich schon mal gesehen. Ich möchte dir so gerne helfen. Bist du einverstanden, daß ich bei dir bleibe?"

Natalie verstummte und schaute verwundert zu Kristina hinauf. Die Zuwendung, die die junge Schwester ihr schenkte, tat ihr wohl. Sie nickte scheu.

Kristina sprach weiter behutsam auf sie ein. „Laß dich ruhig vom Arzt untersuchen. Es ist gut, wenn wir wissen, was körperlich mit dir los ist. Ich warte hier draußen auf dich, ja?"

Auf Natalies Gesicht spiegelte sich der Anflug eines Lächelns wider. Bereitwillig ließ sie sich in den Untersuchungsraum schieben. Der Arzt dankte Kristina mit einem respektvollen Nicken und folgte den Pflegern.

Kristina setzte sich auf einen der Stühle im Gang. Sie konnte nicht fassen, was geschehen war! Zum einen war sie überrascht über ihre Reaktion, zum anderen über die des Mädchens. Beides hatte ineinandergepaßt wie zwei Zahnräder. Spontan dankte sie in ihrem Herzen Gott für diese Fügung. Und sie bat ihn darum, auch den weiteren Verlauf dieser Begegnung zu leiten.

„Du kennst das Schicksal, das hinter diesem armen Ding steckt. Es war damals von irgend jemandem verprügelt worden. Es hat eines deiner Menschenkinder töten lassen. Vielleicht sogar, ohne es wirklich zu wollen. Herr Jesus, sei ihr gnädig! Hab' Erbarmen mit ihr. Ich weiß nicht, weshalb sie nun hier ist. Aber wende bitte alles zum Guten für sie. Zum Guten auch für ihre Seele, daß sie dich kennenzulernen sucht ..."

Nach einer Viertelstunde glitt die Schiebetür des Untersuchungsraums auf, und der Arzt trat heraus.

Kristina sprang auf und ging auf den Arzt zu. „Was ist mit ihr?"

„Sie wollte sich vor einen Zug werfen", antwortete er

tonlos. „Ein Bahnarbeiter hat sie in letzter Sekunde vom Gleis gerissen."

Erschrocken starrte Kristina den Arzt an. Sie war zu keinem Wort fähig.

Der Arzt fuhr fort: „Die Suizidgefährdung stellt das größte Problem dar. Denn physisch ist sie, abgesehen von ihrem Untergewicht, so gut wie kerngesund. Sie klagt zwar über Übelkeit und weist am Vorderkopf eine leichte Prellung auf, aber gebrochen ist nichts."

Kristina atmete erleichtert auf. „Hat sie eine Gehirnerschütterung?"

„Vermutlich. Wir behalten sie deshalb lieber für eine Nacht zur Beobachtung hier. Können Sie noch eine Weile bei ihr bleiben? Wir haben schon ihre Eltern benachrichtigt."

*

Zwanzig Minuten später lag Natalie Landeau in einem Bett der chirurgischen Station, und Kristina setzte sich neben sie.

„Woher kennst du mich?" Die ganze Zeit schon beschäftigte Natalie diese Frage.

„Ich habe dich gesehen, als du vor kurzem in der gynäkologischen Ambulanz eine ... eine Behandlung hast vornehmen lassen", sagte sie sanft. „Seit ... seit damals ist, glaube ich, viel geschehen."

Natalie sah nicht zu ihr hin. Kristina spürte, daß das Mädchen sich zutiefst schämte.

„Warum, Natalie?", fragte sie sehr zart und einfühlsam. „Warum der Zug?"

Natalies Blick war auf das Fußende des Bettes gerichtet. Sie rang, sie kämpfte, dann brach es aus ihr hervor.

„Ich habe das Baby töten lassen ... Nicht, weil ich's so wollte. Ich hatte es liebgewonnen! Ich wollte es haben. *Mein* Kind! Aber mein Vater ... er hat mich gezwungen, hat mich erpreßt! Da mußte ich es tun. Und meine Mutter hat mich im Stich gelassen. Meine Eltern haben mir so weh

179

getan ... sie haben mich zu einem Mord getrieben! Dafür hasse ich sie. Und ich habe mir geschworen, es ihnen heimzuzahlen. Ihnen so weh zu tun, wie sie mir weh getan haben!"

Sie schaute Kristina nun direkt an. Kristina mußte schlucken. Welch ein Leid lag auf dieser jungen Frau!

„Das ist eine große Schuld, die deine Eltern auf sich geladen haben", pflichtete Kristina ihr bei. „Und du trägst schwer an dem, was war."

Das Mitgefühl, das Kristina ihr entgegenbrachte, rührte Natalie tief an. Mehr und mehr bekam die harte Schale, die sie um sich gebaut hatte, Risse.

„Deine Eltern werden sich deswegen vor Gott verantworten müssen", sprach Kristina weiter. „Was ich aber nicht verstehe – wieso wolltest *du* wegen der Schuld deiner Eltern sterben? Sicher, du hättest ihnen damit weh getan. Aber am meisten hättest du dir selbst geschadet. Und das ist doch paradox!"

Natalie war sichtlich getroffen.

„Sieh mal: Wenn das mit dem Zug geklappt hätte – wo wärst du dann jetzt?"

Natalie zog überrascht ihre Augenbrauen hoch: „Wie meinst du das?

„Nun", Kristina zögerte, denn sie wußte, daß ihre Worte in Natalies Ohren erschreckend hart klingen würden, aber sie mußte sie sagen. „Wärst du jetzt tot, ständest du mit deiner eigenen Schuld vor dem heiligen Gott, und ihm bliebe keine andere Wahl, als dich in die Verdammnis zu schikken."

„Das stimmt doch nicht!" begehrte Natalie auf. „Warum sagst du so was Gemeines!"

„Das ist die Wahrheit, Natalie."

„Quatsch!" versetzte sie barsch. „Wenn Gott mich in die Verdammnis schickt, werde ich ihn fragen, warum er es zugelassen hat, daß mich mein Vater geschlagen und erpreßt hat. Warum hat er nicht aufgepaßt und mir geholfen? Ich denke, er ist so allmächtig! Und wo war er, als ich verprügelt wurde?"

„Er war bei dir, Natalie, auch wenn du es nicht gespürt hast. Und er hat mit dir gelitten. Gott weiß, was es heißt, verletzt zu werden. Denn jeden Schmerz, den irgendein Mensch erfährt, durchlebt er mit. Mehr noch: er hat seinen Sohn Jesus Christus aus Liebe zu dir am Kreuz für dich leiden und sterben lassen!"

Diese Gedanken ließen Natalie nicht unberührt. Trotzdem widersprach sie. „Wieso soll Jesus ausgerechnet meinetwegen gestorben sein? Es heißt doch immer, daß er die Schuld der Welt getragen hat, oder etwa nicht?"

Kristina nickte lächelnd. „Ja, und so steht's auch in der Bibel, richtig. Aber mit ,Welt' ist doch nicht der Planet Erde gemeint, sondern die Menschen darauf. Und zu denen gehörst eben auch du!"

Natalie wollte sich darauf nicht einlassen. „Aber wo bleibt dann die Barmherzigkeit Gottes? Davon spricht die Bibel doch immer!"

„Gottes Barmherzigkeit zeigt sich darin, daß er seinen eigenen Sohn für dich hat sterben lassen. Es ist ein uraltes Gesetz: Schuld muß beglichen werden. Und jeder Mensch muß dafür mit dem ewigen Tod, mit der Verdammnis bezahlen. Es sei denn, er nimmt Jesu stellvertretendes Leiden und Sterben für sich in Anspruch."

„Ach, ob das mit dem Tod wirklich so dramatisch ist!" warf Natalie ein, aber es klang nicht überzeugt.

„Es ist so! Sieh dir nur diese Welt an. Sie ist doch bereits die reinste Todeszelle. Pflanzen, Tiere, Menschen – wir alle warten hier auf den Tod. Vor ihm gibt es für keinen ein Entrinnen. Und wenn schon niemand es schafft, dem leiblichen Tod zu entfliehen, wie will dann jemand dem zweiten, dem ewigen Tod entkommen?

Und was für Todeskandidaten wir sind! Ich habe dafür vor ein paar Tagen ein sehr anschauliches Beispiel gelesen. Da ist von einer Schlange und einer Maus die Rede. Die Boa ist eine Schlange mit einem hypnotischen Blick. Mit aufgerissenem Maul starrt sie regungslos ihre Beute an, die ängstlich zitternd vor ihr steht. Ist die Maus einmal in diesem Blick gefangen, gibt es für sie aus eigener Kraft kein

181

Entrinnen mehr. Gegen ihren Willen bewegt sie sich sogar immer weiter auf ihren Feind, die Schlange, zu. Sie hat nur dann noch eine Chance, wenn zum Beispiel ein Stock zwischen sie und die Schlange geworfen wird. Dann ist der Bann gebrochen, und die Maus ist in der Lage zu fliehen.

Um dich, Natalie, und um mich steht es nicht anders als um diese Maus. Auch wir haben einen Feind, der uns mit weit aufgerissenem Maul hypnotisiert, um uns verschlingen zu können. Den Teufel! Er ist uns sogar noch viel mehr überlegen als die Riesenschlange der kleinen Maus. Wir sind völlig chancenlos. Aus eigener Kraft können wir dem sicheren ewigen Tod nicht entfliehen. Aber da ist plötzlich ein ungeahnter Helfer zur Stelle, der sozusagen einen Stock zwischen den Teufel und uns wirft, daß wir weglaufen können. Weil Gott uns liebt und nicht tatenlos unsere Not mitansehen konnte, hat er zwischen dich und den Teufel das Kreuz geworfen. Sein Sohn ist gestorben, um den Bann zu brechen. Es liegt nun an dir und mir. Richten wir unseren Blick auf das Kreuz Jesu, können wir entkommen."

Der Vergleich traf Natalie. War nicht auch sie wie hypnotisiert von der Schuld und dem Schmutz, die ihr Leben überschwemmt haben? War sie davon nicht so gefesselt, daß sie beinahe in den eigenen Tod gelaufen wäre? War nicht auch sie den Mächten des Bösen und der Zerstörung schonungslos ausgesetzt? Hatte sie ihnen nicht besinnungslos nachgegeben? Und was wäre gewesen, wenn der Bahnarbeiter sie nicht zurückgerissen hätte? Ihr Gesicht wurde nachdenklicher.

„Und wie blickt man auf das Kreuz Jesu? Ich meine, was soll ich denn mit meiner Schuld machen?"

Das war eine Frage, die Kristina seit kurzem aus eigener, befreiender Erfahrung beantworten konnte.

„Die Bibel sagt, daß der Schuldbrief, der gegen uns ausgestellt war, an das Kreuz Jesu genagelt worden ist. Wenn wir an Jesus glauben und seinen stellvertretenden Tod für uns annehmen, sind wir vor Gott gerecht. Es ist, als wenn du all deine Sünden auf einen Zettel schreibst und Gott ihn anschließend zerreißt oder verbrennt. Für Gott ist die Schuld dann vergessen und erledigt."

„O ja", seufzte Natalie spontan auf, „das möcht' ich auch, daß das mit all meinen Kapriolen geschieht. Die verpfuschten ..." Sie zögerte, weil ihr Zweifel kamen. „Und dann kann ich völlig neu anfangen? Obwohl ... obwohl ich mein Baby abgetrieben habe und ... und mich auch selbst umbringen wollte?"

Kristina lächelte sie ermutigend an und nickte. „Weißt du, der Teufel ist ein ganz gerissener und gemeiner Menschenhasser. Zuerst redet er uns ein, daß wir gut seien und es überhaupt nicht nötig hätten, Schuld zu bekennen. Kommt der Mensch jedoch mit seinen Sünden zu Gott, schleicht der Teufel heran und säuselt dem Menschen nun vor, er habe so viele schlimme Dinge getan, daß er sich bloß nicht einbilden solle, durch ein schlichtes Bekennen würde ihm vergeben. Verstehst du? Wer seine Sünden bekennt, der muß und darf wissen, daß ihm tatsächlich vergeben ist! Gott hat es zugesagt!"

Zum ersten Mal huschte über Natalies Gesicht ein Lächeln. Es spiegelte nur unzureichend die Freude wider, die in ihr aufwallte.

„Wir ...", wollte Kristina fortfahren, als es zaghaft an der Tür klopfte. Sie sah auf ihre Uhr. „Das sind bestimmt deine Eltern", meinte sie und stand auf.

Herr und Frau Landeau wollten gerade eintreten, doch Kristina bat sie um ein kurzes Gespräch, bevor sie Natalie besuchten. Und während sie in der Besucherecke mit den Landeaus redete, passierte drinnen im Krankenzimmer etwas Entscheidendes.

Natalie griff sich vom Nachttisch den Bleistift und das Blatt, auf dem sie ihre Essenswünsche angeben sollte. Doch statt ihre Kreuzchen zu machen, drehte sie das Blatt um und fing an, die leere Seite zu beschreiben. Ihre Finger zitterten vor Aufregung, als sie schrieb und schrieb – mal zaudernd, mal mit einer gequälten Miene, als unterzeichne sie ein Todesurteil.

Noch ehe ihre Eltern ins Zimmer kamen, hatte sie alles,

was ihr bewußt war, zu Papier gebracht. Mit vor Freude hüpfendem Herzen zerriß sie das Blatt in viele kleine Stücke. Sie hatte ihre Schuld vor Jesus gebracht und wußte, daß nun auch ihr Schuldbrief an seinem Kreuz getilgt worden war.

„Danke, Herr Jesus!" flüsterte sie, von einer Zentnerlast befreit, und ihre Wangen glühten.

*

Vom Krankenhaus aus war Gabriela Mello-Wilbank in die City gefahren. Sie hatte die Schwester gefragt, was sie für ihren Sohn besorgen konnte, und wollte das gleich erledigen. Mit ausgelassener Freude hatte sie noch am späten Nachmittag durch Fachgeschäfte gestöbert und war schließlich schwerbepackt zum Auto zurückgekehrt. Zu Hause angekommen, schwamm sie noch einige entspannende Bahnen im Pool, ließ sich dann eine leichte Abendmahlzeit aus Knäckebrot, Quark und Schnittlauch bereiten und begab sich früh zu Bett.

Die Gardinen bauschten sich leicht im Abendwind, der durch das geöffnete Fenster hineinwehte. Allmählich verschwand die Sonne am Horizont und hinterließ ein diffuses Licht, das von Minute zu Minute abnahm. Von ihrem Bett aus konnte Gabriela Mello-Wilbank den feurigen Abendhimmel mit seinen vielen kleinen Wolkenfetzen beobachten, die rot durchtränkt vor ihrem Fenster standen und einem zerrissenen Schleier glichen. Dieser wunderschöne Anblick erfreute sie, und sie empfand ihn als einen symbolhaften Abschluß des Tages, der ihr einen Neuanfang beschert hatte.

Sie genoß das Bild um so mehr, als ihr aufging, wie seltsam passend es die Worte widerspiegelte, die sie eben in der Bibel, im Buch des Propheten Jesaja, gelesen hatte.

„Wenn eure Sünden rot wie Karmesin sind, wie Schnee sollen sie weiß werden. Wenn sie rot sind wie Purpur, wie Wolle sollen sie werden ... Ich habe deine Verbrechen aus-

184

gelöscht wie einen Nebel und wie eine Wolke deine Sünden. Kehre um zu mir, denn ich habe dich erlöst!"

Sehnsüchtig drückte sie das Buch an ihr Herz. „Wie gerne!" flüsterte sie und blickte verlangend in das Rot des Himmels mit seinen Wolken. Die Erinnerung an das Gespräch mit Pastor Valentin im Krankenhaus stieg in ihr auf. Was er über die beiden Mörder in der Bibel gesagt hatte, hatte sie nicht vergessen. „Wie frei David das Schuldbekenntnis gemacht hat, sieht man an seinem Leben, aber auch an einem Psalm, den er verfaßt hat. Da heißt es: ‚Glücklich der, dem Schuld vergeben, dem Sünde zugedeckt ist!'" – Glücklich der Mensch ... glücklich ... glücklich ...

„O Gott!" Sie schüttelte den Kopf. „Meine Schuld ist so schlimm ... und so groß. Ich kann ..."

„Liest du noch?"

Sie erschrak. Ihr Mann stand in der Tür.

„Nein", log sie und legte die Bibel auf ihren Nachttisch.

Alexander Mello-Wilbank schloß das Fenster und ließ die Rolläden herunter. Von einem Augenblick zum anderen fiel das Zimmer in tiefe Dunkelheit.

Ein feindseliges Gefühl kroch in Gabriela Mello-Wilbank empor. Warum nahm er ihr die Luft? Warum durfte sie den Himmel nicht mehr sehen? Sie bemühte sich, gegen einen Anflug von Haß anzukämpfen. Soweit durfte es nicht kommen, daß sie sich haßten!

Als ihr Mann sich neben sie legte, drehte sie sich ihm zu. Ihre Hand suchte vorsichtig seinen Hals, doch er entzog sich ihr abrupt und knipste seine Nachttischlampe an.

„Laß das!"

Sie sah ihn traurig an. „Ich bin deine Frau. Weißt du, wie lange wir nicht mehr miteinander geschlafen haben?"

„Ja, das weiß ich", versetzte er scharf. „Und du tust gut daran, dich an diesen Zustand zu gewöhnen. Wir werden es nämlich nie wieder."

„Alex!" erwiderte sie getroffen. „Warum bist du mir gegenüber so ablehnend?"

„Es ist eine reine Vorsichtsmaßnahme." Der sarkastische

Unterton war nicht zu überhören. „So kann es wenigstens nicht zu noch einem Krüppel kommen."

Gabriela Mello-Wilbank bemühte sich, ihren tiefen Schmerz zu verbergen.

„Alex", sagte sie leise, „hältst du dein Denken und Verhalten für richtig?"

Er lachte schallend. „Willst du mich belehren, was richtig ist und was nicht? Ausgerechnet du?"

Tränen schossen ihr in die Augen. „Ich weiß, daß ich damals nicht richtig gehandelt habe. Ich war egoistisch, habe deine Wünsche nicht respektiert und unser Kind getötet. Glaubst du, ich leide heute nicht darunter? Mir tut es weh …"

„Ja, heute! Aber das ist fünf Jahre zu spät!"

Sie faßte seinen Arm. „Vergib mir, Alex. Bitte, vergib mir!"

„Wie stellst du dir das vor?" schrie er los und sprang aus dem Bett. „Meinst du, so einfach geht das? Meinst du im Ernst, ich könnte vergessen, was du uns angetan hast, wenn ich diesen Krüppel vor mir sehe? Wenn ich ihm ein Buch in Blindenschrift kaufen muß oder er morgens in den Behindertenkindergarten abgeholt wird?"

Aufgebracht streifte er seinen Morgenmantel über.

Gabriela Mello-Wilbanks Stimme erstickte in ihren Tränen. „Was hast du vor?" fragte sie kaum hörbar.

„Ich kann deine Nähe nicht ertragen", brach es aus ihm hervor. Er jagte aus dem Zimmer und schlug die Tür hinter sich zu. Sie machte keine Anstalten, ihm nachzulaufen. Dazu fehlte ihr die Kraft.

Obwohl es nicht kalt war, fror sie entsetzlich unter ihrer Decke. Aufgewühlt und verängstigt lag sie da und grübelte. Grübelte darüber, wie es mit ihrer angeknacksten Ehe weitergehen sollte. Was konnte sie tun? In einem Punkt war sie sich sicher: eine Lösung auf Kosten ihres Kindes würde sie nicht zulassen!

*

Nach Kristinas Anruf hatte Peter Fleming in seinem Wagen sehr, sehr lange mit seinen Spezialkameras ausharren müssen. Stunde um Stunde war verflossen, die Dunkelheit war hereingebrochen, doch auf der Zufahrt des Krankenhauses hatte sich nichts Nennenswertes getan. Aber er hatte Ausdauer bewiesen, da er vermutete, daß die abgetriebenen Kinder nicht tagelang in den Alukisten aufbewahrt werden konnten. Eine Stunde vor Mitternacht war seine Geduld schließlich belohnt worden. Und zu seinem Entsetzen schien sich der Verdacht, der sich ihm aus Kristinas Berichten aufgedrängt hatte, zu bestätigen!

Obwohl Peter Fleming nach seinen Erkundigungen nicht müde gewesen war, hatte er der Vernunft nachgegeben und war erst einmal nach Hause gefahren. Am nächsten Tag wollte er die weiteren Schritte in Ruhe angehen.

14

Um sieben Uhr am nächsten Morgen erschien Peter Fleming in seinem Büro, um einige Telefonate zu führen, und brachte anschließend seinen Film zum Entwickeln.

„Gute Arbeit!" meinte er anerkennend und verschloß den Umschlag. „Danke, Doris, daß du mich dazwischengeschoben hast. Du hast was gut bei mir!"

Die Frau mit dem lebhaften Gesicht lachte herzlich. „Ich werde darauf zurückkommen."

Er zwinkerte ihr zu und ging.

„Es ist gut, zu den Mitarbeitern ein kollegiales Verhältnis zu haben!" dachte er und verließ pfeifend das Fotolabor des Verlagshauses. Den Umschlag fest unter den Arm geklemmt wie ein kostbares Gut, das es unter keinen Umständen zu verlieren galt, fuhr er mit dem Aufzug in den Stock, wo der Chefredakteur sein Büro hatte.

Es kam für Peter Fleming nicht unerwartet, daß der Redakteur sofort jede Arbeit beiseite schob, seine Brille aufsetzte und mit größtem Interesse die einzelnen Fotos begutachtete, die er ihm der Reihe nach mit einem kurzen Kommentar vorlegte.

„Gegen 23 Uhr fuhr dieser Lieferwagen an die Verladerampe des Krankenhauses."

Der Redakteur nickte.

„Hier laden mehrere Männer Alukisten aus. Hier", er legte ein anderes Foto darüber, „werden die vollen Kisten eingeladen."

„Und da sind wirklich kleine Babys drin?" der Chefredakteur erschauderte bei dem Gedanken.

„Ja, Harry. Menschen, auf Eis gepackt, fürs Labor! Meine Informantin wird es notfalls vor Gericht bestätigen."

Der Redakteur machte eine abwehrende Handbewegung. „So weit sind wir noch nicht." Einen Augenblick später fügte er andeutungsvoll hinzu: „Allerdings bei dieser Brisanz!"

Dann schien er über etwas nachzudenken. „Sag mal,

macht das niemanden im Krankenhaus stutzig, wenn da solche Alukisten im Umlauf sind?"

„Das hab' ich mich anfänglich auch gefragt. Aber die Medikamenten-Boxen des Hauses sehen so ähnlich aus. Und von denen sind Dutzende im Umlauf. – Das Fahrzeug." Peter Fleming hatte das nächste Foto gereicht.

„Hm. *MediSanol*?" kommentierte der Redakteur. „Hast du Firmennamen und Kennzeichen überprüfen lassen?"

„Der Firmenname ist eine Sackgasse. Vermutlich bloß eine Postkartenfirma. Und das Kennzeichen gehört einem gewissen Paul Hoffer. Ein Versuch, ihn telefonisch zu erreichen, endete beim automatischen Anrufbeantworter: ‚Das Firmenbüro ist bis auf weiteres geschlossen.'"

„Wer weiß, ob es das jemals gab", vermutete der Redakteur. „Und nun? Haben wir die Spur verloren?"

„Glaub' ich nicht! Ich bin dem Lieferwagen vorsichtig nachgefahren und schätze, daß er mich direkt zu den Embryo-Dealern geführt hat."

„Und?" Der Redakteur blickte ihn wie elektrisiert an.

„Halt dich besser fest, Harry", warnte Peter Fleming seinen Chef vor und präsentierte ihm das letzte Foto.

„O Mann!" stieß der Chefredakteur betroffen hervor, kaum daß er einen Blick darauf geworfen hatte. „Ausgerechnet die größte Firma der Stadt. Das wird ein Schlag ins Wespennest!" Er blickte Peter Fleming über den Rand seiner Brille hinweg an. „Ich hoffe, du bist für einen so heißen Tanz gewappnet!"

„Soll das bedeuten, daß du mir grünes Licht für die Story gibst?" sprang er auf den leisen Wink an.

Sein Chef tippte mit dem Finger auf das Foto. „Selbst wenn der Embryo-Dealer UNO heißen würde, wäre ich dafür, in das Wespennest reinzuschlagen. Was da abläuft, ist in meinen Augen kriminell. Und als Journalisten haben wir die verdammte Pflicht, das an die Öffentlichkeit zu bringen. Auch wenn es dabei die renommierte Kosmetikfirma *Leviatan* trifft." Er klaubte die Fotos zusammen. „Hau du dich an die Schreibmaschine und leg los! Ich geh mit dem Material zum Boß."

Peter Fleming hatte überaus zufrieden das Büro seines Vorgesetzten verlassen, als dieser plötzlich eine kleine Änderung in seinen Plänen vornahm. Er machte sich nicht sofort auf den Weg, sondern griff erst zum Telefonhörer und wählte die Nummer eines Freundes im Polizeipräsidium.

„Hallo, Klaus! Hier Harry. Du, wir sollten uns heute unbedingt treffen. Ich hab' da eine Story auf dem Tisch, die dich interessieren dürfte!"

∗

Kristina hatte wieder eine sehr unruhige Nacht verlebt, als sie an diesem Morgen aufstand. Seit sie in der gynäkologischen Ambulanz arbeitete, wurde sie nicht selten von furchtbaren Alpträumen gequält. Während sie noch schläfrig ihren Kaffee schlürfte, stellte sie fest, daß ihre Träume diesmal aus mehr bestanden hatten als aus Blut und zerrissenen Körperteilen. Eine neue Komponente war hinzugekommen: Angst! Immerhin hatte sie ihre Schweigepflicht verletzt und interne Angelegenheiten des Krankenhauses an die Presse verraten.

Peter Fleming hatte sich gestern nicht bei ihr gemeldet, obwohl er es versprochen hatte. Ein schlechtes Zeichen? Sie hoffte, daß er mit seinen Ermittlungen Erfolg gehabt hatte. Sie hoffte es nicht zuletzt deshalb, weil sie sich nicht noch einmal auf so ein Telefongespräch einlassen würde – das würden ihre Nerven kaum aushalten.

Nach dem Frühstück nahm sie die Bibel zur Hand. Sie las nun regelmäßig darin und war zutiefst angesprochen von den Dingen, die da geschrieben standen. Die Bibel hatte sich mitnichten als das langweilige Buch entpuppt, für das Kristina sie immer gehalten hatte! So vieles traf direkt auf sie zu, so, als wäre es ausschießlich für sie niedergeschrieben worden. Und auch am heutigen Morgen stieß sie auf eine Stelle, die maßgeschneidert in ihre Situation und Stimmung paßte. Sie las in Psalm 121: „Meine Hilfe kommt vom Herrn, der Himmel und Erde gemacht hat.

Er wird nicht zulassen, daß dein Fuß wanke. Dein Hüter schlummert nicht."

Eine ganze Weile sann Kristina über die Worte nach. Sie trösteten sie und verliehen ihr neuen Mut. Die Angst, die bis dahin in ihr geschwelt hatte, erstickte vollständig. Sie dankte Jesus im Gebet für die ermutigenden Worte und diese große Zusage. Sie wußte, sie konnte sich an dem festhalten, was sie im selben Psalm zwei Verse weiter las: „Der Herr ist dein Schatten über deiner rechten Hand." Und irgendwie ahnte sie, daß sie heute seinen Beistand besonders brauchen würde.

Als sie kurz nach halb acht ihre Wohnung verließ, hatte sie eine Tüte mit einem weiteren Schwung Bewerbungen in der Hand. Sie machte einen kleinen Umweg am Briefkasten vorbei und warf den Stapel ein.

*

„Die Abtreibungspille RU 486 ist für meine Begriffe eine gute Alternative. Vor allem jetzt, wo die Presse offensichtlich herumschnüffelt und es allmählich heiß wird", meinte Carl Bagenholm und schnippte die Asche von seinem Zigarillo in den Aschenbecher. Eindringlich schaute er den Gynäkologen durch die blaue Qualmwolke an, die zwischen ihnen hing. „Und als Direktor lege ich keinen gesteigerten Wert darauf, daß mein Haus in die negativen Schlagzeilen der Tagespresse kommt."

„Das wird es auch nicht, Carl", entgegnete Robert Nicolai. Es klang wenig überzeugend. Im Laufe des Gesprächs hatte der Arzt von seiner Selbstsicherheit immer mehr eingebüßt. Es irritierte ihn merklich, daß Bagenholm die unerwartete Entwicklung, die ihre Geschäfte genommen hatten, offenbar an die Nieren ging.

„Deine Nerven möcht' ich haben!"

„Wir stehen doch nicht allein!" gab Nicolai zu bedenken. *Leviatan* hat die gleichen Interessen wie wir, daß die Geschichte nicht an die große Glocke gehängt wird. Die werden schon Mittel und Wege finden, das zu verhindern."

„Dein Wort in Gottes Ohr!" Bagenholm drückte das erst halb aufgerauchte Zigarillo aus, das ihm sichtlich nicht schmeckte.

Robert Nicolai versuchte ein Schmunzeln, aber es schien ihm schwerzufallen. „Was die do-it-yourself-Abtreibung angeht ..."

„Die was, bitte schön?" warf Bagenholm stirnrunzelnd ein.

„Na, die RU-486-Pille, von der du eben gesprochen hast. Mit ihr können Frauen mindestens bis zur achten Schwangerschaftswoche selbst abtreiben, ohne Mithilfe eines Gynäkologen", erklärte Nicolai. „Das ist zwar ein Bombengeschäft für *Roussel-Uclaf,* die Pharma-Firma, aber meinen Geldbeutel und den des Hauses wird es schmälern. Wir werden Einbußen erleben. Und *Leviatan* wird ungehalten werden, weil sie von uns keine älteren Embryos mehr bekommt. Und außerdem sollte dir die vernichtende Kritik an der RU-Pille bekannt sein."

„Ich weiß, Robert, ich weiß!" winkte Bagenholm ab. „Man nennt sie ‚das erste Menschenvertilgungsmittel'."

Der Gynäkologe lächelte. „Findest du eine solche Presse für dein Haus schmeichelhafter?"

Carl Bagenholm schnitt eine mißmutige Grimasse.

„Na, siehst du. Und wir dürfen nicht vergessen, wieviel Gutes an den Abtreibungen älterer Embryos und deren Verkauf hängt. Die Transplantation von ihrem Gehirngewebe kann die Heilung von Parkinson, Alzheimer und anderer degenerativer Erkrankungen ermöglichen. Und die Hirnhaut ist ein unersetzliches Transplantationsmaterial bei Schädelverletzungen oder bei Kindern mit angeborenem Zwerchfelldefekt. Um aber diese Hilfe leisten zu können, brauchen die Firmen die Abtreibungsabfälle. Um was anderes handelt es sich ja nicht. Und ich meine, wir haben nicht das Recht, dieses anfallende Material ungenutzt zu lassen, wenn damit Menschen geholfen werden kann."

Bagenholm grinste. „Eichmann läßt grüßen, was?"

„Ein mieser Vergleich!" entrüstete sich Nicolai. „Wir befinden uns doch nicht im Hitler-Deutschland, daß hier

Menschen zu Lampenschirmen, Brieftaschen und Seife verarbeitet werden!"

„Aber zu Verjüngungsmitteln und Kosmetika wie bei *Leviatan*. Das hast du selbst gesagt, Robert!" hielt Bagenholm dagegen. „Manchmal frage ich mich, ob wir uns nicht etwas vormachen, wenn wir so bestrebt sind, aus den Abtreibungen einen humanitären Nutzen zu ziehen", sagte er auf einmal wie zu sich selbst. Dann schwenkte er jedoch um. „Na, lassen wir das. Du bist der Arzt."

„Eben. Also machen wir weiter?"

„Wenn du es befürworten kannst?"

Robert Nicolai zögerte plötzlich einige Sekunden. Doch dann antwortete er: „Ja, das kann ich."

*

Bevor Kristina an diesem Morgen ihren Dienst antrat, überreichte sie der Pflegedienstleitung ihre fristlose Kündigung. Nun stand sie im Büro von Dr. Nicolai und informierte ihn über ihren Schritt.

„Warum so fluchtartig, Schwester Kristina?" forschte der Arzt.

„Ich bin nur unter der Bedingung auf diese Station gewechselt, daß ich jederzeit meinen Dienst hier abbrechen könnte", rechtfertigte sie sich.

Robert Nicolai schwieg ein paar Sekunden, dann meinte er trocken: „Hat dieser plötzliche Entschluß vielleicht etwas mit Ihrem heimlichen Telefonanruf zu tun?"

„Mit meinem hei...?" erwiderte Kristina geschockt.

Robert Nicolai brachte per Knopfdruck eine Cassette zum Laufen. Starr vor Entsetzen hörte Kristina die Aufzeichnung. Sie fühlte, wie eine feurige Röte in ihr Gesicht stieg.

Nun war es aufgeflogen! *Sie* war aufgeflogen! In ihrem Kopf arbeitete es fieberhaft. Wie war das möglich? Wieviel wußte Nicolai noch? Was würde er jetzt machen?

„Der Mann, mit dem Sie hier heimlich telefoniert

haben, heißt Peter Fleming und ist Journalist. Was haben Sie dazu zu sagen?" Nicolais Stimme klang schroffer.

Ohne sich zu besinnen, griff Kristina zu einer Lüge: „Das war rein privat."

Sie hatte es eben ausgesprochen, da wurde sie sich ihrer Torheit bewußt. Was hatte die Erwähnung der Alukiste gegenüber einem Journalisten mit etwas Privatem zu tun! Sie konnte an Nicolais Mimik ablesen, daß er ihr das nicht abnahm. Außerdem – gehörten Lügen nicht zu dem alten Leben, von dem Christus sie erlöst hatte?

Zu ihrer Verwunderung hakte Dr. Nicolai nicht nach. Als sei er mit der Auskunft zufrieden, meinte er: „Demnächst melden Sie derartige Gespräche bitte an, ja? Das erspart uns und Ihnen Unannehmlichkeiten. – Und was Ihre Kündigung betrifft, so warten wir die Entscheidung der Pflegedienstleitung ab."

Kristina war unfähig, etwas zu sagen. Sie verstand diese Reaktion nicht. Weitreichende Konsequenzen wären die natürliche Folge gewesen, doch nichts geschah – jedenfalls nicht jetzt. Völlig konfus stand sie da.

„War sonst noch was?" fragte Nicolai und wendete sich seinen Unterlagen zu.

„Äh ... nein ... das war's", stammelte sie und verließ das Büro – verunsichert wie selten in ihrem Leben.

*

Der Verdacht auf eine Gehirnerschütterung bestätigte sich nicht, so daß Natalie am nächsten Tag gegen Mittag das Krankenhaus verlassen konnte. Walter Landeau hatte sich zu seinem Geburtstag sowieso freigenommen. Das festliche Kaffeetrinken wurde jedoch aufs übernächste Wochenende verschoben, und nun holte er seine Tochter vom Krankenhaus ab. Obwohl das Verhältnis zwischen ihnen durch den Selbstmordversuch eher noch belasteter geworden war, trat doch eine Veränderung ein.

Herr Landeau hatte schon gestern sehr gestaunt. Als er das Krankenzimmer betrat, hatte er, was das Verhalten seiner Tochter betraf, das Schlimmste befürchtet. Doch völlig unerklärlich schien Natalie wie ausgewechselt! Sie war ihren Eltern mit einer Offenheit begegnet, die im genauen Gegensatz zu ihrer Verfassung in den letzten Wochen stand.

Zu Walter Landeaus Erleichterung hatte sich daran über Nacht nichts geändert, und als er mit Natalie zu Hause ankam, gab es auch zwischen Mutter und Tochter eine herzliche und innige Begrüßung.

Natalie suchte kurz ihr Zimmer auf, um ihre schwarzen Sachen gegen farbenfrohe Kleidung auszutauschen; dann ging sie unaufgefordert ihrer Mutter in der Küche zur Hand. Walter Landeau, der im Eßzimmer die Tageszeitung las, konnte sich nicht auf einen einzigen Artikel konzentrieren. Die offensichtliche Veränderung seiner Tochter ließ ihm keine Ruhe. „Was hat diese Krankenschwester bloß mit ihr gemacht?" fragte er sich immer wieder.

Am Mittagstisch schmeckte es Natalie wie schon lange nicht mehr. Ihre Eltern gewannen nicht ohne Schmunzeln den Eindruck, daß ihre Tochter beim Essen all das nachholte, was sie in den letzten Wochen stehengelassen hatte. Sie gabelte sich ein zweites Stück Fleisch vom Teller.

„Wissen die in der Schule über mich Bescheid?"

„Ich habe zwar in der Schule angerufen und dich für heute entschuldigt", entgegnete ihre Mutter, „aber den genauen Grund hab' ich nicht genannt. Ich sagte nur, daß es dir nicht gutgeht."

„Jetzt geht es mir aber wieder gut!" meinte Natalie nachdenklich. Dann wurde sie plötzlich ganz ernst. Ihr Herz klopfte wild, und sie hoffte, ihre Eltern würden es nicht hören.

„Du, Pa!" begann sie unsicher. „Ich muß dir was sagen. Es tut mir unwahrscheinlich leid, daß ich dir deinen Geburtstag vermiest habe." Beschämt schaute sie auf ihren Teller. „Kannst du mir verzeihen, was ich dir und Mutter angetan habe?"

Walter Landeau mußte bewegt schlucken. Auf diese Entschuldigung war er nicht gefaßt gewesen. Zudem hatte die Schwester gestern im Krankenhaus ein paar sehr deutliche

Worte mit ihm und seiner Frau geredet, und ihm war klar geworden, wie tief er seine eigene Tochter verletzt haben mußte. Innerlich hatte es ihm sofort leid getan, doch hatte er noch nicht den Mut gefunden, Natalie um Verzeihung zu bitten. Und auch jetzt vermochte er es nicht. So war er lediglich imstande, schlacksig daherzusagen: „Ach, bleibt uns wenigstens die Verwandtschaft noch ein paar Tage vom Hals, und Mutti hat erstmal nicht so viel Arbeit."

Eine Pause entstand. Natalie, die fast ein wenig scheu unter ihren dunklen Haaren zu ihrem Vater lugte, drehte sich ihm nun zu und drückte ihm einen Kuß auf die Wange.

„Ich hab' euch lieb", sagte sie und aß weiter.

Beschämt und überwältigt blickte Walter Landeau zu seiner Frau und erhoffte sich von ihr einen Wink, was er nun tun sollte.

*

Kristinas Armbanduhr zeigte 15.46 Uhr. Noch knapp eine Viertelstunde, dann würde sie Feierabend haben. Ihre Beine taten weh. Es war ein anstrengender Dienst gewesen, aber der Herr hatte ihr Gebet erhört und sie durch den Arbeitstag hindurchgetragen. Er war wirklich der Schatten über ihrer rechten Hand gewesen und hatte ihr in allen Situationen beigestanden. Sie freute sich über diese Erfahrung, freute sich über die Liebe, mit der Jesus sie umgab.

Das größte Problem jedoch war noch ungelöst. Was würde Dr. Nicolai wegen ihres Bruchs der Schweigepflicht vielleicht noch unternehmen? Ihr eine Disziplinarstrafe verpassen? Oder gar Anzeige erstatten? Würde man ihren Kündigungswunsch akzeptieren? Zu ihrer größten Überraschung war sie den weiteren Tag über mit Dr. Nicolai tadellos zurechtgekommen.

Die Fragen waren ihr während ihres heutigen Dienstes immer wieder durch den Kopf gegangen. So auch jetzt, wo sie in Behandlungszimmer 1 stand und von dem Gespräch ihres Chefs mit der Patientin nur Bruchstücke mitbekam.

„Wissen Sie, was Sie mit Ihrer Angst vorm Dickwerden und Ihrer Hungerkur heraufbeschwören?" hörte sie den Gynäkologen ärgerlich und laut werden. „Eine Frühgeburt! Und damit ein lebensunfähiges Kind!"

Die junge Frau, die modisch gekleidet war und ein dezentes Make-up trug, errötete.

„Sie haben einen Kalorienbedarf, der gedeckt werden muß", erläuterte Robert Nicolai mit Nachdruck. „Die Gewichtszunahme hat überhaupt nichts mit Dickwerden zu tun. Sie ist völlig normal. Schließlich wächst in Ihnen ja ein Kind heran, das immer schwerer wird. Das Fruchtwasser macht ein Kilo aus. Die kreisende Blutmenge nimmt zu. Ins Gewebe wird mehr Wasser aufgenommen, etwa zwei bis vier Kilo, und so weiter. Da läppert sich einiges zusammen. Und in Vorbereitung auf das Stillen ..."

Das Telefon läutete. Kristina zuckte aufgeschreckt zusammen.

„Ja?" meldete sich Nicolai, unwillig über die Unterbrechung. Mit undurchdringlichem Gesichtsausdruck widmete er dem Anrufer seine Aufmerksamkeit. Dann legte er nach einem kurzen Gruß den Hörer auf. An Kristina gewandt, teilte er mit: „Der Personalrat nimmt Ihre fristlose Kündigung an. Sie können bei der Pflegedienstleitung Ihre Papiere abholen. Das Zeugnis wird Ihnen morgen ausgestellt. Für Ihre weitere Zukunft viel Glück!"

*

Kristina überfiel eine melancholische Stimmung, als sie nun das letzte Mal durch die Eingangshalle ging. Es war unwiderruflich – es gab kein Zurück für sie in dieses Haus, in dem sie drei Jahre gearbeitet hatte. In dem sie drei schöne Dienstjahre verbracht hatte, bis ihr die vergangenen Wochen zu einem schweren Alptraum geworden waren, aus dem sie nun erwachen durfte.

Auf dem Parkplatz warf sie einen letzten Blick zu dem mächtigen, siebengeschössigen Koloß. Sie mußte sich eingestehen, daß sie erleichtert und traurig zugleich war. Sie war froh, nie mehr in die gynäkologische Ambulanz zurückgehen zu müssen. Nie mehr würde sie abgetriebene Kinder in einer Schüssel auffangen müssen. Nie mehr würde sie blutgetränkte Siebe von den zerrissenen Ärmchen und Beinchen abgesaugter Babys reinigen müssen. Vorbei! Endgültig! Diese Aussicht ließ ihr Herz und ihr Gewissen aufatmen.

Aber sie war auch traurig über die Art und Weise, wie ihre berufliche Tätigkeit in diesem Haus endete. Lange Zeit hatte sie gerne hier gearbeitet, hatte sie sich eng mit diesem Haus verbunden gefühlt. Nun gehörte sie nicht mehr dazu. Es kam ihr vor, als sei sie sang- und klanglos abserviert worden. Eine richtige Verabschiedung von der Ambulanz hatte nicht stattgefunden. Und das traf sie, auch wenn sie es nicht wahrhaben wollte.

Sie war frei und Knall auf Fall arbeitslos, mit nur wenigen Rücklagen. Auch dieser Gedanke bedrückte sie. Sie versuchte, nicht all ihre Hoffnungen auf die abgeschickten Bewerbungen zu setzen, sondern auf ihren fürsorglichen Herrn, auf Jesus, zu sehen. Aber es war für sie schwer, unheimlich schwer. Denn eine kräftige Stimme in ihr säuselte ihr einen „Was-wäre-wenn"-Gedanken nach dem anderen vor. Wie ein Strudel schlangen sie sich um sie und zogen sie hinab.

Diese Sogkraft nahm noch gewaltig zu, als sie wenig später zu Hause ihren Briefkasten öffnete und ihr verschiedene Umschläge entgegenpurzelten – Antworten auf einige ihrer Bewerbungsschreiben. In ihrer Wohnung ging sie sogleich zum Sekretär und schlitzte die Briefe auf. Bei dem ersten kamen ihre Bewerbungsunterlagen zum Vorschein, dazu ein Begleitbrief: „Hiermit bedauern wir ..."

Sie schenkte sich den Rest und nahm den nächsten Umschlag. Wieder ihre Unterlagen und wieder die Worte: „Es tut uns leid ..."

Dann fischte sie das einzige dünne Kuvert aus dem Pakken heraus. Erwartungsvoll öffnete sie es. Sie las: „Wir danken Ihnen für Ihre Bewerbung an unserem Haus. Doch müssen wir Ihnen mitteilen, daß wir bis auf weiteres ..."

Sie knüllte enttäuscht den Brief zusammen. Wie war das möglich? Wie konnte sie zu einer Zeit, in der überall Pflegepersonal gesucht wurde, Absagen über Absagen bekommen? Waren die anderen Krankenhäuser etwa über sie informiert? Tränen der Verbitterung schossen Kristina in die Augen. In einem Wutanfall fegte sie alle restlichen Umschläge vom Sekretär zu Boden. „Für Ihre weitere Zukunft viel Glück", kamen ihr die Worte in den Sinn, mit denen Nicolai sie heute verabschiedet hatte.

„Dieser gemeine Schuft!" schluchzte sie in ohnmächtiger Wut und warf sich auf ihr Sofa.

Sie wußte nicht, wie lange sie dagelegen hatte, als das Läuten der Türglocke sie aus ihren Grübeleien riß.

Vor der Tür stand Peter Fleming. Er schien in vergnügter Stimmung zu sein, doch seine gute Laune starb jäh ab, als er Kristinas Gesicht sah und die Unordnung im Zimmer bemerkte.

„Kristina, was ist passiert?" kam es besorgt aus ihm hervor.

Sie war dankbar, nun jemanden zu haben, dem sie erzählen konnte, was heute auf sie niedergeprasselt war.

Mitfühlend legte er seinen Arm um ihre Schulter und drückte sie leicht an sich. „Kopf hoch, Kristina", sagte er leise, aber ermutigend. „Nicht nur Krankenhäuser haben Einfluß. Mein Verlag kann da auch einiges deichseln. Gleich morgen geh' ich zum Redakteur."

Dankbar lächelnd schaute sie ihn an. „Du bist lieb, Peter."

„Ach, laß nur. Du hast uns den entscheidenden Hinweis gegeben und dabei deinen Job aufs Spiel gesetzt. Da ist es nur recht und billig, daß der Verlag dir zu Hilfe kommt."

„Hat sich das Risiko wenigstens gelohnt?" fragte sie gespannt.

Peter Fleming grinste. „Ich schlage vor, du machst dich ein bißchen frisch, und dann gehen wir essen! Ich lade dich ein."

In Kristinas Augen kehrte Leben und Leuchten zurück. „Du verstehst es, Leute auf die Folter zu spannen. Nicht ein klitzekleiner Wink? Bitte!"

„Na schön", lachte er und ließ sich erweichen. Aus seiner Jackettasche zog er eine Fotografie. Er zeigte sie Kristina.

„Dorthin hat ein Lieferwagen in der Nacht die Alukisten gefahren."

Kristina erkannte das Firmengebäude sofort. Jeder in der Stadt kannte es.

„*Leviatan?*" Sie war erschüttert.

Das Foto zeigte, wie ein Mann in einem Overall zwei der Kisten in den Händen hielt. Kristina zuckte innerlich zusammen bei dem Gedanken, daß sich in einer der beiden genau jenes Kind befinden konnte, das sie selbst mit der Schale aufgefangen hatte. Was würde mit ihm nun geschehen?

Der Abend tat ihr unendlich gut. Peter Fleming schaffte es, daß sie für eine Zeit ihre Sorgen und Probleme vergaß. Und Kristina genoß die Stunden, vor allem die Gegenwart dieses Mannes, in dessen Nähe sie sich wohl und geborgen fühlte. Sein liebes, aufrichtiges Wesen tat ihr wohl wie Regen dem dürren Boden. Als er sie kurz nach Mitternacht nach Hause brachte und sie sich verabschiedeten, staunte Kristina über den unvermittelt in ihr aufkeimenden Wunsch, diesen Menschen sehr bald wiederzusehen.

15

Es war unglaublich! Kristina meinte zu träumen, wenn sie an all das dachte, was in den vergangenen 36 Stunden passiert war. Die Ereignisse hatten sich buchstäblich überschlagen! Peter hatte Wort gehalten, mit seinem Redakteur gesprochen und in der Aussicht auf einen Job nicht übertrieben. Sein Verlag schien in der Tat über Beziehungen zu verfügen! Innerhalb einer Stunde hatte der Redakteur für Kristina eine Stelle in einer Privatklinik besorgt. Unterlagen über ihre Qualifikation waren nicht nötig gewesen, die Referenz des *Celten-Verlages* hatte völlig genügt. Und wie der „Zufall" es so wollte, war die Stelle ab sofort frei, inklusive einer vorläufigen Wohnung. Und „ab sofort" hieß für sie: ab übermorgen. Das wiederum bedeutete, daß sie rasch eine Menge erledigen mußte. Auch dabei hatte ihr Peter geholfen. Er hatte den Umzug organisiert, und nun waren ihre Möbel mit einer Spedition bereits zu ihrer neuen Adresse unterwegs. Und Peter selbst hatte sich für Kristina als Chauffeur angeboten.

„Kannst du dir das überhaupt erlauben, jetzt, wo du mit deiner Story sicher viel Arbeit hast?" hatte sie ihn gefragt, doch er hatte bloß lächelnd abgewunken und gemeint: „Das hab' ich mit Harry abgeklärt. Den Tag hol' ich Sonntag wieder rein."

Über soviel Hilfe hatte Kristina sich ungemein gefreut. Sie war sogar ein wenig stolz bei dem Gedanken, solch einen guten Freund zu besitzen. Doch obwohl sie eine Menge ungeahnten Beistand erhielt, ließ Kristina sich nicht blenden: sie wußte genau, daß diese ganze Hilfe wunderbar „von oben" eingefädelt war. Das alles war ein Geschenk ihres Herrn! Sie konnte nur darüber staunen, wie machtvoll er sie aus dieser schier ausweglosen Lage hinauskatapultiert hatte!

Unversehens hatte es sich dann ergeben, daß Kristina doch noch einmal ihre alte Wirkungsstätte aufsuchen mußte. Dr. Nicolai hatte sie angerufen und ihr angeboten, sich ihr Zeugnis abzuholen. Nach kurzem Zögern hatte

Kristina zugesagt, persönlich vorbeizukommen. Sie ahnte, warum er es ihr direkt überreichen wollte, und fand ihre Vermutung prompt bestätigt. Denn wie sie es geahnt hatte, war er auf ihre beruflichen Aussichten zu sprechen gekommen. Als sie ihm eröffnete, bereits morgen eine neue Stelle anzutreten, war ihm geradezu die Kinnlade heruntergefallen. Das Zusammentreffen mit Dr. Nicolai war also keineswegs zu einem Canossagang geworden!

Etwas persönlicher fiel der Abschied von Schwester Ruth aus. Ihr gegenüber konnte Kristina noch das aussprechen, was sie in den letzten Wochen beschäftigt hatte.

„Weißt du, Ruth", begann sie, „unsere Argumente stimmen hinten und vorne nicht! Du hast gesagt: ,Jeder Frau muß das fundamentale Recht zugestanden werden, über ihren Körper selbst zu bestimmen!' Aber überleg mal: Ungefähr die Hälfte aller abgetriebenen Kinder sind weiblich! Diesen Mädchen, die einmal Frauen werden sollten, wurde dieses Recht aber ganz und gar nicht zugestanden. Es gilt also nicht für alle! Außerdem stimmt es sowieso nicht, daß wir ein uneingeschränktes Recht haben, über unseren Körper zu bestimmen. Denk doch nur an das Drogenproblem! Hier greift der Staat mit Gesetzen ein, um unseren Körper zu schützen. Da ist es aus mit der Selbstbestimmung! Und keinem Menschen ist es generell erlaubt, sich selbst einen Arm oder ein Bein abzuhacken. Wieviel weniger kann dieses ,Recht' gelten, wenn es nicht um den eigenen Körper geht, sondern um den eines anderen Menschen! Und sich darauf zu berufen, über sich ,selbst zu bestimmen', ist auch so eine Sache. Daß so viele Frauen ungewollt schwanger werden, zeigt, daß es mit dem Selbstbestimmen wohl nicht ganz klappt. Wenn eine Frau vorher das Recht versäumt, über ihren Körper zu bestimmen, wieso darf sie es dann später auf Kosten eines anderen Menschenlebens tun? Wir Frauen haben uns lange gegen die Diskriminierung durch die Männer gewehrt. Wir haben dagegen protestiert, daß wir als minderwertig behandelt wurden, daß über unsere Köpfe hinweg entschieden wurde – so, als seien wir kein eigener Mensch, sondern Eigentum des Mannes.

Heute haben wir uns mehr Gleichberechtigung erstritten, aber wozu nutzen wir sie? Das gleiche verachtenswerte Denken, das wir den Männern jahrzehntelang vorgeworfen haben, bringen wir nun den ungeborenen Kindern entgegen! Wir mißhandeln sie, und wir entscheiden über ihre Köpfe hinweg – sogar über ihren Tod! Wir betrachten sie als unser Eigentum, mit dem wir machen können, was wir wollen. Ist es nicht so?"

Schwester Ruth sagte nichts, sondern schaute an Kristina vorbei durch das Fenster.

Kristina redete weiter: „Und auch medizinisch gesehen, wird das alles oft nicht richtig dargestellt. Es stimmt schon, die medizinische Versorgung der Frauen heute ist gar nicht damit zu vergleichen, wie's früher war. Aber es gibt Statistiken mit steigenden Zahlen von Komplikationen wie Blutungen, Infektionen, Perforationen und sogar Todesfällen. Auch wenn man solche Vorfälle hier im Haus unter Verschluß hält! Die Frauen wissen oft gar nicht, welchen Gefahren sie sich aussetzen. Außerdem, meinst du wirklich, den Engelmachern wird durch eine Legalisierung der Abtreibung das Handwerk gelegt? Es läßt sich nachweisen, daß das nicht stimmt. Und ob illegal oder legal abgetrieben: für das ungeborene Kind bleibt das Schicksal dasselbe. Es wird getötet."

Schwester Ruth seufzte kurz auf, dann sah sie Kristina direkt an und reichte ihr die Hand. „Ich komme bei dir zwar nicht ganz mit, aber eins muß man dir lassen: konsequent bist du! Also, mach's gut!"

Das Zeugnis, das Dr. Nicolai Kristina gönnerhaft überreicht hatte, war entgegen ihrer Erwartung sehr ordentlich ausgefallen, und mit einem lachenden Herzen ließ sie die Station nun endgültig hinter sich. Sie wußte, wem sie den guten Ausgang der Dinge zu verdanken hatte, und ihr fiel ein Vers aus einem Psalm in der Bibel ein: „Der Herr ist meine Stärke und mein Schild; auf ihn hat mein Herz vertraut, und mir ist geholfen worden; daher frohlockt mein Herz."

Das Wissen, daß Gott höchstpersönlich für sie eingegriffen hatte, füllte Kristinas Herz so sehr mit Freude und Dankbarkeit, daß sie meinte, es müßte zerspringen!

Auf dem Parkplatz stieg sie in einen wartenden Renault Coupé, der sie schnurstracks zum Bahnhof brachte, denn in 30 Minuten fuhr bereits ihr Zug. Peter Fleming hatte für Kristina schon den Fahrausweis besorgt, so daß sie gleich zu den Gleisen gehen konnten.

Auf dem Bahnsteig registrierte Kristina mit Erleichterung, daß noch neun Minuten bis zur Abfahrtszeit verblieben. Peter Fleming stellte die beiden Taschen ab und steckte sich eine Zigarette an. „Eine zur Beruhigung?" Er hielt Kristina die Zigarettenschachtel hin.

Sie schüttelte lachend den Kopf. „Sieht man mir meine Nervosität so sehr an?" fragte sie, doch es klang wie eine Feststellung.

Peter sah sie verständnisvoll an und steckte die Schachtel zurück in sein Jackett. Wie fröstelnd verschränkte Kristina ihre Arme. „Mulmig ist mir schon ein bißchen", gestand sie, versonnen auf die Schienen blickend, über die in wenigen Minuten der Zug hinwegrollen würde, der sie in einen neuen Abschnitt ihres Lebens bringen sollte.

Peter Fleming rollte die Zigarette zwischen seinen Fingern. „Wir sehen uns bald wieder?" fragte er und sah Kristina unvermittelt an. Als habe sie gerade auf diese Frage gewartet, entgegnete sie lächelnd: „Na klar!"

Jemand rief ihren Namen. Kristina erkannte die Stimme sofort und schaute freudig überrascht in die Richtung, aus der sie kam. Pastor Valentin schlängelte sich zwischen den Fahrgästen hindurch und schritt eilig auf sie zu!

„Ich dachte schon, ich wär' zu spät dran", japste er, völlig außer Puste.

Kristina begrüßte ihn herzlich, dann kam sie ihrer Pflicht nach und machte die beiden Männer miteinander bekannt.

Phillip Valentin zog einen Zettel aus seiner Hosentasche. „Die versprochene Adresse! An diese Gemeinde können Sie sich getrost halten. Ich hab' den Pfarrer schon informiert, daß bald ein neues Gesicht bei ihm auftauchen wird."

„Das ist lieb von Ihnen, Pastor Valentin!" In Kristina jubelte es. Nun auch noch diese Hilfe! Sie las die Adresse.

„Das Gemeindehaus ist nicht weit von Ihrer Wohnung entfernt. Zu Fuß nur zehn Minuten, wie der Pfarrer sagte", fügte Valentin hinzu.

„Und wieder ein Geschenk!" sagte Kristina überwältigt. „Allmählich begreife ich, warum David im Psalm 16 schreiben konnte: ‚Es gibt kein Glück für mich außer dir.'"

„Ja, wenn doch mehr Menschen erkennen wollten, daß Gott es gut mit ihnen meint!" seufzte Valentin. „Aber leider gehen die meisten lieber einen anderen Weg, fern von Gott, und erleben darauf viel Not – so, wie David im selben Psalm sagt: ‚Zahlreich sind die Schmerzen derer, die einem anderen Gott nachlaufen.'"

Kristina nickte wissentlich. „Oh, wie wahr! Was hab' ich mir für Wunden geschlagen, nur weil ich von Gott nichts wissen wollte und meinte, mein Leben in Eigenregie meistern zu können!" bekannte sie mit beschwerter Stimme. Doch dann rief sie freudig aus: „Bis Sie kamen, Pastor Valentin!"

„Irrtum. Bis Jesus kam!" verbesserte er grinsend, und beide lachten.

Für Peter Fleming war die Unterhaltung der beiden nicht nachvollziehbar. Er hatte versucht, ihr zu folgen, aber sein Verständnis kam da nicht mit – obschon auch er nur zu gerne Anteil an dem gehabt hätte, was diese Frau offensichtlich ihr eigen nennen konnte.

Der Lärm des einrollenden Zuges beendete ihr Gespräch. Fiel der Abschied von Pastor Valentin noch einigermaßen fröhlich aus, so hatte Kristina heftig mit sich zu kämpfen, nachdem Peter Fleming ihre Taschen ins Abteil gebracht hatte. Etwas verlegen schaute sie ihn an. Dann gab sie ihm wortlos einen Kuß auf die Wange, wandte sich abrupt ab und sprang in den Zug.

16

„Warst du nicht erst vorgestern in so 'ner ... na ...", Walter Landeau schnippte wortsuchend mit den Fingern.

„Bibelstunde", half seine Tochter ihm.

„Ja, genau", bekräftigte er und pellte weiter die Schale von seinem Frühstücksei ab.

„Aber heute ist Sonntag, und da ist Gottesdienst. Das ist was ganz anderes, Vati", erklärte Natalie und biß ein Stück von ihrem Toast ab. „Außerdem ...", sie schob einen Krümel nach, der am Mundwinkel saß, „außerdem haben wir direkt nach dem Gottesdienst ein wichtiges Treffen der Aktionsgruppe *Vogelstrauß*."

Frau Landeau wollte gerade einen Schluck aus ihrer Kaffeetasse nehmen, doch jetzt hielt sie überrascht inne. „Vogelstrauß?"

„Das ist eine Arbeitsgruppe, die gegen Abtreibung kämpft. Pastor Valentin leitet sie", erläuterte Natalie bereitwillig.

„Ein seltsamer Name!" meinte Walter Landeau.

„Das stimmt. Aber er ist sehr treffend. Auf unserem Emblem ist ein Strauß abgebildet, der seinen Kopf in den Sand steckt. Damit soll die Frage rüberkommen: Wo warst *du*, als sie ungeborene Kinder töteten?"

Wäre der Ton seiner Tochter nicht so unbefangen gewesen, Walter Landeau hätte sich persönlich angegriffen gefühlt. Noch war es ihm nicht gelungen, mit dem, was vorgefallen war, ins reine zu kommen. Seine Frau schien von der Äußerung mehr als berührt. Die Scheibe Rosinenbrot, die sie sich gerade aus dem Körbchen angeln wollte, blieb noch eine ganze Weile darin liegen.

„So, jetzt muß ich aber los!" verkündete Natalie voller Eifer und trank hastig ihr Glas Milch aus. Mit einem Kuß auf die Wangen verabschiedete sie sich von ihren Eltern.

Ihr Vater schüttelte fassungslos den Kopf. „Sie ist wie umgekrempelt."

„Ein völlig neuer Mensch!" pflichtete seine Frau ihm bei, und auch ihrer Stimme war anzumerken, daß sie sich diese Wandlung nicht erklären konnte. Sicher, Natalie schien neue Freunde gefunden zu haben, die ihr halfen, das, was geschehen war, zu bewältigen – aber konnte das alles sein?

*

In einem Büro des *Celten-Verlages* ratterte die Schreibmaschine bereits seit mehreren Stunden. Mit leger geöffnetem Hemdkragen und aufgekrempelten Ärmeln holte Peter Fleming den Arbeitstag nach, den er frei genommen hatte, um Kristina zu helfen.

Auch wenn er sich eine angenehmere Art vorstellen konnte, einen sonnigen Sonntag zu verbringen, war er doch bis in die Haarspitzen motiviert. Zu sehr brannte es ihm unter den Nägeln, die schockierenden Fakten über Abtreibung und Embryonenhandel und die ortsansässige Kosmetikfirma *Leviatan* einer breiten Öffentlichkeit zugänglich zu machen!

Es war für ihn heute ein ungewohnt ruhiges Arbeiten, was die Konzentration noch förderte. Und großzügigerweise hatte er von Harry dessen Redakteurbüro für diesen Tag zur Verfügung gestellt bekommen. Ein Vorrecht, daß er sich nur so erklären konnte, daß seinem Chef in diesem Fall an einer ganz besonders guten Story gelegen war.

Zum x-ten Male schnippte Peter Fleming die Asche seiner Zigarette in den Aschenbecher. Seine Augen klebten unverwandt auf den zuletzt getippten Zeilen. Noch ein paar Anschläge, dann zog er die Seite heraus.

Er lehnte sich zurück und las das sechste Manuskriptblatt noch einmal durch.

„Das Thema ‚Lebensschutz' hat Hochkonjunktur. Zu diesem Ergebnis kommt man, wenn man die starke Tierschutz-Lobby hierzulande betrachtet. Demgegenüber ist die Lobby für den Schutz ungeborener Kinder erstaunlicherweise verschwindend klein. Wie ist es möglich, daß man sich engagiert für das Leben von Robben-Babys einsetzt, Menschen-Babys jedoch zuhauf tötet?

Eine mögliche Antwort: der Mensch ist von der sinnlichen Wahrnehmung abhängig. Robben-Babys sieht er leiden und sterben – Menschen-Babys hingegen nicht. Deren Leidenskampf trägt sich im Mutterleib zu, vor seinen Augen verborgen. Eine Mutter aber, die eine Abtreibung erwogen hat, später jedoch ihr Kind vor sich sieht und sich erinnert: ‚Ich hatte dich töten wollen‘, erschrickt zutiefst.

‚Mein Bauch gehört mir‘ ist ein Slogan, der als Argument und als Rechtfertigung für eine Abtreibung ins Feld geführt wird. Ist es aber nicht in allen Bereichen des Lebens so, daß die Selbstbestimmung des Menschen ihre Grenze an der Existenz des anderen Menschen findet?

Wie verhält es sich, wenn ich höre, wie in der Wohnung neben mir eine Mutter ihr Baby zu Tode prügelt? Halte ich mich da raus, weil ich die Privatsphäre der Mutter zu respektieren habe? Denke ich, immerhin ist es ja ihre Wohnung, nicht meine? Nein! Ich, die herzugerufene Polizei, einfach jeder wird notfalls gewaltsam die Tür einschlagen, um das Baby zu retten. Weshalb handeln wir sechs Monate früher nicht genauso – dann, wenn die Mutter versucht, das Baby durch kalte, stählerne Instrumente zerstückeln zu lassen?

Die Selbstbestimmung der Frau liegt *vor* der Zeugung – danach ist ein neuer Mensch entstanden, und das Argument der Selbstbestimmung greift nicht mehr! Das Ungeborene besitzt einen genetischen Code, der von dem der Mutter total verschieden ist. Hat die Mutter ein Recht auf ihren Körper? Diese Frage muß mit Entschiedenheit bejaht werden. Sie hat allerdings kein Recht über einen fremden Körper. Und eben das ist der Körper des Ungeborenen. Er gehört einer anderen Person!“

Peter Fleming legte das Manuskriptblatt zu den übrigen fünf und reckte sich. Ununterbrochen hatte er an der Maschine gesessen, und sein Körper ließ ihn das jetzt spüren. Schultern und Rücken waren verspannt. Er nahm einen kräftigen Zug von der Zigarette, bevor er sie ausdrückte. Dann stand er auf, ging zum Fenster, öffnete es weit und atmete tief durch.

Eine Weile blieb er am Fenster stehen. Von dem achten Stock des Verlagshauses aus konnte er die City und einen Teil der Randbezirke überblicken. In der Ferne machte er bei der klaren Sicht, die man heute hatte, hinter einem mächtigen Bankkomplex das Gebäude von *Leviatan* aus.

Eine wohltuende Ruhe lag über der Stadt. Entgegen der Hektik und dem Lärm, die am Alltag schon von den frühesten Morgenstunden an herrschten, würde die Stadt am heutigen Sonntag überhaupt nicht richtig aus ihrer Schläfrigkeit erwachen.

„Ruhe vor dem Sturm", dachte Peter Fleming spontan. Obwohl er diesen Ausdruck für reichlich abgedroschen hielt, fand er, daß er in die Situation paßte. Und was für ein Sturm losbrechen würde, wenn sein Artikel erschien! Ein wahrer Orkan!

Er sog die klare Luft noch einmal tief in sich ein, ließ dann das Fenster offen und ging zurück an den Schreibtisch. Die warmgelaufene Schreibmaschine summte leise vor sich hin. Nachdem Peter Fleming einen ordentlichen Schluck aus der Cola-Dose genommen hatte, spannte er ein neues Blatt ein und sortierte sein weiteres Material. Nach ein paar Minuten setzte von neuem das monotone Rattern des Typenrades ein, und die nächste Seite begann sich zu füllen.

„Als Rechtfertigung für eine Abtreibung wird neben sozialen Gründen auch häufig der medizinische bzw. psychiatrische Aspekt angeführt. Das heißt, eine Frau darf abtreiben, wenn sie sonst eine zu starke seelische Belastung auf sich nehmen müßte. Die Weltgesundheitsorganisation ist jedoch zu dem Ergebnis gekommen, daß gerade bei den Frauen, bei denen man aus psychiatrischen Gründen eine Abtreibung für gerechtfertigt hält, das höchste Risiko für eine seelische Störung nach einer erfolgten Abtreibung besteht!

Tatsache ist ebenfalls, daß eine Schwangerschaft bei einer Frau grundsätzlich emotionale Veränderungen wie zum Beispiel Furcht und Spannung hervorruft. Es ist nicht außergewöhnlich, wenn zu Beginn einer Schwangerschaft

Depressionen auftreten. Doch diese anfänglichen Gefühle der Mutter sind gänzlich verschieden von denen am Ende der Schwangerschaft. Wenn alle Frauen, die in den ersten Wochen von negativen Gefühlen heimgesucht wurden, abgetrieben hätten, würde heute ein Drittel von Ihnen, liebe Leser, nicht am Leben sein!"

Peter Fleming zog einige Blätter mit Statistiken heran, die er mit allerlei Anmerkungen versehen hatte. Er überflog sie, um sich ihren Inhalt noch einmal zu vergegenwärtigen, und setzte seine Finger wieder auf die Tasten.

„Abtreibungsbefürworter argumentieren in diesem Zusammenhang gerne mit der Hypothese, daß eine Reduzierung der vielen unerwünschten Schwangerschaften eine Verringerung der Kindesmißhandlungen mit sich bringe. Eine auf den ersten Blick logische Folgerung. Doch genauer besehen, entpuppt sie sich als Trugschluß. Denn Studien und Statistiken aus verschiedenen Teilen der Erde sprechen eine andere Sprache:

In den USA nahm die Zahl an Kindesmißhandlungen im gleichen Verhältnis zu wie die Zahl von Abtreibungen – nämlich seit der Liberalisierung der Abtreibungsgesetze im Jahre 1973 um fast 500 Prozent!

In Japan gibt es die Abtreibung auf Verlangen schon seit 35 Jahren; sie wird dort als Methode der Geburtenkontrolle angesehen. Dennoch hatte 1974 die Zahl der Kindestötungen so dramatisch zugenommen, daß sich Sozialarbeiter in Zeitungen und im Fernsehen mit dem Aufruf an die japanischen Mütter wandten, ihre Kinder nicht zu töten!

In Deutschland wurde 1976 eine einschneidende Liberalisierung des Abtreibungsgesetzes durchgeführt. Wenn die Hypothese stimmt, daß eine freiere Abtreibungspraxis die Zahl von unerwünschten Kindern sinken läßt und Kindesmißhandlungen von vornherein verhindern hilft, müßten wir bei ca. 300 000 Abtreibungen pro Jahr allein in Westdeutschland auf diesem Gebiet eine kinderfreundliche Statistik aufweisen. Doch weit gefehlt! Bis zu 300 000 sexuelle Mißhandlungen geschehen bei uns jährlich. Die übrigen Fälle von Gewalttaten sind da nicht einmal mitgerechnet!

An dieser Stelle sei darauf hingewiesen, daß der Begriff vom ,unerwünschten Kind' völlig aus der Luft gegriffen ist. Ein Kind wird niemals unerwünscht sein, da es in westlichen Ländern mehr adoptionswillige Ehepaare gibt als zur Adoption freigegebene Kinder – allein in Deutschland etwa zwanzigmal mehr!

Die sich im Gleichschritt vollziehende Zunahme von Kindesmißhandlung und Abtreibungen, wie wir sie hier beobachten können, hat bereits zu intensiven Nachforschungen geführt. So kommt Dr. Phillip Ney, Professor für Psychiatrie an der Universität von British Columbia, in einer vielbeachteten Studie zu dem Ergebnis, daß die Billigung, Ungeborene gewaltsam zu töten, bei Eltern die psychische Barriere herabsetzt, auch geborene Kinder zu mißhandeln. Was ..."

Peter Fleming mußte seinen Schreibfluß unterbrechen. Die Tür war geöffnet worden.

„Morgen, Harry!" Er sah erstaunt auf. „Was treibt dich am Sonntag hierher? Hast du Angst, daß ich dein Büro auf den Kopf stelle?" scherzte er.

„Hübsch fleißig bei der Arbeit?" entgegnete sein Chef und blieb kerzengerade vor dem Schreibtisch stehen.

„Sag bloß, das ist ein Kontrollbesuch?" lachte Peter Fleming.

„I wo! Ich bin vorbeigekommen, um dir mitzuteilen, daß du aufhören kannst."

„Aufhören?" stutzte er. „Das nenne ich großzügig, daß du mir die Arbeit an diesem wunderschönen Sonntag erlassen willst. Aber ich bin grad so gut drin, ich würd..."

„Ich meinte, daß du mit der Story aufhören kannst."

Peter Fleming zog die Stirn kraus. „Der Vorentwurf ist noch nicht einmal fertig."

„Um den Reißwolf satt zu kriegen, genügt's allemal!"

Er glaubte, nicht richtig gehört zu haben. „Um den ... Was soll das, Harry?" Für einige Sekunden schossen seine

Gedanken kreuz und quer. Dann dämmerte es ihm. „Willst du mich auf den Arm nehmen?"

„Seh ich so aus, als wenn ich dich foppen wollte?" stellte sein Vorgesetzter mit entschlossener Stimme die Gegenfrage.

„Nein", dachte Peter Fleming, „so siehst du wirklich nicht aus." Er hatte den Eindruck, daß die Miene seines Chefs noch ernster und härter wurde. Diese Aufforderung schien ebensowenig ein schlechter Scherz zu sein wie der Artikel, an dem er schrieb.

„Die Story ... ist geplatzt?" Nur zögernd kam es ihm über die Lippen.

„Kluges Köpfchen", erwiderte der Redakteur. Die Worte und der Ton trafen Peter Fleming wie eine Ohrfeige.

„Was hat das zu bedeuten, Harry?"

„Das ist eine ganz normale Dienstanweisung. Vergiß nicht, du bist hier nur Angestellter. Die Chefredaktion hat beschlossen, daß die Story fallengelassen wird. Und zwar sofort."

„Und was hat sie noch beschlossen?" fragte er ahnungsvoll.

„Daß du deine Recherchen auf die geplante Stadtsanierung konzentrieren sollst."

„Stadtsanierung!" wiederholte Peter Fleming verächtlich. Er fühlte, wie ihm die Gelegenheit, die Öffentlichkeit aufzurütteln, wie Sand durch die Finger rann. „Warum, Harry?" fragte er resigniert.

„Diese Geschichte wird nichts weiter einbringen, als daß sich ein kleiner Reporter auf Kosten des sozialen und politischen Friedens profiliert."

„Du weißt, daß das nicht stimmt, Harry!" protestierte er heftig. „Du kennst die Fakten. Du selbst hast mir grünes Licht gegeben. Du warst der gleichen Ansicht wie ich, daß diese ungeheuerlichen Vorgänge nicht vertuscht werden dürfen. Daß die Öffentlichkeit davon erfahren muß. Woher der plötzliche Sinneswandel, Harry? Was ist da oben vorgefallen?"

Der Redakteur wandte sich wortlos ab und ging zur Tür. Die Klinke in der Hand, drehte er sich um.

„Und das sollte ich dir auch noch ausrichten: Vernichte das Material auf der Stelle. Denn wenn davon auch nur ein Fitzelchen in einem anderen Verlag erscheint, kannst du froh sein, wenn dir jemand noch ein Blatt Papier gibt." Damit war er aus dem Büro.

Ein unbändiger Zorn packte Peter Fleming. Mit geballter Faust schlug er auf die Tastatur der Schreibmaschine und sprang auf. „Verdammt!" fluchte er und trat gegen den Schreibtisch. „Warum habt ihr Mistkerle mir nicht gleich die Hände abgehackt!"

Kochend vor Wut durchmaß er mit heftigen Schritten das Büro, trat gegen den Papierkorb, trat gegen den Stuhl. Nachdem er sich etwas abreagiert hatte, blieb er vor dem Fenster stehen, beide Hände in den Hosentaschen zu Fäusten geballt.

Er schaute auf die Stadt – die Stadt, in der täglich die furchtbarsten Dinge mit kleinen, ungeborenen Kindern passierten. Ruhig und schläfrig lag sie im warmen Sonnenschein. Nichts würde sie aufwecken. Keine Bombe. Kein Orkan. Alles würde morgen, übermorgen und an jedem Tag seinen gewohnten Gang gehen. Niemand würde etwas ahnen, niemand etwas von dem erfahren, was sich hinter manchen dieser Mauern zutrug.

Peter Flemings Blick fiel auf die fernen Umrisse *Leviatans*. Ihm wurde flau im Magen, wenn er daran dachte, daß dieser Moloch ihn besiegt und schachmatt gesetzt hatte. Daß dieser Menschenfresser weiter ungestört kleine Babys verschlingen konnte – unaufhörlich und ungehindert.

Eine Flutwelle an Resignation schwappte über ihn hinweg. Sie schien das Geräusch des Telefons zu dämpfen – wie aus der Ferne vernahm er das Läuten. Was sollte das? Rollte da eine weitere Hiobsbotschaft heran? Ihn trieb nichts, den Hörer abzunehmen. Sollte es doch klingeln, bis es auseinanderfiel! Doch der Anrufer war hartnäckig. So hartnäckig, daß Peter Flemings Zorn sich schließlich gegen den Apparat wandte.

„Kerlokiste!" zischte er. In barschem Ton rief er in den Hörer: „Ja, was ist?"

„Herr Fleming?" meldete sich eine gepflegte Stimme.

„Ja?"

„Staatsanwaltschaft, Dr. Wiegard. Verzeihen Sie die Störung, Herr Fleming. Ich bin froh, Sie nun doch noch gefunden zu haben, und hätte Sie gerne in einer dringenden Angelegenheit gesprochen."

„Bitte. Ich höre", erwiderte er gereizt.

„Nicht am Telefon. Wollen wir uns zum Mittagessen treffen?"

„Worum geht's denn überhaupt?"

„Ich lese Ihnen eine Pressenotiz vor: ‚Oberlandesgericht Stuttgart weist Klage der Schwangerschaftsberatungsorganisation *Pro Familia* gegen die Vereinigung *Christen für das Leben* zurück und fällt das rechtskräftige Urteil: *Pro Familia* berät zum Teil rechtswidrig, weil sie nicht über Schwangerschaftshilfen informiert.' Sagt Ihnen das etwas?"

Peter Fleming kannte die Pressemeldung. Er wußte zwar nicht, was sie mit dem Anruf eines Staatsanwaltes bei ihm zu tun hatte, aber er wurde hellhörig und wachsam.

Nun war er auf der Hut. Konzentriert fragte er nach: „Tut mir leid. Können Sie nicht etwas deutlicher werden?"

„Gern. Wie wär's mit folgender Pressenotiz: ‚Pressesprecher des Regierungspräsidenten bezeichnete den Umgang mit den toten Kindern aus der Gießener Abtreibungsambulanz *Pro Familia* als seltsam. Das Gewebe werde in einer medizinischen Einrichtung in Wiesbaden mikroskopisch geprüft, in Kunststoffblöcke eingeschlossen und dann archiviert.' Uns ist zu Ohren gekommen, daß gewisse Leute in dieser Thematik noch gründlicher informiert sind und Fakten aus erster Hand besitzen, für die sich unser Haus sehr interessiert."

Peter Fleming hatte verstanden. In seinem Kopf arbeitete es fieberhaft. Ein Entschluß kristallisierte sich rasch heraus. „Ich habe mittags immer einen Bärenhunger."

„Dann sagen wir, um eins im ‚Changoo'. Sie mögen doch Chinesisch?"

„Für mein Leben gern."

Peter Fleming hatte den Hörer noch nicht ganz aufgelegt, da ballte er erneut beide Hände zu Fäusen. Aber nicht aus schäumender Wut wie vorhin. Diesmal triumphierte er wegen des wie durch ein Wunder emporgetauchten Silberstreifs!

Michael Buschmann
Tatort Schulhof

TATORT
SCHULHOF

1

Die Wipfel der Tannenwälder auf den Bergrücken waren nach dem heftigen Gewitter in der Nacht noch immer von einem undurchdringlichen Wolkenschleier umhüllt. Die Feuchtigkeit und die Hitze der Sonne, die durch die stündlich dünner werdenden Wolkenschichten immer stärker hindurchdrang, verwandelten den Ort Awenach in eine regelrechte Waschküche. Die etwa 15 000 Einwohner zählende Stadt lag inmitten eines Tals, eingebettet in bewaldete Bergzüge wie ein Juwel in ein samtgrünes Kissen. Warf der Betrachter einen Blick vom bekanntesten Ausflugsziel, den 542 Meter hohen Adlerklippen, hinab auf das stille Städtchen mit seinen vielen alten Häusern im Stadtkern, so konnte er den Eindruck gewinnen, es befinde sich seit langem in einem tiefen Schlaf und habe auch so bald nicht vor, daraus aufzuwachen. Daß die idyllische Kleinstadt in den kommenden Monaten sehr empfindlich in ihrem Dornröschenschlaf gestört werden würde, ahnte kein Awenacher, der an diesem letzten Montag des August sein Tagewerk begann.

Zu ihnen gehörte auch ein Studienrat, der an diesem Morgen zu seinem ersten Arbeitstag im städtischen Lessing-Gymnasium antrat. Robert Cullmann war 37 Jahre alt, zum neuen Schuljahr nach Awenach versetzt worden und unterrichtete die Fächer Sport, Englisch und Chemie. Seine Frau Jody, eine gebürtige Britin, hatte er während seiner Studienzeit in Oxford kennengelernt, wo er einige Semester Englisch studiert hatte. Von vornherein war für Jody klar gewesen, daß sie mit Robert nach Deutschland gehen würde, was sie nach der Hochzeit auch tat. Dank ihrer guten Deutschkenntnisse aus der Schule schaffte sie es rasch, sich in ihrer neuen Heimat einzuleben und ihren beruflichen Weg fortzusetzen, den sie bei der *Bank of England* begonnen hatte. Auch der neuerliche Umzug hatte ihr keine Probleme bereitet, obwohl in der Awenacher Filiale der Deutschen Bank momentan keine Stelle für sie frei war. Immerhin konnte ihr Arbeitgeber ihnen aber günstig ein Einfamilienhaus vermitteln, das zum Zwangsverkauf stand. Über den vorläufigen Verlust ihrer Arbeit war Jody nicht traurig. Sie vermißte sie nicht einmal, da die Renovierung des Hauses viel Zeit in Anspruch nahm und sie sich ohnehin mit dem Gedanken vertraut gemacht hatte, in spätestens sieben Monaten ihre Berufstätigkeit aufzugeben. Kurz nach dem Umzug in den Sommerferien hatte sie es erfahren – sie bekamen ein Baby!

Der erste Schultag ist gut verlaufen, zog Robert Cullmann ein zufriedenes Fazit, als er im Lehrerzimmer als einer der letzten seine Lederjacke vom Kleiderständer nahm. Die Person, die ihm lautlos gefolgt war und nun hinter ihm stand, bemerkte er erst beim Umdrehen.

„Ich wollte mich nur kurz erkundigen, wie es gelaufen ist." Direktor Franck setzte sich auf die Tischkante und verschränkte die Arme.

„Die Kollegen haben mich sehr freundlich aufgenommen." Robert schlug seinen schiefsitzenden Kragen gerade und zupfte mehrmals an der Jacke, bis sie bequem anlag.

„Das freut mich zu hören." Sein Chef lächelte ihn warmherzig an. „Und wie ging's mit den Schülern?"

„Ich denke, ich werde gut mit allen Klassen klarkommen."

„Mit der Jahrgangsstufe 11 auch?"

Robert bemerkte den prüfenden Blick, der sein Gesicht nach einer spontanen Reaktion absuchte. Er war irritiert und verstand den Sinn der Frage nicht.

„Mit dem Oberstufenkurs sehe ich keine Probleme. Ich war schon öfter Mentor und habe Oberstufen erfolgreich zum Abitur geführt."

„Oh, das weiß ich", beeilte sich Direktor Franck einzuwerfen. „Ihre Referenzen sind ausgezeichnet. Ich wünsche Ihnen wirklich von Herzen Erfolg bei Ihren neuen Aufgaben."

Er reichte ihm die Hand, und Robert schlug mit einem Wort des Dankes ein.

„Wenn Sie Fragen haben oder sonst ein Anliegen, ich bin jederzeit für mein Lehrerkollegium zu sprechen."

Direktor Franck wandte sich ab und ging zur Tür zurück.

„Eine Frage hätte ich jetzt schon!" rief Robert ihm nach.

„Nur zu!" ermunterte ihn sein Vorgesetzter mit einer einladenden Handbewegung.

„Ich bekam vorhin zufällig ein Gespräch mit, das mich stutzig gemacht hat."

„So? Worum ging es?"

„Um einen Kollegen, der vergangenes Schuljahr hier tätig war, und als dessen Nachfolger ich gekommen bin. Durch das, was ich da aufschnappte, habe ich nicht den Eindruck, daß dieser Kollege nur einfach versetzt wurde oder in Pension gegangen ist."

Der Gesichtsausdruck des Direktors verriet plötzlich höchste Wachsamkeit. „Das haben Sie richtig aufgeschnappt", bestätigte er argwöhnisch. „Das ist kein Geheimnis. Kollege Berghofer war psychisch sehr labil und dem Schulstreß nicht mehr gewachsen. So was kann vorkommen. Auch an anderen Schulen."

„Ich weiß. Bedauerlicherweise. Darf ich fragen, was aus dem Kollegen geworden ist? Geht es ihm wieder besser?"

„Sie dürfen gerne fragen." Direktor Franck lächelte entschuldigend. „Aber ich darf darauf keine Antwort geben."

Robert nickte verständnisvoll. „Ist es richtig, daß Kollege Berghofer die Schüler unterrichtet hat, die ich heute übernommen habe?"

Direktor Franck überlegte kurz. Dann zog er eine Miene, die die Bedeutungslosigkeit der Frage unterstreichen sollte.

„Das weiß ich nicht. Selbst wenn dem zufällig so sein sollte, braucht Sie das nicht im mindesten zu beunruhigen. Berghofer war psychisch labil. Das hatte nichts mit seinen Schülern zu tun." Er lächelte ihn an. „Genießen Sie diesen Tag. Ab morgen wird es ernst."

Damit verschwand er aus dem Lehrerzimmer und ließ einen Studienrat zurück, dem das Gespräch statt einer befriedigenden Klärung eher noch mehr Unklarheiten gebracht hatte. Da war zum einen die seltsam nachbohrende Frage nach dem Auskommen mit der Jahrgangsstufe 11.

Dann das Schicksal seines Vorgängers, das angeblich kein Geheimnis war, aus dem jedoch eins gemacht wurde, wenn man Fragen stellte. Und zum anderen die für ihn unglaubwürdige Aussage, daß der Direktor nicht wußte, welche Klassen er welchen Lehrern zugeteilt hatte. Dazu hatte die Miene gepaßt, die er aufgesetzt hatte. Robert war sofort aufgefallen, daß sie nur gespielt war. Es lag ihm fern, mehr in diese Unterhaltung hineinzuinterpretieren, als sie tatsächlich enthielt. Trotzdem fand er sie äußerst befremdend.

Er verließ das Lehrerzimmer, lief mit sportlich-federnden Schritten die Steinstufen des Treppenhauses hinunter und überquerte den menschenleeren Schulhof in Richtung Parkplatz, auf dem nur noch drei Autos standen. Als er die Fahrertür seines blauen VW öffnete, fiel sein Blick zufällig auf den seitlichen Trakt des Schulgebäudes, in dem sich die Kunst- und Musikräume sowie der Aufenthaltsraum für die Oberstufe befanden. Er hielt einen Augenblick inne. Einige Teile des grauen Betongebäudes waren von Schulklassen unter Anleitung der Kunstlehrer mit abstrakten Bildern bunt bemalt worden. Die Wandpartie, die er nun betrachtete, befand sich noch in ihrem ursprünglichen, grauen Zustand. Nur unterhalb der Erdgeschoßfenster war sie auf einer Länge von etwa drei Metern verändert worden. Daß das keine offizielle „Bepinselung" war, erkannte er nicht so sehr an der mit höchster Genauigkeit und wie lebendig gemalten, schwarzen Vogelspinne, wohl aber an den drei Wörtern, die daneben standen und die einen krassen Rechtschreibfehler aufwiesen.

„Nebel – Nesse – Eis", las er sie laut vor und konnte sich wegen der blamablen Orthographie in „Nesse" ein schmunzelndes Kopfschütteln nicht verkneifen. Er hoffte, daß dieses Armutszeugnis nicht repräsentativ für das allgemeine Leistungsniveau an dieser Schule war.

*

Für Marc Belden war dieser Tag genau so verheißungsvoll gelaufen, wie er es insgeheim gehofft hatte. Daß der Wechsel von der Realschule zum Gymnasium für ihn eine Umstellung sein würde, damit hatte er gerechnet. Die fremde Umgebung, unbekannte Lehrer, ein paar neue Fächer. Und auch die Tatsache, daß es nicht mehr eine fest zusammengehörige Klasse gab, sondern nur noch einen losen Verbund von 122 Oberstufenschülern, war ihm bekannt gewesen. Gerade darauf hatte er große Hoffnungen gesetzt. Es sollte ihm helfen, schnell Anschluß zu finden. Und gleich der erste Schultag schien ihn darin zu bestätigen. Obwohl die Cliquen offenbar weiter bestanden, hatte eine Gruppe von drei Jungen und zwei Mädchen sich ihm sofort offen zugewandt.

„Hallo! Du bist neu hier, nicht?" sprach ihn in der Vorhalle der Aula eine sympathisch klingende Stimme von hinten an. Verdutzt drehte er sich um und sah in ein freundlich lächelndes Gesicht.

„Stimmt", erwiderte er und musterte den jungen Mann, der in seiner Bundfaltenhose, einem hellblauen Hemd und elegantem Sakko fast wie ein Lehrer aussah. Sein jugendliches Gesicht verriet ihn aber als einen Mitschüler.

„Dacht' ich's mir doch. Ich habe dich nämlich noch nie hier gesehen. Zugezogen?" fuhr der Unbekannte auf eine für Marc angenehme Art und Weise mit der Unterhaltung fort.

„Von der Realschule!" antwortete er knapp und steif.

„Gratuliere! Ist ja wohl nicht leicht, die Zulassung zum Gymmi zu bekommen – ich bin übrigens der Carlo. Carlo Rickerts."

„Ich heiße Marc Belden." Seine anfängliche Zurückhaltung begann einer gewissen Offenheit zu weichen. „Ist ja mächtig was los hier." Er blickte um sich auf das dichte Getümmel von 122 Schülern, in dem er bis eben allein herumgestanden hatte.

„Wir sind zahlenmäßig die stärkste Oberstufe seit langem", klärte Carlo ihn auf und ließ ebenfalls seine Augen über das lebhafte Gewimmel schweifen. „Hoffentlich sind wir auch zur Abi-Feier noch so viele", unkte er grinsend, und beide lachten.

„Wie lange müssen wir uns hier die Beine in den Bauch stehen?"

„Daran wirst du dich gewöhnen müssen. Manche Pauker fühlen sich wie der Papst."

„Wie der Papst?" fragte Marc verdattert.

Carlo grinste ihn an. „Das sagen wir hier so, weil manche Lehrer meinen, immer wieder ihre Schlüsselgewalt demonstrieren zu müssen. Ärgert dich der Vergleich? Bist du katholisch?"

„Katholisch schon. Aber mit gesundem Menschenverstand, wenn du weißt, was ich meine", wies Marc jede Befürchtung einer möglichen Kränkung von sich.

Carlo grinste verschmitzt. Er hatte verstanden. „Wirst dich an diese Art Pauker gewöhnen müssen. Sind zwar nicht alle so, aber mit einigen ‚ergrauten Eminenzen' liegen wir öfter im Clinch."

„Wer ist ‚wir'?"

„Die Schülervertretung. Einigen von den alten Semestern ist unser Mitspracherecht geradezu ein Greuel."

„Arbeitest du in der SV mit?"

„Ich bin der Schülersprecher in diesem Laden. Wenn du also mal was auf dem Herzen hast, wende dich ruhig an mich. Dafür bin ich schließlich da."

Marc zog eine anerkennende Miene. Dieser Carlo Rikkerts stieg in seinem Ansehen augenblicklich noch höher. Es freute ihn ungemein, gleich am ersten Schultag und bei der ersten Begegnung an einen so bedeutenden und vertrauenerweckenden Mitschüler geraten zu sein. Es nahm ihm die letzte Reserviertheit, so daß er mit seinen Fragen lockerer und persönlicher wurde.

„Du trägst ja äußerst schnieke Klamotten. Im ersten Moment dacht' ich, du wärst ein Lehrer."

„Gott behüte!" Carlo zupfte an seinem Sakko. „Das ist ein Spleen von mir."

„Jobbst du auch, daß du dir solchen Edelzwirn leisten kannst?"

„Wieso ‚auch'?" fragte Carlo zurück, ohne eine Antwort gegeben zu haben.

„Ich mache Computergeschichten für einige Firmen und verdien' mir so ein bißchen was zum Taschengeld dazu."

Carlo stieß einen kurzen Pfiff aus. „Donnerwetter!" Und mit einer schelmischen Miene ergänzte er: „Dann weiß ich ja, an wen ich mich halten kann, wenn ich in der Computer-AG nicht klarkomme."

„Tu das!" ging Marc spontan darauf ein. „Ich helfe dir gerne."

Über seine Frage nach einem Nebenverdienst, auf die er keine Antwort erhalten hatte, ging er vollends hinweg, als sein Gegenüber unvermittelt das Thema wechselte.

„Wenn du willst, mach ich dich mit ein paar Leuten bekannt, mit denen ich viel zusammen bin."

„Oh, ja! Gerne!" sprang Marc sofort und dankbar auf den Vorschlag an.

„Komm mit!" Carlo ging voran, schlängelte sich mal links, mal rechts an Schülertrauben vorbei. Marc fiel auf, wie respektvoll manche ihm Platz machten. Konnte er da auch eine Spur von Furcht beobachten? Er schob den Gedanken als absurd beiseite. Sie hielten auf eine Säule der Vorhalle zu, hinter der eine Schülergruppe stand. Marc folgte Carlo dicht auf den Fersen, innerlich wie ein Bogen gespannt darauf, wen er nun kennenlernen würde. Er konnte nicht ausmachen, wie viele Leute hinter der Säule standen. Die eine Person jedoch, die er sah, versetzte ihm einen Schreck. Als ahne er Marcs Gedanken, drehte Carlo sich halb nach ihm um und erklärte:

„Auch wenn manche von ihnen nicht so gekleidet sind wie du und ich, so sind sie in ihrem Kern alle liebe, dufte Typen. Auf jeden von denen kannst du in der Not zählen. Es sind echte Freunde."

Marc hätte das gerne geglaubt, aber es fiel ihm sehr schwer. Er bemühte sich, sich nichts von seinem Unbehagen anmerken zu lassen, als sie schließlich in der Gruppe aus zwei Jungen und zwei Mädchen standen.

„Hey, Leute, ich möchte euch Marc vorstellen, einen neuen Mitschüler. Er kommt von der Realschule, ist ein

Computer-Freak und, wie mir scheint, auch sonst eine coole Socke, mit der man Pferde stehlen kann."

„Das mit den Pferden bitte nicht wörtlich nehmen. Ich klaue nur Pferde, die unter einer Motorhaube stecken", warf Marc mit einem Augenzwinkern ein, um als Einstieg einen kleinen Gag zu landen.

Er hatte Erfolg mit seiner Absicht. Gelächter machte die Runde.

Carlo setzte auf den Ulk noch einen drauf. „Gut, daß wir das wissen. Kim hat schon seit langem eine Schwäche für den dicken Benz vom Direktor, da brauchen wir ihr keinen zu kaufen."

Alle lachten lauthals. Wer von den beiden Mädchen die erwähnte Kim war, klärte sich für Marc sehr schnell.

„Jetzt weiß ich wenigstens, was ich euch wert bin, ihr Geizhälse. Da sind ja Schotten großzügiger", scherzte das Mädchen mit den langen, dunkelbraunen Haaren in gespielter Gekränktheit.

Marc erkannte sie wieder. Bei so manchem Einkauf in der Stadt war ihm dieses Mädchen wegen ihres bildhübschen, dezent geschminkten Gesichts und ihrer oft extravaganten Kleidung aufgefallen. Und auch jetzt stach ihm ihr Outfit ins Auge. Ganz in Weiß, trug sie ein hauchdünnes T-Shirt, einen ledernen Mini-Rock – beides so knalleng, daß sich ihre Körperkonturen überdeutlich darunter abzeichneten – und dazu passend weiße Netzstrümpfe. Marcs Augen hingen an ihr fest wie an einem Titelbild der „Vogue". Erst als sich ihre Blicke trafen, sah er abrupt weg zu dem Jungen rechts neben ihr, auf den Carlo zeigte.

„Das ist Tommi. Daneben Katja."

Marc bemerkte, daß beide ganz in Schwarz gekleidet waren. Dabei fiel ihm besonders Katja auf, die trotz des warmen Wetters einen langen, schwarzen Mantel trug, der aussah wie aus Großvaters Mottenkiste und ihr viel zu weit war. Schwarze Haarsträhnen umrandeten ein feinliniges Gesicht, in dem sich in einem kräftigen Dunkelrot bemalte Lippen kontrastreich abhoben.

„Unsere Luxus-Kim. Kim Ghedina", fuhr Carlo nekkend mit seiner Vorstellung der Clique fort, wofür er von der Angesprochenen ein verächtliches Zähneblecken erntete.

„Ghedina?" stutzte Marc. „Von ‚Ghedina Moden'?"

„Richtig", gab Carlo die Antwort. „Ihrem Alten ... ähem, sorry, ihrem Vater, meine ich, gehört das Bekleidungsgeschäft."

Ehe Marc nachhaken konnte, was er sehr gerne getan hätte, war Carlo bereits bei dem letzten aus der Runde, um den er feierlich seinen Arm legte.

„Und hier haben wir noch so einen edlen Sproß eines Awenacher Bonzen – Alex Zallberg."

Erneut machte Gelächter die Runde.

Marc wußte sofort Bescheid. Die Möbelfabrik „Zall-Co" war mit Abstand das größte Unternehmen am Ort. Der Schreck, den er vorhin bei Alex' Anblick bekommen hatte, legte sich. Skinheads gab es mehrere in Awenach, und er war ihnen auch schon öfter auf dem Marktplatz begegnet. Doch Umgang mit ihnen hatte er bis dahin nicht gehabt – und auch keinen großen Wert darauf gelegt. Sie erschienen ihm wie Exoten aus fernen Ländern. Es verwunderte ihn, bei dem Ruf, den Skinheads als brutale, aggressive Neo-Nazis hatten, einen von ihnen in dieser Gruppe vorzufinden. Irgendwie paßten Kim, Carlo und Alex nicht zusammen, wie es ihn überhaupt erstaunte, daß diese grundverschiedenen Typen eine Clique bilden konnten. War es die gemeinsame Kindheit in der gleichen Nachbarschaft, die sie verband? Vielleicht der gemeinsame schulische Werdegang? Oder waren es ähnliche menschliche Wesenszüge, durch die sie zusammengefunden hatten? Irgend etwas mußte es geben, das ein Band zwischen ihnen geknüpft hatte. Marc war neugierig, was das sein mochte. Jedenfalls gab Carlos Art, mit Alex umzugehen, ihm einen Anstoß, seine Vorurteile gegenüber Skins einmal gründlich zu überdenken. Und wenn er es recht betrachtete, war es im Grunde genommen höchst kindisch, vor jemandem einen Schreck zu bekommen, nur weil er mit fast kahlgeschorenem Kopf, Bundeswehrweste, olivfarbener Hose

13

und schweren Springerstiefeln anders aussah als man selbst. Zum Abbau der Barriere trug auch Alex' umgängliche Art bei, als er ihn in ein Gespräch verwickelte.

Marc ließ sich nur einmal kurz ablenken, als Tommi Katja nach einer Zigarette fragte. Er tat, als habe er es nicht gesehen. Doch es war unmöglich, die breite elastische Binde an Katjas linkem Arm nicht zu bemerken, die zum Vorschein kam, während sie Tommi die schwarze Schachtel hinhielt.

Das konnte vieles bedeuten. Ein Ekzem, eine Sehnenscheidenentzündung, eine Gelenkverletzung. Als letzte Möglichkeit kamen ihm Schnittwunden in den Sinn. Er verscheuchte den Gedanken rasch wieder. Nein, eine Selbstmordkandidatin konnte er sich in dieser Clique nicht vorstellen, die so herzlich miteinander umging. Außerdem hatte Carlo gesagt, daß sie alle echte Freunde waren, auf die man in der Not zählen konnte. Carlo war kein Spinner. Marc glaubte ihm. Und er fand es eigenartig, daß er selbst bereits dieses positive Gefühl bei dem ganzen hatte, obwohl er die einzelnen erst seit ein paar Minuten kannte.

„Achtung! Die hohen Herrschaften rollen an!" rief Tommi plötzlich in die allgemeine Unterhaltung hinein, und alle Augen wanderten zur Treppe, die der Direktor in Begleitung zweier Männer und einer Frau herunterstieg.

„Aha! Das also sind unsere Mentoren!" kommentierte Katja nüchtern das Erscheinen. „Die Grunwald. Das ist heavy!"

„Die hat ganz schön Haare auf den Zähnen. Ein Segen, daß Schmidtchen Schleicher nicht dabei ist", bemerkte Alex erleichtert das Fehlen seines Physiklehrers aus der 10. Klasse, der sein rechtes Bein wegen eines versteiften Kniegelenks beim Gehen hinterherzog.

Carlos Augen hafteten die ganze Zeit über an einer anderen Person. Sie hielt sich bescheiden und zurückhaltend neben Direktor Franck.

„Kennt einer von euch den Typen links neben der Grunwald?" fragte Katja.

„Der ist neu an unserer Penne", erwiderte Carlo und ließ seine Blicke nicht ab von dem Mann.

14

Kim Ghedina maß dessen sportlichen, durchtrainierten Körper mehrmals von oben bis unten.

„Top-Figur! Und ein echt süßes Gesicht!" ließ sie einen Kommentar im schwärmerischen Tonfall ab und fügte augenzwinkernd hinzu: „Endlich ein richtiger Mann und kein Ersatzteil wie ihr!"

Wilde Proteste der drei Jungen brachen los.

Marc fiel auf, daß niemand ein Wort über den wohlbeleibten, etwa fünfzigjährigen Herrn mit gedrungenem Hals verlor, dessen leicht gerötetes Gesicht andeutete, wie „feurig" es werden konnte, wenn er erst einmal in Zorn ausbrach. Er war erstaunt, wie flink und geschmeidig sich dieser Mann trotz seiner Leibesfülle zu bewegen vermochte.

„Und wer ist der Dicke da?" fragte er neugierig nach.

Tommi sah ihn mit einem merkwürdigen Blick an. „Das ist Karl-Heinz Kessebom."

„Was ist mit dem? Wie ist der so?" Marc wurde den Eindruck nicht los, daß er einen wunden Punkt berührte. Denn Tommi entgegnete platt: „Er hat letztes Schuljahr in einem seiner Wutanfälle einen Stuhl gegen die Wand gepfeffert. Genügt dir das?"

Marc wurde es mulmig bei dieser Vorstellung. Es reizte ihn nicht gerade, diesen Mann als Mentor und Mathematiklehrer zugeteilt zu bekommen.

Direktor Franck schloß die beiden Türen zur Aula auf, und kleine Rinnsale des großen Schülerpulks begannen sich hindurchzuzwängen. Die Clique um Carlo Rickerts hatte es gar nicht eilig, hineinzugelangen. Sie warteten ab, bis nur noch eine Handvoll Schüler draußen stand. Dann setzten sie sich behäbig in Bewegung. Marc schloß sich ihnen an, als unversehens Kim Ghedina neben ihm auftauchte.

„Du, Marc, ich möchte dir gerne was sagen", sprach sie ihn mit leiser, sanfter Stimme an, bei deren Klang ihn ein kribbelndes Gefühl durchfuhr, das er bislang nicht gekannt hatte.

Mit einem sachten Zupfen am Unterarm bedeutete sie

ihm stehenzubleiben. Er befolgte ihren Wunsch und schaute sie gespannt an. Was sie ihm mitteilte, während die anderen weitergingen, verschlug ihm die Sprache und setzte seine kühnsten Phantasien in Gang.

„Du darfst das nicht persönlich nehmen, was ich eben wegen des neuen Lehrers über die Jungen in der Clique gesagt habe. Das galt nicht dir."

Sie lächelte ihn an und lief schnell den anderen hinterher. Etwas verlegen blieb Marc regungslos stehen. Erst einige Augenblicke später folgte er ihr. Die Clique hatte sich auf die beiden letzten Sitzreihen verteilt. Der Platz hinter Kim war noch frei. Marc setzte sich neben Alex und schaffte es lange Zeit nicht, seine Gedanken zu ordnen. Immer wieder kam in ihm dieselbe Frage hoch: Warum hatte dieses tolle Mädchen ihm solch ein Geständnis gemacht? War es nur das Gefühl, sie könnte ihn verletzt haben? Oder ...? Nein, der Gedanke war zu ungeheuerlich. Noch nie in seinem Leben hatte sich ein Mädchen für ihn interessiert. Wieso sollte also ausgerechnet diese vollkommene Schönheit die erste sein? Trotz der ernüchternden Beurteilung der Situation beseelte ihn eine angenehme Gemütserregung, die noch zunahm, je öfter er den lieblichen Rosenduft inhalierte, der Kim umgab. Völlig darin versunken bekam er nicht mit, wie sich vorne auf dem Podium Direktor Franck ans Mikrophon begab.

„Auch das noch! Eine Schnulzenrede! Heute bleibt uns auch nichts erspart!" kommentierte Alex die Szene spöttisch.

Die anderen kicherten leise. Demonstrativ setzte Alex sich den Kopfhörer seines Walkmans auf und rutschte ein Stück auf seinem Stuhl nach unten, bis er von seinem Vordermann nahezu verdeckt war.

*

Nachdem die Versammlung der Jahrgangsstufe 11 in der Aula beendet war, ging Marc ins Sekretariat, um noch ein paar Formalitäten zu erledigen. Anschließend machte er sich gutgelaunt wegen des gelungenen Schulstarts auf den Nachhauseweg. Er war erstaunt über sich selbst. Denn obwohl Typen in schwarzer Kleidung oder Skinheads nicht zu seinem ehemaligen Freundeskreis gehörten und er um sie sonst einen weiten Bogen gemacht hatte, war da nichts mehr von Abneigung in ihm. Im Gegenteil – er fühlte sogar so etwas wie freundschaftliche Zuneigung zu Alex und den anderen. Und am meisten von allen zu Kim.

Die Flügeltür zum Fahrradkeller stand weit offen. Nichts als Finsternis prallte ihm dort unten entgegen. Jemand hatte bereits die Lampen gelöscht. Tageslicht fiel nur spärlich von oben herab, so daß lediglich ein kleiner Radius um den Eingang herum erleuchtet wurde. Danach kam eine pechschwarze Wand, die seine Augen keinen Schritt weit zu durchdringen vermochten. Irgendwo mußte ein Lichtschalter sein. Er trat in den Keller, dessen niedrige Decke es einem Zwei-Meter-Mann unmöglich gemacht hätte, aufrecht zu gehen. Langsam tastete er sich links an der Wand entlang. Im Gegensatz zu heute morgen herrschte jetzt hier unten eine Grabesruhe. Er erinnerte sich an eine ähnliche Situation, die er schon mal erlebt hatte. Sie war der sichere Vorbote für einen Streich gewesen. Erleichtert ertastete er etwas, das einem Lichtschalter ähnelte. Er drückte ihn. Zwei Sekunden lang tat sich nichts. Dann durchzuckten unter der Decke von überallher Blitze die Dunkelheit. Augenblicke später tauchten Neonröhren den Keller bis in den hintersten Winkel in ein helles Licht. Erwartungsvoll schaute Marc sich um. Der Raum lag ruhig und verlassen da. Er durchschritt den kühlen, weißgetünchten Keller, bis er die dritte Ständerreihe erreichte, wo er sein Mountain-Bike abgestellt hatte. Alle anderen Räder waren bereits fort. Er öffnete das schwere Motorradschloß und schob sein Gefährt aus dem Ständer. Etwas stimmte nicht. Er merkte es sofort.

Ein kontrollierender Blick auf den Vorderreifen gab ihm recht. Die Luft war raus. Nicht durch ein defektes Ventil – deutlich konnte Marc die Stelle im Reifenmantel erkennen, wo ihn jemand mit einem Messer zerstochen hatte.

Wütend schob er sein Fahrrad aus dem Keller. Oben bei Tageslicht besah er sich die Bescherung genauer. Er war froh, keinen weiteren Schaden festzustellen. Trotzdem, er würde sein teures Rad nach Hause schieben müssen. Deprimiert wollte er lostrotten, als ihm jemand etwas zurief. Den Mann, der da an der Tür eines blauen Passat lehnte, kannte er von heute morgen. Es war sein Mentor und Chemielehrer.

„Eine Panne?" Robert Cullmann hatte den jungen Mann die Treppe hochschleichen sehen und ihm augenblicklich angemerkt, daß etwas nicht in Ordnung war.

„Ja, einen Plattfuß!" rief Marc zurück.

„Kann ich helfen? Mein Wagen hat einen großen Kofferraum."

Das Angebot überraschte Marc. Unentschlossen wanderten seine Augen zwischen Auto und Fahrrad hin und her.

„Es würde mir nichts ausmachen. Wirklich nicht", hörte er Cullmann beteuern.

Er beobachtete, wie sein Lehrer zum Kofferraum ging und für den Transport alles vorbereitete. Das gab ihm den entscheidenden Ruck, und er eilte zu dem Wagen. Ohne viel Aufhebens hievte Robert das Fahrrad vorsichtig auf die Ladefläche. Da es ein Stück hinten herausragte, schloß er die Heckklappe, so weit es ging, und band sie mit einem Seil in dieser Stellung fest.

„So. Das hätten wir." Er rieb kurz die Hände aneinander.

„Wo soll's hingehen?"

„Ich wohne in der Südstadt. Bertramgasse acht."

Robert nickte. „Na, das wäre zu Fuß ein ganz schönes Stück gewesen."

Der Wagen hatte den Parkplatz gerade verlassen, als Robert das Wort ergriff.

„Mein Name ist übrigens Cullmann."

„Ich weiß", erwiderte Marc und grinste verschmitzt. Robert war erstaunt.

Marc lachte. „Manchmal ist Awenach noch wie ein Dorf. Aber ich weiß es, weil sie mein Mentor sind. Ich bin in der Elften."

„Aah! Ich verstehe. Tut mir leid, daß ich Sie nicht wiedererkannt habe. Über hundert Schüler auf einen Schlag ist doch ein bißchen viel für mein Gedächtnis."

„Kann ich gut verstehen", meinte Marc verständnisvoll.

„Und wie heißen Sie?" erkundigte sich Robert nach dem Namen seines Fahrgastes.

„Marc Belden."

„Von der Anwaltskanzlei Schuster & Belden?"

„Ja, mein Vater ist Rechtsanwalt. Woher wissen Sie das?"

Robert setzte den Blinker und lenkte den Wagen nach rechts. „Ich wohne zwar erst seit ein paar Wochen hier, aber mir ist nicht aufgefallen, daß es viele Beldens in Awenach gibt. Und wem ist die große Kanzlei am Marktplatz kein Begriff!"

Marc freute sich, das zu hören. Er war stolz auf seinen Vater und auf das, was er in seinem Beruf erreicht hatte. Für ihn stand fest, er würde nach dem Abitur wie sein Vater ein Jurastudium aufnehmen und später die Kanzlei übernehmen. Obwohl es die ersten Jahre seiner Schullaufbahn wegen einer Hirnhautentzündung nicht gut für ihn ausgesehen hatte und er deswegen erst mal auf der Realschule gelandet war, würde nichts ihn von diesem Ziel abhalten können.

Eine Zeit des Schweigens verging. Marcs Blicke schweiften zur Seite aus dem Fenster, dann wieder nach vorne. Dabei fiel ihm ein roter Aufkleber auf, der die Klappe des Handschuhfachs zierte und die stilisierte Form eines Fisches besaß. Da er es nicht angebracht fand, seiner Neugier nachzugeben, dachte er sich seinen Teil. Vermutlich handelte es sich um das Emblem eines Angler- oder Aquarianer-Vereins. War da nicht auch ein ziemlich langer Aufkleber auf dem Heckfenster gewesen? Er hatte in der Eile nicht darauf geachtet. Er entsann sich dumpf, daß es irgendein Schriftzug gewesen war. An den Wortlaut konnte er sich jedoch nicht mehr erinnern.

„Haben Sie ein bißchen Bammel vor der Oberstufe? Immerhin ist es eine ziemliche Umstellung, auch wegen der aufgelösten Klassenverbände."

„Bammel eigentlich nicht", kam es selbstbewußt zurück. „Ich komme von der Realschule, und da ist es eher von Vorteil, daß die Klassen sozusagen neu gewürfelt werden."

Robert sah ihn überrascht von der Seite an. „Sieh an! Dann hatten wir ja beide heute quasi eine Premiere. Ich wünsche Ihnen, daß Sie rasch Anschluß finden."

Marc lachte zufrieden. „Der Wunsch ist bereits in Erfüllung gegangen. Ich bin von einer Clique sofort offen aufgenommen worden. Das fand ich echt super."

Seine Gedanken wanderten zurück in die Aula. Sind schon tolle Typen, dachte er, und ertappte sich dabei, wie er sich darauf freute, sie alle morgen in der Schule wiederzutreffen – und eine Person ganz besonders.

Der Wagen mußte an einer Fußgängerampel halten. Eine kleine Gruppe von Schülern überquerte die Straße, von denen ein Mädchen freundlich grüßte.

„Tja, wenn man jetzt wüßte, wer das ist. Ich glaube, sie ist in meiner 10b", rätselte Robert laut vor sich hin, während er den Gruß erwiderte.

Es verblüffte ihn, unerwartete Hilfe von seinem Fahrgast zu erhalten.

„Stefanie Holm, sie ist in der 10b."

„Genau! Stefanie!" Es hatte bei ihm geklickt. „Neue Klassensprecherin der 10b. Das ist aber ein glücklicher Zufall, daß Sie das Mädchen kennen."

„Zufall wohl weniger." Marc lächelte. „Wir haben schon zusammen im Sandkasten gespielt. Sie ist meine Cousine."

Nach knapp fünfminütiger Fahrt befanden sie sich in der Bertramgasse. Robert brachte seinen Wagen vor einer Garageneinfahrt zum Stehen, neben der ein mit kleinen Lämpchen zu beiden Seiten ausgestatteter Plattenweg anfing. Zu welch prachtvoller Villa er verlief, ließ sich durch die dichte Tannenhecke nur erahnen. Er stieg aus und hob das Fahrrad aus dem Wagen.

„Viel Spaß beim Flicken!" Er zwinkerte Marc mit einer mitleidigen Miene zu.

„Das wird ein gutes Stück Arbeit", seufzte Marc bestätigend und bedankte sich fürs Mitnehmen.

„Keine Ursache. Bis morgen." Robert hob zum Abschied die Hand und stieg in seinen Wagen.

Marc nutzte die Gelegenheit, einen schnellen Blick auf das Heckfenster zu werfen. Hatte er also richtig gesehen! Der Aufkleber war in der Tat ein Schriftzug. Während der Passat abfuhr, las er sich die Worte laut vor:

„Es geht niemand über die Erde, den Gott nicht liebt!" Ein verwunderter Marc Belden blieb zurück, in seinen Händen – wie mit ihm verschmolzen – ein defektes Mountain-Bike.

*

Stefanie Holm, die gerade vom ersten Schultag nach den Sommerferien nach Hause gekommen war, hörte im Flur laute, aufwühlende Musik aus dem Wohnzimmer dringen. Sie ließ ihre Tasche zu Boden fallen und hängte ihre Jacke an einen Haken der kunstvoll gedrechselten Wandgarderobe. Inzwischen ahnte sie, was die Geräusche im Wohnzimmer zu bedeuten hatten. Sie streifte mit den Fußspitzen ihre Wildlederschuhe ab und kickte sie lässig neben den Schuhschrank, aus dem sie die viel bequemeren Kork-Pantinen hervorholte. Flugs schlüpfte sie hinein, um sich sofort Richtung Wohnzimmer aufzumachen. Die Türklinke noch in der Hand, entdeckte sie bereits ihren 9 Jahre alten Bruder, der zusammengekauert in einem der Sessel hockte. Sie bemerkte auf der Stelle den feuchten Glanz in seinen Augen.

„Was ist passiert, Dennis?" Alarmiert sprang sie herbei und kniete sich neben ihm auf den Teppich.

Ein kurzer Blick zum Fernseher, auf dem der Filmabspann mit leiser Klaviermusik untermalt begann, verriet ihr, daß ihr Bruder sich den Film angeschaut hatte, den sie ihm gestern aus der Videothek besorgt hatte. Und sie verstand. Ihr war es nicht anders ergangen, als sie vor Jahren „E.T." im Kino gesehen hatte. Auch sie und viele mehr hatte der Film zu Tränen gerührt. Verständnisvoll legte sie den Arm um ihr Brüderchen und wischte ihm mit der Hand die feuchten Wangen trocken.

Stefanie gab ihm einen Kuß, erhob sich und marschierte zum Videorecorder, der die Cassette mittlerweile automatisch zurückgespult und sich ausgeschaltet hatte. Sie knipste den Fernseher mit der Fernbedienung aus und entnahm die Videocassette. Unterdessen hatte sich das Gesicht ihres Bruders aufgehellt. Sie freute sich, daß sie eine so gute Beziehung zueinander hatten, obwohl der Altersunterschied fünfeinhalb Jahre betrug. Manchmal empfand sie ihre geschwisterliche Freundschaft als einzigen Lichtblick in dieser Familie.

Die Hände in den Hosentaschen vergraben, schlenderte Dennis den schmalen Flur entlang in sein Zimmer, dessen Fußboden übersät war von Matchbox-Autos, Stofftieren und „Masters-of-the-Universe"-Figuren. Er kniete sich auf sein Bett und betrachtete das Riesenposter, das darüber hing. Seine Schwester hatte es ihm geschenkt, nachdem es lange Zeit ihr eigenes Zimmer geschmückt hatte. Es zeigte E.T. mit seinen strahlend blauen Augen und erhobener linker Hand, an der die Spitze des Zeigefingers wie ein runder Punkt leuchtete. Eine Weile verharrte er in dieser Stellung und malte sich aus, wie es wäre, wenn E.T. sich in seinem Zimmer vor den Erwachsenen verstecken würde. Wie lustig und toll es wäre, auf dem BMX-Rad mit E.T. durch die Luft zu fliegen. Er sah zum wolkenverhangenen Himmel hinauf, und es schien, als könnte er durch die dicke Wolkenbank hindurchsehen. Seine Augen blickten flehentlich nach oben und füllten sich mit Tränen.

„Komm bitte wieder, E.T.! Komm bitte auch zu mir! Ich bin so alleine. Genau wie Elliott. Ich werde dich in meinem Leben auch nie vergessen. Keinen Tag."

Die erste Träne fiel auf ein welkes Blatt des Drachenbäumchens. Schluchzend drückte er den Stoff-ALF ganz fest an sein Herz.

Die Videocassette in der Hand und die Schultasche über die Schulter gehängt, verschwand Stefanie in ihrem Zimmer. Dank der großen Wohnung, die ihre Eltern in diesem

22

Vier-Familien-Haus angemietet hatten, besaßen Dennis und sie getrennte Zimmer.

Stefanie Holm war 15 Jahre alt und hatte kurze schwarze Haare, von denen eine lange Strähne wie ein Zopf bis auf die Schulter reichte. Ihre Haut besaß einen leicht gebräunten Teint, und das von Natur aus, das ganze Jahr, ohne die künstliche Sonne eines Studios. Von wem sie diese Besonderheit geerbt hatte, konnte sie sich auch nicht zusammenreimen. Die Gesichtsfarbe ihrer Eltern fiel eher sehr blaß aus. Sie stellte die Sachen auf ihrem Schreibtisch ab und schaltete als erstes den CD-Player ein. Dann ging sie zurück, kramte kurz in ihrer Tasche und holte einen Zettel sowie die neueste Ausgabe ihrer Lieblingszeitschrift hervor. Auf dem Zettel stand ihr Stundenplan für das erste Schulhalbjahr. Nachdem sie ihn sorgsam auf der Schreibtischunterlage festgeklebt hatte, griff sie sich die Zeitschrift und warf sich zum Lesen aufs Bett. Einige Berichte interessierten sie sehr, so daß sie in ihrer Lektüre versank. Als sie zur Horoskop-Seite kam, wollte sie aus Prinzip gleich weiterblättern, weil sie davon nichts hielt. Sie tat es nicht. Ihre Schulfreundin Anja, die direkt unter ihr wohnte, las regelmäßig ihr Horoskop, egal in welcher Zeitung, und hatte ihr schon oft vorgeschwärmt, wieviel davon stimmte und später sogar eingetroffen war. Aus Neugier warf sie doch einen Blick auf ihr Sternzeichen. Vielleicht stand ja ein heißer Tip darin, wie sie sich gegenüber ihrem Schwarm verhalten sollte. Sie mußte zugeben, daß manches, was sie da las, auf ihren Fall zutraf. Zu ihrem großen Leidwesen konnte sie allerdings nicht die geringste Hilfe oder Ermutigung für ihr Anliegen herauslesen. Mit einem tiefen Seufzer flogen ihre Gedanken zurück in die Schule. Ursprünglich wäre sie früher zu Hause gewesen als Anja. Doch hatte sie ihr vorgeschwindelt, noch ins Sekretariat zu müssen und vorgeschlagen, nicht auf sie zu warten. Anja hatte sie verdutzt angesehen, war aber dann gegangen. Stefanie schlug nur kurz den Weg zum Sekretariat ein, bis sie sicher sein konnte, daß Anja außer Sichtweite war. Dann kehrte sie um und ging in die Vorhalle, um sich dort unauffällig unter die Oberstufenschüler zu mischen. Ihr Augenmerk galt nur einer Person, die sie nach den langen Sommerferien unbedingt sehen mußte. Sie hielt sich dicht an einen Pfeiler gedrückt, zur Tarnung in einem Heft blätternd. Als Carlo Rickerts schließlich auftauchte, vergaß sie alles um sich herum. Mit aufkommendem Neid beobachtete sie, wie er auf ihren Cousin Marc zuging, ihn ansprach und anschließend seiner Clique vorstellte. Sie hätte in dem Moment alles dafür gegeben, an Marcs Stelle sein zu können! – Das Rascheln von Papier ließ den Film reißen, der vor ihrem inneren Auge abgelaufen war. Die Zeitschrift war ihr aus der Hand geglitten. Sie nahm sie wieder auf und blätterte weiter zur Heftmitte, wo sie ein Madonna-Poster aus den Klammern löste. Sie fand nicht nur ihre Musik klasse, sondern bewunderte auch, wie schön, selbstbewußt und erfolgreich sie war. Irgendwie paßte zu ihr, daß sie das Gefühl eines Kruzifixes um ihren Hals mochte, weil ein nackter Mann daran hing. Stefanie hatte diese Aussage Madonnas zunächst etwas befremdet. *So ist sie eben,* dachte sie, *in allem mutig und echt stark.* Sie faltete das Poster auseinander und hängte es an die Wand über ihrem Bett, zu den anderen von „Prince" und den „New Kids on the Block". Während sie auf der Matratze hin- und herfederte, bekam sie wegen der lauten Musik nicht mit, daß sich ihre Zimmertür öffnete.

„Kommt Mutti heute mittag nicht?" brüllte Dennis gegen die Musik an.

Stefanie zuckte erschrocken zusammen und wandte sich um.

„Heute nicht. Im Geschäft ist viel zu tun. Da kann sie keine Mittagspause machen. Wieso? Hast du Kohldampf?"

Dennis rieb sich den Bauch. „Da ist schon ein Loch drin."

„Ich schmeiß' gleich zwei Pizzas in den Ofen."

„Oh, lecker!" Er schmatzte mit der Zunge. „Ich nehm' Salami."

Stefanie brachte den letzten Klebestreifen an, dann hüpfte sie vom Bett und kontrollierte, ob das Poster auch

24

gerade hing. Das tat es. Gutgelaunt legte sie ihren Arm um Dennis, und sie schlenderten zur Küche.

„Weißt du eigentlich, warum die Pizzas rund sind?"

Ihr Brüderchen spitzte neugierig die Ohren. „Warum?"

„Weil die Italiener es nicht schafften, eckige über die Alpen herüberzuwerfen. Also machten sie runde, flache Pizzas, weil die besser fliegen."

Sein nachdenkliches Gesicht ließ sie laut lachen. Für diesen Scherz suchte er sich sofort zu revanchieren.

„Und weißt du, warum die Tage im Sommer länger als im Winter sind?"

„Wegen der Sonne und der Sommerzeit!" schoß Stefanie hervor, als wäre das die einfachste Frage der Welt.

„Falsch!" rief ihr Bruder schadenfroh. „Weil es im Sommer heiß ist und sich bei Hitze alles ausdehnt."

Lachend kniff er ihr in die Seite, daß sie quietschte, und rannte dann davon. Eine turbulente Verfolgungsjagd quer durch alle Zimmer begann.

Nach der Pizza-Mahlzeit zog Dennis ab in sein Zimmer, setzte sich im Schneidersitz auf sein Bett und ließ gelangweilt seinen Lederball zwischen beiden Händen hin- und herrollen. Nachdem er genug davon hatte, stützte er sein Kinn in den Handteller und überlegte, was er nun machen konnte. Er hatte gerade eine Idee, da kam Stefanie ins Zimmer.

„Spielst du mit mir Game Boy?" fragte er hoffnungsvoll.

„Nee, du. Hab' keine Zeit." Sie machte ein bedauerndes Gesicht. „Ich muß zusehen, daß der Film wegkommt, und ich brauch noch einige Utensilien für die Schule. Ich wollt' nur kurz Bescheid sagen, daß ich gehe", fügte sie an und hatte die Tür schon hinter sich zugezogen, ehe er überhaupt reagieren konnte. Enttäuscht ließ er mit schmollender Miene den Kopf sinken. Nach einer Weile griff er nach seinem tragbaren Videospiel-System, das auf dem Bettkasten zwischen Nachtlampe und Radiowecker stand. Er legte eine Cassette ein und fing an, gegen sich selbst zu spielen.

Vorbei an jahrhundertealten Fachwerkhäusern, die durch aufwendige Restaurierung zu neuer Pracht erblüht waren, schlenderte Stefanie durch die Altstadt. Sie besaß eine Vorliebe dafür, stundenlang die Einkaufsstraßen entlangzustromern und die farbenfroh dekorierten Schaufenster zu bestaunen. Es bereitete ihr Freude, all die herrlichen Sachen zu bestaunen, die es da gab, auch wenn sie sie sich nicht kaufen konnte. Sie verlor sich oftmals dabei so sehr in diesem Land der tausend Fenster, daß sie die Zeit vergaß. Nicht anders erging es ihr an diesem Nachmittag. Als sie „Ghedina Moden" hinter sich ließ und ihr Blick auf die funkelnde Welt des Juwelier- und Uhrengeschäfts fiel, durchzuckte es sie wie ein Stromschlag. Ungläubig schaute sie auf ihre Uhr. Es war tatsächlich schon so spät! Eilig überquerte sie das Kopfsteinpflaster des Marktplatzes und schlug den Weg nach Hause ein.

Sie hatte gerade in ihrem Zimmer Schulhefte, Zeichenblock und Buntstifte aus der Plastiktüte ausgepackt, als sie hörte, daß ein Schlüssel ins Schloß der Wohnungstür geschoben wurde. Kurz darauf wurde die Tür geöffnet und wieder zugeworfen. Sie ließ die Sachen liegen, beugte sich auf den Türrahmen gestützt vorsichtig vor und lugte verstohlen um die Ecke auf den Flur. „Hallo", sagte sie behutsam, als könnte sie damit etwas Böses tun.

Ihr Vater hängte seine hellbraune Lederjacke auf den Garderobenbügel und schaute flüchtig zu ihr herüber.

„Kannst dich ruhig vortrauen. Es passiert nichts. Ich bin nicht betrunken."

„Ich hab' doch gar nichts gesagt", verteidigte sich Stefanie kleinlaut.

„Aber gedacht!" schnauzte Klaus Holm zurück. „Oder meinst du, ich wüßte nicht, was ihr über mich denkt?"

Wortlos schlurfte er in seinen Pantoffeln in die Küche. Stefanie, in der sich alles verkrampfte, hörte das Klappern der Kühlschranktür und kurz darauf ein Zischen, als er eine Bierflasche öffnete. Eine lange, tiefe Stille trat ein. Angestrengt horchte sie über den Flur, konnte jedoch keinen Laut erhaschen. Es würde kommen. Sie war sich sicher. Es kam immer, wenn ihre Mutter mittags nicht vom Geschäft nach Hause gekommen war. Sie wartete. Auf alles gefaßt, atmete sie hastig und hielt zwischendurch immer wieder gebannt die Luft an. Ihre Hände wurden schon ganz kalt vom Umklammern des eisernen Türrahmens, da geschah es tatsächlich. Ein mächtiges Scheppern von Kochtöpfen brach los. Es dauerte nur ein paar Sekunden. Dann hörte der Spuk wieder auf. Aber die Stille kehrte nicht ganz zurück. Sie vernahm ein undeutliches Gebrumme aus der Küche, in das sich ein leises Wimmern mischte, von dem sie irritiert feststellte, daß es aus einer ganz anderen Richtung kam. Erst jetzt nahm sie ihr Brüderchen wahr, das wie ein Häuflein Elend neben dem Schuhschrank stand. Dicke Tränen kullerten seine Wangen herunter. Auf Zehenspitzen huschte Stefanie zu ihm, schob ihn vor sich her in sein Zimmer und nahm ihn liebevoll in den Arm. Obwohl diese furchtbaren Entgleisungen ihres Vaters oft vorkamen, bedurfte es immer wieder großer Zuwendung, ihr Brüderchen zu beruhigen. Die Fragen, die er dabei stellte, waren stets die gleichen.

„Warum macht Vati das? Hat er uns und Mami denn nicht mehr lieb?"

Sie wußte sie auch nicht zu beantworten und drückte ihn ratlos fester an sich. Zwei Stunden blieb sie bei ihm, bis sie von neuem die Wohnungstür aufgehen hörte. Rasch sprang sie auf den Flur, um ihre Mutter vorzuwarnen.

Zur Begrüßung gab sie ihr einen Kuß auf die Wange.

„Paps ist wieder geladen."

Dagmar Holm legte ihre Tasche auf dem Schuhschrank ab und zog die Schuhe aus. Jeder ihrer Bewegungen war anzumerken, daß es ein anstrengender Arbeitstag gewesen war.

„Tag, mein Schatz!" entgegnete sie mit erschöpfter Stimme. „Wo ist Paps?"

„Im Wohnzimmer. Er hängt wie immer mit seinem Bier vor dem Flimmerkasten."

Dennis gesellte sich zu ihnen.

„Bin ich kaputt", stöhnte Dagmar Holm und holte tief

Luft. Dann strich sie ihrem jüngsten Sprößling über sein samtweiches, blondes Haar.

„Ich hoffe, ihr beiden seid nicht böse auf Mami, daß sie nicht gekocht hat?"

„Bist du morgen da?" fragte Dennis in piepsigem Ton und schaute flehentlich zu ihr auf.

„Im Moment fehlen viele Kollegen. Zwei sind im Urlaub, eine ist krank. Ich kann wahrscheinlich die ganze Woche mittags nicht kommen."

Betrübt senkte sich sein Kopf auf die Brust. Um seine Enttäuschung zu dämpfen, machte sie ihm ein Angebot.

„Ich bereite nachher das Essen für morgen vor. Wie wär's mit deinem Lieblingsessen?"

Sie beugte sich vor, um in seinem Gesichtsausdruck zu lesen.

„Na? Pommes sind noch im Keller im Gefrierschrank", versuchte sie ihm ihren Vorschlag schmackhaft zu machen.

Ohne sie anzusehen, ging sein Kopf in einem angedeuteten Nicken auf und ab.

„Prima." Das Wort paßte nicht zu der gebrochenen Stimme, in der maßlose Enttäuschung mitschwang.

Dagmar Holm startete einen zweiten Versuch.

„Sieh mal, was ich dir mitgebracht habe."

Sie langte nach ihrer Tasche und zog den Reißverschluß auf. Aufmerksam hob Dennis seine Augen. Er beobachtete, wie seine Mutter eine quadratische Schachtel hervorholte, auf der sich ein buntes Bild befand und die zwei Worte, die er zwar nicht verstand, aber kannte – „Hero Quest".

„Das ist die Fortsetzung vom ersten Spiel, das du schon hast."

Erwartungsvoll gab sie ihm die Schachtel, doch erhellte sich sein Gesicht nur unmerklich.

„Freust du dich denn nicht? Du wolltest es doch so gerne haben." Sie wurde ungehalten.

„Es sind undankbare Blagen!" ertönte plötzlich die Stimme ihres Mannes. Er stand in der Wohnzimmertür und grinste sie an. „Das Ergebnis deiner Erziehung. Wenn

28

man in diesem Fall überhaupt von Erziehung reden kann. Wo die Mutter den ganzen Tag nicht da ist."

Seine glasigen Augen verrieten ihr, daß er bereits einige Flaschen Bier intus hatte.

„Ich verdiene dazu. Das muß ja wohl auch sein bei deinem Alkoholkonsum", hielt sie ihm entgegen und wandte sich an Stefanie. „Nimm Dennis und geht in sein Zimmer."

Wortlos legte Stefanie ihren Arm um ihr Brüderchen und befolgte den Rat ihrer Mutter.

„Ach so! Jetzt bin ich wohl auch noch Schuld an allem", konterte ihr Mann erbost. „Das wird ja immer drolliger. Du gehörst hierher und nicht hinter eine Ladenkasse. Ich verdiene Geld, und das reicht."

„Hör auf zu träumen!" keifte sie zurück. „Bei dem Vermögen, das du regelmäßig in die Kneipen schleppst, reicht es eben nicht. Ich will meinen Kindern wenigstens so viel bieten, daß sie sich vor ihren Freunden nicht zu schämen brauchen."

„Ja, deine Kinder!" schrie er wütend und zeigte mit dem Finger auf sie, als wollte er sie durchbohren. „Muß das denn sein, daß sie alle naslang neue Spielsachen bekommen?"

„Muß das sein, daß du alle naslang säufst?" giftete sie zurück.

Stefanie mochte die Streiterei auf dem Flur nicht mehr mitanhören und hielt sich die Ohren zu. Sie wunderte sich über Dennis, der neben ihr auf dem Teppich hockte und weinte, aber sich gleichzeitig mit seinem neuen Spiel beschäftigte. Er breitete das bunte Spielbrett aus und stellte die weißen Figuren auf, die aus vier Zombies, acht Skeletten und vier Mumien bestanden. Augenblicke später war er in ein neues Abenteuer versunken. Da es sie interessierte, um was es bei den häßlichen Puppen überhaupt ging, las sie sich den Text auf dem Spielkarton durch.

„Der Hexer lebt! Seine schwarze Magie hat ihn gefeit gegen das mächtige Geisterschwert. Nur blitzschnelles Eingreifen kann ihn daran hindern, seine Legion der Verdammten wieder um sich zu scharen."

Diese Erläuterung machte sie zwar auch nicht schlauer, aber ihr Brüderchen schien das Spiel zu begeistern – und das war das Wichtigste. Sie war froh, daß er der Wirklichkeit entkommen und in seine Spielwelt entrückt war.

Sie nahm dumpf das Zuknallen einer Tür wahr und löste langsam die Hände von den Ohren. Es war mit einem Male ruhig in der Wohnung. Nur Dennis murmelte leise vor sich hin und schien den Kampf seines Lebens auszufechten. Stefanie erhob sich und verließ den Raum, ohne daß ihr Bruder etwas davon mitbekam. Sie schlich in ihr eigenes Zimmer und ging sofort ins Bett. Es machte ihr nichts aus, unter diesen Umständen aufs Abendbrot zu verzichten. Da es zum Schlafen noch zu früh war, griff sie nach ihrem Buch. Sie las an der Stelle weiter, wo sie gestern ihr Lesezeichen eingeschoben hatte, und verschlang Seite um Seite.

Nach einer Stunde etwa wurden ihre Lider schwer wie Blei, und die Zeilen verschwammen immer öfter vor ihren Augen. Herzhaft gähnend legte sie das Buch beiseite, löschte, vom Gelesenen warm umfangen, das Licht und kuschelte sich in ihre Decke ein. Augenblicklich fiel sie in einen tiefen Schlaf, der sie von einem wüsten Traum in den nächsten führte. Sie ging durch das Gerippe einer menschenleeren Stadt, die voller sich bewegender Schatten und schwarzer Fensterhöhlen war. In ihrer Mitte erreichte sie einen in graubraune Dunkelheit gehüllten Jahrmarkt. Überall standen einsame, verrostete Bierbuden und Karussells, deren Planen zerfetzt im kalten Wind flatterten. In einem Wind, der durch die gespenstisch leeren Gassen pfiff und hämisch immer wieder das gleiche Lied summte – ein Lied vom Tod im feinen Gewand.

2

Marc drückte den roten Hebel hoch. Die nebeneinander-liegenden Lämpchen von „Power" und „Turbo" leuchteten sofort grün auf. Unten im Fuß des Turmes sprang ein Ventilator an, der das Gehirn des Computers kühlen sollte. Marc Belden öffnete den graugetönten Deckel der Diskettenbox, die neben dem Monitor stand und in der wohlgeordnet die Informationsträger aufgereiht waren. Er nahm eine Fünf-ein-Viertel-Zoll-Diskette heraus, zog sie aus der Schutzhülle und schob sie ins oberste der drei Laufwerke des Turmes. Nachdem er sich der Tastatur zugewandt hatte, tauchte auf dem Monitor ein „A" auf und ein blinkender Balken gleich daneben. Flink huschten seine Finger über die Tasten. Nach einer guten Stunde war alles erledigt. Er beendete den Speichervorgang, holte die Diskette aus dem Laufwerk und versah sie mit einem Schreibschutz. Nachdem er sie in einen adressierten Briefumschlag gesteckt hatte, genehmigte er sich zur Belohnung ein Karamelbonbon. Er fuhr auf seinem Drehstuhl herum, stand auf und verließ das Arbeitszimmer, das seine Eltern ihm eigens für seine Computertätigkeit im Dachgeschoß hergerichtet hatten. Zufrieden mit seiner Arbeit, die ihm vom Malereibetrieb im Nachbarort einen warmen Geldregen bescheren würde, stieg er die Treppe hinunter und marschierte geradewegs in die Küche.

„Ich fahr' mal eben in die Stadt."

Edith Belden stand am Bügelbrett und fuhr gerade mit dem Bügeleisen über den Ärmel einer Bluse.

„Gehst du einkaufen?" Sie sah kurz auf.

Marc hielt den Briefumschlag hoch. „Zur Post. Und Leer-Disketten muß ich besorgen."

Seine Mutter setzte das Bügeleisen in der Ablage ab, um die Bluse zu wenden.

„Bringst du mir ein Bund Radieschen mit? Das habe ich heute morgen beim Einkaufen vergessen."

„Klar." Er nickte. „Noch was?"

„Ich bräuchte eine Dose Schaumfestiger." Sie lächelte ihn an. „Die hole ich mir aber lieber selbst."

„Das ist auch besser so. Am Ende bring' ich dir eine Dose Teppichschaum mit", scherzte er grinsend und gab ihr einen Kuß auf die Wange. „Tschüs. Bin in einer halben Stunde oder so zurück."

Während er durch die Straßen Awenachs radelte, ertappte er sich dabei, daß seine Gedanken erneut zu Kim Ghedina wanderten. Es war nicht so, daß er in sie verliebt war. Aber er fand sie dermaßen anziehend und liebenswürdig, wie noch kein Mädchen vor ihr. Er war sehr gerne in ihrer Nähe, ja er genoß es sogar. Und deshalb hatte es ihn traurig gestimmt, daß sie nur einen einzigen Kurs in der Woche gemeinsam besuchten. Drei Stunden von dreißig möglichen. Das hatte ihn frustriert.

Im Postamt war nur ein Schalter geöffnet, so daß er sich in der Personenschlange hinten anstellen mußte, die sich davor gebildet hatte. Nur schleppend ging es vorwärts, bis ein totaler Stillstand eintrat. Ein älterer Herr mit Gehstützen, der offensichtlich schwerhörig war, wollte ein Telegramm aufgeben. Für einen Moment spielte Marc mit dem Gedanken, das Warten aufzugeben, da spürte er, wie jemand seinen Arm berührte. Verdutzt drehte er seinen Kopf zur Seite. Sofort löste sich sein verkrampfter Gesichtsausdruck zu einem freudigen Strahlen.

„Hallo, Marc!" begrüßte Kim Ghedina ihn mit einem Lächeln.

Er wußte nicht, was er sagen sollte, so hingerissen war er wieder von ihrem Äußeren. Sie sah fabelhaft aus, wie er fand, und konnte anscheinend tragen, was sie wollte – alles kleidete sie geradezu perfekt. Sie trug bunte Leggins mit Abbildern von Marilyn Monroe und James Dean sowie einen mintgrünen, langen Pullover, der einen V-Ausschnitt vorn und hinten hatte. Ihr langes Haar hatte sie nach rechts geschlagen, so daß das Kreuz sichtbar wurde, das an ihrem Ohr baumelte. Er beachtete es kaum, obwohl es eine ganz andere Form besaß als alle Kreuze, die er bisher gesehen hatte.

„Hallo! Was für ein Zufall. Wie geht's?" überschlug er sich förmlich, als er die Sprache wiedergefunden hatte.

„Gut. Danke", erwiderte sie in ihrer ruhigen, souveränen Art.

„Schade, daß wir nur einen Kurs zusammen haben. Da sehen wir uns nicht oft."

„Das finde ich auch", pflichtete er ihr wie aus der Pistole geschossen bei. „Die Göttin Fortuna meint es nicht gut mit uns."

Sie lachte, was er mit großer Freude registrierte. Er sah sie gerne lachen, weil es bei ihr so ehrlich, erfrischend und natürlich wirkte.

„Zum Glück gibt es noch andere Göttinnen", entgegnete sie mit einem schelmischen Augenzwinkern.

„Welche schlägst du vor, die wir um Hilfe anrufen sollen?" spann er zum Scherz ihren Gedanken weiter.

Ihre Antwort kam prompt und verschlug ihm die Sprache. „Wie wär's mit Aphrodite?"

Wie um alles in der Welt kam sie ausgerechnet auf die Göttin der Liebe? War es nur Zufall, weil ihr auf die Schnelle kein anderer Name eingefallen war? Ihr heiterer Gesichtsausdruck hatte sich in einen ernsthaften verwandelt.

Nein, sie hatte es mit voller Absicht gesagt. Er spürte, wie ihre Augen die seinen suchten. Aber er war nicht fähig, sie anzusehen. Er fürchtete, verlegen zu werden, und das durfte unter keinen Umständen geschehen. Nervosität packte ihn. Obwohl es angenehm kühl in dem Gebäude war, wurde ihm auf einmal heiß und stickig. Eine Hitzewallung nach der anderen durchflutete ihn. Er suchte die Flucht in Ablenkung.

„Mußt du an den Schalter?"

„Nein. Ich hatte nur einen Brief einzuwerfen."

Unruhig verlagerte er sein Gewicht von einem Fuß auf den anderen und blickte die Personenkette vor ihm entlang.

„Eine Frechheit, daß die bloß einen Schalter öffnen. Wollen wir gehen?"

Kim zuckte die Achseln. „Mein Brief ist weg."

Er wendete den Umschlag in seinen Händen, als handele es sich um nichts Wichtiges.

„Der eilt nicht", sagte er geringschätzig und bedeutete ihr mit einer Geste, daß sie ruhig gehen konnten.

Er war froh, als er draußen die frische, klare Luft einatmen konnte. Sie setzte den Hitzewellen rasch ein Ende. Seine Selbstsicherheit kehrte zurück, so daß er mutig die Initiative ergriff.

„Wenn du Zeit und Lust hast, könnten wir ja zusammen etwas unternehmen?"

Er wagte es nur zaghaft, ihren Blick zu erwidern.

„Ja, gerne!" Ihre Stimme klang hell und erfreut über diesen Vorschlag. „Wollen wir ins ,Monaco' gehen? Ich bin schrecklich gerne da. Dort ist es urgemütlich. Einfach zum Wohlfühlen", geriet sie ins Schwärmen, schränkte jedoch sofort ein: „Aber nur, wenn du möchtest. Ich weiß, daß es nicht jedermanns Fall ist."

„Und ob! Das ,Monaco' gefällt mir auch", schwindelte er ihr zuliebe, obwohl er erst einmal dort gewesen war. Zum einen traf es überhaupt nicht seine Wellenlänge, zum anderen hatte er es seiner Mutter wegen nie wieder aufgesucht, die ihm dieses Versprechen abgenommen hatte, nachdem im „Awenacher Stadtanzeiger" der Verdacht geäußert worden war, das „Monaco" wäre ein Umschlagplatz für Drogen. In jedem Fall hatte es den Ruf eines alternativen Cafés, das vormittags ein Treffpunkt für Schüler war, die dort ihre Freistunden verbrachten, und abends ein Sammelbecken für allerlei junges Volk aus Awenach und Umgebung. Es war ein gepflegtes Café, geschmackvoll eingerichtet mit verschiedenen Massivholz-Möbeln aus Großmutters Zeiten. Viele Nischen und Winkel boten eine ungestörte, intime Atmosphäre bei unaufdringlicher Rockmusik und Kerzenschein. In einem zweiten Bereich des Cafés, der übersichtlicher und weitläufiger war, befand sich eine lange Bar, und es hingen mehrere Monitore von der Decke. Sie waren so geschickt angebracht, daß die pausenlos laufenden Musikvideos von jedem Punkt aus gesehen werden konnten.

Als sie das Café betraten, umfing sie gleich ein anheimelnder Hauch von Nestwärme. Unschlüssig blieb Marc stehen. In welchen Bereich sollten sie gehen? Würde sie es als plumpen Anmachversuch mißverstehen, wenn er sie zu den Nischen führte? Oder würde sie enttäuscht sein, wenn er es nicht tat? Während er wie ein kleiner Junge unbeholfen dastand, ging Kim einfach voran in die große, salonähnliche Bar.

Um diese Zeit waren nur ein paar Tische besetzt. Kim setzte sich an einen Ecktisch, der etwas abgetrennt war durch einen länglichen Blumenkübel mit üppiger Hydrokultur. Sie bestellten und saßen eine Weile still da. Der Video-Clip einer Heavy-Metal-Band berieselte den Raum von allen Seiten. Kim öffnete ihre Handtasche und holte eine Schachtel Zigaretten hervor, die sie ihm anbietend hinhielt.

„Ich rauche nicht", wehrte er ab.

„Stört es dich, wenn ich eine rauche?"

„Nee, mach ruhig."

Er sah ihr genau zu, wie sie mit ihren zarten, schlanken Fingern eine Zigarette herausnahm und mit ihrem Feuerzeug anzündete. Alles, die kleinste Bewegung von ihr, wirkte überlegt, reif, fraulich. Zum ersten Mal fiel ihm die luxuriöse Uhr auf, die an ihrem Handgelenk saß. Sie bestand aus einem vergoldeten Gehäuse, einem Zifferblatt-Design mit Goldglitter und einem schwarzen Lacklederband in Reptiloptik. Er fand es erstaunlich, was sich dieses Mädchen alles leisten konnte.

„Dolle Uhr!" konnte er sich eine Bemerkung nicht verkneifen. „Die hat bestimmt 'ne Menge Knete gekostet."

„Schon möglich." Sie zuckte ungerührt die Achseln und schnippte elegant die Asche von der Zigarette.

„Du mußt ja einen spendablen Vater haben."

Die Bedienung kam an ihren Tisch. Kim wartete ab, bis sie die beiden Espressos serviert hatte, dann antwortete sie.

„Wie kommst du darauf?" Sie trank einen Schluck aus dem kleinen Täßchen.

„Ist doch naheliegend. Du trägst immer nur Klamotten vom Feinsten, und dein Vater besitzt ein Modehaus."

Sie lachte. „Ich muß dein Bild leider zerstören. Mein Vater schenkt mir schon lange nichts mehr. Mein Verhältnis zu ihm ist kaputt, kaputter geht's nicht."

Der kalte, gleichgültige Ton, in dem sie das gestand, erschreckte Marc.

„Das tut mir leid für dich", bekannte er teilnahmsvoll.

„Braucht es nicht. Ich wünsche meinem Vater nur eins: Gott segne ihn!"

Marc konnte sich nicht vorstellen, daß das zerstörte Verhältnis an ihr lag. Mit ihrem feinen Wesen würde sie nicht mal fähig sein, einer Fliege etwas zuleide zu tun. Nein, das mußte ihr Vater verschuldet haben. Er war beeindruckt, wie versöhnlich sie mit ihm umging und ihm sogar Gottes Segen wünschte.

Unbewußt wanderten seine Augen zu dem Kreuz an ihrem Ohr. Es wirkte ungewöhnlich, irgendwie anders. Es mußte eine optische Täuschung sein, daß es auf dem Kopf zu hängen schien.

„Bist du sehr religiös?"

Sie nickte. „Und du?"

„Ich denke schon. Ich gehe jeden Sonntag in die Kirche, in die katholische."

Sie maß ihn mit festem Blick, als sie ihre nächste Frage stellte.

„Gehst du aus Überzeugung, oder weil deine Eltern es wollen?" Sie merkte sofort, daß sie einen wunden Punkt berührt hatte. Marc rutschte befangen auf seinem Stuhl hin und her.

„Naja, meine Mutter wünscht es sich schon", gab er ehrlich zu und beeilte sich anzufügen: „Ich glaube aber an Gott."

„Und? Bringt es dir was? Ich meine, hast du persönlich was davon, zur Kirche zu gehen? Bist du glücklich und so?"

Er lachte, als wäre er Ungeheuerliches gefragt worden.

„Glücklich ist wohl übertrieben. Ich weiß nicht, wie es

dir geht, aber ich habe manchmal schon das Gefühl, daß die Kirche eher etwas für alte Leute und solche ist, die nichts Besseres mit ihrer Zeit anzufangen wissen. Halt mich bitte nicht für einen Ketzer, aber ich frage mich schon, ob das wirklich die wahre Religion sein kann, wo man starr in einer Bank sitzt und darum ringen muß, nicht vor Langeweile einzuschlafen. Wenn es um so ein gewaltiges Wesen wie Gott geht, müßte doch eigentlich viel mehr los sein. Mehr Action. Mehr Freude und Spaß. Oder wie siehst du das?"

Er war überrascht, daß sie ihm beipflichtete – und geradezu verblüfft darüber, mit welch harten Worten sie das tat.

„Mir kam auch schon oft der Gedanke, ob diese Religion nicht längst ausgedient hat. Sie hat ihre Anhänger mit Verboten überhäuft, die die Freude am Leben rauben, ihnen immer mit der Hölle gedroht und sie mit leeren Versprechungen vollgepumpt, die sie irgendwann nach ihrem Tod einmal glücklich machen sollen."

Marc war baff. So radikal hatte er das noch nicht gesehen. Doch wenn er richtig darüber nachdachte – entsprach diese Einschätzung nicht der Wirklichkeit? Sie versanken für Stunden in eine tiefe Unterhaltung, bis Kim plötzlich ausrief:

„Oh! Schon nach Sechs?"

„W-a-s?" Als könnte er es nicht glauben, warf er einen prüfenden Blick auf seine Uhr. „Au Backe!"

„Jetzt bin ich schuld, daß du nicht mehr zur Post gekommen bist", klagte Kim sich selbst an. „Das tut mir leid."

„Ach was! Das macht nichts! Es ist nur ..." Er brach ab und begann zu lachen.

„Was hast du?"

„Ich sollte für meine Mutter ein Bund Radieschen einkaufen. Und jetzt muß ich gerade daran denken, welch wunderschönen Nachmittag ich verpaßt hätte, wenn ich statt zur Post zuerst zu den ollen Radieschen gefahren wäre."

„Dann gibt es also doch Götter, die uns wohlgesonnen sind. Für mich waren es nämlich auch wundervolle Stunden."

Etwas verlegen senkte er seinen Blick.

„Ich muß leider gehen, Kim. Meine Eltern legen Wert darauf, daß wir zusammen zu Abend essen."

Sie nickte verständnisvoll, und beide erhoben sich. Nachdem er an der Bar die Rechnung bezahlt hatte, folgte er ihr nach draußen. Sie stand auf dem Gehsteig und streckte ihr Gesicht den warmen Strahlen der Abendsonne entgegen. Marc beobachtete sie einen Moment lang, da ihr Anblick ihn entzückte. Ihre ohnehin feine Haut sah jetzt noch seidener aus.

Was für ein Mädchen! dachte er und trat auf sie zu.

„Sehen wir uns bald wieder?"

Sie nickte spontan. „Morgen in der dritten Stunde. Wir haben zusammen Englisch."

„Das mein—" Weiter kam er nicht. Sie hatte ihren Finger auf seine Lippen gelegt.

„Ich weiß, was du meinst." Liebevoll lächelte sie ihn an. „Wir können uns treffen, so oft du willst."

Sie gab ihm einen dezenten Kuß auf die Wange und entfernte sich in Richtung Parkanlage. Ihre seitlichen Haarsträhnen fingen sich in einer leichten Brise und tanzten verspielt im warmen Sommerwind. Noch eine ganze Weile stand er wie verzaubert da und schaute ihr hinterher, auch als sie schon längst außer Sicht war. Überglücklich stieg er schließlich auf sein Fahrrad und rollte nach Hause. Der Wagen seines Vaters parkte bereits in der Garage. Flugs eilte er ins Haus und wollte in sein Zimmer, als seine Mutter ihn abfing. Ohne jeden Vorwurf kommentierte sie mit einem Schmunzeln:

„Das war die längste halbe Stunde, die es je gegeben hat."

„Sei nicht böse, Mutti. Es ist was ganz wichtiges dazwischengekommen."

„Das muß es wohl", sagte sie lapidar und starrte demonstrativ auf den Umschlag in seiner Hand.

Wortlos fingerte er an dem Umschlag herum.

„Und schön war es sicherlich auch."

Seine Augen weiteten sich. „Wie kommst du darauf?"

„Ich habe Augen im Kopf, mein Sohn. Du kommst freu-destrahlend nach Hause, obwohl du die Radieschen ver-gessen hast. Das ist nicht deine Art."

„Ja ... äh ... also ... die Radieschen ..." stotterte er hilflos herum und brachte zu guter Letzt nur ein „Entschuldige" hervor.

„Akzeptiert." Sie lächelte ihn gütig an. „Darf man fra-gen, was dich in solche Hochstimmung versetzt?"

„Frag bitte nicht, Mutti. Wenn's an der Zeit ist, verrat' ich's euch."

„Auch akzeptiert. Wir können in fünf Minuten essen."

Wieselflink war er in seinem Zimmer verschwunden. Edith Belden kehrte in die Küche zurück. Während sie die Reisbeutel aus dem Wasser fischte und mit einer Schere auf-schnitt, dachte sie daran, was sie vor drei Tagen schon ge-ahnt hatte. Sie sah sich bestätigt.

Das Abendessen verlief in gewohnt offener Atmosphäre. Marc fiel mit seiner guten Laune angenehm aus dem Rah-men, so daß selbst sein sonst für derartige Schwingungen eher unempfänglicher Vater nachher nicht umhin konnte, bei seiner Frau in der Küche nachzufragen. Seine schmale Lesebrille auf der Nasenspitze, stand er im Türrahmen.

„Marc war ja heute am Tisch wie aufgedreht. Weißt du, was los ist?"

„Dein Sohn ist verliebt", kam die lakonische Antwort.

Nach seiner allabendlichen Zeitungslektüre begab sich Wolfgang Belden in sein Arbeitszimmer, um zwei neue Rechtsfälle für den morgigen Tag zu sondieren. Seine Frau setzte sich mit Nähkästchen und Tischdecke ins Wohnzim-mer und schaltete den Fernseher an. Nur ab und zu warf sie einen Blick auf den Bildschirm. Die Sendung lief schon eine Weile, als der Moderator zu einem Bericht überleitete, dessen Musikuntermalung sie schlagartig aufrüttelte.

„Die Horrorschau im TV-Privatsender beginnt um 15 Uhr. Beste Kinderfernsehzeit. Heavy Metal heißt das – und nährt eine ganze Branche. Die Fans: wahrhaft sata-nisch verführt. Satan und Heavy Metal – Erfolgsrezept zum Beispiel des britischen Altrockers Ozzy Osbourne.

Die Selbstmordbotschaften auf seinen Platten sollen schon mindestens drei seiner Fans in den Tod getrieben haben, berichten britische Medien. Satanische Botschaften und die Verhöhnung speziell des Christentums – das propagiert der Plattenmillionär auch in seinen Video-Clips. So bekommen die Heranwachsenden frei Haus übermittelt, daß das Gotteshaus ein Sch...haus ist. Die Gläubigen sind Schweine, ihr Hirte ein sadistischer Schweinepriester."

Edith Belden traute ihren Sinnen nicht bei dem, was sie da sah und hörte. Entsetzt verfolgte sie mit offenem Mund die Szenen und dachte voll Dankbarkeit daran, daß ihr Sohn für solche Musik zum Glück nie etwas übrig gehabt hatte.

*

Über Awenach begann die Dunkelheit hereinzubrechen. Im Westen war vom Feuerrot des Sonnenuntergangs nur noch ein schwaches Glimmen am sternenklaren Himmel übriggeblieben. Der Mond stand in Sichelform glänzend über der Kuppe des Adlerberges. Nicht weit von ihm entfernt funkelte der Polarstern hell wie ein Diamant. In einigen Häusern brannten bereits die ersten Lichter. Der kleine Ort bereitete sich allmählich auf die Nacht vor.

Zur gleichen Zeit, als Edith Belden vor Bestürzung ihre Stickarbeit vergaß, schaute neben vielen Awenacher Bürgern auch ein junges Ehepaar am anderen Ende der Stadt in seinem rotbraunen Klinkerhaus beklommen die Sendung an.

„Wie hassenswert auch der Staat ist, das ist eine weitere TV-Lektion zur Hausaufgabenzeit. Polizisten werden zu erbarmungslosen Killern. Ein Video der Gruppe ‚Motörhead'. Die grauenhafte Orgie endet zielbewußt: Polizisten als Henker. Die Hinrichtung wird zelebriert – nach allen Regeln der Video-Kunst."

Jody Cullmann erschauerte innerlich und klammerte sich instinktiv an Roberts Arm, der auf dem Zweiersessel neben ihr saß.

„In einer bislang unveröffentlichten Untersuchung belegt der Augsburger Schulpsychologe Professor Werner Glogauer die direkten Wechselwirkungen zwischen Videos, Video-Clips, Heavy-Metal-Musik und kriminellem Verhalten von Jugendlichen. Für ihn besteht gar kein Zweifel, daß es die Heavy-Metal-Idole sind, die Kinder und Jugendliche zu Gewalt und Kriminalität anstiften.''

„Vielleicht hören auch Schüler aus deinen Klassen diese Platten", flüsterte Jody leise, aber mit erregter Stimme.

Robert blickte unverwandt auf den Bildschirm.

„Ganz bestimmt sogar", stellte er mit bitterernster Miene fest.

Der Moderator erschien wieder im Bild.

„Was Sie hörten, und was Sie wahrscheinlich entsetzte, ist nur eine Andeutung dessen, was wirklich heute zirkuliert. Die verläßlichsten Jugendschützer sind noch immer die Eltern. Gerade wir sind deshalb zu besonderer Wachsamkeit aufgerufen. So viel für heute. Wir kommen wieder am 25. September. Auf Wie-"

Robert hatte sich die Fernbedienung vom Couchtisch gegriffen und die orangefarbene Aus-Taste gedrückt. Erschüttert hingen beide ihren Gedanken nach, starrten auf die Van-Gogh-Reproduktion an der Wand oder auf den leeren Bildschirm. Wie abgesprochen wandten sie gleichzeitig einander ihre Gesichter zu. Roberts Nicken genügte, und beide senkten ihre Köpfe. Während Jody ihre Augen schloß, hielt er seine mit einer Hand bedeckt. Sie hatten es sich zur Gewohnheit gemacht, den Tag gemeinsam mit einem Gebet zu beenden, in dem sie Gott für die erlebten Dinge dankten, und ihm alle Sorgen und Schwierigkeiten brachten, die sie bewegten. Sie dankten für den guten Neuanfang, den sie in Awenach erlebten, für das Baby, das unterwegs war, für die problemlose Schwangerschaft und vieles mehr. Wie immer beteten sie auch für Menschen aus ihrem Freundes- und Bekanntenkreis, die ihnen am Herzen lagen, und schlossen an diesem Abend auch die Sendung mit ein, die sie gesehen hatten.

„Herr, wir bitten Dich für die Musiker wie Ozzy Osbourne und Motörhead, von denen wir eben hörten, daß sie Satan und Gewalt verherrlichen, damit sie einsehen, daß das nicht die wirkliche Freiheit und Erfüllung des Lebens ist. Wir bitten Dich auch für die Jugendlichen, die das alles ständig in sich aufnehmen. Bring auch sie an den Punkt, wo ihnen die Augen aufgehen und sie merken, daß ihr Leben sinnlos bleibt. Du weißt, welche Jugendlichen in Awenach davon betroffen sind. Laß auch sie erkennen, daß Du sie ganz persönlich liebst. Amen."

Robert bekräftigte mit fester Stimme das Amen. Kurz darauf löschten sie im Wohnzimmer das Licht und begaben sich zu Bett. Aneinandergekuschelt plauderten sie über den vergangenen Tag und die morgen anstehenden Dinge. Jody hob auf einmal ihren Kopf, als müsse sie dem nun folgenden dadurch Nachdruck verleihen.

„Hab' ich dir eigentlich schon erzählt, daß der Hund von Bergers nebenan weg ist?"

„Deshalb ist das den ganzen Nachmittag so wohltuend ruhig hier. Ich habe mich schon gewundert." Er lachte. „Hatten Bergers endlich ein Erbarmen mit ihren Nachbarn?"

„Sie haben ihn nicht weggegeben."

„Nicht? Schade!" erklang es enttäuscht aus Roberts Mund. „Hab' schon gedacht, sie hätten eingesehen, daß das Halten eines Vierbeiners, der bei Nachbarn ungebeten durchs Wohnzimmer läuft, Schnitzel vom Grill klaut und schon vor der Erntezeit überall die Gärten umpflügt, auf Dauer Feindbilder schafft. Was ist denn mit dem Zotteltier?"

Jody klatschte ihm scherzhaft auf seinen Oberkörper. „Mach Pivo nicht so schlecht!"

„Hat er diese Dinge auf dem Kerbholz oder nicht?"

„Ja", gab sie ihm nur ungern recht. „Er ist manchmal ein bißchen übermütig und tollpatschig. Aber ansonsten ein süßer, herzensguter Kerl."

„Laß mich raten." Er hob betonend den Zeigefinger. „Er ist den Bergers entlaufen."

„Unsinn! Pivo doch nicht!" Sie klatschte ihm zur Strafe für seinen fehlenden Ernst noch mal auf die Brust.

„Dann hat ihn jemand geklaut, dem wir Geplagten leid tun", sagte er trocken in einem Tonfall, als könnte es keine andere Erklärung geben.

Jody erwiderte nichts darauf. Auch wenn er ihre Augen in der Dunkelheit nur erahnen konnte, spürte er doch, daß sie ihn fixierten.

„Was ist los?" fragte er nach und streichelte ihr über die Wange.

„Pivo ist heute nacht aus dem Zwinger gestohlen worden." Sie legte ihren Kopf zurück auf die ausgeprägten, weichen Muskeln seiner Schulter.

„Gestohlen? Oder war der Zwinger nicht richtig verschlossen?"

„War er. Das Schloß lag aufgebrochen im Gras."

Robert schüttelte irritiert den Kopf. „Seltsam. Pivo kläfft doch immer sofort wild los, sobald sich jemand seinem Zwinger nähert. Aber heute nacht habe ich nichts gehört. Du?"

Er fühlte, wie ihr Kopf auf seiner Schulter hin und herwackelte. „Bergers haben alle Nachbarn gefragt. Niemand hat etwas gehört."

„Dann waren bestimmt Profis am Werk."

Sie hob erneut ihren Kopf. „Profis? Wie meinst du das?"

„Sehr einfach. Tausende Tiere verschwinden jährlich in Deutschland auf mysteriöse Weise. Sie werden von skrupellosen Banden einkassiert und an Versuchslabors verkauft."

Jody fand den Gedanken so furchtbar, daß sie nichts erwiderte.

*

Die rote Uhrzeitanzeige wechselte auf 6.15 Uhr. Der Cassetten-Recorder auf der Nachtkonsole sprang an und weckte Robert mit der kraftvollen Stimme seines Lieblingssängers. Das erste Lied bekam er nur bruchstückhaft im Dämmerschlaf mit, beim zweiten saß er gähnend auf der Bettkante und suchte mit seinen Füßen den Boden nach seinen Schlappen ab. Das Tageslicht fiel bereits recht kräftig durch die Fenstervorhänge hindurch. Er ließ den Recorder weiterlaufen und schlurfte, ohne Licht zu machen, schlaftrunken ins Bad, um sich unter die kalte Dusche zu stellen. Nachdem er sich naß rasiert und angezogen hatte, ging er mit einem Buch unterm Arm ins Wohnzimmer. Er hatte es sich zur Gewohnheit gemacht, den Tag mit Bibellesen und Gebet zu beginnen. Es verlieh ihm Ruhe und Kraft für die zu erwartenden und unvorhersehbaren Dinge des Alltags. Nach etwa zwanzig Minuten drang aus der Küche leises Geklapper von Geschirr. Das war für ihn das Signal, herüberzugehen. Jody stand im Morgenmantel an der Brotmaschine und schnitt ein paar Scheiben Rosinenstuten für ihn ab. Er begrüßte sie munter mit einem herzhaften Kuß, setzte sich an den hübsch gedeckten Tisch und goß sich aus der Warmhaltekanne dampfenden, würzig duftenden Kaffee ein. Er ließ sich den Stuten schmekken und schaute nebenbei in den „Awenacher Stadtanzeiger".

Auf der Seite „Aus dem Telex", die bunte Notizen aus aller Welt enthielt, stieß eine Meldung auf sein besonderes Interesse. Sie trug die Überschrift „Freund im Wahn erschlagen" und lautete:

„Wahnvorstellungen ist ein Essener Installateurlehrling (16) zum Opfer gefallen. Der junge Mann wurde von seinem gleichaltrigen Freund in einem Kellergewölbe einer ehemaligen Tuchfabrik erschlagen. Sein Freund habe sich in ein Ungeheuer verwandelt, das ihn verfolgt habe, erklärte der Täter im Verhör. Der 16jährige hatte sich in jüngster Zeit intensiv mit Literatur über Schwarze Magie befaßt."

Robert umrandete die Meldung mit Kugelschreiber, ehe er weiterblätterte, um sie später rasch wiederzufinden.

*

Mit einer ordentlichen Grundlage im Magen startete Robert schließlich den Tag. Nachdem er eine Flasche Kakao und die Tupperdose mit den Pausenbroten in seiner bulligen Aktentasche verstaut hatte, begleitete Jody ihn zur Tür.

„Was hast du heute vor?" fragte er sie, als sie an der Haustür standen.

„Ich wollte mir die Waschküche vornehmen. Die Farbe müßte reichen."

„Aber vorsichtig! Da ist kostbare Fracht drin." Er piekste neckend mit dem Finger gegen ihren Bauch.

„Robert!" wies sie ihn energisch zurecht und schlug ihm auf den Finger. „Mußt du den Kleinen denn immerzu ärgern?" Und mit gespielter Verzweiflung seufzte sie: „Was soll das erst geben, wenn er – oder sie? – geboren ist?"

„Eine tolle Geburtstagsparty, was sonst?"

Er umarmte sie schmunzelnd und verließ das Haus. Jody sah zu, wie er den Wagen aus der Garage setzte und davonfuhr. Das herrliche Gefühl, das sie während ihrer Flitterwochen beseelt hatte, sprudelte wieder in ihr hoch. Sie war unendlich verliebt in diesen Mann. Er würde ganz gewiß ein prächtiger Vater für ihr Kind sein.

Gegen 7.40 Uhr betrat Robert den sich allmählich füllenden Chemieraum. Auf Wunsch eines Kollegen hatte er die Chemiestunde der 11. Klasse von der fünften auf die erste Stunde vorverlegt. Da noch fünf Minuten bis zum Unterrichtsbeginn verblieben, legte er sich sorgfältig alles Material zurecht, das er brauchte, und studierte noch einmal die Versuchsanordnung für eine chemische Reaktion, die er zu demonstrieren beabsichtigte. Wie zu Beginn einer jeden Stunde ließ Robert den Stoff der letzten wiederholen, indem er Fragen an die ganze Klasse stellte. Als es an die Hausaufgaben ging, wollte er sich einen Schüler herauspicken. Die Lippen schürzend überflog er den Sitzplan. Mit Bangen erwartete die Klasse, wen es diesmal erwischen würde.

„Es kommt bitte an die Tafel ... der ... der ... Marc."

Während bei 28 Schülern das große Aufatmen einsetzte, würgte Marc ein Kloß im Hals. Ausgerechnet heute kam er dran, wo er sich nicht vorbereitet hatte, weil er gestern abend nur noch an die Begegnung mit Kim hatte denken können. Widerstrebend trottete er zur Tafel, nahm ein Stück Kreide aus dem Kästchen und wartete mit mulmigem Gefühl auf die erste Frage. Robert hatte seinen Platz geräumt und flanierte durch die Schülerreihen.

„Schreiben Sie bitte die Formel für Natriumcarbonat an. Und die anderen passen bitte auf, ob alles richtig ist."

Marc schöpfte Hoffnung. Das war zu schaffen. Unter zwei Quietschern, die bei den Schülern ein Aufstöhnen und Gänsehaut verursachten, schrieb er die Formel hin. Er erschrak, als er sich umdrehte, und einige schnippende Finger durch die Luft wedelten.

„Ja, Barbara?"

„Statt ,Na' muß es ,Na2' heißen."

„Richtig. Wozu wird Natriumcarbonat verwendet?"

Marc wußte, daß nun eine Aufzählung zu folgen hatte. Doch das einzige, was ihm einfiel, war Glas. Mit wachsender Resignation mußte er sich von seinen Mitschülern helfen lassen.

„Nächste Frage. Die direkte Umwandlung von Kochsalz in Natriumcarbonat mittels Kohlensäure ist nicht möglich. Warum?"

Marc tat, als würde er nachdenken. In Wirklichkeit war sein Kopf leer wie ein ausgetrockneter Schwamm. Robert spürte es ihm ab und setzte der Qual ein Ende.

„Na, dann setzen Sie sich mal wieder hin. Das war kein Ruhmesblatt wert."

Völlig geknickt schlich Marc zurück an seinen Platz. Carlo, der neben ihm saß, klopfte ihm aufmunternd auf die Schenkel. „Laß dich von dem Kerl nicht fertigmachen. Jeder hat mal einen schlechten Tag", redete er leise auf ihn ein.

Mitten in der Stunde kam in der letzten Reihe ein Wortwechsel auf. Robert glaubte nicht recht zu sehen. Über Alex Zallbergs Schulter hinweg erblickte er auf dessen Tischplatte die akribische Zeichnung einer handtellergroßen, schwarzen Vogelspinne, die so plastisch gemalt war, als säße dort eine echte in Lebensgröße.

„Was soll das, Alex?" machte er seinem Unmut Luft.

„Wir sind hier nicht im Biologie- oder Kunstunterricht. Machen Sie das bitte weg!"

„Ich? Wieso ich?" tönte Alex ärgerlich. „Hab' ich die dahin gemalt?"

„Ist doch egal, wer. Ich bitte Sie, sie wieder wegzuwischen", wich Robert der Konfrontation aus, obwohl er den schwarzen Filzstift in Alex' Hand längst entdeckt hatte.

„Bin doch keine Putzfrau!" nörgelte Alex weiter. „Außerdem geht die sowieso nicht ab."

„Ach? Und warum nicht?"

„Weil's wasserfeste Farbe ist", antwortete er unwirsch, spuckte auf den Tisch und ließ genüßlich grinsend seinen Finger darin kreisen.

„Sehen Sie?"

*

Nach der fünften Unterrichtsstunde hatte Robert frei. Er fertigte im Lehrerzimmer einen Handzettel für die nächste Englischstunde in der 10b an, kopierte ihn für die Schüler und deponierte die Blätter für morgen im Ablagenschrank, in dem jedem Lehrer ein eigenes Fach gehörte. Dann fuhr er nach Hause. Der Geruch von frischer Farbe schlug ihm entgegen, als er die Haustür öffnete.

„Ich bin hier unten!" hörte er Jody aus dem Keller heraufrufen.

Er brachte seine Aktentasche in sein Arbeitszimmer, dann flitzte er die Kellertreppe hinunter. Die Waschküche präsentierte sich in einem leuchten Gelb. Aber nicht nur sie – mit einem Schmunzeln stellte er fest, daß auch seine Frau viel von der Farbe angenommen hatte. Der ehemals graue Overall, die Sonnenkappe, unter der sie ihre blonde Lockenpracht verbarg, und ihr Gesicht waren übersät von feinen Spritzern. Die Farbrolle aktionsbereit in der Hand, strahlte sie ihn mit großen, glänzenden Augen an.

„Na, ist das was?" Sie ließ ihre freie Hand im Raum kreisen.

Robert folgte ihr und nickte anerkennend. „Fein. Ganz ausgezeichnet", lobte er ihre Arbeit und fügte augenzwinkernd hinzu: „Ich hoffe, du kommst nicht auf die Idee umzuschulen."

„Kommt drauf an." Sie machte ein Gesicht, als wäre das gar nicht abwegig.

„Worauf?" fragte er belustigt.

„Wieviel du mir für die Arbeit gibst." Sie blickte ihn mit ihren strahlend blauen Augen verschmitzt an.

Er tat einen Schritt auf sie zu, umfaßte zärtlich ihr Kinn und küßte sie. Als ihre Lippen sich voneinander lösten, lächelte Jody ihn mit gespielter Überheblichkeit an. „Das ist zu wenig, mein Lieber."

Er konterte mit einem ironischen Grinsen. „Das war auch keine Bezahlung, Baby", hauchte er, „das war der Abschiedskuß."

„Du Schuft!" hauchte sie zurück und begann unvermittelt schadenfroh zu lachen.

Ahnungsvoll schüttelte er den Kopf. „Das traust du dich nicht."

Sie hob die Augenbrauen. „Kennst du mich so gut?"

„Jedenfalls gut genug, um –" Weiter kam er nicht.

Ohne mit der Wimper zu zucken, hatte sie die schwere Rolle in den Farbeimer neben sich fallen lassen und ihn von oben bis unten bespritzt. Wortlos blickten sie einander tief in die Augen. Dann, wie auf ein unhörbares Kommando hin, brachen beide in schallendes Gelächter aus.

Nach dem notwendig gewordenen Kleidungswechsel und einem Mittagessen aus Kartoffelsalat und Frikadellen machte Robert sich auf an seinen Schreibtisch, um die morgigen Unterrichtsstunden zu planen. Zwei Stunden lang bastelte er bereits an seinen Vorbereitungen, als die Tür leise geöffnet wurde.

„Stör' ich?" fragte Jody.

„Keineswegs." Er brachte seinen Gedanken auf Papier zu Ende und legte den Stift hin.

Robert ahnte, was sie auf dem Herzen hatte, und verschränkte genüßlich die Arme hinter seinem Kopf.

„Meine Nase könnte eine Luftveränderung vertragen", tastete sie sich behutsam vor.

„Und meine grauen Zellen ersticken schon fast." Er kam um den Schreibtisch herum und umfing sie mit seinen kräftigen Armen.

Minuten später schlenderten sie Hand in Hand durchs Wohnviertel.

„Ich würde gerne mal da oben hingehen. Da waren wir noch nicht." Sie zeigte auf die Baumreihe, die in einem Kilometer Entfernung oberhalb roter, blanker Felsen entlang verlief.

„Meinetwegen. Dann müssen wir Richtung Sportplatz."

Plaudernd marschierten sie auf das neue Ziel zu. Sie hatten sich bis auf einen Steinwurf weit der zerklüfteten Felsenwand genähert, als Jody respektvoll feststellte:

„Die Felsen sehen eigenartig aus. So bedrohlich – als wären es Fratzen. Da kann man verstehen, wieso die Wand im Volksmund ‚Teufelswand' heißt."

Robert taxierte die vor ihnen liegende Bergwand und lachte. „Das sind bloß zufällige Trugbilder, die durch die vielen Furchen entstehen."

Sie hielten auf den Waldrand zu, vor dem sich ein großer, langgezogener Parkplatz ausbreitete, der an einer Seite in einen Fußweg einmündete. Dort entdeckten sie ein pfeilförmiges Hinweisschild aus Holz, auf dem untereinander zwei Angaben standen:

Wassertretbecken 0,5 km
Grillplatz 1 km

Jody war sehr angetan. „Ist ja toll. Wußtest du das?"

Robert schüttelte den Kopf. „Im Lehrerkollegium wurde mal eine Grillhütte erwähnt. Aber die muß irgendwo auf dem Adlerberg sein."

Sie folgten dem Weg hinein in den dunklen Wald und genossen den erdigen, würzigen Duft, der vom Boden aufstieg. Jody fröstelte, da es nun merklich kühler wurde. Durch das zitternde Blätterdach und die wogenden Zweige über ihnen fielen nur wenige Sonnenstrahlen zur Erde. Der Wind trug von irgendwo aufgeregtes Vogelgezeter heran.

„Huch, was ist das denn?" Jody horchte auf.

„Das hört sich ganz nach Schwarzdrosseln an", erklärte Robert. „Diese dringenden ‚Tix-tix-tix'-Warnlaute stoßen sie aus, wenn eine Gefahr vom Boden her droht."

Das Blätterdach über ihnen wurde immer dichter. Nach einer Weile erreichten sie das Wassertretbecken. Die blaue Beckeninnenwand wies nicht die geringsten Ablagerungen von Algen oder Schmutz auf. Das Wasser wirkte klar und frisch. Leichte Wellenbögen wanderten über seine ruhige Oberfläche, ausgelöst durch den dünnen Wasserstrahl, der aus einem Rohr ins Becken plätscherte und es auf diese Weise ständig mit Frischwasser versorgte.

Neugierig tauchte Jody einen Finger in das Wasser und zog ihn rasch zurück.

„Brrr." Sie schüttelte sich. „Ist das kalt!"

„Willst du mal?" Robert umgriff ihren Oberkörper und die Beine, als wollte er sie hochheben.

„Untersteh' dich!" kreischte sie, befreite sich und rannte den Weg entlang tiefer in den Wald.

Robert hob den Kopf. Sehen konnte er sie nicht – aber hören. Es mußte ein ganzer Schwarm von Krähen sein. Unaufhörlich stießen sie ihre knarrenden Rufe aus.

Mit raumgreifenden Schritten holte er Jody wieder ein. Sie hatten das Tier nicht bemerkt, das an der Beckenwand in Höhe des Eisengeländers aufgemalt war, lebensgroß und fast echt – eine schwarze Vogelspinne!

Nach dem nächsten halben Kilometer öffnete sich der Weg vor ihnen zu einer runden Lichtung, so groß wie ein Hubschrauberlandeplatz. Ihre Schritte wurden langsamer, als sie interessiert den Grillplatz inspizierten, in dessen Mitte sich die Feuerstelle befand. Instinktiv ließen sie einander los. Jody ging links, Robert rechts um die Stelle herum, vorbei an symmetrisch aufgestellten Holzbänken, deren Kreisform zweimal unterbrochen war, einmal durch den einmündenden Fußweg und dann durch einen höhlenähnlichen Felsüberhang, der jenem genau gegenüberlag. Die Lichtung wirkte düster, da die hochragende Felswand viel Sonnenlicht verschluckte. Diese Wand und das mit den

Augen nicht zu durchdringende Buschwerk rundherum ließen keinen Zweifel daran, daß es von hier aus nicht mehr weiter ging. Jody blieb auf halbem Weg plötzlich stehen und verschränkte fröstelnd die Arme. Ihr Instinkt signalisierte ihr, daß etwas mit dieser Idylle nicht stimmte. Da war etwas Störendes, das sie aber nicht in Worte fassen konnte. Robert bekam von ihrer intuitiven Wahrnehmung nichts mit und begutachtete aufmerksam die Bänke und die Feuerstelle, in der verkohlte Holzscheite lagen. Besonders gespannt ließ er seine Blicke in dem Felsüberhang umherschweifen.

„Hier ist Endstation!" rief er, ohne sich nach Jody umzudrehen.

Die roten Höhlenwände gaben das Innere des Felsens frei und waren schroff und kantig. Drei Bänke standen an den Wänden auf dem Boden, der mit Asche übersät war.

„Wirkt etwas ungemütlich", sprach er zu sich selbst und beäugte argwöhnisch die Hinterwand, an der ihm etwas ungewöhnliches auffiel. Sie wies zahlreiche breite, schwarze Streifen auf, die er sich nicht erklären konnte. Um dem Phänomen auf den Grund zu gehen, trat er in die Höhle und verschwand aus Jodys Blickfeld. Auch von nahem besehen fand er keine Erklärung für die Streifen, bis er sie mit seinem Finger berührte. Die Streifen verschmierten. Er kontrollierte seine Fingerkuppe. Sie war schwarz gefärbt. Es mußte sich um Ruß oder ähnliches handeln. Aber wieso diese Streifen? Und wieso nur an dieser Wand? Er sah an den Streifen herab, die kurz oberhalb der Bank abrupt aufhörten. Seine Augen glitten weiter zur Bank selbst. An einer Stelle schimmerte etwas rötliches auf dem braunen Holz. Er ging in die Hocke, um es zu betasten.

„Das also ist der Grund", unterhielt er sich wieder mit sich selbst. „Kerzenwachs."

Gleichzeitig sprang ihm noch etwas ins Auge. Es war in das Holz eingeritzt. Nicht so akribisch und täuschend echt wie auf der Schulwand oder im Chemieraum, aber gut erkennbar – eine Vogelspinne. Stammte auch dieses Werk von Alex Zallberg? Zu gerne hätte er gewußt, was es zu bedeuten hatte. Waren die Spinnenabbildungen nur der Tick eines verhinderten Künstlers? Auf die Worte, die direkt neben der Vogelspinne eingeritzt waren, achtete er nicht weiter, da er keinen Zusammenhang erkennen konnte. Er glaubte vielmehr, daß andere Besucher dieses Ortes Werbung für ihr Lieblingsgetränk machen wollten, auch wenn er noch nie zuvor von einer Rum-Marke namens „Red Rump FFF" gehört hatte. Er erhob sich und wollte die Höhle wieder verlassen, als er mit dem Fuß gegen etwas stieß. Aus der Asche hatte er einen Vogel freigelegt – eine völlig verstümmelte Schwarzdrossel. Er kannte kein Raubtier, daß seine Beute fing, zerriß und anschließend ohne eine Spur von Blut einfach liegen ließ. Die Kerzenspuren, der blutleere Vogel, dazu der abgelegene Ort – unversehens beschlich Robert ein böser Verdacht.

*

Nach der Chemiestunde war Marc am Boden zerstört. Er konnte die erlebte Pleite nicht verwinden. Wie ein Häuflein Elend hockte er auf seinem Stuhl in einer Ecke des Aufenthaltsraums und knabberte lustlos an seinem Brot herum. Er konnte sich denken, welche Note Cullmann am Ende der Stunde in sein rotes Büchlein eingetragen hatte. Eine Schande! So etwas war ihm die letzten Jahre nicht passiert. Mit Wut im Bauch faßte er den Entschluß, sich zu einer der nächsten mündlichen Hausaufgaben freiwillig zu melden. Ganz versunken in seine Überlegungen, bekam er kaum etwas mit von dem munteren und lauten Treiben in dem überfüllten Raum, in dem die anderen Schüler „Doppelkopf" spielten, sich unterhielten, verbotenerweise am Fenster eine Zigarette rauchten oder schnell letzte Hand an Hausarbeiten legten.

Alex saß auf der Fensterbank, die schweren Springerstiefel lässig auf die Kante des Tisches gelegt, an dem Katja und Tommi saßen und mit ihm überlegten, was die Clique am Nachmittag unternehmen konnte. Schließlich wandte Alex sich an Marc.

„Was hältst du von dem Vorschlag?"

Als Marc keine Anstalten machte zu reagieren, half Alex mit einem Klaps gegen die Schulter nach. Marc schreckte auf, als hätte jemand „Feuer!" gerufen.

„Hey, du Trauerschachtel! Wir wollten gerne wissen, was du von der Idee hältst, in der Arabella-Therme einen draufzumachen?"

Marc schnitt ein gelangweiltes Gesicht. „Das ist nicht mein Fall. Außerdem muß ich noch eine dringende Computerarbeit erledigen."

„Noch immer gefrustet?" mischte sich Tommi ins Gespräch ein.

„Ich könnte in den Tisch beißen!"

Alex fuhr schwungvoll dazwischen. „Hier! Ich weiß was besseres, als in den Tisch zu beißen und sich 'nen Holzwurm zu holen."

Er setzte Marc den Kopfhörer seines Walkmans auf und schaltete ihn ein. „Der ‚Hakenkreuz'-Song. Das ist das richtige, um ordentlich Dampf abzulassen."

Mit einer verkniffenen Miene, als habe er soeben in eine Zitrone gebissen, ließ Marc die Musik über sich ergehen. Die lauten Stimmen, die plötzlich außerhalb des Kopfhörers an sein Ohr drangen, waren für ihn ein willkommener Anlaß, ihn abzusetzen. Niemand im Raum sagte einen Ton. Alle blickten gebannt zur Tür, wo Carlo sich mit zornigem Gesicht und drohendem Zeigefinger vor einem Mitschüler aufbaute, der sich verängstigt bei ihm entschuldigte.

„Ich hab' wirklich nicht gesehen, daß du hinter mir warst. Glaub mir. Sonst hätte ich die Tür doch nicht zugemacht. Es tut mir echt leid. Ehrlich, Carlo. Das soll nie wieder vorkommen."

Marc war baff. Wegen einer solchen Bagatelle machte Carlo einen Aufstand?

„Das nächste Mal bist du dran, Bubi. Dann zügel' ich meinen Zorn nicht mehr", zischte Carlo mit beißendem Ton. In seinen Augen blitzte abgrundtiefer Haß auf. Er ließ den angsterfüllten Jungen stehen und ging auf seine Clique zu. Langsam stieg unterdessen der Geräuschpegel im Raum wieder an.

Marc bemerkte, wie Tommi, Katja und Alex ihm zustimmend zunickten oder den Daumen emporstreckten.

„Der hat aber ganz schön Angst vor dir", stellte Marc mit einem fragenden Unterton fest.

Carlo zog einen Stuhl heran und setzte sich rittlings darauf. Grinsend entgegnete er: „Der Bubi kennt meine Parole: Wenn dich jemand auf die eine Wange schlägt, dann zertrümmer' du ihm die andere."

Marc empfand die Bemerkung als einen sehr üblen Scherz und ließ durch entsprechende Mimik auch keinen Zweifel daran aufkommen. Er fragte sich, weshalb Carlo etwas dahersagte, das so weit unter seinem Niveau lag und eher zu einem Halbstarken gepaßt hätte?

Alex meldete sich mit todernster Miene zu Wort. „Und dieser Pimpf hat geschnallt, daß Carlo die höchste Verkörperung menschlichen Lebens ist und er vor ihm niederzuknien hat."

Obwohl Marc diese Äußerung genauso befremdend und makaber anmutete, war sie für ihn dermaßen überdreht, daß er sie fast schon wieder spaßig fand und im Stillen darüber lachte. Es wunderte ihn, daß sonst niemand darüber belustigt war.

„Du magst solche Musik?" Er gab Alex den Kopfhörer zurück.

Dieser war wie vor den Kopf geschlagen, als habe ihn gerade jemand gefragt, ob er männlichen Geschlechts wäre.

„Na klar, Mann! Das ist allererste Sahne!" Er machte einen Fingerkuß, um seine Wertschätzung deutlich zu machen. „Da geht die Post ab. Was hörst du denn? Heino?"

Er lachte gemein und riß die anderen der Reihe nach mit.

Marc hatte nichts, womit er kontern konnte. Keinen Gruppennamen, kein Lied, nichts. Er hörte zwar ab und zu Radio, während er am Computer arbeitete, aber von Hits und Musikern, die gerade „in" waren, hatte er keine Ahnung. Es fuchste ihn, vor den anderen wie ein Hinterwäldler dazustehen.

„Willst du mal was richtig Gutes kosten?" hörte er Alex fragen.

Er schaute, wen er damit gemeint hatte, und entdeckte hinter Carlo stehend Kim. Er freute sich, sie endlich wiederzusehen. Mit Bewunderung verfolgte er, wie sie Alex selbstsicher Paroli bot.

„Laß du dir den Rest deines Spatzengehirns ruhig von ‚Slayer' abtöten. Ich bleibe bei ‚Mötley Crüe'."

Sie hob mit einem vergnügten Schmunzeln ihre feinlinigen Brauen, als wollte sie sagen ‚Da bist du platt, was?'

Alex öffnete den Mund, um ihren Irrtum zu berichtigen, da fuhr Katja ihm kurzerhand in die Parade.

„Gib's auf, Alex! Du bist ihr nicht gewachsen."

Während Tommi spöttisch losgröhlte, fuhr Katja fort: „Hört mal Leute, wir haben für heute nachmittag einen Vorschlag. Wie wär's mit einer Visite in der Arabella-Therme?"

„Stimmt. Da waren wir länger nicht", meinte Carlo. „Wer ist dafür?"

Marc versuchte, unauffällig von der Seite zu erhaschen, welche Meinung Kim dazu hatte. Sie tat ihm den Gefallen und stimmte dem Vorschlag sogar mit einem lauten „Ja" zu. Als er selbst an der Reihe war, deutete er ein Nicken an, als hätte er niemals etwas anderes im Sinn gehabt.

Nach der Schule hatte Marc sich beeilt, nach Hause zu kommen. Um einer Diskussion mit seiner Mutter aus dem Wege zu gehen, hatte er sie kurzerhand vor die vollendete Tatsache gestellt, daß er zum Abendessen nicht da sein würde, sich einen Müsli-Teller zubereitet und war im Computerzimmer verschwunden. Kurz vor vier büffelte er noch über dem Physikbuch, als es unten an der Tür läutete. Wie von der Tarantel gestochen, sprang er auf und lief eilig die Treppenstufen hinunter. Seine Mutter hatte bereits die Tür geöffnet und zog sich wieder zurück, da sie ihren Sohn kommen hörte. Ihm klopfte das Herz, als er Kim in einem engen Stretchkleid mit tiefem Ausschnitt vorn und hinten erblickte.

„Hallo! Pünktlich wie die Maurer!"

Sie antwortete mit einem strahlenden Lächeln. „Bist du soweit?"

„Ich hole nur schnell meine Sachen, dann können wir los."

Er flitzte in sein Zimmer an den Wäscheschrank und suchte seine Schwimmsachen zusammen. Während er sie in seiner Umhängetasche verstaute, kam seine Mutter ins Zimmer.

„Willst du los?" fragte sie mit eigenartiger Stimme.

„Klar. Kim holt mich ab", erwiderte er und ließ sich beim Einpacken nicht stören.

„Hast du denn den ‚Kober & Sohn'-Auftrag schon erledigt?"

„Mach' ich später."

„Du hattest doch sonst nichts fürs Schwimmen übrig?" hielt Edith Belden dagegen.

Er schwang die Tasche über seine Schulter. „Das hat sich geändert. Na und?" erwiderte er so gereizt, daß sie über den Tonfall leicht erschrak.

Ohne ein weiteres Wort zu verlieren, ließ er seine Mutter stehen und ging in den Flur, wo Kim sich ein paar Bilder von Awenach aus den 20er Jahren anschaute. Sie verließen das Haus und schlenderten vergnügt den schmalen Plattenweg entlang. Sie merkten nicht, daß ihnen von einem Fenster der Villa aus ein besorgtes Augenpaar nachsah. Edith Belden war innerlich aufgewühlt. Sie konnte nicht begreifen, warum ihr Sohn urplötzlich seine gewissenhafte Arbeitsweise so einfach über Bord warf. Nie hatte er seinen Platz am Computer verlassen, bevor die Aufträge nicht erledigt waren. Und nun solch ein Sinneswandel! Nur ein starker Einfluß hatte das bewirken können – und kein guter dazu. Kam er vielleicht von diesem Mädchen? Sie hoffte nicht, daß er in diese Kim verliebt war. Irgend etwas ging von ihr aus, das sie unruhig machte. Sie konnte nicht sagen, was es war. Aber es war da. Unsichtbar. Verborgen. Etwas Unnatürliches, Fremdartiges. Sie spürte es dem Mädchen deutlich ab, während ihr Blick sorgenvoll an der aufreizenden Kleidung hing, bis die beiden hinter der Garagenmauer verschwunden waren.

Marc verschlug es die Sprache, als er das schneeweiße Cabrio mit Spoiler, Breitreifen und anderem Rallye-Zubehör vor der Garage stehen sah. Carlo saß hinter dem Steuer, Katja auf dem Rücksitz direkt hinter ihm, und Tommi hatte, Zigarette rauchend, seine Arme auf die geöffnete Beifahrertür gelegt.

In dem Moment, als die beiden um die Garage kamen, schnippte er die Zigarette in die Tannen und kippte den Sitz nach vorne. Kim krabbelte als erste hinein, dann Marc.

„Donnerschlag! Sag bloß, das ist dein Schlitten?" Marc war ganz aus dem Häuschen.

„Erraten. Bitte anschnallen, meine Damen und Herren, wir heben in wenigen Sekunden ab", scherzte Carlo und startete den Motor, dessen tiefes Röhren an das Anlassen eines Formel-1-Wagens erinnerte.

Mit Schwung setzte er den Wagen zurück und trat auf das Gaspedal, daß die Reifen quietschend durchdrehten und alle fünf in die Sitze gedrückt wurden.

„Was dagegen, wenn ich ‚Sodom' einlege?" wandte Tommi sich an Carlo.

„Zweite von unten."

Tommi öffnete die vorletzte Lade des Cassettenturms und schob die Cassette in den Schlitz der Stereoanlage, bis es „Klack" machte und sie darin versenkt war. Zu den Klängen der Musik machte er sich an den Reglern des Equalizers zu schaffen. „… *Black Metal ist das Spiel, das ich spiele, weil niemand mir den richtigen Weg zeigt …*"

Obwohl Marc die 100-Watt-Box fast im Nacken saß, störte ihn weder die laute, harte Musik noch die Tatsache, daß der Text schwer zu verstehen war. Bei einem Bruchstück, das er mitbekam, glaubte er sich verhört zu haben.

„… *Ich will mein eigenes Blut trinken. Heute nacht wende ich mich an die Macht der Dämonen …*"

Er fand es großartig, neben Kim sitzen zu können und ihren weichen Körper direkt an seinem zu spüren. So genoß er die schnelle Fahrt in die 35 Kilometer entfernte Arabella-Therme.

Alex, der mit seinem Moped vorausgefahren war, lag,

alle Viere von sich gestreckt, auf einem der Liegestühle, die zu einem Dutzend nebeneinander entlang des Wellenbeckens unter Palmenbäumen standen. Carlo setzte sich zu ihm ans Fußende, Tommi auf den Rand des Palmenkübels. Marc zog es vor, stehenzubleiben und seine Augen durch die riesige Halle schweifen zu lassen, in der sich eine Menge Badegäste in und um die Becken tummelten.

„Grünes Licht. Die Bude ist heute clean."

Er wußte Alex' eigenartige Bemerkung nicht einzuordnen.

„Bist du absolut sicher?" fragte Carlo.

„Ich bin alles abgegangen. Ich hab' eine Nase für diese Typen. Wenn welche da wären, hätt' ich sie bemerkt", bekräftigte Alex.

„Darf man fragen, wovon ihr redet?" mischte sich Marc in das Gespräch.

Tommi gab ihm die fällige Antwort. „Sie meinen Zivilfahnder der Polizei, die hier ab und zu patrouillieren."

Marc hob erstaunt seine Brauen. „Wen suchen die denn hier?"

Alex schüttelte den Kopf. „Oh Mann! Du bist aber überhaupt nicht im Bilde. Es geht ums Dealen von Drogen. Um verbotene Anmache der Frauen, Spannen in den Kabinen, Begrapschen im Whirl-Pool und einen Gang Härteres in den Solarien."

Marc glaubte ihm nicht. „Du willst mich auf den Arm nehmen?"

„Frag Carlo. Am sichersten geht's bei jungen Türkinnen. Die verpfeifen einen nicht, weil sie froh sind, überhaupt hierher kommen zu dürfen. Wenn ihre Eltern erfahren würden, was die bösen Jungen mit ihnen gemacht haben, wäre ihre mühsam erkämpfte Badeerlaubnis sofort futsch." Er lachte dreckig.

Marc blickte Carlo fragend an, der ihm seelenruhig zunickte.

Tommi stieß einen lauten Pfiff aus. „Hey, Leute, jetzt wird's heiß wie an der Copacabana."

Alle Augen folgten seinem Finger. Kim und Katja ka-

58

men auf sie zu – in Bikinis mit Tigerdruck, die mehr preisgaben, als sie verbargen. Kim hielt direkt auf Marc zu, der nicht wußte, wo er seine Augen lassen sollte.

„Hast du Lust, mit ins Wellenbad zu kommen? Es ist gleich wieder soweit."

Er nickte. „Ich brauch' jetzt ohnehin eine Abkühlung."

Er machte zwei Schritte an den Beckenrand und tauchte mit einem Kopfsprung in das ruhige Wasser. Beim Auftauchen spürte er die erste zarte Wasserwoge, die ihn etwas emporhob. Die Anlage war eingeschaltet. Sekunden später erreichten die Wellen bereits ihre maximale Höhe und schaukelten ihn spielerisch umher. Mit den Armen rudernd suchte er Kim, die inzwischen im flachen Wasser saß und es sichtlich genoß, wie sich Welle auf Welle über ihren Schultern brach. Im Augenwinkel bemerkte er, daß Tommi und Katja sich in die Solariumwelt verdrückten. Carlo war verschwunden. Einzig Alex lag noch auf seinem Liegestuhl, die Beine übereinandergeschlagen und unter den Kopfhörern seines Walkmans offenbar der Wirklichkeit enteilt. Er hatte sein weißes T-Shirt immer noch nicht ausgezogen. Die Spiegelglas-Sonnenbrille, die er aufgesetzt hatte, irritierte Marc. Sah er zu ihm ins Becken? Die Haltung seines Kopfes sprach dafür. Er registrierte noch etwas, an dem er sich stieß. An den Ohren, um den Hals und sogar um die Hüfte hatte er es schon gesehen. Diese Variante allerdings war ihm neu – ein Kreuz unter die Fußsohlen gemalt. Er fand es geschmacklos. Ehe er weiter darüber nachdenken konnte, fühlte er unversehens eine Berührung an seinen Beinen. Aufgeschreckt starrte er nach unten ins Wasser. Dann erklang ein vergnügtes Lachen hinter ihm. Er wandte den Kopf und schaute in Kims spitzbübisches Gesicht.

„Keine Panik! Hier gibt's keine Piranhas!" Sie lachte ihn an. „Wollen wir gleich mal auf die Wasserrutsche?"

Der Anfang der 150 Meter langen Rutsche lag in 20 Metern Höhe, direkt unter einer spinnennetzförmigen Glaskuppel. In vielen Windungen und einem überdachten Teil, der aus der Halle hinaus über einem angrenzenden Café frei schwebte, mündete sie in einem Abenteuerbecken mit Grotte, Burg und Wasserkanone.

Es dauerte einige Minuten, bis sie auf der Plattform standen und an der Reihe waren, über ihnen die freie Sicht in den Himmel. Mit einem kräftigen Ruck, der Kim zwang nachzufassen, um nicht den Halt an Marc zu verlieren, rutschten sie in die Wasserrinne, die sie abwärts bringen würde. Mit ausgelassenem Quieken und Juhu-Rufen schaukelten sie durch die Kurven, über das gutbesuchte Terrassen-Café hinweg, sausten steil durch einen Tunnel, daß es ihnen im Magen kribbelte. Vorbei an Palmenwipfeln links und rechts flogen sie schließlich unter einem Aufschrei über das Ende der Rutsche hinaus und tauchten mit einer hohen Wasserfontäne in das mollig warme Wasser des Beckens ein. Kims Arme hatten Marc losgelassen, was er bedauerte. Um so glücklicher war er, als ihre Hände die seinen im Wasser suchten und umfaßten. Mit triefendem Haar und Wassertropfen, die sich wie frischer Tau auf ihren weichen Gesichtszügen perlten, stand sie vor ihm und sah ihm fest in die Augen. Als habe sie ihn mit ihrem Blick hypnotisiert, war Marc unfähig zu einer Bewegung, blendeten seine Sinne das muntere Treiben um sie herum völlig aus. Alles in ihm konzentrierte sich auf ihr Gesicht, das für ihn engelhafte Züge besaß. Sein Herz schlug schneller. Ein tiefer Wunsch begann sich seiner zu bemächtigen. Langsam näherte er sich ihr und gab ihr einen Kuß auf die Lippen. Mit leuchtenden Augen strahlte sie ihn an.

„Darauf habe ich gewartet", flüsterte sie, drehte sich abrupt um und schwamm zum Beckenrand, um sich daraufzusetzen. Während sie ihre Beine im Wasser baumeln ließ, zeigte sie mit einer fragenden Miene auf den Wildwasserkanal.

„Ich gehe mit dir, wohin du willst", dachte er mit einem Glücksgefühl im Herzen, daß er fast zerplatzte. Er tauchte zu ihr hin und sprang mit einem Satz aus dem Wasser. Wie auf „Wolke Sieben" schlenderte er mit Kim zum Wildwasserkanal, seinen Arm um ihre Taille gelegt.

Mit geschlossenen Augen ließ Kim genüßlich das rauschende Wasser auf sich herunterplätschern. Marc war vor ihr in die Hocke gegangen, so daß nur noch sein Kopf aus dem Wasser lugte, und betrachtete sie still. Er vermochte es nicht zu fassen – diese makellose Schönheit war nun seine Freundin. Der bloße Gedanke daran machte ihn schwindelig.

Sie öffnete ihre haselnußbraunen Augen. „Was denkst du?"

„Wie wunderschön du bist", gab er ehrlich zu und staunte über seine Offenheit.

„Danke für die Blumen. Bin ich das wirklich?"

„Oh ja! Schön wie ... wie ..." Er suchte nach einem passenden Vergleich. „Wie ein Engel."

Sie lachte. „Hast *du* denn schon mal einen Engel gesehen?" Sie betonte das ‚du' so eigenartig, daß es für ihn klang, als hätte sie ihm da einiges voraus.

„Nein, natürlich nicht. Ich meine es so, wie man sich einen Engel eben vorstellt. Nicht diese albernen, nackten Babys mit Flügeln. Ich ..."

„Ich weiß, welche Art von Engel du meinst." Sie sah ihn fest an. Ein seltsamer Funke lag in ihren Pupillen, als sie die nächsten Worte sprach.

„Deshalb mußt du mich beschützen, Marc. Die Engel suchen sich die schönsten Frauen auf der Erde aus und nehmen sich einfach alle, die sie wollen."

Er starrte sie entgeistert an.

„Kennst du denn die Bibel nicht?" Sie wurde so heftig in ihrem Tonfall, daß er zusammenzuckte.

„Doch, doch. Klar", erwiderte er hastig und hoffte, daß sie von ihm jetzt nichts Konkretes aus der Bibel wissen wollte. Er tat, als verstünde er genau, worum es ihr ging. „Das in der Bibel sind alte Geschichten, Kim. Mythen. Legenden. Wenn es überhaupt Engel gibt, haben sie bestimmt niemals ..."

Sie fiel ihm sanft ins Wort. „Dein Horizont ist zu eng. Halt mich fest, Marc! Halt mich fest!" flehte sie ihn an.

Er umarmte sie und spürte, wie sie am ganzen Körper zitterte. Er fühlte sich wie ein Laie, der einem Schwerverletzten helfen sollte. Was war auf einmal los? Was zum Teufel hatte ihre Furcht zu bedeuten? Weshalb glaubte sie diesen Irrsinn von Engeln, die sich Menschenfrauen nahmen? Dazu hatte sie doch gar keinen Grund. Sie lebte in einem aufgeklärten Zeitalter der Wissenschaft. Sie war ein intelligentes Mädchen. Er verstand ihr Verhalten nicht.

„Ich friere, Marc. Mir ist schrecklich kalt."

3

„Hör dir das an! Das wär' doch genau das richtige für dich", stieß Anja elektrisiert hervor, als habe sie soeben das Geheimnis einer Hieroglyphenschrift entziffert. Sie senkte ihren Kopf tiefer in die Seite der Zeitschrift und las daraus vor:

„Es gibt drei einfache Tricks, deinen Schwarm für dich zu gewinnen. Allerdings, und das ist die Voraussetzung: er muß Gefühle für dich haben, unbewußt wohl, aber sie müssen da sein. Denn wo nichts ist, kann auch die beste Hexe nichts herbeizaubern. Wenn ‚Er' aber nun mal ein klitzekleines Flämmchen für dich brennen hat, dann kannst du daraus ein Feuer entfachen. Und das geht so."

Sie sah Stefanie begeistert an, die neben ihr auf dem Holzgeländer saß und verträumt zu der Raucherecke herüberblickte, wo Carlo Rickerts sich mit seiner Clique aufhielt.

„He!" Sie tippte ihr auf den Oberschenkel. „Hast du zugehört, was der Himmel dir hier schenkt? Das kommt doch wie gerufen!"

„Er sieht einfach süß aus", schwärmte Stefanie verzückt und wandte ihre Augen nur widerwillig ab in das Magazin.

„Was hast du denn da schon wieder für einen Hokuspokus mit Hexe und Herbeizaubern?"

Skeptisch las sie das Fettgedruckte:

„Hexe Sandras Liebeszauber – So hext du dir einen Traumboy herbei!"

Sie betrachtete die mit allerlei bunten Armringen und Ketten behängte Frau, die vor ihrer Stirn zwei Rosenstockwurzeln in Händen hielt. Über ihrem Kopf prangte ein sechszackiger Stern mit fremden Schriftzeichen darin, um den herum ein Kreis gezogen war.

„Hokuspokus?" empörte sich Anja. „Nun tu nicht so, als hättest du Ahnung davon. Hier! Hör dir an, was die schreiben! Wer nicht an Energien und Kräfte glaubt, die in uns und in der Atmosphäre sind, der ist selbst verrückt. Es gibt tausend Beweise dafür. Schon in allen früheren Religionen gab es Rituale, gab es ein Wissen um die Kräfte in uns. Sogar in der Kirche gibt es noch Reste davon: Handauflegen bei der Firmung, das Kreuzzeichen schlagen und so weiter."

Sie sah Stefanie mit einem herausfordernden „Was-sagst-du-nun"-Blick an.

„Ich weiß nicht." Stefanie machte eine unschlüssige Miene, während sie Anja die Zeitschrift aus der Hand nahm, um sich selbst einen Durchblick zu verschaffen.

Anja tippte mit ihrem beringten Zeigefinger auf den unteren Teil der Seite.

„Da links geht's los mit den Tricks. Wenn man den Typ noch nicht so gut kennt, soll man das dritte Ritual ausführen."

Aufmerksam studierte Stefanie die Anleitung und schüttelte zwischendurch den Kopf.

„Ich soll Haselnüsse besprechen und sie dann heimlich bei ihm verstecken?"

Die Ungläubigkeit sprang ihr förmlich aus dem Gesicht.

„Dürfte wohl nicht weiter schwierig sein."

„Das ist doch Firlefanz!"

„Bitte! Wenn du meinst!" Anja zog ihr das Magazin aus den Fingern. „Dann erfreu' dich mal weiter an dem fernen Glück. Ist ja auch ganz nett – so'ne rein platonische Liebe", meinte sie ironisch.

Stefanie schaute sehnsüchtig zur Raucherecke und wog die Alternativen ab, die sie hatte. Es blieben nicht viele. Einfach so auf ihn zugehen, dazu besaß sie nicht den Mut.

„Du glaubst wirklich, daß das funktionieren könnte?"

„Meinst du echt, diese Hexe gibt in aller Öffentlichkeit Tips, von denen sie nicht weiß, ob sie funktionieren?"

Das klang logisch.

„Außerdem", fuhr Anja fort, „was kannst du schon groß dabei verlieren!"

„Drei Haselnüsse."

Anja stieß sie mit dem Ellenbogen an und senkte ihre Stimme zu einem Flüstern.

„Du kannst ja deinen Cousin fragen, ob er sie für dich in Carlos Nähe versteckt, wenn du zuviel Bammel hast."

Jetzt tauchte Marc Belden in Stefanies Blickfeld auf, der zusammen mit Alex Zallberg direkt an ihnen vorüber in Richtung Raucherecke ging. Sie hatte zu ihrem Cousin keinen besonders engen Kontakt. Wenn sie sich trafen, grüßten sie sich, wechselten vielleicht ein paar belanglose Worte – das war's. Sie konnte nicht voraussagen, wie er reagieren würde, wenn sie ihm ihr Anliegen anvertraute. Sie schätzte, daß er sie wohl auslachen würde. Ein schriller Schellenton hallte über den Schulhof, der das Ende der zweiten großen Pause signalisierte. Nur zögerlich begannen sich die vielen Schülertrauben aufzulösen und auf die gläsernen Doppeltüren der Eingänge zuzuströmen. Die ganze Geschichtsstunde über mußte Stefanie an Carlo denken – was er gerade tat, was er sagte. Sie schaffte es keine fünf Minuten, sich auf die Verfassung im Deutschen Bund bis 1848 zu konzentrieren. Immer wieder schweiften ihre Sinne ein Stockwerk tiefer und versetzten sie in Tagträume, in denen sie sich eine Freundschaft mit Carlo ausmalte. Selten zuvor war eine Geschichtsstunde für sie so rasch vorübergegangen, und nun bedauerte sie sogar deren Ende. Nach dieser Stunde hatte sie schulfrei. Gemeinsam mit Anja bummelte sie durch die Einkaufszone. Sie hatte unfreiwillig viel Zeit, da ihre Mutter über Mittag nicht nach Hause kommen würde. Anja nahm sich einfach die Zeit, obwohl ihre Mutter daheim mit dem Essen auf sie wartete. Sie hatte keine Lust auf ihre Mutter. Es war eben tausendmal verlockender, trotz Ebbe im Geldbeutel durch die Stadt zu spazieren, als sich das endlose Genörgel wegen eines verkorksten Geschichtstests anzuhören.

Neben ein paar Kosmetiksachen kaufte Stefanie in der Buchhandlung Awenachs das neueste Werk ihres Lieblingsautors. Als sie anschließend auf den Bio-Kost-Laden zuhielt und Anstalten machte, in das Geschäft zu gehen, blieb Anja verdutzt stehen.

„He, seit wann gehörst du zu den Körnerpickern?" rief sie Stefanie nach, die unbeirrt im Laden verschwand.

Nachdem sie wieder herausgekommen war, fuhr sie mit ihrer Stichelei fort.

„Hat dich die Öko-Welle gepackt?"

Stefanie schmunzelte. „Wohl eher was anderes", verkündete sie und hielt eine kleine, durchsichtige Tüte hin. Beim Anblick der vielen Haselnüsse mußte Anja laut lachen.

„Das reicht ja, um sich einen ganzen Männerharem zusammenzuhexen."

Zwanzig Minuten später kamen sie vergnügt in der Leopoldstraße an. Anja bemerkte als erste den kleinen Kopf, der sich zwischen den Blumenkästen auf dem Balkon bewegte. Freundlich winkte sie herauf.

„Hallo, Dennis!"

Außer einem etwas schüchternen Blick erntete sie keine Reaktion.

„Wartest du auf mich?" rief Stefanie ihm zu.

Er trat an die Seite des Balkons, wo kein Kasten hing, und starrte zu den beiden hinunter, die die Haustür erreicht hatten und in ihren Taschen nach den Schlüsseln kramten.

„Kommt Mami heute mittag nicht?" Seine Stimme klang dünn und irgendwie zerbrechlich.

„Mutti kommt erst so gegen drei. Das hat sie uns aber heute morgen gesagt", entgegnete Stefanie kurz emporschauend und folgte Anja in den Hausflur.

Bevor sich ihre Wege im ersten Stock trennten, zückte Anja die Zeitschrift aus ihrer Tasche und grinste.

„Dann angel dir mal deinen Traumprinzen!"

Stefanie sah als erstes nach ihrem Bruder. Er stand noch immer verloren am Balkongeländer und stierte reglos auf die Straße.

„Laß es gut sein, Dennis", sprach sie ihn in teilnahmsvollem Ton an. „Mutti wird nicht vor drei hier sein."

„Sie soll aber jetzt kommen!" brüllte er los und stampfte mit den Füßen auf. „Nicht um drei! Jetzt! Ich möchte, daß sie jetzt da ist!"

Ihr Bruder tat ihr leid. Sie konnte nachempfinden, wie er sich fühlte. Auch sie hatte oft eine schreckliche Leere gespürt, wenn sie von der Schule nach Hause kam und ihre

Mutter nicht da war. Mittlerweile hatte sie sich daran gewöhnt. Dennis war noch zu jung, um damit fertigzuwerden. Es würde noch eine schmerzliche Zeit dauern, bis er es wie sie überwunden hatte. Sie trat von hinten an ihn heran und legte tröstend ihren Arm um seine Schulter.

„Sieh mal, Mutti wäre auch viel lieber hier bei uns", begann sie ihm zu erklären. „Aber sie muß arbeiten, weil wir Geld brauchen. Geld fürs Essen. Geld für die Wohnung. Und auch deine vielen Spielsachen kosten Geld. Verstehst du? Denk an heute abend! Mutti hat versprochen, daß wir ein Spiel zusammen machen. Welches möchtest du gerne spielen? Du darfst dir eins aussuchen. Einverstanden?"

„Ich will nicht spielen! Ich will meine Mutti!" schrie er, riß sich los und stürmte in die Wohnung.

Ratlos zuckte Stefanie die Achseln. Ihr stand heute nicht der Sinn danach, ihrem Brüderchen nachzugehen, und so begab sie sich in ihr Zimmer und schloß hinter sich ab. Bei dem, was sie vorhatte, wollte sie sichergehen, daß Dennis nicht unverhofft hereinplatzte. Sie ließ die zu erledigenden Hausaufgaben vorerst beiseite und widmete sich ganz der Zeitschrift. Ehe sie den gesuchten Artikel fand, stieß sie auf den Foto-Liebesroman, der ihr Interesse weckte. Darin las sie von zwei Freundinnen, die gemeinsam zu einer Kartenlegerin gingen, um sich die Zukunft in Sachen Liebe vorhersagen zu lassen. Gespannt verfolgte sie Foto für Foto und fieberte mit den beiden mit, wie sich die Voraussagen der Wahrsagerin erfüllten. Am Ende hatten beide ihren Freund und das Glück gefunden. Neidisch betrachtete Stefanie das letzte Foto, das ein Pärchen zeigte, das sich überglücklich in den Armen lag.

Mich streichelt niemand! dachte sie wehmütig. Es spornte sie an, den Zauber mit den Haselnüssen unbedingt auszuprobieren. Aufmerksam las sie sich den Artikel durch. Mit klopfendem Herzen nahm sie drei Haselnüsse aus der Tüte und setzte sich in der gleichen Pose wie die Hexe auf ihr Bett. Dann schloß sie ihre Augen, um sich den Jungen ihrer Träume zu „visualisieren", wie es hieß. Dabei begann sie auf die Haselnüsse in ihrer flachen Hand einzureden, als könnten sie jedes Wort von ihr verstehen.

„Ich wünsche mir Carlo Rickerts zum Freund ...“

*

Robert Cullmann verbrachte die zweite große Pause im Chemielabor, um die nächste Stunde vorzubereiten. Er wollte eine Reihe von Experimenten durchführen, für die er die Versuchsanordnungen schon mal im Groben aufzubauen gedachte. Drei verwirrend komplizierte Anlagen aus mehreren Ständern, an denen Reagenzgläser mal senkrecht, mal waagerecht befestigt waren, Flaschen mit und ohne Flüssigkeit und allerhand Elektroleitungen nahmen fast die gesamte Fläche des Labortisches ein. Er verband die roten und blauen Kontakte des Stromversorgungsgeräts mit den Buchsen des Transformators und trat einen Schritt zurück, um die Anlage Abschnitt für Abschnitt zu kontrollieren. Alles stimmte.

Aus dem Wandlautsprecher über der Tür drang das Schellen der Pausenglocke. Für eine Versuchsanordnung brauchte er noch ein Amperemeter. Es stand in einem der hinteren Glasschränke. Er schritt durch die Klasse, schloß die entsprechende Tür auf und nahm das Gerät heraus. Auf dem Rückweg stach ihm in einer Bankreihe etwas in die Augen – etwas rotes. Die schwarze Vogelspinne auf dem mittleren Platz kannte er. Die Worte, die in Blutrot daneben glänzten, waren erst kürzlich hingemalt worden. Er kannte sie vom Grillplatz oberhalb der Teufelswand, von der Holzbank im Felsüberhang. Die gleichen Worte – „Red Rum FFF“!

Hinter seinem Rücken wurde unvermittelt die Klassentür stürmisch aufgerissen. Er marschierte den Gang weiter, so als hätte er nie angehalten. Die ersten Schüler, die hereinkamen, grüßten freundlich und bestaunten die Versuchsanlagen. Während sich die Bankreihen allmählich füllten, schloß Robert das Amperemeter an. Dabei hielt er gleichzeitig Ausschau nach einer bestimmten Person. Sie kam mit drei Jungen als letzte in den Klassenraum. Mit einem unmißverständlichen Fingerzeig zitierte er Alex Zallberg an den Labortisch.

„Eine Frage, Alex." Robert hob unterstreichend den Daumen.

„Unter der Vogelspinne auf Ihrem Platz stehen die Worte ‚Red Rum FFF'. Was bedeuten sie?"

„Sie wollen mir wohl unbedingt was ans Zeug flicken, was?" platzte Alex ungehalten los. „Auf dem Platz sitzen auch noch andere. Fragen Sie doch die! Ich weiß nicht, was das heißt."

„Gut." Robert lächelte ihn freundlich an, obwohl er ihm anmerkte, daß er log.

Im ersten Moment meinte er, sich verguckt zu haben. Doch es war keine Täuschung. Der Anstecker an der Brusttasche der Bundeswehrweste symbolisierte tatsächlich einen Sarg.

„Ist das nicht ein etwas eigenartiger Schmuck, den Sie da tragen?"

Alex grinste ihn kühl an. In seinen Augen flackerte augenblicklich Faszination auf. „Der Tod ist Power. Und ich liebe Power. Es steht schon in der Bibel: Glückselig sind die Starken, denn sie werden die Erde besitzen. Glückselig sind die Mächtigen, denn sie werden von den Menschen verehrt werden."

Er ballte demonstrativ seine linke Hand zu einer Faust und wandte sich ab. Robert war perplex. Nichts dergleichen stand in den Seligpreisungen der Bibel. Genau das Gegenteil davon hatte Jesus verkündet – von den Sanftmütigen hatte er gesprochen. Für Robert gab es nur eine Erklärung, wie dieser Junge auf eine solche Verkehrung der Bibel kam. Sie ergänzte sich obendrein mit dem Fund, den er am Grillplatz gemacht hatte.

Nach der Chemiestunde ging die Clique geschlossen ins „Monaco". Dort kam eine so feuchtfröhliche Stimmung auf, daß Marc sich nur widerwillig losreißen konnte, weil seine Mutter auf ihn wartete. Er kam sich blöd dabei vor, als einziger nach Hause zu müssen. Ein kleiner Trost für ihn war, daß sie sich für den Abend bei Carlo verabredet hatten.

Den Nachmittag verbrachte er damit, sich einen CD-Player und gleich auch eine CD von „Mötley Crüe" zu kaufen. Er hatte zwar noch nie von dieser Band gehört, doch es genügte ihm, daß Kim ein Fan von ihr war. Zu Hause schloß er das Gerät gleich an und legte die CD ein. Die Musik, die erklang, war überhaupt nicht sein Geschmack. Er bemühte sich jedoch herauszuhören, was Kim so toll daran fand. Wenn sie begeistert davon war, konnte er es auch werden.

Das Abendessen mit seinen Eltern verlief sehr schweigsam. Er hing ganz seinen Gedanken nach, die um Carlos Einladung für den heutigen Abend kreisten. Kim hatte ihm freudig zugezwinkert und zu verstehen gegeben, daß er sich etwas darauf einbilden konnte, so rasch dieses Privileg zu erhalten. Es hatte ihn noch stolzer gemacht.

Kurz nach 19 Uhr machte er sich fertig, das Haus zu verlassen. Edith Belden, die ihn im Flur hantieren hörte, steckte ihren Kopf um die Ecke der Wohnzimmertür.

„Du gehst weg?" fragte sie erstaunt.

„Hab' ich vor", entgegnete er kurz angebunden und zog seine beige Windjacke an.

Sie wartete einen Moment ab, in der Hoffnung, er würde ihr wie sonst auch erzählen, was er vorhatte. Als er statt dessen Anstalten machte zu gehen, hakte sie nach.

„Und wohin?"

„Zu einem Freund", gab er knapp an und ging weiter zur Haustür.

„Komm nicht zu spät nach Hause!" rief sie ihm nach.

Ihre Mahnung und das Zuschlagen der Tür fielen zeitgleich zusammen.

Carlo Rickerts wohnte in der Innenstadt in einem renovierten Haus, dessen Dachboden zu einem geräumigen Wohnstudio ausgebaut war. Die Seite zur Straße hin bestand aus einer riesigen, getönten Fensterwand. Das Studio selbst war geschmackvoll im modernen Stil eingerichtet, mit einer mehrteiligen roten Sitzgarnitur und einem futu-

70

ristischen Couchtisch mit schwarz lackiertem Fuß, verchromtem Metallgestell und Kristallglasplatte. An den Wänden hingen surrealistische Bilder. In der Ecke des Zimmerteilers häuften sich Hi-Fi-, TV- und Videogeräte der besten Marken, deren Optik schon verriet, daß sie eine Menge Geld gekostet haben mußten – wie das Studio im ganzen den Eindruck machte, als bewohnte es ein Manager, nicht aber ein Oberstufenschüler des Gymnasiums.

Marc kam aus dem Staunen nicht heraus, als er Carlos Domizil betrat. Seine Augen maßen alles bewundernd ab. Die Frage, die ihm beim Anblick von Carlos Sportwagen gekommen war, drängte sich ihm auch jetzt wieder auf. Wie schaffte er es bloß, das als Schüler zu finanzieren? Das konnte man sich mit keinem Nebenjob leisten. Seine Bewunderung für Carlo nahm weiter zu. Von einem solch eigenständigen Leben konnte er nur träumen. Ein Anflug von Neid befiel ihn. Alle aus der Clique waren bereits da, wie er feststellte. Tommi und Katja saßen in zwei Rundlehnsesseln, rauchten, schlürften Drinks und plauderten. Alex kniete vor dem Hi-Fi-Turm und genoß sichtlich die technischen Finessen der Anlage. Kim hatte auf dem Sofa gesessen und kam zu Marcs Freude auf ihn zu, um ihn mit einem Kuß zu begrüßen. Das kurze, hellblaue T-Shirt-Kleid, das sie anhatte, war für ihn erneut ein anreizender Blickfang. Es besaß zudem einen vielsagenden Comic-Aufdruck, den er ganz selbstverständlich auf seine Person münzte:

„Oh, I love you, too"

„Möchtest du etwas trinken?" fragte sie ihn.

„Ja, gerne."

Sie ging zu einem kleinen Ecktisch aus Kirschbaumholz mit Buntschieferkacheln, auf dem eine Palette an Flaschen und Gläsern aufgestellt war.

„Jim Beam? Asbach? Bacardi? Pernod? – Such dir was aus!"

Unschlüssig ließ er seinen Blick über die kleine Bar schweifen. Vom Namen her kannte er einige der Getränke. Probiert hatte er bislang noch keins. Er stand nicht auf

Alkohol. Doch das mochte er nicht zugeben. Im Stile eines alten Kenners bestellte er ein Glas Bacardi-Cola.

Alex kniete noch immer vor der Stereoanlage und spielte an den verschiedenen Knöpfen herum. Neben ihm auf dem weichen Teppich lag eine CD, deren Coverbild Marc näher betrachtete. Es zeigte eine gehörnte Totengestalt, die mit ihren Skeletthänden eine grünliche Wahrsagekugel umfaßte, in der ein Mensch gepeinigt aufschrie. In einem Halbkreis formierten sich außen herum die einzelnen Sternzeichen, darunter stand der stilisierte Titel der CD: „Horrorscope".

Er las ihn mit sich bewegenden Lippen lautlos vor und mußte schmunzeln. Er fand es eine originelle Wortkombination.

Ein Glas tauchte vor seinen Augen auf.

„Setzen wir uns doch aufs Sofa", schlug Kim vor.

Er nahm einen großen Schluck aus dem Glas und blickte sie befremdet an.

„Was hast du zuerst reingetan?"

„Sie stutzte. „Den Bacardi. Warum?"

„Na, dann werde ich auf den ja noch stoßen", witzelte er großspurig und machte es sich in dem anschmiegsamen Polster bequem.

Es entwickelte sich eine angeregte Unterhaltung, in der er nicht merkte, daß sein Glas nie leer wurde und seine Sinne allmählich eintrübten. Der Alkohol löste seine Zunge zusehends, so daß er in einen wahren Redefluß ausbrach. Dabei brachte er auch ihre Unterhaltung vom letzten Freitag aus der Arabella-Therme aufs Tapet.

„Versteh mich nicht falsch", begann Kim zu erwidern, „ich will dir damit wirklich nicht wehtun. Aber es ist so, wie ich's dir dort sagte: Dein Horizont ist zu eng."

Er mußte überlegen, was sie meinte. Dann entsann er sich, daß sie diese Bemerkung im Zusammenhang gemacht hatte mit der seltsamen Andeutung von Engeln, die sich von den schönsten Frauen auf Erden nahmen, welche sie wollten.

„Und wie soll ich das verstehen?" fragte er gar nicht ärgerlich, sondern ehrlich interessiert.

„Es gibt Dinge in dieser Welt, die der Mensch mit seinen normalen Fähigkeiten nicht begreifen kann."

„Hm. Und du kannst das?"

„Ich bin dabei, es zu können. Carlo baut eine Gruppe auf, in der es um Bewußtseinserweiterung geht."

Ihm ging ein Licht auf, auch wenn es wegen des Bacardis nur ein kleines, diffuses war. Das konnte der gemeinsame Nenner sein, der diese so grundverschiedenen Typen miteinander verband. Er schaute mit glasigen Augen in die Runde. Den süßlichen Geruch, der in der Luft lag, registrierte er nur vage. Carlo kniete vor dem Bartisch, hielt sich ein längliches Röhrchen an die Nase und fuhr damit ein Stück über die Tischplatte, als würde er etwas von ihr aufsaugen. Tommi tanzte, den Kopf umherwirbelnd, mit einer Flasche in der einen und einer Zigarette in der anderen Hand, zwischen den Boxen hin und her.

Katja saß auf Alex' Schoß, ihre Körper eng umschlungen. Er war verdutzt. Bisher hatte er geglaubt, daß Katja mit Tommi ging.

Kim sprach weiter und zog seine Aufmerksamkeit wieder auf sich.

„Wir werden alle Grenzen überschreiten und die absolute Freiheit erreichen. Keine Zwänge, keine Normen dieser heuchlerischen Gesellschaft können uns dann mehr etwas anhaben. Sondern *wir* werden es sein, die dann Macht haben. Macht über andere. Nichts und niemand wird uns mehr Furcht einflößen oder Vorschriften machen. Wir werden stark und unabhängig sein."

Das klang in Marcs Ohren fantastisch. Er glaubte, ein Fenster zum Universum ginge auf. Das waren alles Dinge, die auch er sich wünschte – Furchtlosigkeit, Freiheit, Stärke, Unabhängigkeit. Er schien auf einen Schlag stocknüchtern geworden zu sein, als er mit entschlossener, fast befehlender Stimme verkündete: „Ich mach' mit! Ich will dabei sein!"

„Du verstehst unheimlich viel. Und wenn du es möchtest, kannst du auch mitmachen. Aber jetzt noch nicht. Es ist noch zu früh für dich. Aber bald. Sehr bald vielleicht schon."

Er machte ein enttäuschtes Gesicht und trank sein Glas frustriert in einem Zuge leer.

Kim lächelte ihn gütig an und gab ihm einen zärtlichen Kuß. Dann rief sie über seine Schulter hinweg.

„Hast du mal 'nen Joint, Carlo?"

Als Antwort flogen ihr von irgendwoher zwei zu.

„Rauchst du einen mit mir?"

Ohne zu zögern nickte er. „Was du tust, das tu' ich auch."

Sie steckte beide an und gab ihm einen Joint. Nachdem sie ein paar Züge inhaliert hatten, faßte sie ihn bei der Hand und stand auf. Willig folgte er ihr durchs Wohnzimmer. Wohin genau sie gegangen waren, merkte er erst, als die Tür ins Schloß gefallen war. Langsam streifte Kim mit ihren Zehenspitzen die blauen Jeanspumps aus und kickte sie nach hinten weg. Marc ahnte, was nun passieren würde. Und er wollte es. Nichts in ihm sperrte sich. Alle Hemmschwellen waren gebrochen. Seine Augen klebten an ihrem Körper, während sie aus ihrem Shirt-Kleid schlüpfte und es zu Boden gleiten ließ.

4

Robert Cullmann hatte sich ein ruhiges Wochenende gegönnt. Am Samstag hatte er ein bißchen im Garten gearbeitet, den Rasen gemäht und in der hintersten Ecke des Grundstücks zwei Goldfliedersträucher gerodet, um an dieser Stelle einen Komposthaufen anzulegen. Den Sonntagvormittag verbrachte er mit Jody im Gottesdienst ihrer neuen Gemeinde in Awenach, der sie sich sofort nach ihrem Umzug angeschlossen hatten. Am Nachmittag hatte er es sich auf der Terrasse gemütlich gemacht und bei Rosenduft und Vogelgezwitscher ein gutes Buch gelesen.

Er hielt das Videoband an und spulte ein kleines Stück zurück, um zu sehen, ob die Aufnahme etwas geworden war. Sie war es. Klar im Ton, scharf im Bild. Zufrieden drückte er die Rücklauf-Taste und schaltete den Fernseher aus, über den er eine Schulkolleg-Sendung für den Unterricht in Englisch aufgenommen hatte. Nachdem er ihn wieder in seinem fahrbaren Schrank eingeschlossen hatte, entnahm er die Cassette und verließ den muffigen, fensterlosen Medienraum. Im Lehrerzimmer waren fast alle Kollegen versammelt. Robert bekam mit, wie sich seine Mit-Mentorin der Oberstufe, Isabel Grunwald, mit dem Kollegen Misersky unterhielt.

„Das dürfte Sie als Religionslehrer interessieren." Isabel Grunwald schlug mit ihrer Hand gegen das Magazin in ihren Fingern. „Eine amerikanische Radiostation hat die Jugendlichen aufgefordert zu schreiben, was sie für ein Treffen mit der Rockgruppe" – sie zog das Heft näher zu sich heran und las den Namen unsicher vor – „‚Mötley Crüe' tun würden. Wissen Sie, wie manche Antworten lauteten?"

Misersky zuckte die Achseln. „Woher sollte ich?"

„Hier." Sie fuhr mit dem Finger über die Zeilen. „Ein dreizehnjähriges Mädchen schrieb: ‚Ich würde so lange mit den Crüe herummachen, bis ich am ganzen Körper grün und blau bin. Ich liebe die Band.' Und hier, ein fünfzehnjähriges Mädchen: ‚Ich bin so wild nach Mötley. Wenn ich sie treffe, würde ich auf Händen und Knien kriechen, mir die Klamotten vom Leib fetzen und ihnen meinen Körper anbieten und sagen: *Okay, und nun kommen wir zur Sache.'*"

Sie warf das Magazin auf den Tisch und musterte Misersky eindringlich durch ihre Brille. „Da würden manche deswegen Frauen und Kinder opfern. Einer schrieb sogar, daß er mit der bloßen Hand das Herz seiner Mutter herausreißen und essen würde."

„Das ist reißerischer Schmierenjournalismus, sonst nichts." Misersky winkte verächtlich ab.

„Flüchten Sie sich nicht in Polemik, verehrter Kollege." Isabel Grunwald hob mahnend den Zeigefinger.

„Das habe ich auch nicht nötig. Ich weiß sehr wohl um die Realität", verteidigte er sich und befeuchtete die Lippen, was er aus Angewohnheit immer wieder nach ein paar Sätzen tat. „Ich kenne die Zahlen. Allein in Nordrhein-Westfalen sind 46 000 Jugendliche harte Trinker, haben 7 Prozent der 14- bis 17jährigen Drogenerfahrungen. Ich sehe auch die zunehmende Brutalität der Schüler und erlebe es, daß manche vor allem montags nach Video-Wochenenden kaum noch ansprechbar sind. Aber man muß auch unterscheiden, was lediglich aus Provokation von den Jugendlichen gesagt und getan wird. Man darf nicht alles für bare Münze nehmen, wie Sie es tun. Außerdem sind wir hier nicht in Amerika."

„Na, fein. Mir scheint, Sie haben heute die grausige Meldung im ‚Stadtanzeiger' nicht gelesen. Drei Jugendliche haben Freitag nacht in der Nähe des ‚Monaco' eine junge Frau überfallen, sie in den Wald oberhalb der Teufelswand verschleppt, dort am Grillplatz mit Drogen vollgepumpt und sie dann mehrmals vergewaltigt."

Misersky hob abwehrend seine Hand. „Ich ahne, was jetzt kommt. Ersparen Sie mir bitte diese Platitüden. Diese jungen Menschen brauchen nicht die eiserne Hand. Was die brauchen, ist wirkliche Hilfe. Ist Verständnis dafür, warum sie solche Dinge tun. Es geschieht ja nicht grundlos. Nur so kann man auf Dauer das Problem an der Wurzel packen."

„Unglaublich!" Isabel Grunwald schüttelte fassungslos den Kopf. „Wie können Sie diese drei verbrecherischen Subjekte in Schutz nehmen!" erboste sie sich, daß ihr Kopf rot anlief. „Sie würden sich vermutlich noch vor die Untiere stellen, die unseren Kollegen Berghofer auf dem Gewissen –" Sie brach abrupt ab.

Robert ging an dem Tisch vorüber, als hätte er nichts gesehen. Doch im Augenwinkel hatte er genau bemerkt, wie der Kollege Kessebom mit seinen Ellenbogen angestoßen hatte. Wieder dieser Name seines Vorgängers. Wieder diese Wand aus Schweigen, die ein Geheimnis um jenen Berghofer machte. Es ließ ihn gelassen, daß er ganz offensichtlich ausgeschlossen bleiben sollte. Er versuchte die Situation mit dem Gedanken abzutun, daß er ja schließlich im letzten Jahr noch nicht zu diesem Kollegium gehörte und ihn die Dinge deswegen nichts angingen, die damals vorgefallen waren. Seltsam fand er das Verhalten dennoch.

Minuten bevor die Schelle das Pausenende verkündete, machte er sich auf in Richtung des Chemielabors. Er durchquerte die Halle im ersten Stock, von der aus einzelne Gänge in die entsprechenden naturwissenschaftlichen Fachbereiche abzweigten, bog um zwei Ecken und befand sich auf dem spärlich beleuchteten Flur seines Fachbereichs, der durch die rotbraunen Backsteine noch düsterer wirkte. Leise pfeifend marschierte er über den harten PVC-Belag und zückte seinen Schlüsselbund aus der Hosentasche, als plötzlich vor ihm ein mächtiger Schatten heranwuchs. Überrascht blieb er stehen. Im gleichen Moment wurde der Schatten wieder kleiner und war eine Sekunde darauf verschwunden. Eine zierliche Gestalt drückte vorsichtig die Klassenzimmertür zu und huschte flink auf Zehenspitzen zum Ausgang am anderen Ende des Flures. Trotz des Zwielichts erkannte er auf diese Entfernung eindeutig Stefanie Holm. Er beschloß, ihr nicht hinterherzurufen, sondern sie laufen zu lassen. Einen Diebstahl oder eine andere Untat traute er ihr nicht zu. Er kannte sie als eine freundliche, ehrliche Klassensprecherin. Trotzdem wunderte er sich, daß sie heimlich in Klassenräumen herumschlich, in denen sie eigentlich nichts verloren hatte. Er betrat die Klasse und ließ prüfend seine Blicke schweifen. Alles schien normal. Bis auf eines – die Tafel. Ungewöhnlicherweise war sie zugeklappt. Instinktiv drängte ihn eine Vorahnung dazu, nachzusehen. Er stellte seine Tasche auf den Labortisch und schlug die Seitenflügel der Tafel auf. Erschrocken wich er einen Schritt zurück. Mit einer Gänsehaut betrachtete er die Zeichnung, die die ganze Tafel einnahm. In ihrer Akribie erinnerte sie ihn an die Darstellung der schwarzen Vogelspinne.

Er tat den Gedanken sofort ab, daß Stefanie dafür verantwortlich war, zumal er die Bedeutung des gemalten Emblems kannte – eines Emblems, das wie ein Puzzlestück genau zu den Indizien am Grillplatz paßte.

*

„Am liebsten würde ich blaumachen und mit dir ins ‚Monaco' gehen", meinte Marc versonnen in den Himmel blickend. „Ich hab' keinen Bock auf Chemie."

„Hast du gelernt?" fragte Kim, die liebevoll mit seiner Hand spielte.

„Kein Stück. Ist auch egal. Ich war schon dran."

Er drehte sich ihr zu und lehnte seinen Kopf an ihre Schulter.

„Was viel wichtiger ist – treffen wir uns nachher wieder bei dir?"

Sie schüttelte den Kopf. „Geht heute leider nicht."

Er stützte sich auf seinen Ellenbogen und starrte sie entgeistert an. „Verdammt! Bei mir auch nicht! Meine Mutter ist den ganzen Nachmittag zu Hause."

Enttäuscht ließ er sich ins Gras fallen. „So ein Mist!"

„Keep cool!" hauchte sie ihm ins Ohr. „Ich habe für uns etwas viel besseres organisiert. Hörst du das?"

Es klimperte hell an seinem Ohr. „Schlüssel. Und?"

„Aber nicht irgendwelche. Das sind Carlos. Wir können für zwei Stunden in seine Wohnung."

Marcs Gesicht hellte sich schlagartig auf. „Sahne!" jubelte er begeistert los und schlang seine Arme um ihren Oberkörper. „Ich glaube, ich wäre sonst verrückt geworden."

Carlo saß bereits auf seinem Platz, als Marc den Klassenraum des Chemielabors betrat. Überschwenglich bedankte Marc sich bei ihm für seine Großzügigkeit.

„Ich gönne euch euren kleinen Spaß", bekannte Carlo in einer Weise, als spräche ein Vater mit seinem Sohn.

In der Bankreihe hinter ihnen knackte es. Alex' zischende Stimme ertönte:

„Sollte es dir noch einmal einfallen, mich die Hausaufgaben nicht abschreiben zu lassen, brech' ich dir den Arm wie deinen Füller. Kapiert?"

„Ruhe, bitte!" hob Robert an, nachdem er die Tür geschlossen hatte.

Alle Augenpaare wanderten aufmerksam nach vorne. Eines davon registrierte bewußt die feuchte Tafel, die verriet, daß sie eben erst mit dem Schwamm gewischt worden war. Nicht der Hauch einer Kreidespur war mehr von der Zeichnung zu sehen. Robert hatte den fünfzackigen Stern restlos entfernt, in den der Kopf eines Ziegenbocks hineingemalt war, mit der Zahl 666 im linken Ohr und einem umgedrehten Kreuz im rechten.

„Wer möchte für die Wiederholung freiwillig ran?" fragte er mit einem suchenden Blick durch die Klasse. Nicht ein Schüler zeigte auf.

„Dann muß ich jemanden aussuchen." Er schlug sein Notenbuch auf. Eine unangenehme Spannung begann in den Bankreihen zu knistern. Nur Marc lehnte sich lässig zurück. Er betrachtete die Bäume draußen auf der Wiese und sehnte die Nachmittagsstunden herbei, in denen er mit Kim ungestört zusammensein würde.

Robert fuhr mit dem Kugelschreiber die Spalten mit den Namen entlang.

„Es kommt dran ... der ... der ..."

Die Mädchen atmeten erleichtert auf.

„Ja ... Damit er eine Chance hat, seine Scharte auszuwetzen, kommt der Marc bitte nach vorne."

*

Völlig frustriert und niedergeschlagen knallte Marc die Haustür zu und schlich in sein Zimmer. Der erste Handgriff, den er tat, galt dem CD-Player. Er mußte sich abreagieren. Dringend. Noch nie hatte er in Chemie eine Sechs kassiert. Noch nie in irgendeinem anderen Fach. Heute hatte es ihn kalt erwischt. Er hatte eine riesige Wut im Bauch. Ärgerlich schleuderte er seine Schultasche gegen den Schreibtisch.

„Was ist passiert?"

Er schnellte erschrocken herum. „Mutter! Bitte! Mußt du dich immer so heranschleichen!"

Auf Edith Beldens Gesicht erschien eine Unschuldsmiene.

„Ich habe angeklopft. Du hast es wegen der lauten Musik nicht gehört."

„Ja, ja! Schon gut!" Widerwillig sah er ein, daß sie wohl recht hatte.

„Hier. Die Zigaretten steckten in der Hosentasche."

„Was hast du schon wieder an meiner Hose zu suchen?" platzte es hitzig aus ihm heraus.

„Ich wollte sie bloß waschen. Sie stank nach Qualm – wie sehr oft neuerdings", erklärte seine Mutter ruhig und stellte ganz behutsam die nächste Frage.

„Ist es deine Schachtel?"

Er zuckte die Achseln. „Keine Ahnung, woher ich die hab!" Oder hast du gedacht, ich hab' das Rauchen angefangen?"

Sie schüttelte vehement den Kopf. „Keine Sekunde! Ärger in der Schule?"

Er rollte gereizt die Augen. „Und wenn schon! Das ist meine Sache! Hör endlich auf, mich dauernd auszuhorchen!"

80

„Ich horche dich doch nicht aus", sagte sie gekränkt.

„Dann laß mich bitte allein. Ich bin alt genug, um mit gewissen Dingen selbst fertigzuwerden."

Damit ließ er sie stehen, als wäre sie nicht mehr vorhanden, und stellte die Musik noch lauter, so daß eine Unterhaltung völlig unmöglich wurde.

Nach einer Stunde Heavy-Metal-Musik und Träumerei auf dem Bett entschied er sich, wenigstens etwas am Computer zu arbeiten. Von der Schule hatte er vorläufig die Nase voll. Er schrieb bereits eine ganze Weile an seinem Terminal, als der Monitor plötzlich dunkel wurde und ein schwarzer Streifen mit weißem Schriftbild erschien:

„Hast du jemals mit dem Teufel im Mondlicht getanzt? Bete für deine Diskette! Der Joker. Ha, ha, ha, ha, ha, ha."

Er wußte augenblicklich, was das zu bedeuten hatte. Sein PC hatte sich einen Virus eingefangen, der jetzt aktiv geworden war.

„So'n Dreck!" schrie er laut auf und schlug entnervt mit der Faust auf den Tisch.

Sein Computer würde nun so lange nicht mehr reagieren, bis der Virus entfernt war. Er hatte weder Zeit noch Lust, ihn aufzuspüren oder den Schaden zu überprüfen, den er angerichtet hatte. Er ließ alles stehen und liegen und fuhr früher als verabredet zu Carlos Wohnung.

Trotz seiner Überpünktlichkeit traf er dort nicht mehr Carlo an, sondern Kim, die bereits damit begonnen hatte, es ihnen in ihrem kleinen Nest gemütlich zu machen. Die Vorhänge waren zugezogen, so daß ein warmes, schummeriges Licht das Wohnzimmer durchflutete. Dicke, weiche Kissen polsterten den Fußboden direkt vor der Stereoanlage. Er beobachtete sie in ihren weißen, hautengen Leggins, zu der sie eine schwarze, weich fließende Bluse mit Schößchen trug dabei, wie sie für sie beide zwei Drinks mixte.

„Machst du uns ein bißchen Musik?"

Er ging zum Turm. „Und was?"

„Was du möchtest."

Auf der Stereoanlage standen drei volle CD-Displays,

die Marc Disk für Disk durchsah. Bei nahezu jeder verriet seine Miene, daß das eine vollkommen fremde Welt für ihn war. Er las von der Gruppe „Kreator", die einen grauen, menschenähnlichen Kopf mit langen spitzen Ohren, Fangzähnen und einem geöffneten Schädel zeigte, an dessen Hautlappen Blut heruntertropfte.

Von „Metallica", deren CD dazu aufrief, alle zu töten, und eine dicke Blutlache mit Hammer zum Coverinhalt hatte. Und von „Master", auf deren Inlet er eine Schöpfungsgeschichte fand, die die der Bibel verdrehte. Vor allem an einem Satz stieß er sich:

„Master wird dich durch die unglaubliche Reise begleiten, bei der du in Blut baden wirst."

„Na, kannst du dich nicht entscheiden?"

Kim reichte ihm sein Glas und tippte mit der Fingerspitze ganz gezielt auf eine CD. „Ich wär' für diese."

„Dann nehmen wir die doch." Er legte die Scheibe ein.

Kim sank in die weichen Kissen. Bevor er ihr auf das kuschelige Lager hinabfolgte, nahm er einen kräftigen Schluck Bacardi-Cola. Er brachte ihm ein spürbares Wohlempfinden nach dem Ärger in der Schule.

„Ich habe übrigens Carlo mal darauf angesprochen, daß du auch in seiner Gruppe mitmachen möchtest." Sie lächelte ihn keß durch ihr Glas an. „Er ist einverstanden. Nächsten Monat bist du dabei."

„Stark!" Marcs Augen leuchteten. Er trank sein Glas aus und drehte es sinnierend in seiner Hand. Diese Bestätigung tat gut. Er war stolz und entschlossen, sich voll in die Sache einzubringen, in der auch Kim aufging.

*

„Du, Steffi, glaubst du, daß ein Orakel alles sieht und hört?"

„Wer hat dir denn den Quatsch erzählt?" Stefanie stopfte das Badetuch in ihren Schwimmbeutel.

„Die Hohepriesterin hat das gesagt." Dennis knabberte vergnügt an seinem Schoko-Riegel herum.

„Welche Hohepriesterin?"

„Na die, die Captain Kirk gefangen hat."

Stefanie rollte die Augen. „Hast wieder ‚Enterprise' geguckt, was?"

Dennis nickte brav. „Glaubst du daran?"

Sie eilte an ihm vorbei in den Flur. „Du darfst nicht alles glauben, was bei ‚Raumschiff Enterprise' passiert. Das sind erfundene Geschichten. Märchen. Weiter nichts."

Ihr Brüderchen war ihr hinterhergelaufen. „Aber Spock sagt ..."

„Verschon mich damit, kleiner Mann! Bitte! Ich hab's eilig."

Sie schlüpfte in ihre Turnschuhe. „Du kannst mir einen Gefallen tun und mal eben nachsehen, wieviel Senf noch in der Tube ist."

„Gehst du mit Anja schwimmen?" fragte er in einer Tonlage, in der eine Menge Wehmut mitschwang.

Stefanie nickte, während sie sich die Schuhe zuband. „Sei nicht traurig. Das nächste Mal kannst du mit. Guckst du mal bitte nach dem Senf?"

Er zog enttäuscht eine Schnute und schlurfte mit hängenden Schultern in die Küche.

Stefanie packte ihren Schwimmbeutel in den Weidenkorb und kontrollierte noch einmal den Einkaufszettel, den sie zusammengestellt hatte.

„Na, was ist?" rief sie ungeduldig. „Wieviel Senf ist noch drin?"

Einige Sekunden war es still. Dann meldete sich ihr Bruder.

„Der Senf reicht genau vom Kühlschrank bis zum Herd."

Ärgerlich stürmte Stefanie in die Küche und blieb abrupt stehen. Verschmitzt grinsend sah Dennis sie mit treuen Augen an, als könnte er kein Wässerchen trüben, und hielt ihr die Senftube hin.

„Halb voll oder halb leer. Wie du willst."

„Dein Glück!" Stefanie hob warnend den Zeigefinger und machte auf dem Absatz kehrt, um die Wohnung zu verlassen.

Der Badesee lag nur zehn Fahrrad-Minuten vom Zentrum Awenachs entfernt am Fuß des Adlerberges, von dem er laufend mit Quellwasser versorgt wurde. Um den im Durchmesser etwa einen Kilometer großen See verlief ein breitangelegter Wanderweg mit vielen Bänken zum Ausruhen und Genießen der Landschaft. An der Längsseite dem Berg gegenüber war ein kleines Freibad gebaut worden, das an einem Teil des Seeufers über einen Sandstrand verfügte, der flach ins Wasser abfiel. Diese Stelle suchten Stefanie und Anja an diesem Freitagnachmittag auf, um die vielleicht letzten Sonnenstrahlen des Sommers noch mitzunehmen.

Anja lag seitlich auf ihrer Luftmatratze, den Kopf in den rechten Handteller gestützt, und beobachtete drei Jungen, die krampfhaft versuchten, die Kabinettstückchen ihrer Fußballidole nachzuahmen. Kaugummi kauend brachte sie dann und wann eine Blase zum Platzen und kicherte manchmal leise vor sich hin, sobald einer der Drei eine mißglückte Verrenkung produziert hatte.

„Ich hab' noch Haselnüsse, falls du welche brauchst", scherzte Stefanie und wollte sich wieder ihrem Buch zuwenden, als Anja sich auf einmal zu ihr herumrollte.

Sie zog ihre rote Baseball-Kappe ein wenig tiefer ins Gesicht, da die Sonne sie blendete.

„Nicht nötig. Da ist ein Baum gelenkiger als die", fällte sie ein vernichtendes Urteil. „Du hast 'nen ganz netten Cousin."

Stefanie ließ verblüfft das Buch auf ihren Bauch sinken und schob ihre Sonnenbrille hoch ins Haar.

„Nanu! Hör' ich da was läuten?"

„Quatsch! Dein Cousin ist gar nicht mein Typ. Sieht viel zu bieder aus."

„Bieder und unterhaltsam wie eine Schlaftablette", ergänzte Stefanie und sah zu einem Mädchen herüber, das zeternd hinter einem Jungen herjagte, um ihre Luftpumpe wiederzubekommen.

„Sei froh, daß er nett und nicht der Hellste ist. Sonst hätte er dir wohl nicht so einfach verraten, wo Carlo im Chemieraum sitzt."

Stefanie dachte daran zurück, wie prächtig ihre heimliche Unternehmung geklappt hatte. Ganz unten in Carlos Tasche hatte sie die drei Haselnüsse festgeklebt. Zumindest für eine ganze Weile würden sie dort unentdeckt bleiben. Sie freute sich diebisch über ihren gelungenen Coup.

„Ich meine, er hätte in der Pause mal zu mir herübergesehen. Ob's wohl schon wirkt?" sprach sie versonnen mehr zu sich selbst.

„Schade", seufzte Anja aus tiefster Seele und rollte sich auf den Rücken.

„Wieso schade? Das ist doch genau ...", wollte Stefanie protestieren, als Anja dazwischenfuhr: „Das mein' ich gar nicht. Na klar wirkt das. Schade ist, daß bei mir erst heute abend was laufen wird."

„Woher willst du das wissen? Du hast noch keinen Versuch unternommen."

„Brauch' ich auch nicht. Ich hab's im Horoskop gehört."

Stefanie schaute sie erstaunt an. „Wir waren doch schon weg, bevor es im Radio kam."

„Nachmittags hör' ich nur, wenn ich es morgens verschlafen habe."

Stefanie schüttelte schmunzelnd ihren Kopf. Ihre Freundin war mit diesem Horoskop-Spleen wirklich unüberbietbar.

Anja sprang unvermittelt auf und klemmte sich ihre Luftmatratze unter den Arm.

„Kommst du mit ins Wasser?"

„Diese eine Seite noch."

„Okay. Ich geh' schon mal."

Stefanie las die Seite zu Ende, schob das Lesezeichen hinein und klappte das Buch zu.

Sie ging auf die Knie und deckte mit dem Handtuch ihre Sachen zu. Dabei stieß sie unabsichtlich mit den Füßen gegen Anjas Badetasche, die sofort umkippte. Ein paar Gegenstände rutschten heraus. Haarbürste und Sonnenlotion schob sie rasch wieder in die Tasche. Die violette Box, die im Gras lag, weckte jedoch ihre Neugier. Das phantasievolle Bild darauf besaß unwirkliche, anziehende Züge. Mit dem Titel darunter konnte sie etwas anfangen: „Aleister-Crowley-Tarot-Set – Handbuch & 80 Karten". Sie wußte, daß mit ›Tarot‹ ein Satz Karten gemeint war, mit deren Hilfe man wahrsagen konnte. Neugierig öffnete sie die Box, nahm den Packen Karten heraus und schaute ihn sich an. Obwohl unter jedem Kartenbild die Bedeutung des Symbols stand, konnte sie bei manchen nur rätseln, was sie darstellen sollten. Auf einem tauchten zwei „Yin und Yang"-Symbole auf, die von einer gekrönten Schlange umschlossen waren, die sich selbst in den Schwanz biß. Ein anderes glaubte sie zunächst falsch herum zu halten. Doch die Schrift belehrte sie eines besseren. Die gekreuzigte Christusfigur stand tatsächlich auf dem Kopf. Fasziniert begutachtete sie Karte für Karte und versuchte, die einzelnen Motive zu deuten. Dabei vergaß sie völlig, daß sie ursprünglich zu Anja ins Wasser wollte. Sie betrachtete gerade die vorletzte Karte, die „As der Scheiben" hieß, als dicke Tropfen auf ihren Rücken zu fallen begannen. Aufgeschreckt blickte sie zum Himmel. Sie konnte keine Regenwolken entdecken. Der Himmel erstrahlte unverändert überall in seinem herrlichsten Blau, ab und zu geschmückt von vereinzelten Schäfchenwolken, die ruhig dahinzogen. Dann hörte sie Anjas schadenfrohes Gekicher hinter sich und wußte, woher die Tropfen kamen.

„Na, du Landratte! Wer wollte denn nachkommen?" Sie ließ ihre nasse Luftmatratze ins Gras fallen und warf sich drauf.

„Ich wollte gerade los, da bin ich an deine Tasche gestoßen und das hier fiel heraus", beteuerte Stefanie ihre ehrliche Absicht.

„Zufälle gibt's!" kommentierte Anja ironisch grinsend und schnalzte mit der Zunge.

Sie streifte ihr T-Shirt über, auf dem ein blauschwarzer Panther abgebildet war.

Stefanie gab ihr einen Klaps auf den Oberschenkel. „Sülz nicht rum! Sag mir lieber, was das hier heißt?"

Sie hielt Anja die Karte „As der Scheiben" hin.

„To Mega Therion."

86

„Das macht mich auch nicht schlauer. Kann man das essen?" fragte sie ulkend.

Anja hob unwissend die Hände. „Keine Ahnung, was das heißt."

„Und diese winzige Zahl da mittendrin – 666?"

Anja lachte. „Willst du mich zum Schweizer Käse löchern? Ich habe dieses Tarot-Set erst seit ein paar Tagen."

„Manches sieht ja voll gespenstisch aus." Stefanie packte den Stapel Karten zurück in die Box. „Wie bist du darauf gekommen?"

Anja kramte ihre schwarze Sonnenbrille hervor und setzte sie auf.

„Vor einiger Zeit hab' ich mir aus der einer Zeitschrift das Runen-Orakel mit neun Wahrsagekarten ausgeschnitten. Es hieß da, daß die Kräfte des Runen-Alphabets seit Jahrtausenden zur Wahrsagung herangezogen werden und man mit ihrer Hilfe ultraschnell die dringendsten Fragen an die Zukunft beantworten könnte."

Stefanie war wie elektrisiert. „Davon hast du mir ja nie was gesagt!" meinte sie etwas vorwurfsvoll. „Hat es funktioniert?"

„Nur manchmal. Ich glaub' nicht, daß es daran lag, daß ich zu wenig an die Magie des Kartenlegens geglaubt habe. Es ist einfach zu ungenau. Deshalb habe ich mir dieses gekauft. Das ist um einiges besser."

In Gedanken versunken folgten Stefanies Augen der leeren Chipstüte, die der warme Wind langsam zu ihnen herübertrieb. Sie beneidete ihre Freundin darum, daß sie über Schule, Glück und Liebe bald haarklein wußte, was auf sie zukam. Wie gerne hätte sie das auch für ihr Leben erfahren – wann die nächste Mathearbeit anstand, ob sie das Schuljahr schaffte, wann es endlich zwischen Carlo und ihr funkte? Und sie staunte über Anja, worüber sie Bescheid wußte und was sie sich zutraute. Es kribbelte ihr in den Fingern, es ebenfalls mal mit den Karten zu versuchen. Doch sie kam sich blöd dabei vor, Anja alles nachzuäffen. Nein – außer dem Kartenlegen mußte es noch andere Möglichkeiten geben, zukünftige Dinge zu erkunden.

Und die gab es in der Tat. Sie erinnerte sich, daß sie mal darüber sogar in einer ganzen Serie gelesen hatte. „Das Pendel sagt die Wahrheit" hatte es da geheißen. „So empfangt ihr Botschaften aus dem Jenseits – Tischrücken". Damals schon hatten sie die Artikel ungeheuer gefesselt, doch war es an ihrer Furcht gescheitert, die beschriebenen Dinge selbst auszuprobieren. Das war jetzt anders.

*

Ein Sprung zur Seite rettete Simon in der Nähe des Friedhofs vor der unheimlichen Hand, die ihn packen und vernichten wollte. Ein paar Meter weiter tauchten plötzlich schaurige Monster auf, um ihn aufzuhalten. Mit einigen gezielten Hieben seiner Zauberpeitsche zerstörte er die Ungeheuer und erreichte unbeschadet sein Ziel.

Dennis verglich gespannt das neue Ergebnis. Es war besser. Er löschte das alte aus und speicherte das neue ein. Damit war vorerst sein Spaß am Spiel erloschen. Er ließ das kleine, handliche LCD-Video-Spiel auf dem Boden des Wohnzimmers liegen, wo er saß, und sah zu Stefanie herüber, die seit einer halben Stunde vom Badesee zurück war. Sie hatte sich auf dem Sofa breitgemacht und las in ihrem Buch. Niemand sonst war zu Hause. Dagmar Holm mußte wegen des Awenacher Spätsommerfestes den ganzen Tag im Geschäft arbeiten, ihr Mann hatte sich den Nachmittag freigenommen, um sich mit Freunden auf dem Rummel zu treffen.

Als Stefanie sich nicht mehr richtig konzentrieren konnte, legte sie das Buch beiseite und ging in ihr Zimmer. Sie zog unterm Bett ein Brett hervor, auf dem sie vor ein paar Tagen ihr 4000-Teile-Puzzle begonnen hatte. Große Teile des Einhorns hatte sie fertig, das an einem Meeresstrand entlanggaloppierte. Die schwierigste Aufgabe stand ihr noch bevor, wenn es galt, die feinen Blauabstufungen von Meer und Himmel auseinanderzuhalten.

Es schellte an der Wohnungstür. Bevor sie öffnete, warf sie einen Blick durch den Türspion.

„Bin früh dran, ich weiß", schnatterte Anja munter drauflos und stand schon in der Wohnung.

„Olala! Siehst ja dufte aus!" bewunderte Stefanie die äußere Erscheinung ihrer Freundin.

Anja hatte ihre blonden Haare zu wilden Strähnen gestylt und ihr Gesicht geschminkt.

„Hat mich auch einiges an Zeit gekostet." Sie strich sich vielsagend durch ihr Haar. „Sag mal, kannst du mir ein T-Shirt leihen?"

Stefanie öffnete ihren Kleiderschrank. „Die werden dir aber wohl alle zu eng sein", wandte sie ein, während sie aus ihrer Jeans schlüpfte und sich in ebenso bunte wie knallenge Leggins zwängte.

Anja grinste sie an. „Es kann nicht eng genug sein."

„Dann bedien dich. Willst dir einen Typen aufreißen, weil dein Horoskop grünes Licht gibt, was?"

„Auf alle Fälle will ich nicht wie Aschenputtel aussehen." Anja stolzierte kokett zum Schrank. „Der Rest wird sich zeigen."

Bis sie das engste und kürzeste T-Shirt gefunden hatte, das ihren Bauchnabel auch nur bei bestimmten Bewegungen zeigte, verging eine lange Zeit.

„Oh, Anja, komm zu Potte!" hielt Stefanie ihre Freundin zu mehr Entschlußfreudigkeit an, als sie zum Gehen bereit vom Badezimmer zurückkam und Anja noch immer prüfend vorm Spiegel ihre Bewegungen machte.

„Ist es nicht doch etwas zu lang?"

„Keine Sorge." Stefanie schmunzelte in sich hinein. „Wenn du es willst, kann der Typ locker genug sehen, um darauf anzuspringen."

*

Es gehörte zur Tradition des Awenacher Spätsommerfestes, daß alle Geschäfte im Zentrum Stände auf der Straße aufbauten. Hinzu kam eine lange Kirmesreihe, für die mehrere Straßen im Stadtkern für den Verkehr gesperrt wurden. Arm in Arm erreichten Stefanie und Anja nach einer Viertelstunde Fußmarsch eine Seitenstraße, aus der der Lärm des Jahrmarktrummels quoll. Zusammen mit dem zunehmenden Geräuschpegel von Musik und grellen Ansagen der Schausteller wurde auch der Duft von frischer Bratwurst hier und gebrannten Mandeln dort intensiver. Schweigend tauchten sie in den Menschenstrom, der sich zäh die Straßen entlangschob, vorbei an Buden, Biertheken und Karussells, und ließen die Eindrücke dieser Glitzerwelt auf sich einwirken. Beim Autoscooter wurden sie von der fetzigen Musik angezogen und hockten sich auf das Eisengeländer. Während Stefanie den hin- und herflitzenden Wagen zusah, die oftmals frontal zusammenstießen und in einem Pulk steckenblieben, hatte Anja eher Augen für das Umfeld, das jedoch nichts nach ihrem Geschmack hergab.

„Eine Runde in den Magenverdreher?" fragte Stefanie blinzelnd.

Anja hielt sich ihren Bauch. „Ich denke, ich werd's durchstehen."

Wie eine riesige Schaukel pendelte das mächtige Wikinger-Schiff unter viel Geschrei und Gequieke der Fahrgäste von einer Hauswand zur anderen quer über die Straße. Eine halbe Minute lang schoß der Koloß bis in die Höhe der Dächer, blieb für den Bruchteil einer Sekunde stehen und flog zurück an der gegenüberliegenden Hauswand empor. Dann begann der Schwung sich abzuschwächen. Als das fast zehn Meter lange Schiff zum Stillstand gekommen war, krabbelten zwei bleiche Mädchen aus ihrer Sitzreihe. Mit weichen Knien blieben sie einige Augenblicke stehen, um sich zu fangen.

„Jetzt brauch' ich einen Magenberuhiger. Komm, ich lad' dich ein!" meinte Anja mit heraushängender Zunge und zog Stefanie zum nächsten Süßwarenstand.

Genüßlich Zuckerwatte und Paradiesäpfel schleckend, bewegten sie sich auf die Ausläufer des Jahrmarkts zu. Je näher sie ihnen kamen, desto deutlicher spürte Stefanie einen kalten Wind auf ihrer Haut.

„Hat sich ganz schön abgekühlt, was?"

Anja, die die Bemerkung für einen ironischen Scherz hielt, mußte lachen. „Sieht auch nach Schnee aus."

Die Straße, durch die sie jetzt gingen, wurde immer menschenleerer. Die Beleuchtung der Buden und Karussells nahm allmählich ab, so daß die Straße in ein graubraunes Licht eingehüllt war. Von einem bereits geschlossenen Kinderkarussell hing ein Stück der Plane herab und flatterte im Abendwind, der vom Adlerberg herabwehte. Aus einem der sich aneinanderreihenden Wohnwagen der Schausteller drang leise ein trauriges, schwermütiges Lied. Stefanie war plötzlich, als habe sie all das schon einmal gesehen und erlebt – den kalten Wind, das seltsame Licht, die flatternde Plane und die unheimlich anmutende Melodie von Tod und Trauer. Sie wußte auch wo: in ihren wüsten Alpträumen, die sie seit Wochen öfter heimgesucht hatten.

Was für ein Zufall! dachte sie – und das trotz der auffallend großen Menge an Details, die zusammenpaßten.

Sie wollten schon umkehren, da blieben Anjas Augen an einem Wohnwagen hängen, an dessen Tür etwas Aufgemaltes leuchtete.

„Mensch, guck mal! Kommt dir das nicht bekannt vor?" Sie zeigte auf das Symbol. „Das hab' ich auf irgendeinem Plattencover schon mal gesehen."

Stefanie zuckte die Achseln. „Kenn' ich nicht. Was bedeutet es denn?"

„Der Kreis bedeutet Bewahrung."

„Aha. Und die Feder?"

Anja dachte scharf nach und schnippte mehrmals mit den Fingern, als könnte ihr das auf die Sprünge helfen. Aber es fiel ihr nicht ein.

Dann kam Stefanie ein Gedanke. „Hat man mit so was früher nicht geschrieben?"

„Richtig! Das ist eine Schreibfeder."

„Hm. Aber was bedeutet sie? Ich meine, was wird damit geschrieben?" Sie veränderte plötzlich ihre Stimme in ein tiefes, bedrohendes Brummen: „Vielleicht der Pakt mit dem Teufel – Uaaah!" Sie lachte.

Anja sah sie strafend an. „Ich lache morgen darüber,

okay? Jetzt sehen wir uns den Wagen genauer an", schlug sie interessiert vor und war im Nu mehrere Schritte voraus.

Gemeinsam beäugten sie den ockerfarbenen Wagen aus Holz, dessen Blendläden geschlossen waren. Am Fuße der Treppe, die zur Eingangstür hinaufführte, stand ein großes Plakat. Anja las die Worte darauf laut vor:

„,Warum sich nicht heute schon über die Dinge von morgen freuen? Warum nicht dem Schicksal ein Schnippchen schlagen? Treten Sie ein in die Welt Ihrer Zukunft! Madame Devineresse erwartet Sie!' – Klingt gut, was?"

„Naja", entgegnete Stefanie wenig überzeugt. „Ich weiß nicht. Ich dachte, du hättest so gute Tarot-Karten, mit denen du voraussagen kannst?"

„Klar, hab' ich auch. Ich dachte eher an dich."

„An mich?" Stefanie drehte sich erschrocken einmal um sich selbst.

„Bammel?" Stefanie schluckte nervös. „Ein bißchen schon."

„Sagt die Wahrsagerin abends im Bett zu ihrem Ehemann: Reich mir die Hand, Liebster, ich habe das Bedürfnis, vor dem Einschlafen noch etwas zu lesen."

Anja lachte laut und riß Stefanie mit.

Die Tür des Wagens öffnete sich, und ein älterer Herr stieg die Stufen herunter. Stefanie ließ ihn nicht aus den Augen. Unsicher zappelte er von einem Fuß auf den anderen.

„Wie teuer ist so was eigentlich? Ich habe bestimmt nicht genug Geld mit!"

„Angsthase! Du suchst bloß 'ne Ausrede. Ich schieße die Hälfte dazu. War ja schließlich meine Idee."

Sie fingerte aus ihrer Hosentasche einen 50-Mark-Schein und hielt ihn ihr zwischen zwei Finger geklemmt hin.

Stefanie holte tief Luft und schnappte nach dem Geldschein. Als sie den Treppenabsatz oben erreicht hatte, blickte sie augenrollend zu Anja herunter. Auch ohne ihre flatternde Handbewegung sah diese ihr an, daß ihr Herz raste. Stefanie klopfte vorsichtig gegen die Holztür. Ob

92

von drinnen jemand sie hereingerufen hatte, bekam Anja nicht mit. Sie beobachtete nur, wie Stefanie die Türklinke drückte.

„He, Steffi!" rief sie ihr grinsend zu. „Denk an die Feder. Vielleicht mußt du einen Pakt mit dem Teufel unterschreiben – Uaaah!" ahmte sie die Alberei ihrer Freundin nach.

Stefanie streckte ihr die Zunge heraus, dann fiel die Holztür hinter ihr ins Schloß.

Der kleine Pudel schaute immer dorthin, wohin die Füße des Besuchers sich bewegten. Jetzt lag er artig auf seiner Decke, keine Sekunde das Mädchen aus den Augen lassend, das um Fassung rang. Stefanie war es warm, schrecklich warm. Immer wieder ging ihr Blick von der aufgerichteten Kobra aus Gips zu dem großen Wandteppich, auf dem eine majestätische Gestalt mit erhobenem Zeigefinger auf eine milchige Glaskugel herabsah. Stefanies Hände waren feucht, und die Innenflächen hatten sich unnatürlich rot gefärbt. Madame Devineresse forschte in ihren Handtellern und wanderte mit ihren Augen das Muster der Linien ab wie eine Karthographie. Vor ihr lag ein Block, auf den sie Stefanie eine Schriftprobe hatte schreiben lassen. Auf dem Tisch waren einzelne Karten ausgebreitet, die für Stefanie nicht mehr zu sein schienen als bunte Bilder mit Figuren. Und doch bedeuteten sie mehr. Sollten sie die Boten ihres Schicksals sein?

Eine Zeit des Wartens brach für Anja an. Gelangweilt schlenderte sie neben dem Wohnwagen auf und ab. Zu gerne hätte sie Mäuschen gespielt und mitgehört, was diese Madame alles über Stefanies Zukunft zu sagen hatte. Sie setzte sich auf einen Hydranten, von dem mehrere Schläuche abzweigten und zu den einzelnen Wohnwagen verliefen, und drehte Däumchen.

Wie lange sie gewartet hatte, wußte sie nicht. Als sie ein Tippen auf der Schulter spürte, kam ihr nur Stefanie in den Sinn. Erlöst sprang sie vom Hydranten hoch.

„Na, wie –?" wollte sie loslegen, brach ihre Frage jedoch ab, als sie in ein blasses und verstörtes Gesicht schaute. „He! Was ist los?"

Stefanies Augen wanderten vor Erregung ziellos umher.

„So 'ne gemeine Kuh! Was fällt der ein!" polterte sie los. „Und dafür zahl' ich auch noch 70 Mark!"

„Was ist passiert? Erzähl schon!" Anja packte sie bei den Schultern, als wollte sie die Antwort aus ihr herausschütteln.

„Die Alte spinnt! Mir so einen Müll zu erzählen!"

„Was hat sie gesagt?" Anja, die ihre Freundin selbst in heikelsten Situationen stets als ein sehr gelassenes Mädchen kennengelernt hatte, ließ sich von ihrer Unruhe anstecken. Nur etwas wirklich Schlimmes konnte sie so aus dem Gleichgewicht geworfen haben. Nach mehrmaligem Zureden rückte Stefanie schließlich mit der Sprache heraus.

„Es fing alles irgendwie ganz harmlos an", begann sie und bemühte sich sichtlich, gefaßt zu bleiben. „Diese Madame erzählte mir einiges von sich, um mir die Angst zu nehmen. Daß sie eine Weiße Hexe ist, also eine gute. Daß das Wahrsagen bei ihr in der Familie liegt und sie schon als kleines Kind diese Gabe der Prophetie gehabt hat. Daß viele Verzweifelte bei ihr schon Trost und Fürsorge gefunden haben. Daß sie Schwarze Magie ablehnt und so weiter. Sie machte eine Charakteranalyse von mir, wie sie es nannte. Dann gab sie mir einen Packen Karten, den ich mischen mußte. Ich sollte drei Stapel bilden, aber mit der linken Hand."

Anja, die ihre Ohren wie ein Luchs spitzte, fragte gespannt nach: „Wieso mit links?"

„Weil ich nicht verheiratet bin ... Sie blätterte dann die Stapel nach einem bestimmten System zu einem Kartenbild auf, um mir meine Vergangenheit zu sagen. Dadurch sollte ich Vertrauen fassen. Es stimmte alles haarklein. Sie sprach von Dingen, die allein ich wissen konnte. Auch daß ich mich mit meiner Mutter gut verstehe, aber zu meinem Vater ein ätzendes Verhältnis hab', weil er säuft. Dann mußte ich die Karten noch mal mischen, und sie sagte mir, daß ich sie als ein Medium betrachten sollte, das eine Verbindung zwischen meinem Unterbewußtsein und dem ihren herstellen würde. Mein Unterbewußtsein hätte die Informationen aus der Vergangenheit und über die Ziele von vielen verschiedenen Menschen empfangen und gespeichert. Sie täte nichts anderes, als diese Informationen im Kartenbild abzurufen. – So'n blühender Unsinn!"

Sie tippte mit dem Finger an ihre Schläfe.

„Was war dann?" drang Anja in sie, die die Abschweifung ganz kribbelig machte.

„Als das Bild dalag, mußte ich ganz ruhig sein. Sie las heraus, daß ich zur Zeit schulisch auf der Kippe stehe. Sie wußte sogar von meiner Zauberaktion und konnte sehen, daß es mit Carlo schon sehr bald ernst werden würde." Ihre Gesichtszüge hellten sich auf bei diesem Gedanken. „Überhaupt würde mir in naher Zukunft viel Gutes widerfahren. Fremdes würde mir begegnen, doch sollte ich mich davon nicht abschrecken lassen. Die Erfahrungen, die ich dabei machen würde, wären sehr hilfreich für mein Leben."

Dunkle Wolken überschatteten plötzlich wieder ihr Gesicht.

„Dann kam der Hammer. Während sie auch immer wieder in meinen Händen las, sagte sie zum Schluß, daß sich in den nächsten Monaten in meinem Umfeld schwere Schicksalsschläge ereignen würden. Wen genau es treffen werde, konnte sie nicht erkennen. Einer gehöre auf jeden Fall zu meiner Familie."

Ihre Stimme wurde brüchig vor Ergriffenheit. „Er ... er würde tiefe Wunden davontragen ... Wunden, die nicht mehr ... nicht mehr geheilt werden könnten."

Anjas Kinnlade klappte herunter. Mit offenem Mund starrte sie Stefanie an.

„Glaubst du das?" fragte sie mit belegter Stimme.

„Dann müßte ich ja bekloppt sein!"

Die Worte kamen energisch hervorgeschossen. Doch das Mienenspiel paßte überhaupt nicht zu ihnen. Es spiegelte Furcht und Ratlosigkeit wider.

5

Für einen Awenacher wurde es jedes Jahr von neuem sichtbar, weshalb der Volksmund den Oktober als einen „goldenen Monat" bezeichnete. Die Waldzüge mit Laubbäumen tauschten in jenen Tagen ihren grünen Mantel gegen ein herrlich buntes Farbenkleid ein, das wie zartes Gold schimmerte, sobald die Sonnenstrahlen sich in einem bestimmten Winkel auf die Blätter legten. Es gab nur wenige Menschen in Awenach, die diese einmalige Verwandlungskunst der Natur staunend verfolgten. Die überwiegende Mehrheit registrierte den Wandel nur unbewußt und nahm ihn oft erst dann zur Kenntnis, wenn Blätter lästig ins Haus wehten oder sie auf feuchtem Laub ausrutschten.

Zu ihnen gehörte auch Marc Belden, der an diesem Nachmittag viel zu erledigen hatte. Drei Stunden hatte er in der Stadt beim Friseur und mit Einkaufen verbracht, ehe er gegen 17 Uhr wieder nach Hause kam. Mit Plastiktüten bepackt marschierte er durch den Vorgarten, wo seine Mutter in einem der Blumenbeete arbeitete.

„Du hast aber schwer ein –" Sie brachte den Satz nicht zu Ende, sondern machte statt dessen ihrem Entsetzen Luft. „Wie siehst du denn aus!?"

Edith Belden stützte sich mit den Fingern im Erdreich ab, um nicht umzukippen. „Dafür brauchtest du nicht zum Friseur!"

„Mir gefällt's. Ich wollte schon lange einen Mittelscheitel und die Haare hinten länger. Außerdem habe ich keinen Bock, mit dir darüber zu diskutieren", entgegnete er ärgerlich und ging an ihr vorbei ins Haus.

Er setzte die Tüten auf seinem Schreibtisch ab und packte sie der Reihe nach aus. Das Magazin „Metal Hammer" warf er aufs Bett, die beiden neuen Hosen hängte er in den Schrank und von den vier CDs legte er „Guns 'n' Roses" gleich als erste auf. Mit den drei anderen machte er es sich auf dem Bett gemütlich und begann, sie genauer zu studieren. Ihm fiel auf, daß gewisse Motive und Symbole immer wieder vorkamen: der fünfzackige Stern mit einem

Kreis, Hände mit abgespreiztem Zeige- und Kleinfinger, Fabelwesen aus dem Reich des Horrors. War das die Eigenart des Musikstils, sozusagen ein Erkennungszeichen?

Er las sich die Liedtexte durch und stellte fest, daß viele einen ähnlichen Inhalt aufwiesen wie die CDs, die er sich vor Tagen von Carlo ausgeliehen hatte. Es ging irgendwie um fremdartige Dinge, die er nicht einordnen konnte – und oft um den Teufel. Sie kamen so häufig und so entschieden vor, daß er den Eindruck gewann, die Musiker glaubten das, was sie sangen, glaubten mit einer unverrückbaren Überzeugung daran. Er fragte sich sogar, ob sie nicht vielleicht die richtige Lebenssicht und Religion gefunden hatten, die er dort vermißte, wo seine Eltern ihn bis vor einem Jahr noch fleißig mit hingeschleppt hatten – in die kalten Bänke einer langweiligen Kirche.

Er hörte nicht, wie sein Vater eine halbe Stunde später von der Kanzlei nach Hause kam, und bekam auch von dem Gespräch nichts mit, das im Flur geführt wurde.

„Woher die gute Laune?" fragte Edith Belden, als sie ihrem Mann das Jackett abnahm und auf einen Bügel hängte.

Wolfgang Belden löste seine Krawatte und öffnete den obersten Knopf seines weißen Hemdes. Dann deutete er mit dem Daumen auf die Zimmertür, durch die tiefe Bässe und ein peitschender Rhythmus dröhnten.

„Ich mußte eben daran denken, wie mein Vater früher herumtobte, wenn ich Elvis Presley oder die Beatles hörte. Er war fest davon überzeugt, daß diese Musik teuflisch sei und aus mir mal ein Anarchist würde, wenn ich sie weiter hörte." Er lachte. „Und was ist aus mir geworden? Ein Rechtsanwalt."

Seine Frau versuchte darüber zu schmunzeln, was ihr sichtlich schwerfiel.

„Ab und zu dieser Höllenkrach, dagegen hätt' ich ja nichts. Aber er ist zu einer richtigen Seuche bei Marc geworden. Morgens, wenn er aufsteht, abends, wenn er zu Bett geht – immer diese Musik. Um seinen Computer kümmert er sich kaum noch. Und du solltest mal sehen, wie er sich die Haare hat schneiden lassen. Furchtbar!"

Wolfgang Belden lächelte sie gütig an. „Hast du im Ernst geglaubt, die Rebellenphase würde ausgerechnet an unserem Sohn vorübergehen? Irgendwann mußte sie kommen. Sie wird auch wieder verschwinden."

„Und wenn nicht? Neulich kam es erst im Fernsehen, welch verheerende Auswirkungen solche Musik haben kann."

„Kann!" betonte ihr Mann und hob demonstrativ den Finger. „Und das auch nur vielleicht und bei entsprechend psychisch labilen Jugendlichen – zu welchen unser Sohn weiß Gott nicht gehört."

Er hielt inne, da die Musik jäh verstummte. Kurz darauf flog eine Tür auf.

„Tag, Vater. Ich muß noch mal weg. Ihr braucht mit dem Essen nicht auf mich zu warten."

„Du wolltest doch gleich den Rasen mähen?" rief Edith Belden ihm hinterher.

„Ich wollte ihn nicht mähen. Ich *sollte* ihn mähen. Hab' aber keine Zeit."

Seine Mutter wollte ihm ärgerlich nachsetzen, als ihr Mann sie am Arm festhielt.

„Laß ihn! Das kann ich machen. Ein bißchen Bewegung wird mir guttun." Er gab ihr einen beschwichtigenden Kuß auf die Wange. „Was gibt's zu essen? Ich habe einen Bärenhunger."

*

Marc wunderte sich, daß Alex seine total verkorkste Mathematikarbeit zu Carlo mitgebracht hatte. Die beiden DIN-A-4 Blätter, die mehr rote Tinte als blaue aufwiesen, lagen vor ihm auf dem Tisch neben einer Messingschale. Weder Tommi und Katja noch Kim oder Carlo sagten einen Ton. Sie sahen still zu, wie Alex eine dunkelblaue Kerze anzündete und fürchterlich zu fluchen anfing. Er beschimpfte ihren Mathematiklehrer mit Begriffen der sexuellen Impotenz und beschrieb seine eigene Person mit selbstherrlichen Bildern, die unterhalb der Gürtellinie einzuordnen waren. Vollends geschockt wurde

Marc, als Alex auf einmal die beiden Zettel nahm und sie unter schlimmsten Flüchen in der Kerzenflamme verbrannte.

„Das ist ein Schuldokument!" rutschte es Marc heraus.

Alex blickte ihn fest an. Die Flammen spiegelten sich so echt in seinen Augen, als würde in ihnen selbst das Feuer brennen.

„Schocken muß man diese Säcke! Der, der mir sagt: du sollst, du mußt, du darfst nicht – der ist mein Todfeind!"

Der Tonfall, mit dem er diese Worte zischte, triefte geradezu vor Brutalität.

Kim bemerkte Marcs verschreckten Gesichtsausdruck.

„Das ist nicht so dramatisch, wie es sich anhört. Du kennst Alex mittlerweile. Wir haben uns für unsere Gruppe das Motto des großen englischen Lehrers Aleister Crowley ausgesucht, der ein Meister der Bewußtseinserweiterung war und sich deshalb auch zu Recht ‚To Mega Therion' nannte, das heißt ‚Das Große Tier'. Sein Lebensmotto haben wir übernommen – ‚Tu was du willst!'"

Marc nickte, als hätte er verstanden. Doch ihm war gar nichts klar.

Nachdem die Blätter in der Messingschale zu Asche zerfallen waren, setzte Carlo zu einem neuen Thema an, indem er aus seiner Brusttasche etwas zückte, das alle sogleich als Eintrittskarten ausmachten.

„Es hat geklappt!" jubelte Katja spontan los und hüpfte euphorisch in ihrem Sessel auf und ab.

„Es hat geklappt", wiederholte Carlo. „Trotz ausverkaufter Halle."

Er verteilte an jeden eine Karte. Marc hielt sie wie ein exotisches Souvenir in Händen. Es würde das erste Rockkonzert sein, an dem er teilnahm.

„Iron Maiden ...", las Tommi stolz vor, als wäre er ein Bote, der eine königliche Botschaft zu verkünden hätte.

Marc wollte seine Geldbörse zücken, um die Karte zu bezahlen, als Kim ihre Hand auf seinen Arm legte.

„Laß stecken! Das geht in Ordnung", sagte sie mit einem Lächeln.

Marc war bewegt. Das waren gute Freunde, wie er sie sich schon immer gewünscht hatte. Artig bedankte er sich.

„Bevor uns allen vor Rührung die Tränen kommen, laßt uns den Video anschmeißen", spöttelte Alex und rückte seinen Sessel in Richtung des Fernsehgeräts.

Carlo bediente die Apparate, während die anderen es sich bequem machten. Kim kuschelte sich ganz eng an Marc, wobei sie ihren Kopf an seine Schulter legte. Sie hatte ihm in der Schule zwar vorgeschwärmt, daß es sich um den Film „Feuerteufel" handelte, doch hatte er sich darunter nichts vorstellen können. Seine anfänglich gespannte Erwartung wandelte sich rasch in Skepsis. Wertete er es auch nicht unbedingt als abwegig, daß jemand telepathische und hellseherische Fähigkeiten besaß oder durch einen hypnotischen Blick andere beeinflussen konnte, so war es für ihn spätestens da völlig an der Realität vorbei, als das Mädchen durch bloße Konzentration Gegenstände in Brand zu setzen vermochte oder ihr Vater Menschen erblinden lassen konnte.

„Hast du dir noch nie gewünscht, eine besondere Kraft zu besitzen, die dich von anderen Menschen abhebt? Mit der du dich wehren kannst, wo du dir sonst nur alles gefallen lassen mußt? Wo du anderen helfen kannst, wenn ihnen wehgetan wird? Wo du dich selbst und andere rächen kannst? Hast du von so was noch nie geträumt?"

Er hatte. Als kleines Kind war es sein Wunsch gewesen, Batman oder Superman zu sein – mächtig, stark, unbesiegbar. Und wenn er ehrlich war, beneidete er in Wirklichkeit diesen Andy und seine kleine Tochter um ihre gewaltigen Fähigkeiten.

„Geträumt, ja – wie dies nur ein Traum aus der Traumfabrik Hollywood ist", flüsterte er zurück.

„Es muß kein Traum bleiben", erwiderte Kim ruhig.

„Wie bitte?" konterte Marc laut, so daß er mahnende „Pst"-Rufe einstecken mußte.

„Hörst du denn nicht, wie sie von ‚ES', von einer ‚Macht' sprechen? Wie das Mädchen diese Macht mit ‚du' anredet und sie kontrollieren kann? Eben wurden PSI-

Kräfte erwähnt. Diese verborgenen Kräfte existieren wirklich", erklärte sie leise und gab ihm einen Kuß, ehe sie fortfuhr: „Ich habe dir ja schon mal gesagt, daß es Dinge gibt, die deinen Horizont übersteigen – *noch* übersteigen."

Als wäre ein Schalter umgelegt worden, gewann unversehens ein Artikel an Bedeutung, den er zufällig im Nachrichtenmagazin seines Vaters über den Horrorfilm „Alien 3" gelesen hatte. Er hatte es für einen Werbegag gehalten, daß dort stand, daß während der Dreharbeiten Kameras zerquetscht wurden, bespielte Bänder auf einmal ohne Ton waren und einige Leute vom Filmteam dermaßen von Angst gepackt wurden, daß sie ihre Jobs aufgaben und sich weigerten, weiterzumachen. Selbst die beiden Macher dieses Films hatten ebenfalls von einer geheimnisvollen, unheilbringenden „Macht" gesprochen, die unter dem Himmelsgewölbe existiere. Marc kamen Zweifel, ob diese Geschichte, die er für irrsinnig gehalten hatte, nicht doch die Wahrheit gewesen war.

Er sah Kim an und kombinierte. „Geht es bei der Bewußtseinserweiterung in Carlos Gruppe um solche Kräfte?"

Sie nickte.

*

„Wir gebrauchen das satanische Thema, weil wir glauben, daß es zu unserer Musik paßt. Wenn Satan auf die Erde kommen würde, dann hätte er bestimmt einen Sound wie wir. Unsere Texte sind vor allem beeinflußt durch ein Buch von Anton Szandor LaVey. Er gründete in Amerika die Satanskirche, und das Buch heißt ‚Satanic Bible'. Dieses Buch heißt sicher mit Recht die Bibel des Satanismus."

Marc ließ das Musikmagazin auf die Brust kippen und dachte über die Antwort nach, die er soeben im Interview mit Mantas, einem Mitglied der Metal-Band „Venom", gelesen hatte. Er mußte dem zustimmen: dieser Satan, von dem da die Rede war, hatte wirklich eine viel bessere Musik zu bieten als er je in irgendeiner Kirche gehört hatte.

Während die CD automatisch wechselte, mußte er an das Cover einer CD der Gruppe „Celtic Frost" denken, die er besaß und das eine schwarze Gestalt mit Kapuze über dem Kopf in einer Kirche zeigte, die ein Kruzifix zur Zwille gebogen in der Hand hielt und auf den Betrachter zielte. Mit diesem Kirchenmärchen, daß der Sohn Gottes an einem Kreuz starb, hatte er nie sonderlich viel anfangen können. Er wußte bis heute nicht, was das eigentlich hatte bezwecken sollen. Sich so billig umbringen zu lassen anstatt zu kämpfen, war das nicht ein Zeichen von Schwäche? Ebenso lächerlich fand er es, daß dieser Jesus immer wieder als ein Lamm bezeichnet wurde. Ein Lamm war klein und hilflos. Ein leichtes Fressen für jeden Wolf. Nein, dieser Glaube konnte einfach nicht viel taugen. Da war es besser, es mit dem Wolf zu halten.

Sehr zur Verägerung seiner Mutter war er wieder erst spät in der Nacht nach Hause gekommen. Bis kurz vor 11 Uhr hatte er im Bett gelegen. Dann war er aufgestanden und hatte bis zum frühen Nachmittag an diesem unterrichtsfreien Samstag nichts weiter zustande gebracht als Musik zu hören, zu duschen, zu frühstücken und zu lesen. Erst als es an der Haustür klingelte, offenbarte er seiner Mutter nebenbei, daß er wegfahren und spät wiederkommen würde. Ehe sie schalten konnte, war er bereits aus dem Haus und saß neben Kim in Carlos Auto.

„Heiße Hose!" stieß Tommi staunend hervor und gab Marc einen Klaps, während dieser nach hinten zu Katja und Kim krabbelte. Kim begrüßte ihn mit einem Kuß und begutachtete die unzähligen Abbildungen der Rockgruppen, die auf die schwarz-weiße Hose gedruckt waren.

„Ha! Mötley!" stellte sie zufrieden fest. „Eine gute Hose."

„Was denkst du! Ohne Mötley-Crüe-Motiv hätte ich mir die gar nicht gekauft", verkündete er stolz und wandte sich an Carlo: „Kannst du mal was Starkes von „Venom" in den Kasten schmeißen?"

„Ich hab' alles da." Er gab Tommi ein Zeichen, die Cassette herauszusuchen, während er den Wagen startete.

„Mit wem fährt Alex?" erkundigte sich Marc nach dem Sechsten im Bunde, der fehlte.

„Er fährt mit einigen Leuten aus dem Nachbarort", antwortete Kim und lächelte ihn glücklich an. „Ich freue mich, daß wir zusammen aufs Konzert gehen."

Katja stieß ihn an. Sie hatte einen Joint angezündet, um ihn reihum gehen zu lassen. Marc nahm gleich zwei Züge und reichte ihn dann weiter an Kim. Er fand, daß die Musik immer besser klang, je öfter er am Joint zog:

Mit 200 Stundenkilometern raste das Cabrio über die Autobahn. Nach ein paar Joints ließ Tommi eine Wodka-Flasche kreisen, so daß eine ausgelassene Stimmung im Wagen herrschte, als Carlo ihn auf einem der Parkplätze nahe der Konzerthalle abstellte. Von überallher strömten Fans im Iron-Maiden-Look durch die Pforten in die riesige Halle. Marc fühlte sich toll bei dem Gedanken, zu dieser gigantischen Fan-Gemeinde zu gehören. Die Fünf begaben sich in die Vorhalle, um sich an den zahlreichen Verkaufsständen umzusehen. Marc legte sich ein Iron-Maiden-T-Shirt zu, das er sofort anzog. Obwohl noch viel Zeit bis zum Konzertbeginn blieb, drängte Katja darauf, sich im Innenraum einen guten Platz nahe der Bühne zu sichern.

Mit wachsender Anspannung verfolgte Marc, wie die Halle, die mehr als 16 000 Menschen Platz bot, sich von Minute zu Minute füllte. Schon der Auftritt der Vorgruppe begeisterte ihn. Danach und nach einer halben Stunde Pause versank die Halle erneut in Dunkelheit. Naßgeschwitzt atmete Marc kräftig durch. Kim, die auf Alex' Schultern saß, beugte sich zu ihm herunter.

„Wie gefällt's dir?"

„Super! Echt Sahne!"

„Dann paß mal auf, was jetzt kommt", ergänzte Alex und fischte sich aus einem schmalen Röhrchen etwas kleines, rundes, das er sogleich herunterschluckte. „Da geht die Post erst richtig ab."

Marc spürte, wie sich über die Halle eine prickelnde Atmosphäre legte. Die Tausenden von Fans brachen in ein erwartungsvolles Gebrüll aus. Überall flackerten Feuerzeuge auf. Über der Bühne ging plötzlich ein weißer Scheinwerfer an. Was er anleuchtete, konnte Marc im ersten Moment nicht erkennen. Aber dann sah er die Gestalt im weißen Gewand, die mit ihrem Totenschädel huldvoll in jede Richtung der Arena nickte.

„Was ist das?" fragte er Alex.

„Das ist Eddie, das Maskottchen von ‚Iron Maiden'. Er grüßt seine Fans", schrie Alex begeistert und stieß mehrere euphorische Pfiffe aus.

Eine Stimme erklang, die einige Worte in Englisch sprach. Ein Laserstrahl begann über die Bühne zu tanzen und ließ die Musiker schemenhaft erkennbar werden, worauf ein ohrenbetäubender Jubelsturm durch die Halle tobte. Leises Gitarrenspiel mischte sich in die Worte, wurde lauter und lauter, schneller und schneller. Die Stimme des Sängers Bruce Dickinson erschall aus den Boxentürmen:

„Willkommen in Satans Heiligtum!"

Ein mächtiger Schlagzeugwirbel setzte ein. Alle Scheinwerfer erstrahlten gleichzeitig und ließen einen monumentalen Bühnenaufbau sichtbar werden, an dem Marc sich nicht sattsehen konnte. Er bestand aus prächtigen, goldfarbenen Bauten, wie er sie noch nie zuvor gesehen hatte.

*

Kim sog den feinen Pulverstreifen in die Nase. Dann reichte sie das Röhrchen, den Spiegel, die Rasierklinge und das Tütchen mit dem Kokain weiter an Marc. Er war der letzte in der Reihe und tat es ihr nach. Bis auf Katja hatten alle bis zur sechsten Stunde Unterricht gehabt und saßen nun zusammen in Carlos Auto auf dem Schulparkplatz. Carlo hatte die ganze Clique in die Spielothek eingeladen.

Dämmriges Licht schlug den Fünf entgegen, als sie die nobel eingerichtete Halle des „Paradise" betraten. Ein efeuumrankter Springbrunnen stand in der Mitte, von Lichtstrahlern angeleuchtet. Sein monotones Plätschern ging in der sanften Hintergrundmusik unter. Die Pop-Töne überblendeten auch die vielen Mißklänge, die mal abwechselnd, mal gleichzeitig von überall hervordudelten. Zielstrebig steuerte Alex auf einen kleinen abgetrennten Raum zu. Kurz darauf ertönte immerfort das Rattern von MG-Salven. Auf dem Weg zur Bar blieb Tommi am Flipper „Terminator" hängen, der soeben frei wurde. Kim und Marc setzten sich auf die Barhocker und ließen sich ihre Getränke dort servieren. Den beiden anderen brachte Carlo die Getränke persönlich.

„Auf den heutigen Abend!" Kim prostete Marc zu und trank einen Schluck. „Nervös?"

„Im Moment nicht. Fühl' mich locker und federleicht." Er lachte grundlos.

Heute war es soweit. Er würde zum ersten Mal an einem Gruppenabend teilnehmen.

„Für den Fall, daß es nachher kribbeln sollte", sagte sie mit einem Lächeln und schob ihm ein Tütchen in die Hand. Mit größter Selbstverständlichkeit steckte er es ein wie ein Taschentuch.

Als er eine Stunde später nach Hause fuhr, erwartete seine Mutter ihn bereits am Wohnzimmerfenster. Sie fing ihn im Flur ab, verärgert darüber, daß er so spät kam.

„Du hättest wenigstens Bescheid sagen können. Man macht sich doch Sorgen."

„Man? Hör doch auf!" Er winkte verächtlich ab. „Du machst dir Sorgen. Weil du mich immer noch wie ein Kleinkind bemuttern willst. Aber damit ist Schluß!"

„Trägst du deswegen jetzt dieses scheußliche T-Shirt?"

„Wieso scheußlich? Weil da steht ‚Und am achten Tag schuf ER das Kokain'?"

Er hatte ihr übersetzt, was in Englisch auf dem T-Shirt stand, das er beim Iron-Maiden-Konzert erworben hatte, und schaute sie herausfordernd an.

„Das ist gotteslästerlich, Marc!"

Er lachte laut auf. „Nun tu mal nicht so scheinheilig. Du und Paps und eure ganze Generation wart auch nicht so unschuldig, wie ihr heute tut. Ihr habt als junge Leute auch nicht die Musik eurer Eltern gehört. Habt heimlich im Keller geraucht, euch im Wald abgeknutscht und im Gebüsch

Männermagazine angeguckt. Und heute spielt ihr euch als Moralapostel auf und wollt uns den Spaß verderben."

„Marc!"

„Außerdem", fuhr er unbeirrt fort, „was weißt du schon von Gott? Was weißt du von spiritueller Kraft?"

„Dein Vater und ich gehen regelmäßig zur Kirche. Im Gegensatz zu dir", konterte sie verletzt.

„Und? Was kommt dabei heraus? Ich seh' beim besten Willen nichts. Wann betet ihr denn zu eurem Gott? Doch nur, wenn ihr mit dem Auto im Stau steckt. Wann lest ihr denn in eurer Bibel? Ich wette, du weißt nicht einmal, wohin du sie vor 23 Jahren mit den anderen überflüssigen Hochzeitsgeschenken verstaut hast." Seine Mutter schnappte nach Luft.

„Glaubst du im Ernst, ich würde mich auf so was Stinklangweiliges und Heuchlerisches wie euren Kirchenkram einlassen? Wo ich jeden Tag zu Hause vor Augen habe, daß das Christentum abgewirtschaftet und tot sein muß, weil es ja sonst in eurem Leben etwas verändert hätte?"

„Das ... das ... ist nicht wahr", stammelte Edith Belden geschockt. „Pastor Will ..."

„Komm mir nicht mit dem Pfaffen!" schnitt er ihr das Wort ab. „Der gäbe einen guten Märtyrer ab. Der ist so vertrocknet, daß er bestimmt leicht brennen würde."

Eine Ohrfeige hallte durch den Flur. Marc blieb trotz des feurigen Schmerzes in seiner Wange gefaßt.

„Schlag mich ruhig. Das ändert nichts an der Wahrheit."

„Und woran beliebt der Herr dann demnächst zu glauben? Etwa hieran?"

Ihre Stimme bebte vor Erregung, als sie ihm ein Buch vor Augen hielt, auf dem sich ein fünfzackiger Stern mit Kreis befand, in den ein Ziegenkopf eingezeichnet war. Er hatte es nicht in ihrer Hand bemerkt.

„Was schnüffelst du verdammt noch mal in meinem Zimmer rum?" schrie er seine Mutter an und entriß ihr das Buch mit solcher Gewalt, daß ihr an einem Finger der Nagel abbrach und zu bluten begann. „Ja, ich lese die Satansbibel! Und? Schau dir den Zustand dieser Welt an, dann

106

merkst du, wer sie kontrolliert. Es ist nicht der Gott der Christen, sondern Satan. Also ist er auch stärker. Und deshalb ist die Hölle auch nur ein Ort der Qual für die, die Satan auf Erden nicht gedient haben. Für die, die ihm dienten, wird es eine nie endende Fete sein."

Die Zimmertür schlug krachend ins Schloß. Im Flur zurück blieb eine blasse, zitternde Edith Belden.

Wütend und trotzig stellte Marc seine Stereoanlage an. Zu dem Lärm von „Mercyful Fate" steckte er sich eine Zigarette an und warf sich aufs Bett. Den Text des Liedes kannte er inzwischen auswendig. So laut er konnte, sang er ihn mit:

„Komm zum Sabbat, unten an der zerstörten Brücke! Hexen und Dämonen kommen. Folge einfach dem magischen Ruf. Später wird sich der Meister zu uns gesellen, gerufen aus dem Herzen der Hölle. Wenn du Himmel sagst, sage ich Lügenschloß. Du sagst vergib ihm – ich sage Rache! Mein lieblicher Satan – du bist der Einzige ... "

Immer wieder schaute er zur Uhr. Es nervte ihn, daß der Zeiger förmlich dahinkroch. Heute abend würde er dabeisein. Zum ersten Mal. Endlich! Kim hatte ihm zwar gesagt, daß eine Teilnahme nicht gleichzeitig die Aufnahme in die Gruppe bedeutete, doch das störte ihn nicht. Wenigstens durfte er schon mal teilnehmen. Er war sich sicher, daß der Tag der Aufnahme auch kommen würde. Ungeduldig warf er sich auf dem Bett herum, stand auf, stellte sich ans Fenster, legte sich wieder hin. Stunden vergingen. Stunden, in denen er an nichts anderes denken konnte als an den Abend.

*

Kim band ihm das Tuch am Hinterkopf zu.

„He, was soll das? Wollen wir hier im Auto Blindekuh spielen?" Marc kicherte albern. Er fühlte sich prächtig, einfach toll. Es war wieder mal die richtige Idee von Kim gewesen, ihm ein Tütchen Koks mitzugeben. Er liebte sie dafür noch mehr.

„Das sind unsere Vorschriften. Solange die Aufnahme

noch nicht vollzogen ist, müssen die Augen verbunden werden", erklärte sie und schmiegte sich tröstend an seine Brust.

Das Cabrio setzte sich in Bewegung. An der Dauer der Fahrt erkannte Marc, daß es stadtauswärts ging. Nach einiger Zeit wurde es sehr still. Sie mußten die Hauptstraße verlassen haben. Der Weg wurde holpriger. Mehrere scharfe Kurven folgten kurz aufeinander. Dann kam der Wagen zum Stehen.

„Kinder, macht ihr's vielleicht spannend", juxte Marc herum und wartete gespannt, daß Kim ihm die Binde abnahm. „Wieso trefft ihr euch eigentlich so weit weg von Awenach?"

„Dieser Platz ist zentraler", entgegnete Carlo.

Zu Marcs Erstaunen war er es, der den Knoten löste. „Zu der Gruppe gehören auch einige Leute aus den umliegenden Dörfern."

Marcs Augen gewöhnten sich rasch an die Umgebung. Irritiert schaute er sich um. Kim war wie vom Erdboden verschwunden.

„Wo ist Kim?"

„Wir sind spät dran. Kim ist meine rechte Hand und hat hier viele Pflichten zu erfüllen", sagte Carlo knapp, und sie stiegen aus.

Die Umrisse, die er im Dunkeln erkennen konnte, kamen ihm nicht bekannt vor. Er konnte sich nicht erinnern, die Scheunen und Gebäuderuinen schon mal gesehen zu haben. Auf einer großen Wiese daneben waren etliche Leute versammelt, deren Zahl er auf 30 schätzte. Die meisten von ihnen trugen schwarze Umhänge, so weit er im Schein des Feuers ausmachen konnte, das in der Mitte der Wiese brannte. Schnelle, rhythmische Heavy-Metal-Musik erscholl von überallher.

Marcs Erregung nahm zu, je näher sie der Feuerstelle kamen. Im Schein der züngelnden Flammen wirkte das Spiel von Licht und Schatten mystisch und geisterhaft. Kleine Gruppen von Leuten standen herum, tranken und unterhielten sich. Aus dem Dunkel kamen zwei Frauen in den Lichtkegel des Feuers getanzt, engumschlungen und mit zweideutigen Bewegungen. Hinter den beiden schien sich etwas im hohen Gras hin- und herzurollen. Durch einen Aufschrei wurde Marcs Aufmerksamkeit auf das Holzpodest gelenkt, das von den kleinen Gruppen ein bißchen verdeckt wurde. Deutlich konnte er sehen, was sich oben darauf zwischen den beiden nackten Körpern abspielte. Die Frau kreischte und wehrte sich – aber nur kurz. Danach lachte sie. Marc verschlug es den Atem, als sein Blick auf das Gesicht der Frau fiel, über die Alex sich vor aller Augen wie ein Tier hermachte.

Nein! Das kann nicht sein! dachte er. ‚Das ist unmöglich!' Ihm wurde heiß. Noch immer lag der Feuerschein auf dem zarten, engelsgleichen Gesicht. Ihm war, als müßte er sterben. Wie jemand, dem man ein Messer ins Herz gestoßen hatte, riß er den Mund auf. Der Schrei erstickte ihm in der Kehle. Nicht einmal Carlo, der neben ihm stand, hörte den Hauch des Wortes, das Marc schließlich kraftlos über die Lippen brachte.

„Kim …!"

Mit Tränen in den Augen rannte er zurück zum Auto. Carlo folgte ihm und legte kameradschaftlich seinen Arm um Marcs Schulter.

„Platt, was?"

Marc nickte stumm und vergrub das Gesicht in seinen Armen, die er aufs Wagendach gelegt hatte.

„Kann ich verstehen. So geht's jedem, der den ersten Schritt tun will. Das kommt davon, weil man in spießbürgerlichen Vorstellungen verhaftet ist, die einem von Kindheit an eingetrichtert wurden. Sich von ihnen zu verabschieden, tut weh."

Er klopfte Marc aufmunternd auf die Schulter. „Aber ich weiß, du wirst es schaffen."

„Ich dachte, Kim würde mich lieben", schluchzte Marc in seine Arme hinein.

„Das tut sie auch nach wie vor."

Marc sah Carlo zornig an. „Mach mir nicht ein X für ein

U vor. So dämlich bin ich nicht, daß ich nicht wüßte, was da auf dem Holzpodest abläuft."

„Sie liebt dich. Wer Erkenntnis will, muß dafür schmerzliche, persönliche Opfer bringen. Kim ist schon eine ganze Weile in unserer Gruppe. Sie will unbedingt höhere Bewußtseinsebenen erreichen und ist stolz darauf, welche Fortschritte sie gemacht hat. Willst du sie darin blockieren oder ihr helfen?"

„Und das soll dazugehören?" Marc deutete mit ausgestrecktem Arm auf das im Feuerschein erleuchtete Podest.

„Ja, das gehört dazu", erwiderte Carlo entschieden. „Sie hat die alten Schranken und Zwänge überwunden, in die sie diese kaputte und verlogene Gesellschaft fesseln wollte. Und sie ist froh darüber. Wenn du mir nicht glaubst, frag sie selbst."

Marc senkte seinen Blick. Er glaubte ihm. Kim wußte, was sie wollte. Und was sie tat, tat sie aus Überzeugung.

Die Musik wechselte. Ein erdiger, schwerfälliger Sound überflutete die Wiese.

Traurig sprach er wie zu sich selbst: „Ich dachte sogar schon ans Heiraten."

„Das kannst du!" kam es wie aus einer Pistole geschossen.

„Vielleicht schon viel früher, als du erwartet hast. Kim hat mir neulich anvertraut, daß sie dich jederzeit heiraten würde."

Marcs Augen wurden tellergroß. Die Hoffnung kehrte zu ihm zurück. „Das hat sie dir gesagt?"

Carlo nickte lächelnd. „Lieber heute als morgen. Sie möchte nur erst abwarten, ob du für die Ziele unserer Gruppe den gleichen Eifer aufbringen kannst wie sie."

„,Eifer' wie den da?" fragte er voller Abscheu.

„Du redest, wie dich die heuchlerische Gesellschaft erzogen hat. Aber tief in dir stecken Wünsche, die etwas ganz anderes wollen. Du bist gefangen in den Wertvorstellungen eines abgewirtschafteten Christentums, statt wirklich frei zu sein, wie es die Bestimmung des Menschen ist. Man hat dich gelehrt, was gut und was böse ist. Aber was ist gut und böse? Noch vor einigen Jahrzehnten war eine Ehescheidung verboten, heute ist sie erlaubt. Abtreibung war ein Verbrechen, heute bezahlt das sogar die Krankenkasse. Das angebliche Böse war also in Wirklichkeit gar nicht böse. Es wurde nur so hingestellt, um Macht über Menschen zu haben und sie zu versklaven. Tatsächlich ist gut gleich böse und böse gleich gut. Es ist daher befreiend, seine Triebe und angeblichen Bosheiten einfach auszuleben. Das durchbricht die hemmenden Schranken und öffnet dich für die wirkliche Kraft."

Marc war verwirrt. Was Carlo sagte, klang logisch und überzeugend. Es hatte ihn abgestoßen, was er da am Feuer gesehen hatte. Aber Carlo hatte recht. Es war bloß eine anerzogene, angelernte Ablehnung, die von nichts weiter verursacht war als von Verklemmung. Tief in seinem Innern fühlte er einen ganz anderen Wunsch in sich aufsteigen als wegzulaufen.

„Was ist das für eine Kraft?" wollte er wissen.

„Du wirst sie erfahren, Marc, je weiter du den Weg gehst."

Marc wollte zurück zur Feuerstelle, doch Carlo hielt bremsend die Hand gegen seine Brust.

„Ich denke, ich fahre dich lieber nach Hause."

„Ich bin wieder okay und habe verstanden, was du meintest", beteuerte Marc eilig.

Er konnte Carlos Gesichtszüge im Widerschein des Feuers nur erahnen, da er mit dem Rücken dazu stand.

„Verstanden, das glaub' ich dir. Aber du bist noch nicht reif genug dafür."

„Und meine Aufnahme in eure Gruppe? Ihr wolltet mich ..."

„Wir sollten nichts überstürzen", unterbrach Carlo ihn. „Es ist besser, wenn du die nächsten Male nicht mitkommst."

Für Marc stürzte eine Welt ein. Er haderte innerlich mit dieser Entscheidung. Schließlich setzte er sich widerwillig und enttäuscht in den Wagen. Carlo redete die Fahrt über einfühlsam auf ihn ein, so daß sein Frust verflogen war, als sie in der Bertramgasse ankamen. Fast zwei Stunden stand Carlos Sportwagen vor dem Haus mit den schwarzen Dachschindeln. Dann erst stieg Marc aus. Er sah den beiden roten Lichtern nach, als sie davonbrausten. Etwas war in ihm erwacht, von dem er nicht einmal ahnte, daß sein Freund Carlo es geschickt mit Absicht geweckt hatte – ein unbändiger Ehrgeiz!

In dem dunklen Haus in der Bertramgasse flammte im Flur Licht auf, ging Sekunden darauf wieder aus und flammte im Wohnzimmer neu auf. Seine Eltern schliefen bereits. Er fühlte sich nicht müde genug, ebenfalls ins Bett zu gehen. In der Programmzeitschrift fand er den Spielfilm „Das Omen II" angekündigt und schaltete den Fernseher ein. Die Handlung des Streifens faszinierte ihn. Er bewunderte vor allem, wie Damien, dieser durch einen Hund auf mysteriöse Weise zur Welt gekommene Mensch, seine Feinde mit Hilfe übersinnlicher Kräfte zu vernichten vermochte und Kirchenmänner, die nach seinem Leben trachteten, nicht den Hauch einer Chance gegen ihn besaßen. Marc mußte mehrmals über sie lachen. Sie wurden genau so dargestellt, wie sie für ihn im wirklichen Leben waren – schwächlich und unterlegen. Ganz anders dieser Mann mit der Zahl 666 unter seinem Haaransatz. Marc fand es interessant, daß ihm die Zahl aus der Musik hier wieder begegnete. Gebannt verfolgte er, wie diese imponierende Gestalt Stufen emporstieg in ein dunkles Dachzimmer, in dem nichts weiter stand als ein menschengroßes Kruzifix. Jedes Wort, das er zu Satan sprach und gegen die Person am Kreuz vorbrachte, konnte er nachempfinden. Er teilte den Gedanken, daß Satan von diesem Jesus betrogen worden war. Der Mann umfaßte mit beiden Händen die Dornenkrone auf dem Kopf des Gekreuzigten und versuchte, sie mit der Ankündigung, Satan zu rächen, noch tiefer in den Schädel zu pressen.

Als die Szene abbrach, hatte sich auf Marcs Oberlippe ein dünner Schweißfilm gebildet.

Bevor er sich nach Mitternacht zu Bett begab, genehmigte er sich noch ein paar Schluck aus der kleinen Hausbar seines Vaters. Er schlief mit dem Gefühl ein, eine Menge mehr begriffen zu haben und einen großen Schritt vorwärts gekommen zu sein.

*

Der in den 17-Uhr-Nachrichten angekündigte Herbststurm war in weniger als einer Stunde da. Die ersten Ausläufer der orkanartigen Böen fegten bereits durchs Tal über die Dächer Awenachs hinweg und wirbelten die letzten braunen Blätter von den Bäumen. Große Hektik prägte das Straßenbild. Jeder beeilte sich, um vor dem peitschenden Regenguß, der sich durch erste Tropfen ankündigte, in sein warmes Zuhause zu flüchten.

Dicke Tropfen klatschten auf den Boden des Balkons vor dem Küchenfenster, hinter dem Dagmar Holm aus einem Wäschekorb weiße Frottee-Strümpfe zusammenrollte. Sie warf einen kurzen Blick hinaus in den graugelben Abendhimmel, an dem endlose, monströse Wolkenmassen dahinjagten. Sie war froh, den Nachmittag dienstfrei zu haben. Das ersparte es ihr, bei diesem Unwetter einen Fuß vor die Tür zu setzen. Mit geübter Hand fischte sie das nächste Paar Strümpfe aus dem Korb. Im Augenwinkel sah sie Dennis im Türrahmen stehen.

„Na? Langeweile?"

Er schaukelte am Rahmen hin und her. „Du, Mutti? Kann ich mit dir was unter vier Augen besprechen?"

Dagmar Holm packte die Socken zum rechten der vier Stapel, die auf der Anrichte nebeneinander lagen.

„Du meinst wohl unter drei Augen. So wie du hier angeschlichen kommst, soll ich doch bei irgendwas wieder ein Auge zudrücken."

Er druckste ertappt herum, dann rückte er mit seinem Anliegen heraus.

„Darf ich draußen auf dem Balkon schlafen?"

„Bei dir piept's wohl! Schau dir mal den Sturm an!" Damit war das Thema für sie erledigt.

Bitter enttäuscht darüber, daß er nicht wie E.T.'s Freund

Elliott im Freien schlafen durfte, schob Dennis ab. Im Zimmer gegenüber suchte Stefanie ihre alten Zeitschriften nach bestimmten Artikeln durch. Noch immer mußte sie an den Kirmesbummel zurückdenken – und daran, was die Wahrsagerin über ihre Zukunft gesagt hatte. Das war im Ganzen ja recht erfreulich gewesen. Die Sache mit dem schweren Schicksalsschlag jedoch lag ihr schwer im Magen. Sie spukte in ihrem Hinterkopf herum und saß dort wie eine festgefressene Zecke. Was würde passieren? Wen würde es treffen? Sie war sich plötzlich sicher, daß es eigentlich nur einen treffen konnte. Nur einer beschwor durch sein abscheuliches Verhalten ja ein Unglück geradezu herauf und hatte es daher auch nicht anders verdient.

Ihr Vater hatte nur mit Mühe den Weg zum Bett geschafft und schlief seit einer Stunde schnarchend seinen Rausch aus. Ihre Mutter hatte ihn mit Schuhen und Jacke einfach liegenlassen und weinend die Tür geschlossen. Es würde ihrem Vater recht geschehen. Wer Wunden zufügte, mußte irgendwann auch mal Wunden einstecken. Das war nur gerecht. Diese Erklärung für die Wahrsagung ließ alle Furcht verfliegen. War es also doch eine gute Idee gewesen, diese Madame aufzusuchen. Jetzt konnte sie auch ruhiger abwarten, wie sich alles mit Carlo entwickelte. Wie hatte die Frau gesagt?

„Schon sehr bald wird es mit Ihrem Traumjungen ernst werden. Ihnen wird in nächster Zeit viel Gutes zustoßen. Es werden fremdartige Dinge sein, doch dürfen Sie sich nicht abschrecken lassen. Diese Erfahrungen sind sehr nützlich für Ihr Leben."

Mit ein paar Zeitschriften unter dem Arm schritt Stefanie durch den Treppenflur hinunter zu Anja. Sie zuckte erschrocken bei dem Blitz zusammen, der das Treppenhaus für den Bruchteil einer Sekunde taghell machte. Anjas Eltern waren zu einer Feier in ihrem Golfclub eingeladen. Seit zwei Wochen stand der Termin fest. Ebensolange hatten Anja und Stefanie geplant, sich diesen Abend mit sturmfreier Bude nicht entgehen zu lassen.

Während Anja das gespülte Kaffeegeschirr von der

Küche ins Wohnzimmer brachte und in den Nußbaum-Schrank zurückstellte, sah Stefanie aus dem Fenster über der Spüle. Auf dem Balkon bog sich der große Sonnenschirm unter der Gewalt des Windes. Immer wieder faßte eine Bö unter das Tischtuch und spannte es gegen die dünnen Metallstreben. Der Regen hatte an Heftigkeit zugenommen. Wasserpfützen standen auf dem dunkelgrünen Balkonboden. Das Prasseln des Regens und gelegentliches Donnergrollen waren die einzigen Geräusche, die in der Küche zu hören waren. Sie beobachtete einige verirrte Tropfen, die in dünnen Rinnsalen ein paar Zentimeter über die Glasscheibe liefen.

„So." Anja klatschte hinter ihr in die Hände. „Damit wäre meine Mutter zufriedengestellt. – Woran denkst du?"

Stefanie stierte hinauf in die schmutzigen Wolkentürme, aus denen ein Blitz hinter dem Adlerberg zur Erde zuckte.

„An Carlo." Sie seufzte tief. „Es tut sich nichts."

Anja rüttelte sie aufmunternd. „Du mußt mehr Geduld haben. Warum sollte es ausgerechnet bei dir nicht klappen, wenn es doch bei anderen funktioniert?"

„Was meinst du?"

„Hast du vorgestern die Sendung ‚Wahre Wunder' gesehen?"

Stefanie schüttelte den Kopf, daß ihre lange Haarsträhne im Nacken hin- und herbaumelte.

„Die hättest du dir ansehen sollen. Dann würdest du nicht so kläglich daherreden."

Sie gingen langsam hinüber in Anjas Zimmer, das direkt unter dem von Dennis lag. Stefanie ließ die mitgebrachten Zeitschriften auf den Boden fallen und sank aufmerksam lauschend auf Anjas Bett.

„Der Moderator brachte darin das Beispiel von einer Hellseherin aus Braunschweig, die sogar in Zeitungen annonciert. Zu ihr kam eine Frau, die irgendwelche wichtigen Akten eines verstorbenen Buchhalters nicht finden konnte. Die Hellseherin machte mit ihr eine Séance. Sie stellte einen Radio-Recorder auf einen fremdsprachigen Sender und nahm alles auf Cassette auf, nachdem sie den verstorbenen Buchhalter angerufen und nach den Akten gefragt hatte. Auf einmal hörten beide zugleich mehrmals die Antwort des Toten: ‚Sag ihnen, im Keller‘. Die Frau ging daraufhin in den Keller des Buchhalters und fand die gesuchten Ordner da tatsächlich, versteckt hinter Kartons in einer Nische. – Was sagst du dazu?"

„Was soll ich dazu sagen? Ich kenne solche Geschichten. Ich hab' ab und zu mal in die Sendung ‚Unglaubliche Geschichten‘ reingeguckt."

Stefanie zog ihre Füße an und überkreuzte sie, so daß sie im Schneidersitz saß.

„Die Theorie ist klar. Was mir fehlt, um völlig überzeugt zu sein, das ist ein Erfolgserlebnis."

Sie schwiegen eine Weile. Das Trommeln des Regens gegen die Fensterscheibe nahm zu, ebenso die Windstöße, die die Bäume hinter dem Haus krummbogen, als müßten sie jeden Moment in tausend Splitter zerbrechen. Immer wieder übertrafen die grellen Blitze die Deckenlampe an Helligkeit und erzeugten im Zimmer obskure Zerrbilder der Schatten.

„Dann laß uns loslegen!" schlug Anja schließlich vor und bückte sich nach dem Packen Zeitschriften.

„Ich habe die komplette Serie." Stefanie tippte mit dem Finger auf das Heft, das Anja in Händen hielt. „Diese Ausgabe erklärt, wie das Tischrücken funktioniert. Wie die Stimmen aus dem Jenseits antworten, und was man die Toten fragen kann."

Anja las still für sich.

„Fürs Glasrücken und Tischrücken muß man eine Kette bilden."

Sie schmunzelte. „Dürfte schwierig für uns sein. Sollen wir es mit dem Pendeln versuchen?"

Stefanie nickte einverstanden, und sie machten sich an die Vorbereitung. So gut es ging, hielten sie sich an die exakte Beschreibung der Technik. Während Stefanie die Buchstaben des Alphabets, Zahlen von 0 bis 9 sowie die Worte „Ja" und „Nein" auf ein Blatt schrieb und ausschnitt, organisierte Anja einen Faden, an dem sie einen ihrer Fingerringe befestigte.

Keine von den beiden nahm besondere Notiz von dem Unwetter. Wie in einer abgeschotteten Kapsel gingen sie angespannt ihrem Experiment nach. Der Ring hing jetzt völlig reglos von der Stehlampe herab über der Mitte des Tisches, auf dem Stefanie die Papierschnipsel kreisförmig angeordnet hatte.

Sie holte tief Luft, bevor sie den Geist anrief.

„Jenseitige Welt, wir suchen Kontakt mit dir. Geist meiner verstorbenen Oma, ich rufe dich. Bist du da? Dann melde dich bitte!"

Stumm verharrten sie auf ihren Stühlen und starrten gebannt den Ring an. Nicht den Hauch einer Bewegung stellten sie an ihm fest. Stefanie wagte vor Anspannung kaum zu atmen. Fragend blickte sie Anja an.

„Haben wir was falsch gemacht?" flüsterte sie leise, als stünde jemand hinter der Tür, um zu horchen.

Anja machte ein ratloses Gesicht. „Mach noch mal!"

Stefanie nahm allen Mut zusammen und wiederholte ihre Worte. Wieder verging eine Zeit, in der nichts passierte. Beide waren dermaßen auf das Pendel fixiert, daß sie von den tanzenden Schatten an den Wänden nichts wahrnahmen, die in der Sekunde des Blitzes auftauchten und ebensoschnell wieder verschwanden.

Stefanie ließ allmählich resignierend ihre Schultern sinken, als sie urplötzlich kerzengerade hochschnellte. Bleich um die Nase geworden starrte sie auf den Tisch, der kurz gerückt hatte. Sie sah mit großen Augen Anja an, die mit genauso überraschtem Gesicht ihren Blick erwiderte und unschuldig die Hände hob.

„Ich habe nichts gemacht", beteuerte sie und ergriff die Initiative. „Wir begrüßen dich, Oma Holm. Danke, daß du gekommen bist und dich zu erkennen gegeben hast. Dürfen wir dir ein paar Fragen stellen?"

Stefanie traute ihren Augen nicht bei dem, was sie nun beobachtete. Wie von unsichtbarer Hand geführt, geriet der Ring in Bewegung und schwang auf den Zettel mit dem „Ja" zu.

Draußen krachte über Awenach ein gewaltiger Donnerschlag, der die Fensterscheibe erzittern ließ. Stefanie zuckte zusammen. Das Gewitter lag jetzt genau über der Stadt. Wie Bindfäden schüttete es aus einem pechschwarzen Himmel, der immer öfter von langen, grellen Blitzen zerrissen wurde.

*

Es funktionierte. Von Tag zu Tag häufiger wandte Stefanie sich an ihr Pendel und übte sich auch in den anderen Praktiken. Alles klappte – und von mal zu mal besser. Das anfänglich flaue Gefühl in der Magengegend wich der Selbstsicherheit, der Freude und dem Stolz. Denn allmählich begann sogar Anja ihre Fortschritte zu bewundern.

Die Sporthalle besaß zwei herunterfahrbare Kunststoffwände, durch die die Lehrer die Halle ja nach Bedarf in zwei oder drei Bereiche unterteilen konnten. An diesem Mittwoch wurde die Halle in der dritten und vierten Stunde nur von den Schülern der Klasse 10b benutzt. Daher hatte Robert Cullmann sich mit seiner Kollegin darauf geeinigt, daß er zum Handballspielen mit den Jungen zwei Parzellen in Anspruch nehmen konnte.

Obwohl es ihr Spaß machte, sich in die Federn eines Trampolins zu werfen, holte Stefanie sich bei der Lehrerin die Erlaubnis, zur Toilette gehen zu dürfen, und war froh über die so gewonnenen Freiminuten. Sie war im Begriff, die Tür von der Halle zu den Umkleidekabinen zu öffnen, als es unversehens neben ihr „Pst" machte. Erschrocken wich sie einen Schritt zur Seite. Der Junge mit der Stoppelfrisur, der zwischen der biegsamen Trennwand und der Gleitschiene hindurchlugte, vergewisserte sich gründlich, ob die Lehrerin ihn bemerkte.

„Bist du verrückt, Chris? Das gibt Ärger!" flüsterte sie eindringlich und blickte sich ebenfalls in der Halle um.

Erleichtert stellte sie fest, daß ihre Sportlehrerin mit dem Rücken zu ihnen stand und mit Anweisungen an das nächste Mädchen beschäftigt war, das ängstlich und ungelenk ein paar zaghafte Hopser wagte.

Ihr Mitschüler lächelte sie siegessicher an. „Cullmann ist

eben raus, um eine Ballpumpe zu besorgen. Und die", er deutete mit einem Kopfnicken in Richtung der Lehrerin, „ist zu niedlich, um Stunk zu machen."

„Was willst du denn? Hier gibt es nichts zu glotzen!"

„Das seh' ich. Mein Gott, ist die steif. Da könnt' man ja ebensogut einen Backstein draufstellen." Er lachte gehässig.

„Wofür ihr zwei Hallenteile braucht, ist mir schleierhaft. Selbst beim Schlagballwerfen reicht bei den meisten doch ein Zollstock zum Abmessen", konterte sie bissig.

Christian sah sie verdutzt an. „Hör zu", wurde er ernst, „du hast uns doch letztens von deinem Pendeln und Glasrücken und so erzählt. Das hörte sich echt stark an. Einige haben mich gefragt, ob du als Klassensprecherin nicht mal den Misersky anhauen kannst, daß wir so was mal in Reli machen?"

Stefanie war augenblicklich angetan von dieser Idee. Es reizte sie, ihr Können vor der ganzen Klasse und sogar einem Lehrer zu demonstrieren. Doch ehe sie etwas zu dem Vorschlag sagen konnte, ertönte von jenseits der Trennwand ein kurzer, gellender Pfiff aus einer Trillerpfeife. Aufgeschreckt zog ihr Mitschüler seinen Kopf zurück und stieß dabei heftig gegen die metallene Gleitschiene. Mit schmerzverzerrtem Ausdruck verschwand sein Gesicht hinter der beigen Trennwand.

Nach dem Sportunterricht beeilte sich Stefanie mit dem Umziehen, um so rasch wie möglich mit ihrem Religionslehrer zu sprechen. Im Schlepptau hatte sie Anja, die nicht mir ihr Schritt halten konnte, erst recht, als sie Marc Belden auf dem Flug begegneten.

„Mensch, hat dein Cousin sich verändert! Der ist ja ein richtig interessanter Knabe geworden!" staunte sie dem Jungen mit schulterlangem Haar, Bartstoppeln und schwarzer Lacklederhose mit Nieten hinterher.

„Streng dich nicht an." Stefanie marschierte unbeirrt weiter. „Meine Tante erzählte neulich, daß er schon 'ne Freundin hat. Die Kim Ghedina aus der 11."

„Gegen die hab' ich wohl keine Chance", seufzte Anja geknickt.

„Hättest 100 Jahre früher zur Welt kommen müssen."

Anja rannte ein paar Meter, um den Abstand zu verringern.

„Wieso? Steht er auf alte Omas?"

Stefanie lachte. „Quatsch. Aber damals entschieden noch die Eltern, wen man heiraten durfte und wen nicht. Und bei Marcs alten Herrschaften hat die Modepuppe ziemlich schlechte Karten."

„Wieso?"

„Nach dem, was meine Mutter erzählte, glaubt meine Tante, daß er so freakig rumläuft, weil er blind nach ihrer Pfeife tanzt."

„Soll er ruhig tanzen. Schadet ihm doch nicht. Jetzt sieht er endlich nicht mehr so verklemmt aus."

Sie hatten das Lehrerzimmer erreicht, vor dem bereits mehrere Schüler vor der geschlossenen Tür warteten. Ein hochgewachsener Junge aus der Oberstufe wollte gerade noch einmal klopfen, als die Tür von Isabel Grunwald geöffnet wurde. Sie nahm die einzelnen Wünsche entgegen, und kurz darauf erschienen die Lehrer einer nach dem anderen. Religionslehrer Misersky entfernte sich mit seinen beiden Schülerinnen ein Stück. Seine weichen, runden Gesichtszüge und die sanfte Stimme verstärkten noch den Eindruck von Verständnis und Gutmütigkeit und erleichterten es Stefanie, ihr Anliegen im Namen der 10b vorzubringen. Es kam keine Reaktion. Nicht einmal am Mienenspiel konnte sie erkennen, wie er über ihre Anfrage dachte, heute in seinem Unterricht das Glasrücken auszuprobieren. Es machte sie nervös. Gleichsam als eine Begründung schob sie hinterher:

„Ein Wissenschaftler sagte in der Zeitschrift, daß das bestimmt nicht schadet, wenn man mit gesundem Menschenverstand an die Sache rangeht."

6

Die Sekretärin händigte Robert die Kopie eines Rundschreibens des Kultusministeriums aus. Dann verließ er das Sekretariat, das überfüllt war von Kollegen und Schülern, wie in jeder großen Pause. Er hatte die Türklinke noch in der Hand, da wurde er unfreiwillig Zeuge eines Gesprächs im Elternsprechzimmer nebenan, zu dem die Tür einen Spaltbreit geöffnet war.

„Bevor die Mutter die Polizei alarmierte, hat sie wohl so was wie einen Abschiedsbrief gefunden, mit allerlei merkwürdigem Gekritzel drumherum und den Worten ‚Das muß ein Irrtum sein. Ich wollte ihnen nicht meine Seele geben.'"

„Ich habe in Sprechstunden den Eltern schon oft gepredigt, daß sie sich Zeit für ihre Kinder nehmen sollen. Die Kinder brauchen das. Wußten Sie, daß das Deutsche Jugendinstitut festgestellt hat, daß 60 Prozent der Zwölfjährigen den Wunsch nach mehr Gesprächen mit den Eltern haben? Und nehmen sich die Eltern die Zeit nicht, tut es vielleicht ein anderer, der dann der Falsche sein könnte.“

„In einer Fernsehreportage über Gewalt an Schulen wurde neulich darauf hingewiesen, daß in Deutschland jeden Tag 60 Schüler versuchen, sich das Leben zu nehmen, und daß sechs von ihnen es schaffen. Erschreckend! – Was mag der Junge mit seinen Abschiedsworten wohl gemeint haben? Ich finde, in letzter Zeit geschieht auffallend viel Seltsames hier in Awenach.“

Robert schritt grübelnd den Flur zum Lehrerzimmer entlang, vor dem zwei seiner Schülerinnen aus der 10b ein angeregtes Gespräch mit dem Kollegen Misersky führten. Was er eben mitangehört hatte, stimmte ihn betroffen und nachdenklich. Alles deutete darauf hin, daß ein Unheil über Awenach hinwegfegte wie ein gewaltiger Komet mit seinem Feuerschweif. Seine Spur der Verwüstung fing an, sich zu offenbaren.

Eigentlich hatte Robert mittwochs nach der Doppelstunde Sport frei. Doch er war von seinem Kollegen Kessebom gebeten worden, seine Englischstunde in der 10b vom Donnerstag vorzuverlegen. Obwohl das für ihn mit Umständen verbunden war, weil dafür nur die sechste Stunde übrigblieb, war er der Bitte nachgekommen. Während der Freistunde dazwischen fuhr er nicht nach Hause, sondern verbrachte sie im Lehrerzimmer.

Er stach die Strohhalmspitze in den Fruchtmilch-Becher, saugte ein paarmal daran und faltete den „Stadtanzeiger" auseinander, den er diesmal zur Schule mitgenommen hatte. Neben den politischen Kommentaren las er gerne die Seite „Aus dem Telex". Ein Artikel ließ seine Augenbrauen hochgehen.

„Ein Vierjähriger, der regelmäßig Gewaltvideos ausgesetzt wurde, hat in der Nähe von Johannesburg seinen Vater (34) erschossen. Der Polizei gab die Mutter an, Sebastian habe ein Kostüm seines Comic-Helden Batman angezogen, sich die Pistole des Vaters genommen und diesem im Schlafzimmer zugerufen: ‚Du bist verhaftet.‘ Dann fiel der Schuß."

Nach der Zeitungslektüre machte er sich an die Korrektur eines Vokabeltests. Es war mittlerweile angenehm still in dem mit dickem Teppich ausgelegten Raum. Nur eine Kollegin war anwesend, die sein Los teilte. Sie blätterte in ihrem Weltatlas, um für den Erdkundeunterricht geeignete topographische Karten herauszusuchen. Lange Zeit konnten sie konzentriert ihrer Arbeit nachgehen, bis Direktor Franck mit rauchender Pfeife im Lehrerzimmer aufkreuzte. Zielstrebig ging er auf Isabel Grunwald zu und gab ihr mehrere DIN-A4-Bögen. Unweigerlich bekam Robert mit, daß es sich um Klassenarbeiten in Deutsch handelte.

„Setzen Sie sie um zwei Punkte herauf. Sie noch mal schreiben zu lassen, halte ich für wenig sinnvoll", kommentierte Direktor Franck in seiner vornehmen Art und zog an seiner Pfeife, von der ein lieblicher Dufteppich ausströmte. Die andere Hand lässig in der Hosentasche, fuhr er fort:

„Das Thema ist sehr anspruchsvoll. Wie kamen Sie auf den Text?"

„Ich bin ein glühender Verehrer von Heinrich Mann. Sein Werk „Der Untertan" ist meine Lieblingslektüre."

„Verstehe." Der Direktor lächelte gütig. „Mir sind manchmal Schwächen aufgefallen, was den formalen Aufbau einer Inhaltsangabe anbelangt. Vielleicht sollten Sie da noch mal nachhaken."

Isabel Grunwald nickte.

Robert bemerkte im Augenwinkel, daß der Direktor sich zu seiner Kollegin an den Tisch setzte und nachdenklich mit dem Fingerrücken über seine leicht ergrauten Schläfen fuhr. Als unverhofft das Schlagwort Okkultismus fiel, drehte er sich ganz offen den beiden zu.

„Mich haben schon mehrmals Schüler auf Okkultismus und okkulte Praktiken angesprochen. Oft dann, wenn freie Themenwahl war", erklärte Isabel Grunwald. „Aber ich muß gestehen, daß ich mich bei der Behandlung dieser Fragen nie so recht wohlgefühlt habe. Mir fehlen einfach Informationen. Vor allem die notwendigen theologischen Hinweise."

Direktor Franck machte ein interessiertes Gesicht. Er vergaß völlig, zwischendurch an seiner Pfeife zu ziehen.

„Ich habe in einer Umfrage gelesen, daß das Thema Spiritismus bei Jugendlichen gleich an zweiter Stelle hinter dem Thema Liebe und Partnerschaft rangiert. Lag ein besonderer Grund vor, wenn Schüler Sie auf diesen Bereich angesprochen haben?"

„Es geschieht meistens dann, wenn die Schüler entsprechende Sendungen im Fernsehen gesehen haben. Etwa jeder Fünfte wurde dadurch sogar zu eigenen Versuchen angeregt. Ich habe mir daraufhin selbst solche Sendungen angeschaut. Aber die Form der Informationsübermittlung finde ich eher negativ."

Direktor Franck nickte zwar, doch sah Robert seiner Miene an, daß das alles Neuland für ihn war.

„Jeder Fünfte? Das wäre ja eine beängstigende Größenordnung."

„Ich habe neulich einen Bericht gesehen", verteidigte Isabel Grunwald ihre Aussage, „in dem es hieß, daß es praktisch keine Klasse im Land gäbe, in der nicht nach Schulschluß Neun- bis Sechzehnjährige okkulte Praktiken ausprobierten. Es wurde eine Realschulklasse aus Norddeutschland gezeigt, die sich ein Jahr lang mit den Hintergründen der Okkultismus-Welle beschäftigt hat."

Es gongte. Die fünfte Stunde war zu Ende.

Robert fand den Moment geeignet, sich in den Dialog einzubringen. „Wenn ich hier kurz genaue Zahlen einflechten darf?"

Direktor Franck bedeutete ihm mit einem Handzeichen fortzufahren.

„In Berlin wurde mit Unterstützung des Senats eine Befragung unter Schülern durchgeführt. Sie ergab, daß für ein Drittel der Mädchen und knapp 15 Prozent der Jungen okkulte Praktiken inzwischen zum Alltag gehören. Und bereits jeder zehnte Schüler hat schon an Schwarzen Messen teilgenommen."

Direktor Franck hängte lässig seinen Arm über die Stuhllehne. „Erschreckende Zahlen. Das muß ich zugeben. Ich erinnere mich an ein Schreiben, in dem es hieß, daß das Rheinland-Pfälzische Kultusministerium nachforscht, wo kritische Fälle eingetreten sind, seit eine Jugendzeitschrift bundesweit zu okkulten Spielen aufgefordert hat. Zum Glück sind wir hier im kleinen Awenach und nicht in Berlin." Ein Lächeln der Erleichterung huschte über sein Gesicht.

„Awenach ist zwar klein", hielt Robert ihm entgegen, „aber die Erfahrungen, die Frau Grunwald gemacht hat, würde ich nicht unterschätzen. Mir sind Indizien aufgefallen, die noch viel Schlimmeres befürchten lassen."

Direktor Franck ging über den Einwand hinweg, als habe er gar nicht zugehört, und fragte Isabel Grunwald:

„Was sind das für Versuche, zu denen die Schüler angeregt werden?"

„Bei den Gesprächen beriefen sich die Schüler hauptsächlich auf Erfahrungen mit Glasrücken, automatischem Schreiben, Tischrücken und Tonbandeinspielungen mit Stimmen Verstorbener."

Die Augenbrauen ihres Gegenübers gingen verblüfft in die Höhe.

„Aha. Welchen Eindruck haben Sie von den Motiven? Warum tun die Jugendlichen das?"

„An erster Stelle aus Neugier. Aber stark im Vordergrund stehen auch religiöse Defizite, besonders die Frage, ob es ein Weiterleben nach dem Tod gibt. Deshalb reizt viele auch der Kontakt mit Verstorbenen, um von ihnen mehr zu erfahren. Eine Rolle spielen dabei auch die sinnvollen Botschaften, die sie bekommen und die oft keinem der Sitzungsteilnehmer bekannt sein können."

Direktor Franck musterte die Lehrerin mit einem skeptischen Blick. „Wie soll so etwas möglich sein?"

Isabel Grunwald breitete die Arme aus, um ihre Unwissenheit zu bekunden.

„Ich weiß nur, daß Schüler mir das unabhängig voneinander übereinstimmend erzählt haben. Sie waren oft erschrocken von dem Wahrheitsgehalt der Information, die sie erhielten. Das wiederum ist oft ein angstauslösender Faktor, da die Schüler den Eindruck haben, daß sich personifizierte Wesenheiten melden."

„Personifizierte Wesenheiten?" wiederholte Franck und lächelte überheblich. „Teufel- und Dämonenglaube haben selbst die Kirchen längst als ein Märchen des Mittelalters ..."

Er brach seinen Satz ab und winkte zur Tür herüber.

„Ah, da kommt ja unser Experte."

Die ersten Lehrer betraten das Zimmer.

„Kollege Misersky, kommen Sie bitte mal? Wir führen hier eine heikle Diskussion über Okkultismus unter Jugendlichen. Was sagen Sie als Theologe dazu? Das ist ja Ihr Gebiet. Wir funktioniert Glasrücken und dergleichen? Melden sich da Geistwesen? Schaden diese Praktiken den Jugendlichen?"

Der Religionslehrer setzte seine Tasche ab. Mit geschwellter Brust hob er an:

„Für Phänomene wie Glasrücken gibt es natürliche Erklärungen. Männer wie Faraday und Chevreul haben schon im 19. Jahrhundert erkannt, daß Bewegungen von Tischen und Gläsern auf unwillkürliche und unbemerkte Muskelbewegungen der Teilnehmer zurückzuführen sind. Heute weiß man, daß es noch mehr Gründe für paranormale Erscheinungen gibt: Unbewußte Nervenimpulse, Suggestion, Bewußtseinsspaltung. Wer dahinter Geister sieht, womöglich Dämonen, der malt schwarz-weiß und erkennt hinter dem Spiritismus nicht die verborgenen Bedürfnisse, Sehnsüchte und Ängste der Jugendlichen. Es gibt keine jenseitigen Geistermächte des Bösen. Folglich können solche Praktiken auch nicht schaden. Jeder Diplompsychologe kann Ihnen erläutern, daß lediglich Tiefenschichten in der Persönlichkeit hervorgeholt werden."

Isabel Grunwald schüttelte den Kopf. „Ihr Theoretisieren hört sich zwar sehr schlau an, ist aber praxisfern. Ich habe mit Jugendlichen gesprochen, die okkulte Praktiken ausüben. Sie lassen sich nicht davon abbringen, daß wirklich Geister dagewesen sind. Sie können sie manchmal sogar beschreiben und wissen ganz genau, mit wem sie es zu tun hatten. Mit denen sollten Sie sich mal unterhalten."

„Hab' ich getan, verehrte Kollegin. Eben gerade noch in der letzten Stunde", gab Misersky verstimmt zurück. „Wissenschaftler sagen, daß Glasrücken psychomotorische Automation ist."

„Was nützt diese Aussage einem Mädchen, das dabei erfahren hat, daß sie mit dreißig Jahren sterben soll? Was nützt sie den Jugendlichen, die sich plötzlich fürchten, allein in einem Zimmer zu schlafen? Die Angst vor der Dunkelheit haben? Und wie erklären Sie sich den erstaunlichen Wahrheitsgehalt der Botschaften?" griff Robert wieder ins Gespräch ein.

„Zufallstreffer", entgegnete Misersky kurz.

„Mathematisch gesehen ist eine solche Anhäufung an Wahrheiten mit dem Zufallsprinzip nicht in Einklang zu bringen", berichtigte Robert ihn mit Nachdruck ob der fehlenden Logik seiner Behauptung und ergänzte:

„Sie haben recht, man muß unbedingt die Ursachen sehen, weshalb Jugendliche sich dem Spiritismus hingeben.

Sie tun es, weil sie dort Antworten bekommen, die sie in den Kirchen nie gehört haben."

Vereinzelt klatschten einige Kollegen Beifall. Robert setzte nach: „Man muß aber auch sehen, daß sich die Erfahrungen der Jugendlichen mit der Bibel decken. Die jungen Menschen hören und erleben Geistwesen. Die Bibel berichtet klipp und klar davon, daß um uns herum eine unsichtbare Welt existiert, angefüllt mit genau solchen Geistwesen, genannt Dämonen. Sie bezeugt ausdrücklich, daß diese Dämonen einen Anführer haben – Satan. Ein mächtiges, gefährliches Wesen, weshalb es in der Bibel mit Ausdrücken wie Fürst dieser Welt, Vater der Lüge und Menschenmörder betitelt wird. Daraus leitet sich logischerweise ab, daß spiritistische Sitzungen gar nicht harmlos sein *können*. Und sie sind es in Wirklichkeit auch nicht, wie die Praxis beweist. Das Freiburger Institut für Grenzgebiete der Psychologie befragte für ihre Studie etwa 500 psychosoziale Beratungsstellen in der Bundesrepublik bezüglich Okkultismus unter Jugendlichen. Fast 80 Prozent der Stellen haben mit Jugendlichen zu tun, die okkulte Praktiken ausgeübt haben – Glasrücken, Pendeln, Tarotkarten. Ein Viertel wird mit Satanskulten und Schwarzen Messen konfrontiert. Und etwa 30 Prozent stellen bei den Jugendlichen psychische Auffälligkeiten fest, die in direktem Zusammenhang mit diesen Praktiken stehen."

„Na bitte!" Isabel Grunwald klopfte auf den Tisch. „Das widerlegt doch eindeutig Ihre Verharmlosungstheorie."

Misersky blickte unsicher von einem zum anderen. Unverhofft sprang Direktor Franck auf und klatschte in die Hände, zum Zeichen, daß er die Diskussion für beendet betrachtete.

„Das soll genügen, meine Damen und Herren. Wir sollten den Kollegen Misersky für seine Haltung nicht an den Pranger stellen. Außerdem müssen wir jetzt konzentriert wieder dem nachgehen, wofür wir bezahlt werden. Selbstverständlich können Sie in Ihrer Freizeit den Disput gerne fortsetzen."

In seine Worte fiel der Gong zur sechsten Stunde. Die

Lehrertraube, die sich um die drei Diskutierenden versammelt hatte, begann sich rasch aufzulösen. Einige konnten nach Hause gehen, andere eilten zu ihren Klassen. Zu den letzteren gehörte auch Robert Cullmann. Direktor Franck hielt die Flamme seines Feuerzeugs in die erkaltete Pfeife. Durch den aufsteigenden Rauch hindurch hafteten seine Augen fest an diesem Neuen in seinem Kollegium. Er hatte seine Worte genau mitbekommen, auch wenn er nicht darauf reagiert hatte. Was hatte Cullmann gesagt?

„... Die Erfahrungen, die Frau Grunwald gemacht hat, würde ich nicht unterschätzen. Mir sind Indizien aufgefallen, die noch viel Schlimmeres befürchten lassen."

*

Robert war dankbar für die Diskussion. Vor allem Isabel Grunwald hatte ihm dadurch einen guten Überblick über die Situation an der Schule vermittelt. Er wußte, wem er diese glänzende Fügung mit dem Stundentausch zu verdanken hatte!

Eine geräuschvolle Lebendigkeit aus lachenden und sich jagenden Schülern umfing ihn auf dem Flur. Ihm fiel sofort auf, daß die Klassentür der 10b als einzige geschlossen war. Nicht einen Schüler aus dieser Klasse entdeckte er auf dem Flur. Diese ungewöhnlichen Umstände verunsicherten ihn. Hatte sein Kollege Kessebom den Stundentausch mit ihm womöglich rückgängig gemacht und hielt nun doch seine Mathematikstunde ab? Behutsam drückte er die Türklinke herunter und öffnete die Tür einen Spaltbreit. Am Pult und an der Tafel stand kein Kessebom. Zu seinem großen Erstaunen saß in den vorderen Tischreihen nicht ein einziger Schüler, doch lagen die Bücher, Hefte und Schreibetuis alle an ihren Plätzen. Er zog die Tür weiter auf und kam aus dem Staunen nicht heraus. Alle Schüler hingen in einer dichten Traube um zwei zusammengestellte Tische, die Rücken ihm zugewandt. Sie verhielten sich vollkommen still, obwohl kein Lehrer anwesend war. Er fragte sich, was sie wohl so fesselte, daß sie ihn weder erwarteten noch Notiz von ihm nahmen. Über die Schultern hinweg konnte er in einige Gesichter blicken – sie waren angespannt und hochrot.

Ein seltsames Scharren drang an sein Ohr. Es kam von der Mitte der beiden Tische. Er stellte sich auf die Zehenspitzen. Was seine Augen einfingen, erklärte alles – die Stille, die Faszination, die hochroten Köpfe und das eigenartige Scharren. Jetzt verstand er die Antwort von Misersky, die er Grunwald gegeben hatte, als sie ihm nahelegte, er sollte sich mal mit Jugendlichen unterhalten.

„Hab' ich getan, verehrte Kollegin. Eben gerade noch in der letzten Stunde."

Er hatte damit also die 10b gemeint. Die Buchstaben, die Zahlen, das umgestülpte Wasserglas sowie die besondere Stellung der Finger auf und die der Beine unter dem Tisch belegten nur zu eindeutig, daß eine spiritistische Sitzung in vollem Gange war.

Eine Schülerin schnippte wild mit dem Finger. „Ich will auch mal eine Frage stellen!"

„Okay, Susi. Welche?" erteilte Stefanie ihr den Zuschlag.

„Wie viele Kinder werde ich später kriegen?"

Vier der acht Teilnehmer, die um die Tische saßen, legten ihren linken Zeigefinger auf den Boden des umgestülpten Wasserglases.

„Wir konzentrieren uns wieder, um ein positives Energiefeld für den Geist zu schaffen", ordnete Stefanie mit erhabener Stimme an und rief den Geist, die gestellte Frage zu beantworten.

Langsam scharrte das Glas über die glatte Holzplatte auf die Zahl 3 zu.

Ein euphorischer Aufschrei brach los. „Wow! Genau so viele Kinder wünsch' ich mir auch!"

Von allen Seiten stürmte ein kunterbuntes Fragengewirr auf Stefanie ein.

„Der Reihe nach, Leute. Einer nach dem anderen. Es kommt jeder mal dran." Sie versuchte, Ordnung in das Durcheinander zu bringen und pickte sich einen Kandidaten heraus.

„Chris. Welche Frage hast du?"

„Ich will wissen, wann wir die nächste Englischarbeit schreiben."

Der stellvertretende Klassensprecher erhielt dafür von mehreren Mitschülern zustimmende Klapse auf die Schulter.

Robert erachtete es für einen günstigen Augenblick, in das „Spielchen" einzugreifen.

„Warum fragt ihr mich nicht einfach? Nächsten Dienstag ist es soweit."

Einige zuckten erschrocken zusammen. Nach einer Zeit des Sammelns erhob sich enttäuschtes Stöhnen und Protestieren. Nur mit Mühe brachte Robert die aufgeregt schnatternden Schüler dazu, sich von den beiden Tischen zu lösen und auf ihre Plätze zu gehen. Minuten vergingen, bis die erhitzten Gemüter endlich einigermaßen zur Ruhe gekommen waren.

„Hat euch Herr Misersky zum Glasrücken ermuntert, oder habt ihr ihn dazu rumgekriegt?"

Robert lehnte sich lässig in Plauderhaltung im Stuhl zurück. Die Schüler verstanden das Signal ihres Klassenlehrers, daß dies keine Unterrichtsstunde werden würde, und legten ihre Zurückhaltung ab.

„Rumgekriegt ist übertrieben", erwiderte Stefanie, die in der Tischreihe direkt vor seinem Pult saß. „Ich habe ihn einfach gefragt. Und weil er ein sehr aufgeschlossener Reli-Lehrer ist, wollte er uns den Spaß nicht verderben."

Robert nickte verständnisvoll. „Und was findet ihr daran?"

„Das ist stark!" rief ein Schüler aus der letzten Reihe schnoddrig daher.

„Inwiefern, Ingo? Kannst du das näher beschreiben?" hakte Robert nach.

Der Angesprochene strich sich durch seine mittellangen, zotteligen Haare, die Unterschenkel gegen die Tischkante gelehnt, mit dem Stuhl wippend. „Das ist spannend. Das ist total cool. Da kriegt man ein irres Feeling."

„Da ist mehr los als in irgendeiner Disco. Und die kostet

noch 'ne Menge Kohle", ergänzte der stellvertretende Klassensprecher.

Robert schmunzelte. „Ich freue mich, daß eure Eltern euch so sparsam erzogen haben", ulkte er und löste damit Gelächter aus.

Stefanie brachte die Unterhaltung wieder auf eine ernsthafte Schiene: „Diese Praktiken geben mir die Sicherheit, im Ernstfall auf alle Fragen eine Antwort zu bekommen. Das ist mir ungeheuer wichtig."

„Auch wenn du die Antwort bekommst, daß du in drei Jahren sterben wirst?"

Als hätte er ihr einen nassen Schwamm ins Gesicht geworfen, sah sie ihn verdattert an. Er erwiderte ihren Blick, indem er erstaunt die Augenbrauen hochzog.

„Was denn? Sag bloß, daran hast du noch nicht gedacht?"

„Das ist doch reine Panikmache!" mischte sich Anja verärgert ein, die neben Stefanie saß.

„Solche Antworten können kommen, das ist eine Tatsache", konterte Robert. „Und das Resultat sind Schüler, die nicht mehr schlafen können, die im Dunkeln Angst haben, die plötzlich Stimmen hören, die völlig verängstigt sind."

Anja lachte laut auf. „Das sind doch Horror-Geschichten!"

„Ich habe mich vorher gut informiert", beteuerte Stefanie, die ihre Fassung wiedererlangt hatte. „Und in der Zeitschrift, aus der ich die Informationen habe, sagte ein Diplompsychologe wörtlich: ‚Wer nur aus Neugier und mit gesundem Menschenverstand an diese Dinge herangeht, dem schadet das gewiß nicht' – genau das tue ich. Außerdem mache ich das nur aus Spaß."

„Kann einen das vor Schaden bewahren, wenn man etwas aus Spaß macht? Passiert mir also nichts, wenn ich aus Spaß vom Schuldach springe? Wenn ich aus Spaß meine Hand ins Feuer halte?"

„Das sind zwei völlig verschiedene Paar Schuhe", rief erneut der Schüler aus der letzten Reihe und winkte geringschätzig ab. „Das kann man überhaupt nicht miteinander vergleichen."

„Find' ich auch", setzte Stefanie zustimmend hinzu. „Wenn ich meine Hand ins Feuer halte, setze ich mich vorsätzlich einer Gefahr aus. Aber Glasrücken oder Pendeln ist nicht gefährlich. Oder wo soll bitteschön die Gefahr darin liegen?" Alle Augen ruhten gespannt auf Robert.

„Beim Glasrücken, Pendeln und den anderen Praktiken rufst du einen Geist an, nimmst also Kontakt mit einer unsichtbaren Welt auf. Da dieses Vordringen in den übernatürlichen Bereich auf eine Weise geschieht, die Gott dem Menschen nicht gegeben hat, tritt man automatisch mit der feindlichen Welt in Kontakt, den dämonischen Wesen."

„Das ist doch Kappes! Ich rufe meine verstorbene Oma an, und die meldet sich auch. Das weiß ich."

Robert schüttelte verneinend den Kopf. „Hast du die Macht, einen Verstorbenen zum Leben zu erwecken?" Er wartete keine Antwort ab, da sie auf der Hand lag. „Genausowenig hast du die Macht, nach Belieben den Geist dieser Verstorbenen zu rufen."

„Aber meine Oma meldet sich doch!" beharrte Stefanie.

„Wie deine Oma dir nicht bei den Hausaufgaben helfen könnte, wenn sie noch lebte, genausowenig kann sie das jetzt, wo sie tot ist. Das ist nicht deine Oma, die sich meldet. Wenn man okkulte Dinge treibt, setzt man eine Gesetzmäßigkeit in der übernatürlichen Welt in Gang, die genauso eintrifft wie chemische oder physikalische Gesetze in unserer sichtbaren Welt. Zum Beispiel das Gravitationsgesetz, das ja zur Folge hat, daß alle Gegenstände, die aus meiner Hand fallen, von der Erde angezogen werden. Ebenso hat eine spiritistische Sitzung zur Folge, daß sich ein Dämon meldet, ein Geist des Teufels, indem er deine Oma imitiert."

Einige Schüler lachten. Stefanie starrte ihn an.

„Das ist absurd! Wie kann ich was mit dem Teufel zu tun haben, wo ich gar nichts von ihm wissen will? Außerdem trage ich ein Kreuz um den Hals."

„Das schreckt den Teufel nicht ab. Daß okkulte Spielereien für niemanden harmlos sind, offenbart sich spätestens dann, wenn diese Menschen versuchen, ihr Seelenheil in Gott zu finden. In dem Moment werden die Mächte enttarnt, mit denen man sich aus Neugier, mit gesundem Menschenverstand oder aus Spaß eingelassen hat."

Als das Wort „Gott" fiel, kam aus der letzten Reihe ein Schwall derber Unmutsäußerungen. Unruhe machte sich in der Klasse breit.

„Der Misersky geht uns schon manchmal auf den Keks mit seinem christlichen Kram", befand Stefanie schroff und schob hinterher: „Aber Sie sind ja noch schlimmer als er!"

Verächtlich wandte sie ihren Blick ab und holte protestierend ihr Englischbuch hervor. Einer nach dem anderen folgte ihrem Beispiel.

*

Das Handtuch um die Hüfte gebunden, tappte Marc in seinen Schlappen vom Bad zurück in sein Zimmer. Es war ein herrliches Gefühl, die warmen, kräftig durchbluteten Muskeln zu spüren. Das Duschen tat gut und entspannte den angestrengten Körper. Im Zimmer umhüllte Marc sogleich wieder der hämmernde Sound der Stereoanlage, die er für die Zeit des Duschens erst gar nicht abgestellt hatte. Er legte sich aufs Bett und zündete sich eine Zigarette an. Genüßlich füllte er seine Lungenflügel mit dem Rauch und rollte die Zigarette gründlich über den Rand des Aschenbechers, den er auf seine Brust gestellt hatte. Er fand, daß sie nach dem Body-Building sogar um einiges besser schmeckte. Nachdem er sie ausgedrückt hatte, stand er auf und räumte die Geräte beiseite, die auf dem Fußboden verstreut lagen. Die zwei Hanteln, Stahlfeder und Hand-Clips verstaute er bis zum nächsten Mal im Kleiderschrank, aus dem er sich anschließend frische Wäsche holte. Die schwarze Jeans zog er nicht an, sondern hängte sie über die Stuhllehne. Seine Mutter besaß im Keller einen Handarbeitsraum, zu dem er sich aufmachte. Er durchstöberte das

Nähkästchen nach geeigneter Nadel und einer Rolle rotem Zwirn. Zurück in seinem Zimmer maß er einen langen Faden ab, zog ihn durch die Öse der Nadel und griff nach der Jeans. Unbewußt summte er die Melodie des neuen Liedes mit, während er auf jede Hosentasche eine „666" nähte.

Bevor er gegen 19 Uhr aufbrach, ging er an sein Bücherregal und holte aus einem Versteck ein kleines Röhrchen hervor. Er kippte eine Pille des Barbiturats herunter. *Es trifft sich ausgezeichnet, daß Tommis Vater eine Apotheke besitzt,* dachte er schmunzelnd.

Mit dem Fahrrad im Slalom den Pfützen ausweichend, die der tagelange Regen in Straßenkuhlen hatte entstehen lassen, fuhr er in rasantem Tempo zu Carlos Wohnung. Hoch über ihm hatte sich der abendliche Himmel aufgeklärt, so daß sich ein glitzerndes Sternenzelt über Awenach ausbreitete und eine hauchdünne Sichel das neuerliche Erwachen des Mondes signalisierte wie das zarte Öffnen eines Augenlides. Die Straßenlaternen lieferten stumpfes Licht und erleuchteten nur spärlich die Eingangsnischen der Häuser.

Carlo wartete vor dem Haus in seinem Auto auf ihn. Diesmal wurden ihm die Augen nicht verbunden, was Marc mit Genugtuung feststellte. Auch ging es nicht wieder an den seltsamen Ort außerhalb Awenachs. Carlo raste waghalsig quer durch die Stadt, nahm einem blauen VW frech die Vorfahrt, so daß es um ein Haar gekracht hätte, und hielt vor dem Fachwerkhaus Nr. 17 im Wimbachweg. Wem es gehörte, wußte Marc nicht. Es interessierte ihn auch nicht. Seine Sinne waren ganz auf das gerichtet, was er nun erleben würde.

Carlo hatte ihm auf Kims Party zum 18. Geburtstag die Teilnahme an diesem satanischen Ritual als Belohnung versprochen. Als Belohnung dafür, wenn er das letzte Hindernis überwand und mit einem Mädchen schlief, das er gar nicht liebte. Sogar Kim hatte ihn dazu ermuntert, ja geradezu angefleht, diesen nächsten, unverzichtbaren Schritt zu tun. – Er hatte es getan, mit Katja. Er begann, die Freizügigkeit in dieser Clique immer mehr zu lieben.

Sie gingen eine alte Steintreppe hinunter in einen verliesartigen Keller, der nach einer Kurve zu einem geräumigen Gang wurde. Es machte auf Marc den Eindruck, als wäre er nachträglich gebaut worden. Carlo blieb stehen und zeigte auf eine Tür.

„Für das Ritual ist es wichtig, ohne weltlichen Schmutz, vollkommen rein zu sein. Deshalb mußt du hier deine Kleider ablegen und dich waschen. Ein Festgewand liegt für dich bereit." Marc nickte gelassen. Er fühlte sich stark, losgelöst, einfach über den Dingen schwebend.

„Sobald du fertig bist, kommst du rüber zum Festsaal." Er deutete auf den schweren, von der Kellerdecke herabhängenden Vorhang, der eher den Eindruck vermittelte, als wäre der Keller dort zu Ende. Kein Licht war dahinter zu sehen, kein Geräusch zu hören. Das Bild darauf schreckte Marc im ersten Moment ab. Er erkannte es sowohl vom Motiv her wieder als auch von seiner Akribie und Lebendigkeit – eine überdimensionale, schwarze Vogelspinne!

Er nickte erneut und begann, die Anweisungen auszuführen. Nach dem Waschen besah er sich das Festgewand näher, das fein säuberlich zusammengelegt auf einem Stuhl lag. Ihn verblüffte, daß es lediglich aus einer dunkelvioletten Kutte und einer Kapuze bestand. Doch es machte ihm nichts aus, daß er darunter offenbar unbekleidet bleiben sollte. Dann begab er sich in den Kellergang und schritt auf den Vorhang zu, auf den Carlo gezeigt hatte. Er schob ihn vorsichtig beiseite und trat in einen großen, fensterlosen Kellerraum. Beißender Rauch von brennenden Kräutern in Dreifüßen schlug ihm entgegen. Ein Dutzend Gestalten in Kutten und Schleiern standen umher und unterhielten sich leise. Die Wände waren braungetüncht und mit siebenarmigen Leuchtern behängt, in denen schwarze Kerzen brannten. In der Mitte befand sich ein mächtiger Klotz aus schwarzem Marmor, darüber eine violette Decke.

Die Kerzen warfen ein flackerndes Licht auf einen riesigen, blutroten Wandbehang, auf dem ganz in Schwarz und in Lebensgröße ein Mannweib mit Ziegenkopf, gewaltigen Hörnern und Flügeln gemalt war. Das Zeichen auf der

Stirn glich dem auf vielen seiner CDs: der fünfzackige Stern – das Pentagramm. Die rechte Hand zeigte nach unten, die linke nach oben, beide auf eine Mondsichel, mal schwarz, mal weiß. An der nach oben gehaltenen Hand waren der Zeige- und Kleinfinger abgespreizt, das Zeichen des Ziegenbocks – der Satansgruß!

Obwohl er sich in dem Kreis nicht verloren vorkam, verlieh es ihm Sicherheit, als ein vertrauter, lieblicher Rosenduft dicht neben ihm seine Sinne einnebelte und Kims zarte Hand seine umfaßte. Von irgendwoher läutete plötzlich eine Glocke neunmal. Ihr Schall war eben abgeebbt, als markige Black-Metal-Musik von „Demon" aus den Boxen unter der Decke den Raum flutete: „... *Nimm deinen Platz ein im Kreis. Schau zu, wie sich das Geheimnis entfaltet. Ein Kelch deines Lebensblutes, zwei Teile deines Geistes. Dreizehn gesichtslose Jünger in einem Raum, vor Furcht erstarrt. Dorthin zusammengerufen von ihrem Meister. Dann erscheint er ...*"

Eine mächtige Gestalt in Robe und Kapuze mit einem gehörnten Stab in der Hand schritt hinter den Granitblock und fing an, mit einigen Gegenständen zu hantieren, die Marc als Messer, Kelch und Weihrauchgefäße identifizierte.

„Das ist der Ritus des Pentagramms, mit dem die Versammlung beginnt", flüsterte Kim.

„Und was wird da gemacht?" fragte Marc.

„Messer und alle anderen Dinge, die nötig sind, werden geweiht."

Es reizte ihn besonders zu erfahren, wer dort unter der Kapuze steckte und das Ritual ausführte. Als Kim ihm entgegnete, es wäre ein Hohepriester, stellte ihn das nur teilweise zufrieden. Er hatte von ihr vor Tagen erfahren, daß zwar jeder aus der Gruppe zum Priester geweiht wurde, besondere Funktionen jedoch von einem Meisterkanzler, einem Hohepriester, vorgenommen wurden, von denen es einen in Würzburg gab, der für Bayern zuständig war, einen in Freiburg, einen in Frankfurt und einen in Köln.

„Wer ist das? Kenn' ich die Person?"

Kim schwieg. Er hielt es für das beste, es ihr nachzutun.

Trotzdem, die Konturen der Gestalt erinnerten ihn an irgend jemanden.

Kurz darauf lag ein Mädchen auf dem Altar. Der Hohepriester hielt das Opfermesser in der Hand und führte eindeutige Bewegungen aus, die Marc den Atem stocken ließen.

„Er will sie doch wohl nicht umbringen?" entwich es ihm schockiert, wofür er sich ein zurechtweisendes „Pscht" von Kim einfing.

„Natürlich nicht! Er tut nur, als ob."

Erleichtert beobachtete er die Szene weiter. Jedesmal, wenn der Hohepriester etwas sagte, lauschte er besonders aufmerksam, um die Stimme eventuell einer Person zuordnen zu können. Aber die Kapuze ließ sie zu dumpf und zu entstellt klingen. Dennoch, er fühlte, daß er den Mann kannte. Wer? Wer war es?

Eine Frau trat auf den Hohepriester zu und legte ihre Kutte und Kapuze ab. Marc erkannte sie. Es war Katja. Im Schein der Kerzen blitzte um ihren Hals ein umgedrehtes Kreuz auf. Sie legte sich rücklings auf den Granitblock, in der linken und rechten Hand eine Kerze. Der Hohepriester nahm aus dem fast 700 Jahre alten gotischen Kelch etwas Weißes, Rundes, das für Marc wie eine Hostie aussah.

„Das ist die Segnung", flüsterte Kim erregt.

Die Bewegungen des Hohenpriesters wurden schneller. Dennoch wirkten sie trotz seiner Leibesfülle nie plump, sondern flink und geschmeidig. Augenblicklich funkte es bei Marc. Er wußte, wer die Person unter der Robe war. Er kannte sie sogar sehr gut. Diese Enthüllung schockte ihn. Niemals hätte er das für möglich gehalten.

*

Die Reifen des blauen VW quietschten. Die Wucht, mit der er hatte aufs Bremspedal treten müssen, um nicht mit dem schneeweißen Sportwagen zusammenzustoßen, ließ Robert heftig in den Gurt fliegen. Erleichtert holte er tief Luft, nachdem diese gefährliche Situation glimpflich ausgegangen war. Ihn hätte bei einer Kollision zwar keine Schuld getroffen, da er sich auf der Vorfahrtstraße befand, doch wäre das ein schwacher Trost gewesen. Über diese rücksichtslose, rabiate Fahrweise den Kopf schüttelnd, sah er dem Cabrio nach, wie es an der Kreuzung Richtung Stadtmitte verschwand. Er erkannte den Wagen problemlos wieder. Schließlich war er das Markenzeichen von Carlo Rickerts, wie er inzwischen wußte. Mit leichtem Herzklopfen setzte er seine Fahrt fort, die ihn zu seiner Verabredung bringen sollte.

Es roch nach frischem Bohnerwachs, obwohl der Raum mit einem porzellanblauen Teppich ausgelegt war. Robert warf einen kurzen Rundblick durch das Wohnzimmer mit seinen ansprechenden Farben und Möbelstücken, als Isabel Grunwald ihrem Gast einen Platz anbot.

„Verzeihen Sie die Unordnung", entschuldigte sie sich für das Durcheinander von Heften und Schreibutensilien auf dem Sofatisch. „Ich habe mein Arbeitszimmer frisch gebohnert, wie man vermutlich noch riechen kann, und mußte meine Arbeitsstätte vorübergehend hierher verlegen."

„Eine Klassenarbeit?"

„Hausaufgabenhefte. Ich wollte mir die Kurzaufsätze gerne alle mal durchlesen, weil ich das Thema sehr vielversprechend fand – ‚Wen nimmst du dir zum Vorbild?'"

Robert nickte zustimmend. „Das ist bestimmt höchst aufschlußreich, was Sie da zu lesen bekommen."

„Das kann man wohl sagen. Mal recht humorvoll, mal sehr erschreckend."

„In welcher Klasse haben Sie die Aufsätze schreiben lassen?"

Isabel Grunwald saß auf der Kante ihres Sessels und schob ein paar Hefte hin und her.

„In der 10b." Sie bemerkte, wie ihr Gast sich hellhörig geworden aufrichtete.

„Das ist doppelt interessant, muß ich gestehen."

Sie lächelte ihn an. „Für Sie als Klassenlehrer bestimmt."

Sie schlug ein Heft auf. „Ich will Sie gerne an zwei Kostproben teilhaben lassen. – Wie für die meisten, etwa jeder Fünfte, so sind auch für Oliver die Eltern das Vorbild. Er schreibt unter anderem: ‚Mein Idol ist meine Mutter, aber nicht beim Einparken.‘“

Robert lachte. Diese schelmische Antwort paßte zu dem Schüler, der es auch im Unterricht oft faustdick hinter den Ohren hatte.

Isabel Grunwalds Miene verhärtete sich. „So erheiternd manche Antworten sind, so kalt läuft es einem bei anderen den Rücken runter. Stefanie Holm schreibt: ‚Vorbilder habe ich nicht, nur ein Antivorbild – meinen Vater. An ihm erlebe ich jeden Tag von neuem das Sprichwort: Was einer Mutter ans Herz geht, das geht einem Vater höchstens ans Knie.‘“

„Das läßt tief blicken.“ Roberts Augen wanderten nachdenklich zu der verschnörkelten Kaminuhr auf dem Mahagonibüfett.

Es paßte in das Schema, das er schon des öfteren erlebt hatte. Der Grund, weshalb Jugendliche sich dem Okkultismus oder Satanismus zuwandten, war nicht in erster Linie, Satan anzubeten und Dämonen kennenzulernen. Sie taten es häufig, weil sie sich von ihren Eltern ungeliebt fühlten, die für ein wirkliches Familienleben oft zu beschäftigt waren, und suchten so ihre Aufmerksamkeit zu gewinnen – und weil sie allein und gelangweilt waren. Was jedes Kind haben mußte, war nicht Taschengeld. War auch nicht eine gute Schulbildung. Was es auf jeden Fall brauchte, war eine gesunde, solide Familie. Diese Erfahrung hatte er in seinem Berufsleben gemacht. Es gab alle möglichen Programme für Jugendliche – Anti-Drogen-Programme, Sexualaufklärungsprogramme. Es gab Beratungsstellen und Sozialarbeiter für die Jugendlichen. Dennoch waren immer mehr Jugendliche von Problemen wie Drogen und ungewollten Schwangerschaften betroffen. Robert war sich sicher, daß ein Grund dafür die wachsende Zerstörung der Familien war.

Isabel Grunwald leitete das Gespräch zum eigentlichen Thema über. „In Ihrem Anruf deuteten Sie an, daß Sie mit mir über die Okkultismus-Geschichte von neulich reden wollten."

Robert nickte. „Durch meine vorherige Lehrerstelle in der Großstadt habe ich auf dem Gebiet des Okkultismus und Satanismus einige einschlägige Erfahrungen sammeln ‚dürfen'. Das hat mir geholfen zu erkennen, daß auch hier am Lessing-Gymnasium diese Probleme existieren. Vielleicht nicht so massiv – aber sie sind da. Und ich habe den Eindruck, daß ein feinverzahntes Räderwerk aufgebaut wird, bei dem nicht abzusehen ist, was es anrichten wird, wenn es erst in Gang gesetzt ist."

Er bemerkte die Irritation auf ihrem Gesicht.

„Darf ich weiter ausholen? Dann wird deutlicher, was ich meine."

Sie machte eine Geste, daß sie damit einverstanden war, und lehnte sich bequem im Sessel zurück.

„Man kann Okkultismus mit dem Drogenkonsum vergleichen. Nicht selten fängt es mit weichen Drogen an und endet bei harten, stark süchtig machenden Drogen, weil der Kick eben größer und reizvoller ist. Hat man sie jedoch ausprobiert, meint man, daß man mehr davon haben müßte. Diese Entwicklung schreitet fort, bis der Drogenkonsument vollkommen abhängig ist von dem, was er glaubte, kontrollieren zu können und ja nur aus harmloser Neugierde tat. Die Verstrickung in Okkultismus läuft in ähnlichen Bahnen ab. Man mag eine Praktik zunächst nur hin und wieder ausüben, aber der Drang wird nicht ausbleiben, mehr zu erfahren, anderes auszuprobieren und tiefer in die Materie einzudringen, weil der Reiz sonst nachläßt. Eine immer größere Abhängigkeit entsteht, alle Bereiche, alle Situationen seines Lebens dem Orakel des Pendels, des Glases oder der Karten zu unterstellen. Aus einem anfänglichen Spaß, einer bloßen Neugier kann eine Sucht werden, ein Zwang, der den Betreffenden immer tiefer hineinreißt in den Sog des Spiritismus. Hinzu kommt der allgemeine Zeitgeist. Ein Überdruß am Materialismus, ein Fehlen von Orientierungshilfe fürs Leben. Gott hat dem Menschen die Ewigkeit ins Herz gelegt, und deshalb besteht diese Sehnsucht nach Übernatürlichem, Unsichtbarem. Aber diese Faszination wird fehlgeleitet durch Okkultismus und Satanismus und stürzt den Menschen in eine Sucht, die ihn versklaven und zerstören wird. Ich erinnere mich noch, als ich ein junger Mann war, da reichte es nicht mehr, eine Zigarette zu rauchen, um ‚in‘ zu sein. Da mußte es schon ein Joint sein. Und heute? Der Wunsch, beachtet zu werden und rebellisch zu sein, existiert auch unter den Jugendlichen von heute. Das Problem für sie ist nur, daß es schwieriger geworden ist, die Eltern wirklich zu schocken. Die Gesellschaft hat in den letzten Jahrzehnten vieles erlebt, das sie abgehärtet hat. Ein Joint bringt's da nicht mehr. Wer Beachtung finden will, muß auf die gemeinsten, scheußlichsten und schmutzigsten Taten zurückgreifen, die er sich nur ausdenken kann. Taten, wie sie ihm der Satanismus in Hülle und Fülle anbietet."

Während Isabel Grunwald zuhörte, war sie sich mit der Kuppe des Zeigefingers immer wieder um die Lippen gefahren. Eine Angewohnheit, die Robert vom ersten Tag an bei ihr beobachtet hatte. Ihr Kopf bewegte sich, als könnte sie das Gesagte sehr gut nachvollziehen.

„Haben Sie auch die Erfahrung gemacht", warf sie dazwischen, „daß meistens die vom Charakter her schwierigen Typen sich durch das Okkultgetue fehlende Anerkennung holen wollen?"

„Ja." Er konnte ihre Frage ohne Umschweife bestätigen. „Ich habe sogar öfter erlebt, daß der Kasper in einer Klasse später zum Hexer der Klasse wurde."

Als Robert gegen 21 Uhr nach Hause fuhr, war er erfreut über den Austausch mit seiner Kollegin und darüber, daß sie spontan seinen Vorschlag aufgegriffen hatte, mit dem er zu ihr gekommen war. In einer der nächsten Deutschstunden würde sie einen Aufsatz zum Thema Okkultismus und Satanismus schreiben lassen. Er war gespannt, was zu Papier gebracht werden würde.

Jody lag bereits im Bett und las, als Robert nach Hause kam. Er setzte sich auf die Bettkante und lugte um die Ecke, um zu erspähen, in welcher Broschüre sie gerade schmökerte. Sie hielt ihm ein Farbfoto entgegen, auf dem ein schneeweißes, futuristisch anmutendes Schiff über klares, tiefblaues Wasser hinwegschoß.

Am Nachmittag hatten sie über Jodys Wunsch gesprochen, bald für ein paar Tage ihre Eltern in England zu besuchen.

Sie seufzte. „Ich bete jeden Tag, daß Vater die Bypass-Operation übersteht."

Er lächelte sie warmherzig an. „Ich auch. Er wird es schaffen."

Mit einem aufmunternden Augenzwinkern stand er auf. Einige Minuten fand ihre Unterhaltung quer über den Flur zwischen Bad und Schlafzimmer statt. Er schilderte, wie das Gespräch mit seiner Kollegin verlaufen war. Kurz bevor das Zifferblatt seines Uhrenradios auf 22:36 weitersprang, war in dem rostbraunen Klinkerhaus nahe des Adlerbergs auch das letzte Licht erloschen.

Am nächsten Morgen ging Robert auf dem Weg zur Schule ein Vers nicht aus dem Kopf, auf den er bei seiner allmorgendlichen Bibellektüre im Johannesevangelium gestoßen war:

„... Jener war ein Menschenmörder von Anfang an und stand nicht in der Wahrheit, weil keine Wahrheit in ihm ist. Wenn er die Lüge redet, so redet er aus seinem Eigenen, denn er ist ein Lügner und der Vater der Lüge ..."

Jesus hatte damit den Teufel gemeint! Er war ein Menschenmörder! Er war ein Lügner, ja sogar der Vater der Lüge, der Urheber! Robert erschauerte innerlich bei dem Gedanken, daß Schüler aus seinen Klassen sich bewußt oder unbewußt auf genau dieses lügenhafte, mörderische Wesen aus der anderen Dimension einließen.

Er mußte an eine andere Bibelstelle denken, die sie kürzlich im Hauskreis besprochen hatten. Das letzte Buch der Bibel, die Offenbarung, berichtete von einer zukünftigen Zeit, in der Zauberei und Satanismus so normal und verbreitet waren wie Diebstähle:

„Und die übrigen Menschen, die durch die Plagen nicht getötet wurden, taten nicht Buße von den Werken

142

ihrer Hände, daß sie nicht mehr anbeteten die Dämonen ..."

Nach einer kurzen Stippvisite im Lehrerzimmer, wo er seinem Fach die vorbereiteten Blätter für den Chemie-Test entnahm, den er heute in der 11. Klasse schreiben lassen wollte, machte er sich auf zu den Chemielabors. Er kam nur bis auf Höhe des Sekretariats, wo er Direktor Franck direkt in die Arme lief.

„Zu Ihnen wollte ich gerade, verehrter Kollege. Guten Morgen", begrüßte er Robert übermäßig freundlich und hielt ihm einen Briefumschlag hin.

„Meine Kündigung?" scherzte Robert und nahm das braune Kuvert an sich.

„Wer so überpünktlich seine Klasse aufsucht, der wird doch nicht entlassen", spielte sein Vorgesetzter augenzwinkernd mit und fügte mit Ernsthaftigkeit hinzu: „Das sind Unterlagen, die ich weggeheftet hatte. Durch unser Gespräch neulich wurde ich daran erinnert. Ich dachte, daß Sie sich vielleicht dafür interessieren."

„Darf ich es später öffnen?"

„Selbstverständlich. Jetzt sollen Sie ja Ihren Schülern was beibringen", erwiderte Direktor Franck und ließ ihn mit einem Lächeln stehen.

Robert klemmte sich den unbeschrifteten Umschlag unter den Arm und traf pünktlich mit dem Gong zur ersten Stunde im Chemielabor ein. Zügig verteilte er die Blätter mit den Testfragen. Er war gerade in der letzten Reihe angekommen, als die Klassentür aufgerissen wurde und ein atemloser Marc Belden hereinstürzte.

„'tschuldigung!" keuchte er. „Hab' verschlafen."

Während Robert ihm verständnisvoll zunickte, rief Alex Zallberg quer durch die Klasse:

„Was denn, zu Hause schläfst du auch noch?"

Ein grölendes Gelächter schwappte von Bankreihe zu Bankreihe.

Nachdem Robert alle Zettel ausgeteilt hatte, las er die Aufgaben laut vor.

„Noch irgendwelche Fragen?"

Es kam keine Wortmeldung.

„Sie haben bis zum Ende der Stunde Zeit."

Er setzte sich auf den Hocker hinter dem Labortisch und nahm sich gespannt das braune Kuvert vor. Zwischendurch ließ er immer wieder auf der Suche nach etwaigen „Abguckern" den Blick durch die Klasse schweifen. Die Unterlagen, die er herauszog, bestanden aus einem Protokoll einer Tagung für die Schülersprecher der Gymnasien in ihrem Bundesland zum Thema „Okkultismus an Schulen". Es war datiert auf März 1988. Sein Chef hatte recht gehabt. Das war in der Tat etwas, das ihn interessierte. Er beschränkte sich darauf, es jetzt nur auszugsweise zu überfliegen. Gründlich auswerten würde er es am Nachmittag.

„Von den etwa 60 anwesenden Schülersprecher/-innen gaben deutlich mehr als die Hälfte an, an ihrer Schule gebe es okkulte Praktiken ... Häufigste Formen sind Glasrücken, Tischerücken (beides wird nicht selten als reine ‚Gaudi' betrachtet), als besonders chic gelten daneben ‚Schwarze Messen'. Der Zusammenhang mit der sogenannten Black-Metal-Musik wird vielfach als gegeben betrachtet ... Besonders interessiert an okkultistischen Dingen sind Schüler/-innen der Mittelstufe (8.–10. Klasse), die bei weitem das Gros bilden ... Die Einschätzung der Gefährlichkeit okkultistischer Betätigungen ist bei den Schülern sehr unterschiedlich. Einige der im Gespräch von Schülern vorgetragenen Fälle zeigen jedoch, daß diese Gefährlichkeit nicht unterschätzt werden darf. Die Folgen reichen von Verstörtheit über nachhaltige Schockerlebnisse bis hin zu Ohnmacht ..."

Roberts Blicke wanderten wieder von Schüler zu Schüler, zum einen um zu kontrollieren, wo heimlich getuschelt, abgeguckt oder mit Schmierzetteln gearbeitet wurde; zum anderen stellte das Gelesene ihn vor die Frage, wer von seinen Schülern mit Okkultismus oder gar Satanismus zu tun hatte. Bei einer Clique war er sich schon länger ziemlich sicher. Er wünschte sich, irgendwie einen Zugang zu diesem Schülerkreis zu bekommen. Das war ein Anliegen, für das er seit Wochen jeden Abend zusammen

144

mit Jody betete. Jesus würde über kurz oder lang eine Möglichkeit eröffnen. Da waren sie sich sicher. Das hatten sie schon oft in ihrem Leben erfahren. Was sie vorerst tun mußten, war, geduldig abzuwarten. Jesus würde handeln, schließlich war er damals in diese Welt gekommen, um die Werke des Teufels zu zerstören.

In der hinteren Bankreihe kam Bewegung auf. Alex stand mit seiner Schultasche auf und trampelte laut nach vorne. Es waren erst zehn Minuten vergangen.

Er kann unmöglich schon fertig sein, dachte Robert und bekam mit einem durchtriebenen Grinsen ein leeres Blatt hingeknallt. Ungläubig sah er Alex an.

„So schwer sind die Aufgaben aber nicht. Fällt Ihnen nicht wenigstens die eine oder andere Formel ein?" flüsterte er, um die übrigen Schüler nicht zu stören.

„Mir ist zu jeder Frage was eingefallen. Das habe ich auch hingeschrieben", konterte Alex laut und ging einfach hinaus.

Robert zog den Zettel näher zu sich heran. Es stand tatsächlich unter jede Frage etwas geschrieben. Es waren drei englische Worte. Sie lauteten: „Satan will win!" – Satan wird gewinnen.

*

Alex' Haßtirade auf Robert Cullmann ebbte auch nicht ab, als er mit Marc und Kim in einer Freistunde im „Monaco" bei einer Bacardi-Cola saß. Er fluchte und schimpfte in einem fort. Marc hörte es sofort heraus, als er plötzlich Sätze aus der Satansbibel giftig vor sich hinzischte.

„... Ich bin wie eine riesige Maschine der Vernichtung geworden für denjenigen, der mich aufhalten will ..."

Marc mochte nicht mehr hinhören und wandte sich mit Kim einem der Monitore zu, um sich einen Video-Clip anzuschauen. So bekamen sie nicht mit, wie Alex auf einmal in einem Zug sein Glas austrank, vom Hocker rutschte und zum Handeln entschlossen das „Monaco" verließ.

Arm in Arm schmusten Marc und Kim verträumt zu der

Musik. Er hielt es zunächst bloß für einen Reflex. Doch dann spürte er, daß die Vibration von Kim herrührte. Sie begann zu zittern, wie er es zum ersten Mal in der Arabella-Therme erlebt hatte.

„Bin gleich wieder da", sagte sie mit einem gezwungenen Lächeln und wand sich aus seiner Umarmung. Während sie sich in Richtung Toiletten aufmachte, dachte er daran, daß diese Zitteranfälle in letzter Zeit in immer kürzeren Abständen auftraten. Er nahm sich fest vor, sie zur Rede zu stellen. Um sich die Zeit zu vertreiben, holte er aus seiner Schultasche die satanische Bibel und las darin:

„... Ich sage mich los von allen Sitten und Anstandsregeln, die nicht zu meinem irdischen Erfolg und Glück führen ..." Vertieft in seine Lektüre hatte er nicht bemerkt, daß Kim zurückgekommen war.

„Freust du dich auf heute abend?" fragte sie und glitt auf den Barhocker.

„Ich kann's kaum erwarten. Allerdings hab' ich ein bißchen Hosenflattern. Es heißt immer ‚Aufnahmeritual', aber ich weiß überhaupt nicht, was ich da tun muß."

„Cool bleiben." Sie lächelte ihn ruhig und selbstsicher an. Ihr Zittern war völlig verschwunden. „Wir haben doch gute Freunde."

Er verstand, wen sie mit „gute Freunde" meinte. Eine gepflegte Prise davon würde ihn in die nötige Stimmung bringen. Er hatte noch ausreichend Kokain zu Hause. Carlo war ein großzügiger „Chef". Dann wechselte er abrupt das Thema, wie er es sich vorgenommen hatte.

„Du, Kim." Er streichelte liebevoll ihren Arm, was sie so gern hatte. „Ich mache mir Sorgen."

Sie starrte ihn an, als hätte er Chinesisch gesprochen.

„Sorgen? Aber wir haben –"

„Ja, Sorgen, verdammt!" unterbrach er sie in hartem Ton. „Alle naslang befällt dich dieses Zittern. Ich will endlich wissen, was mit dir los ist! Und diesmal laß' ich mich nicht mit Ausflüchten abspeisen. Du sagst mir jetzt die Wahrheit!"

„Ich bin guter Hoffnung."

„Sülz nicht. Ich meine es verdammt ernst." Er umgriff fest ihr Handgelenk und blickte sie eindringlich an. „Nimmst du Heroin?"

Sie lachte ihn aus. „Bist du verrückt? Denkst du das ehrlich von mir? Du bist ja beknackt!"

Sie wollte ihren Arm befreien, schaffte es jedoch nicht.

„Autsch! Du tust mir weh!"

Erschrocken ließ er los. „Verzeih mir. Das wollte ich nicht." Er legte ihre Hand an seine Wange. In flehendem Ton wiederholte er sein Anliegen. „Sag mir doch bitte, was los ist! Mir kannst du doch vertrauen. Wir haben ..."

„Ich habe gerade gesagt, was los ist. Ich bin guter Hoffnung." Sie grinste ihn an. „Man kann es auch moderner ausdrücken – ich bin schwanger."

Er fiel aus allen Wolken. „Du bist ...?" Ja, sie war es. Er las es in ihrem unschuldigen, engelhaften Gesicht, daß sie die Wahrheit gesagt hatte. Er wagte kaum, seine nächste Frage zu stellen, obwohl sie ihm unter den Nägeln brannte. Er hatte Angst, die Antwort könnte seine schlimmste Befürchtung bestätigen.

„Von ... von mir?"

Ein gewaltiger Felsbrocken fiel ihm vom Herzen, als sie ihren Kopf schüttelte. Es überwog seinen Schmerz, daß sie ein Kind von einem anderen erwartete. Ein unheilvoller Gedanke befiel ihn.

„Solche Zitteranfälle sind doch nicht normal für eine Schwangerschaft", stellte er besorgt fest.

Sie lächelte ihn verzückt an. „Es ist ja auch keine normale Schwangerschaft."

„Was meinst du damit?"

Sie sah versonnen in das Schwarzlicht über der Theke, das ihr Gesicht zu einer leblosen Maske veränderte. Als wäre sie in eine fremde Welt entrückt, flüsterte sie glücklich und schwärmerisch: „Weil der Vater jemand ganz Besonderes ist. Jede Frau aus unserer Gruppe träumt davon, von ihm ein Kind zu bekommen."

*

Die Spitze des Kugelschreibers wanderte die 24 Spalten entlang und schrieb hinter zwei Namen Pluszeichen und hinter einen anderen einen dicken Minusstrich. Robert hatte es sich zur Gewohnheit gemacht, besonders gute und schlechte mündliche Beiträge sofort am Ende einer Unterrichtsstunde zu notieren. Er klappte sein rotes Notenbüchlein zu, machte die vorgeschriebene Eintragung ins Klassenbuch und schlug mit der flachen Hand darauf. Das war es für heute gewesen. Er richtete sich auf und streckte seinen Rücken.

Sechs Stunden können ziemlich anstrengend sein, dachte er und gönnte sich ein Halsbonbon. Als letzter knipste er die Neonlichter aus. Nachdem er das Klassenbuch im Sekretariat abgegeben hatte, begab er sich zum Parkplatz.

Er verabschiedete sich mit einem Winken von seinem Kollegen Kessebom und stieg in sein Auto. Noch bevor er den Motor starten konnte, traf es ihn wie ein Hammerschlag. Entsetzt starrte er auf die Motorhaube. Seine instinktive Reaktion, sich nach allen Seiten umzusehen, brachte nichts ein. Nirgends war jemand von dem Personenkreis zu entdecken, der allein für diese Tat in Frage kam.

Stahltöpfe dampften auf dem Elektroherd, als Robert eine Viertelstunde später die Küche betrat, in der Jody gerade dabei war, den Mittagstisch zu decken. Der Geruch von Paprika erfüllte den Raum und ließ Robert das Wasser im Mund zusammenlaufen. Nach einer herzlichen Begrüßung setzte er sich an den Tisch und schaute die Post durch, die er aus dem Briefkasten mitgebracht hatte. Er beobachtete nebenbei, wie Jody die Paprikaschoten füllte und liebevoll mit Tomatensoße übergoß.

„Es wird heikel, Jody", sagte er ganz unvermittelt. „Irgend jemand hat mir heute auf dem Schulparkplatz ein Pentagramm in die Motorhaube geritzt."

Sie holte tief Luft. „Wie bitte? Was willst du tun?"

Er zuckte die Achseln und lächelte sie an. „Erst mal beten."

Sie hatte Robert schon oft darum beneidet, wie er in

schwierigen Situationen einen kühlen Kopf bewahren konnte. Es half ihr, ihr eigenes Temperament zu zügeln.

Sie schlossen zum Gebet ihre Augen.

Nach dem Essen zog sich Robert in sein Arbeitszimmer zurück. Er suchte aus dem Aktenschrank einen speziellen Ordner heraus, setzte sich damit an den Schreibtisch und studierte das Material, das er in den vergangenen Jahren gesammelt hatte. Die ersten Seiten enthielten Zeitungsartikel. Robert las sich die Passagen durch, die mit einem gelben Leuchtstift markiert waren:

„Kleve. Der kleine Michael saß den ganzen Tag lang verstört in seinem Zimmer. Gegen Abend rückte der Schulsteppke endlich raus mit der Sprache: ‚Der Tisch hat mir prophezeit, daß ich um halb drei von einem blauen Auto überfahren werden sollte' ..."

„... Hartmut ist der Zweite, der freiwillig aus dem Leben scheidet. Der Zweite aus der Todesclique von Bensheim ... Ingo D. (23) und Viola D. (17), das dritte und vierte Opfer, gehen gemeinsam in den Tod ... Ingos Abschiedsbrief läßt nur ahnen, was in den jungen Leuten vorging: ‚Ich bin zu der Überzeugung gelangt, daß das Leben sinnlos ist. Es geht alles seinen geformten Gang, und das Omen wird sich erfüllen.' ... Jetzt entdeckte die Polizei in einem Hochhaus in Bensheim einen Grabstein. Er stand in dem Zimmer einer 19jährigen Schülerin. Auch sie gehörte zur Todesclique, traf sich mit ihren Freunden vor dem Grabstein zur Schwarzen Messe ..."

Ein weiterer Artikel berichtete über einen satanistischen Mord, und der nächste über einen Menschenopferversuch unter jungen Okkultgläubigen.

Seitenweise hatte Robert derartiges Material zusammengetragen. Er las, daß die in Kalifornien legalisierte Satanskirche „Church of Satan" angeblich zahlreiche Filialen in vielen Ländern unterhielt. Er stieß auf die Aussage des Okkult-Experten und ehemaligen Satanisten Bill Schnoebelen, daß Satanisten oft Rechtsanwälte, Ärzte und Lehrer waren und es Satanisten auch in militärischen Einrichtungen gab, wie den Colonel Michael Aquino von der U.S. Army.

Ein Nachrichtenmagazin stellte in seiner Ausgabe fest, daß es eine bundesweite Verbreitung okkulter Praktiken gäbe, die nicht zuletzt von Lehrern an die Schüler weitergegeben würden. Von zwei Nachrichtenagenturen stammten auch Meldungen aus England.

„... Generalsekretär Clive Calver (London) sagte, die Ausbreitung des Satanismus und die Grausamkeit der Rituale bis hin zu Menschenopfern hätten erschreckende Ausmaße erreicht. Dem Reachout-Trust in Nord-Wales sind allein im letzten Jahr 25 Fälle rituellen Mißbrauchs bekannt geworden: von sexuellen Perversionen mit einem sechs Monate alten Säugling bis hin zum Zwingen eines 13jährigen Jungen, Menschenfleisch zu essen."

Die andere Information war eine EIRNA-Studie. Ihren Inhalt hatte er noch gut präsent. Die Kinderschutzorganisation „Childwatch" berichtete darin von Schwarzen Messen, bei denen Kinder grausam mißhandelt und Säuglinge geopfert wurden; von Frauen, die von Satanspriestern gezwungen wurden, Kinder zu Opferzwecken zu empfangen und auszutragen; von der Praxis, wie an den Schulen für den Satanskult neue Mitglieder rekrutiert wurden; von Morddrohungen der Satanisten gegen die Organisation.

Er unterbrach das Lesen, weil Jody hereinkam und ihm einen Abschiedskuß gab. „Ich geh' dann."

„Denk bitte dran, daß Dr. Benthaus dir eine Ultraschallaufnahme für mich mitgibt. Ich möchte auch sehen, wie unser Kind gewachsen ist."

Zwei Fragen kreisten Robert durch den Kopf. Was von dem, das er gelesen hatte, geschah auch hier in Awenach? Welche Gefahr wuchs für ihn und Jody daraus, je weiter sie in die Awenacher Kultszene eindrangen? Die Fragen ließen ihm keine Ruhe.

*

Für den Bruchteil einer Sekunde erfaßten die Scheinwerfer die Tafel auf dem Rasen, dann versank sie wieder in der abendlichen Dunkelheit. Der Wagen fuhr zwei Häuser weiter und blieb unter einem Baum im Schatten der Straßenlaterne stehen, so daß er einem zufällig vorbeikommenden Spaziergänger nicht ohne weiteres aufgefallen wäre. Eine dunkle Gestalt stieg an der Beifahrerseite aus – in der Hand einen Gegenstand –, warf kurz einen Blick in alle Richtungen und ging dann zu der Stelle zurück, wo die Tafel stand, sich dabei dicht an Hecken und Bäume haltend. An der Stelle, wo die Strauchreihe dünner wurde, blieb die Gestalt stehen. Über die kniehohe Mauer hinweg ließ sie die Augen über das Grundstück wandern. Auf dem gepflegten englischen Zierrasen stand eine schmiedeeiserne Laterne, eine wettersichere Sturmlampe, die an einer Kette von einer gebogenen Stange hing. Darunter spiegelten sich im Licht auf der Tafel die Worte:

Studiendirektor Lorenz Franck
An den Teichen 3

Ein Hund schlug an. Die Gestalt zuckte zusammen, da sie ihn in der Dunkelheit nicht bemerkt hatte. Jetzt konnte sie den drahtigen, weißen Cockerspaniel erkennen, der die Garageneinfahrt kläffend auf und ab rannte und darauf wartete, daß sein Herrchen ihn wissen ließ, daß der abendliche Besucher willkommen war. Papier raschelte. Die Gestalt faltete den Gegenstand in ihrer Hand auseinander und warf etwas hinter das Eisentor der Garageneinfahrt. Vorsichtig, aber mit wachsender Neugier schnüffelte sich das Jungtier heran. Augenblicke lang war nichts zu hören als ein gieriges Schmatzen. Die Gestalt beäugte unablässig das Haus. Keine Gardine bewegte sich und kein Schatten in dem hell erleuchteten Wohnzimmer. Nur ab und zu flackerte das Licht des Fernsehers. Sekunden später folgte dem Schmatzen ein leises Winseln, dann herrschte Totenstille. Erleichtert hüpfte die Gestalt über die Mauer und kehrte mit einem weißen Bündel auf dem Arm zurück. Im Schatten der Hecken rannte sie den Gehweg entlang zum Auto. Während sie den Hund in den Kofferraum packte, wurde der Wagen gestartet. Jemand öffnete ihr von innen die Tür. Sie sprang hinein, und der Wagen fuhr ohne Licht an. Er bog in die nächste Querstraße ein.

Sofort fraßen sich die beiden Lichtbündel wieder durch die Nacht.

„Wie ein Profi!" Tommi schlug Marc beifällig auf die Schulter, der keine Zeit hatte, sich den dünnen Schweißfilm von der Stirn zu wischen, weil ihm die Augen verbunden wurden.

„Ein letztes Mal", sagte Carlo, und es klang wie ein Versprechen.

Geduldig ließ Marc es über sich ergehen. Was er eben getan hatte, kam ihm wie ein Spiel vor. Unwirklich. Es war notwendig gewesen. Wegen eines Hundes, und selbst wenn er seinem Direktor gehörte, durfte er sich nicht von seinem Ziel abbringen lassen.

Die „guten Freunde" hatten ihm entsprechend geholfen. Alles war ihm glatt wie von selbst von der Hand gegangen.

Was nun folgte, war eine Fahrt, die er bereits kannte. Erst noch Verkehrslärm, dann eine große Stille. Ein Durchgeschütteltwerden, mehrere scharfe Kurven – der Wagen rollte langsam aus.

Als Marc die Augenbinde abgenommen wurde, sah er, daß sie diesmal in einer Art Hof zwischen Scheunen und Gebäuderuinen parkten, inmitten von einem Dutzend Autos. Die große Wiese mußte dahinter liegen.

Um den Cockerspaniel brauchte er sich nicht mehr zu kümmern. Carlo nahm sich seiner an und ging den beiden voraus in eine der Ruinen. Etliche Dachpfannen fehlten. An manchen Stellen sah es aus, als hätte eine Granate eingeschlagen. Der Putz war vielfach abgebröckelt. Einige Fenster hatten zerbrochene Scheiben, andere waren mit Brettern vernagelt. Muffiger Geruch schlug ihnen entgegen, als sie die knarrende Holztür passierten, durch die Carlo verschwunden war. Tommi führte Marc eine Treppe hinunter. Der Geruch veränderte sich allmählich in einen, den er gut kannte. Irgendwo da unten mußten Kräuter verbrannt werden. Sie schritten durch Gewölbegänge, an deren Wänden alle paar Meter eine Fackel flackerte. Tommi deutete nach links auf eine schwere Stahltür, die häßlich und völlig

152

zerkratzt war. Dahinter lag ein Raum, in dem sich beide für das Aufnahmeritual vorbereiteten. Anschließend passierten sie eine Rundbogentür, die Marc an die Miniaturausgabe eines mittelalterlichen Schloßtores erinnerte, und befanden sich in einem weiten Raum, an dessen Mauern Bildnisse des Teufels gemalt waren. Marc schätzte die Zahl der Anwesenden auf mindestens dreißig. Er sah den Altar, dahinter den Hohenpriester auf einem thronähnlichen Sessel. Über ihm war ein Spruch aufgehängt:

„Und er wird freigelassen werden 1000 Jahre."

Im Halbkreis um den Hohenpriester reihten sich vier Priester und Priesterinnen auf. Vor dem Altar war auf dem Fußboden ein fünfzackiger Stern mit Kreis aufgemalt. Mitten darin lag der weiße Cockerspaniel. Was das zu bedeuten hatte, wußte Marc. Er hatte es in den Büchern oft genug gelesen. Das Opfer der Verleugnung war einfach zwingend notwendig. Gott hieß auf Englisch nun einmal „god", und „god" lautete rückwärts „dog", also Hund. Mit diesem Hund würde für ihn auch der Gott sterben, auf den seine Eltern ihn von Kindesbeinen an gedrillt hatten.

Die Musik von „King Diamond" erklang. Alle Anwesenden sangen „The Oath" mit:

„Ich lehne Jesus Christus, den Betrüger, ab. Und ich schwöre dem christlichen Glauben ab. Ich verachte alle seine Werke …"

Einer der Priester schritt auf das Pentagramm zu, hob den Hund auf und brachte ihn dem Hohenpriester, der sich an den Altar begeben hatte. Marc sah das Messer blitzend durch die Luft zucken und schloß die Augen.

„… Ich schwöre, meinen Verstand, meinen Körper und meine Seele uneingeschränkt der Förderung der Absichten unseres Herrn Satan hinzugeben …"

Er wußte, nun war er an der Reihe.

7

Sein Arm wurde heiß ... es schmerzte an der Stelle, wo das Messer ihn aufgeritzt hatte ... Blut tropfte ... ein silberner Kelch ... es wurde kühl an seinen Lippen ... warm im Mund ... sein Finger tauchte in das Rot ... *Pakt 26. Oktober ... Satan untertan ... verfluche meine Paten* ... eine Hand schlug ein umgedrehtes Kreuz über ihm ... er fühlte ein Messer in seiner Hand ... ein Arm ... Kims lächelndes Gesicht ... Blut ... Kelch ... eine Mauer aus Menschenleibern ... *„Tod dem Verräter"* ... Hörner ... Fratzen ... Blut ... Blut ... Blut ...

„Jaa!!" schrie Marc auf, und sein Oberkörper schnappte hoch wie ein Klappmesser. Schwer keuchend fand er nur allmählich aus seinem benebelten Zustand heraus. Er wischte sich mit dem Ärmel des Schlafanzugs über die nasse Stirn. Minuten vergingen, bis sein Bewußtsein sich von dem Alpdruck einigermaßen gelöst hatte. Zerschlagen und erschöpft warf er sich zurück ins Kopfkissen und drückte die Beleuchtung seiner Armbanduhr: 2 Uhr 41. Mitten in der Nacht. Und wieder diese Erinnerung. Seit dem Aufnahmeritual und der „Hochzeit" mit Kim war es bereits das dritte Mal, daß er in einem Alptraum mit grauenvollen Fratzen und Strömen von Blut und Eiter alles noch einmal erlebte. Carlo hatte ihm versichert, daß das normal war. Die Horrorvisionen wären tatsächliche Erscheinungen, die durch das LSD von der Wandung seiner Seele abgelöst aus ihm herauskämen. Sie wären Ausschüttungen seines gestörten Egos. Er wußte, wem er diese Störung zu verdanken hatte – die Schuldigen lagen zwei Zimmer weiter.

Noch immer hämmerte der Beat von „Slayer" in seinem Kopf, der das Ritual beendet hatte. Er konnte ihn einfach nicht loswerden.

„... Vergieße dein Blut, laß es zu mir herunterlaufen. Nimm meine Hand und laß dein Leben los. Schließe deine Augen und sieh, wer ich bin. Hebe den Kelch. Ewige Umarmung. Du hast dein Blut vergossen, ich habe deine Seele ..."

Eine halbe Stunde lang wälzte er sich im Bett hin und her. Fluchend knipste er schließlich das Licht an und stand auf. Er begab sich an den Schrank, in dem er seine CDs aufbewahrte. Vor einer Woche hatte er ein neues Fach eingerichtet – ein Fach für Video-Cassetten. Alex hatte sie ihm kopiert, als Gegenleistung dafür, daß er ihm seinen Computer für Spiele zur Verfügung stellte.

„Amityville Horror" und „Warlock – Sohn Satans" hatte er sich bereits angeschaut. Sein Finger wanderte zwischen „Alien" und „Gate I". Er entschied sich für die vielversprechende Story der neugierigen Jugendlichen, um die es im zweiten Film ging.

Leise schlich er mit der Cassette ins Wohnzimmer und machte es sich im Sessel gemütlich. Der Horrorstreifen fesselte ihn von Beginn an. Er fand ihn dermaßen inspirierend, daß er sich den Nachfolgefilm „Gate II – Das Tor zur Hölle" später auch noch aus seinem Schrank holen mußte.

Als seine Mutter gegen halb sieben schlaftrunken ins Badezimmer schlich, lief im Wohnzimmer noch immer der Videorecorder. Erst das Rasseln einer Jalousie, die hochgezogen wurde, führte Marcs Gedanken zurück in die Realität. Auf leisen Sohlen pirschte er in sein Zimmer, ließ den Wecker schellen und tat so, als wäre er gerade aufgewacht. Minuten danach lief er mit der Schultasche in der Hand seinem Vater direkt in die Arme, der im Morgenmantel die Tageszeitung aus dem Postkasten gefischt hatte.

„Nanu? Du willst schon los? Hast du überhaupt schon gefrühstückt?"

„Klar", entgegnete Marc und wollte weiter.

Wolfgang Belden stellte sich ihm in den Weg. Er wußte, daß das nicht stimmte. „Warum lügst du mich an, Sohn?"

„Tu ich das?" schnappte Marc geladen zurück.

„Wieso so empfindlich? Junge, ich will dir doch nichts. Aber merkst du nicht, wie du dich verändert hast? Zu deinem Nachteil schwer verändert hast?"

„Das denkst du. Ich sehe das anders. Es gibt in meinem Leben wichtigere Werte, als du sie dir auf deinem Sparbuch anhäufst."

„Du hast Werte in deinem Leben? Das ist mir neu."

„Jawohl! Ich habe einen freien Geist und bin ein freier Mensch."

Sein Vater lachte geringschätzig. „Frei, solange du von meinen niedrigen Werten auf meinem Sparbuch ißt und trinkst. Frei und seit neuestem auch faul. Anders kann ich das nicht bewerten, daß du die lukrative Computerarbeit hingeschmissen hast. Was, wenn ich den Geldhahn einfach mal zudrehe? Dann ist es aus und vorbei mit deiner herrlichen Freiheit."

Er ging an Marc vorbei und drehte sich noch mal um. „Vielleicht mach ich das sogar. Es scheint die einzige Möglichkeit, dich aus deiner Fantasiewelt auf den Boden der Realität zurückzuholen."

Er wandte sich ab und verpaßte die Veränderung in Marcs Gesichtszügen – wie sie zu einer Maske des Zorns wurden und blanker Haß aus seinen Augen sprühte.

Wortlos verließ Marc das Haus. An der Haustür verharrend ritzte er mit seinem Fingernagel ein kaum sichtbares umgedrehtes Kreuz ins Holz.

„Tu es. Dann erfülle ich meinen Schwur und werfe dich den Dämonen zum Fraß vor!"

In der Schule hatte sich Alex für den Nachmittag bei ihm zum Computerspielen angemeldet. Er stellte den PC auf Spielbetrieb und räumte den Platz.

„Du kennst dich ja inzwischen aus."

Über Alex' breite Schultern hinweg verfolgte er einige Zeit das Geschehen auf dem Monitor. Was da als Spiel ablief, versetzte ihn wegen seiner realen Bedeutung in Erstaunen. Gestalten in Robe und Kapuze trugen Fackeln in der Hand. Sie marschierten hintereinander durch einen Wald, bis sie an einen Ort kamen, der große Ähnlichkeit mit der Kultstätte „Stonehenge" hatte. Riesige Steine waren kreisförmig aufgebaut. Fasziniert zog er einen Stuhl heran und setzte sich. Da besaß er seit Jahren einen Computer und hatte nie gewußt, welch packende Spiele es gab, die zudem eine graphische Auflösung besaßen, die an die Qualität eines Trickfilms heranreichte.

„Die werden immer besser", verkündete Alex begeistert, während er die „Maus" gekonnt hin und her schob. „Demnächst braucht man auch keinen Joystick mehr. Dann gibt's die Nachbildung eines Flugabwehrgeschützes, das man sich wie in echt auf die Schulter packen kann. Da macht das Ballern bestimmt noch mehr Bock."

Alex holte die Diskette aus dem Laufwerk und schob eine andere ein.

„Jetzt zeig' ich dir mal mein Lieblingsspiel." Er grinste hämisch.

Marc starrte gespannt auf den Monitor. Eine Fahne mit Hakenkreuz tauchte auf. Dann las er: „KZ-Manager. Treblinka."

Alex lachte dreckig. „Da bist du hin, was? Natürlich indiziert. Aber auf dem Schwarzmarkt kriegst du alles. Rat mal, wo?" Marc zuckte die Achseln.

„Auf unserem Schulhof. Für 6 Mark." Er schlug sich lachend auf die Oberschenkel.

Marc sah dem Massenmorden bis zum Schluß zu, auch wenn er Alex' Enthusiasmus nicht teilen konnte.

Ein Toter lag auf dem Boden eines Gefängnisses. Marc las den Schriftzug darüber:

„Das Gas hat seine Wirkung getan, und Sie haben Deutschland von einigen Parasiten befreit."

Das Bild Adolf Hitlers erschien. Darunter prangten die Worte: „Sie sind befördert worden."

Alex schlug ihm mit Wucht auf die Schulter. „Bin ich gut?"

Marc nickte gehorsam. Er hing mit seinen Gedanken einer ganz bestimmten Idee nach, die ihm beim Zuschauen gekommen war.

„Sag, hast du Spiele, wo es spannend zugeht und ordentlich geballert wird?"

„Klar." Alex fischte ihm kurzerhand drei Disketten aus seiner Tüte. „Zu Hause hab' ich noch mehr."

„Kannst du die nachbesorgen? Ich brauche demnächst eine als Geschenk. Mein Cousin Dennis hat Geburtstag. Und ich habe da so eine Idee."

*

Dagmar Holm hörte Stefanie pfeifend zur Wohnungstür hereinkommen. Sie stand im Schlafzimmer vor dem Spiegel und zupfte ihre Bluse zurecht. Ein schwerer Duftteppich aus Haarspray und Deodorant breitete sich in der ganzen Wohnung aus.

„Tag, Kleines!" rief sie in den Flur. „Woher die gute Laune?"

„Ich habe heute in Geschichte eine ‚Zwei' gekriegt", verkündete Stefanie stolz.

„Olala, mein Fräulein, ich staune!" Ihre Mutter war abmarschbereit in den Flur gekommen und gab ihr einen hastigen Kuß auf die Wange. „Das Essen steht auf dem Herd."

„Ich warte auf Dennis. Er müßte jeden –"

Das Schellen der Türglocke unterbrach sie.

Dagmar Holm drückte den Öffner für die Haustür und ging hinunter. Im Hausflur kam ihr ein tiefgeknickter Sohn entgegen. Mit hängenden Schultern schlich er die Stufen hinauf und schleifte seinen Turnbeutel wie ein unglückliches kleines Hündchen über den Boden hinter sich her.

„Was ist denn mit dir los?" fragte sie ihn im Vorbeigehen.

Mit Schmollmund bekannte er: „Alle haben mich ausgelacht, weil ich nicht wußte, wo der Montblanc liegt."

„Paß halt das nächste Mal auf, wo du deinen Füller hinlegst", ermahnte sie ihn. „Bis heute abend."

„Der Montblanc ist ein ...", setzte Dennis an und gab auf. Die Haustür war bereits zugeschnappt.

Lustlos stocherte Dennis in seinem Mittagessen herum. Außer dem Glas Limonade hatte er nichts angerührt. Stefanie hatte schon mehrmals versucht, ihn aufzuheitern – vergebens. Stumm wie ein Fisch hockte er über seinem Teller.

„Fragt der Arzt den Patienten: Wo haben Sie den Schmerz zuerst gespürt? Antwortet der Patient: Es war direkt vor der Bäckerei ‚Walz'."

Auch wenn der Witz ihr Brüderchen nicht zum Lachen brachte, war sie schon froh, daß er wenigstens seine Zunge löste.

„Wenn dieser blöde Porree so gesund ist, wie Mama

immer sagt, warum hab' ich ihn dann noch nie in der Werbung im Fernsehen gesehen?"

Stefanie mußte schmunzeln. „Iß wenigstens den Pudding. Sonst bekommst du nächste Woche zum Geburtstag Lebertran statt dem Stimmenverzerrer."

Seine Augen funkelten plötzlich. Er war Feuer und Flamme. „Aber ich will nur den von den ,Real Ghostbusters'."

Hastig verschlang er seinen Nachtisch.

Eine Stunde später schellte es bei den Holms. Als Stefanie mit einem „Ich mach auf"-Ruf aus ihrem Zimmer geschossen kam, drängte es Dennis geradezu, einen neugierigen Blick aus dem Wohnzimmer zu riskieren.

„Es sind ein paar Schulfreunde", erklärte sie, konnte damit jedoch nicht seinen Wissensdurst stillen.

Den Kopf ein bißchen zurückgezogen, blinzelte er um die Ecke.

Das erste Mädchen, das hereinkam kannte er – Anja. Das zweite nicht. Und auch die beiden Jungen, die ihr folgten, sah er zum ersten Mal. Stefanie schleuste sie gleich in ihr Zimmer. Dann hörte er zu seiner Verwunderung, wie der Schlüssel herumgedreht wurde. So etwas hatte seine Schwester noch nie gemacht, wenn sie alleine zu Hause waren. Argwöhnisch schlich er sich auf Zehenspitzen an der Wand entlang zu Stefanies Zimmer und legte vorsichtig sein Ohr gegen die Türfüllung. Dahinter wurde gesprochen. Außer einem leisen Murmeln konnte er nichts verstehen. Der Blick durchs Schlüsselloch machte ihn auch nicht schlauer darüber, was sich da drinnen abspielte – er schaute direkt auf den Rücken eines der Jungen. Enttäuscht verkroch er sich wieder vor den Fernseher, um eine Folge von „Batman" zu sehen.

„Ist ein Geist hier?" fragte Stefanie.

Jeder der fünf hatte einen Zeigefinger auf den Boden des umgestülpten Glases gelegt. Es regte sich nicht. Stefanie wiederholte ihre Frage.

„Ist jemand hier? Er soll sich melden!"

Eine angespannte Stille lag über dem Raum, bei der man

eine Stecknadel hätte auf den Boden fallen hören. Erneut tat sich nichts.

„Vielleicht sollten wir den Raum verdunkeln, oder Kerzen anzünden?" schlug Ingo vor, dem alles zu lange dauerte.

„Als ob du Ahnung davon hättest!" fuhr Christian ihm in die Parade.

„Ihr müßt Geduld haben", sagte Stefanie. „Wenn Freunde dabei sind, dauert es seine Zeit, bis der Kontakt zu den Geistern hergestellt ist. Bei mir ist es inzwischen egal, in welchem Rahmen ich das mache. Sie haben sehr viel Vertrauen zu mir. Ich hab' schon auf dem Boden Gegenstände gerückt, mit einem Geldstück oder einem Deckel von einer Cola-Flasche statt eines Glases. Ich brauche mich auch nicht mehr zu konzentrieren wie früher. Es kann ruhig laut sein, ich leg' den Finger drauf, und schon geht es los. Einmal hab' ich sogar versucht, frei mit ihnen zu reden. Seitdem klappt das wie auf Kommando. Die Geister sagten mir, es liegt daran, weil es nicht gegen Gott ist, mit ihnen zu reden."

„Hat der olle Cullmann also hohles Zeug geblubbert!" warf Ingo ein und lachte verächtlich.

Die anderen starrten Stefanie ungläubig an.

„Ehrlich? Das ist ja Wahnsinn!" stieß Christian begeistert hervor.

Stefanie genoß die Bewunderung, die sich über sie ergoß. Sie verwandelte sich in Neid, als sie anfügte: „Sie helfen mir auch in der Schule. Und ich kann sogar Blödsinn mit ihnen machen. Sie sind wie gute Freunde. Wir haben einfach ein super Verhältnis miteinander."

Sie stellte von neuem ihre Frage. Sekunden danach wanderte das Glas 30 Zentimeter in Richtung „Ja", mit einer Geschwindigkeit, die alle in Staunen versetzte. Schnurstracks rutschte das Glas in dem 80 Zentimeter großen Kreis von einem Buchstaben zum anderen und gab so den Namen des Geistes preis.

„A-I-C-I-A", las Stefanie die Buchstabenfolge laut mit.

„Will der uns veräppeln?" polterte Ingo barsch los.

„Pst! Beherrsch dich! Oder willst du den Geist vergraulen?" rief Stefanie ihren hitzigen Tischnachbar zur Räson. „Du hast keine Ahnung, das ist alles. Die haben immer so komische Namen. Eine hieß mal Jeda. Andere Acega oder Begit."

„Wo kommst du her?" fragte Ingo laut in den Raum.

Das Glas scharrte über den Tisch auf das „H" zu, dann zum „O" und „E", tippte zweimal gegen das „L". Noch bevor es das „E" berührte, hatte Julia einen spitzen Schrei ausgestoßen.

„Aus der Hölle? Das ist doch albern!" meinte Christian fast trotzig.

Ingo blieb federführend. Erneut stellte er eine Frage.

„Wer bist du eigentlich, Aicia?"

Das Glas setzte sich in Bewegung.

„I-C-H B-I-N D-E-R S-A-...", las Stefanie laut mit, brachte bei den letzten Buchstaben jedoch keinen Ton heraus, als sie das entstehende Wort vorausahnte.

„Der Satan! Ach, wie nett!" Ingo lachte aus Leibeskräften.

Die anderen waren zu überrascht, um spontan zu reagieren.

„Was ist daran zum Totlachen?" fragte Julia, der der Schreck ins Gesicht geschrieben stand. „Ich bin dafür, daß wir aufhören."

„Nun mach dir mal nicht gleich in die Hose", fuhr Stefanie sie hart an. „Den Satan gibt's nicht. Höchstens in dem verkorksten Gehirn von unserem Culli."

„Und selbst wenn es ihn gäbe", mischte Anja sich ein. „Glaubt ihr, er würde sich freiwillig zu erkennen geben?"

„Eben!" bekräftigte Ingo. „Darum laßt uns weitermachen. Jetzt wird es ja erst richtig lustig."

Widerwillig behielt Julia ihre Hände auf dem Tisch. Niemand von den anderen bemerkte, wie sich ihre Lippen ängstlich bewegten.

Obwohl keine Frage gestellt worden war, sauste das Glas mit ihren Fingern zu Stefanies Verwunderung in einem rasanten Tempo über den Tisch. Die Buchstaben, die es dabei ansteuerte, ergaben zwei Worte, die sie noch mehr irritierten.

„K-R-E-I-S Z-E-R-S-T-O-E-R-E-N. – Kreis zerstören?"

„Was soll das denn heißen?" Der Tonfall, in dem Christian sprach, drückte aus, daß auch ihm allmählich mulmig wurde.

Ingos Spaß an der Sache blieb ungebrochen. „Der Geist will uns linken." Er lachte. „Steffi hat doch vorhin gesagt, daß man mit denen sogar Blödsinn machen kann."

Noch ehe er eine Frage äußern konnte, war Julia ihm mit allem Mut, den sie aufbrachte, zuvorgekommen.

„Soll der Kreis zerstört werden, weil ich bete?"

Das Glas raste in einem Rutsch auf das Pappkärtchen mit dem „Ja" zu. Bevor Stefanie oder einer der anderen reagieren konnte, sauste es auf einmal wie ein Amokläufer kreuz und quer über den Tisch. Stefanies Augen weiteten sich riesengroß. So etwas hatte sie noch nicht erlebt. Mit lähmender Ohnmacht beobachtete sie, wie das Glas eine Schneise in den Kreis der Pappkärtchen schlug und plötzlich auf sie zugefegt kam. Geistesgegenwärtig beugte sie ihren Oberkörper blitzschnell nach links. Das Glas flog zwischen ihr und Anja über den Rand des Tisches hinaus und zersplitterte krachend am Kleiderschrank.

„Ich will hier raus!" kreischte Julia hysterisch. Sie war dermaßen hastig aufgesprungen, daß ihr Stuhl nach hinten umkippte. Stefanie stockte das Herz für einen Augenblick. Nachdem sie sich gefangen hatte, fauchte sie Julia an.

„Halt die Klappe! Ohne dich wär' das nicht passiert!"

Weinend stürzte Julia zur Tür, schloß ungeschickt auf und rannte aus dem Zimmer. Kurz darauf knallte die Wohnungstür zu.

„Ich war sowieso dagegen, diese Memme mitmachen zu lassen", wies Ingo in rechthaberischem Ton auf seine anfänglichen Bedenken hin.

Stefanie zuckte genervt die Achseln. „Sie hing mir ständig in den Ohren. Konnt' ich ahnen, daß sie so ausflippt?"

Christian schwenkte eine Schachtel Zigaretten.

162

„Ich bin dafür, eine kurze Pause zur allgemeinen Beruhigung einzulegen und danach neu zu starten."

Die anderen nickten zustimmend.

*

Es klirrte hart, als schlüge Stahl gegen Stahl, zwischendurch erklang das Zischen abgefeuerter Laserblitze. Sekunden später ertönte der Krach von Raketen.

„Ihr seid alle eliminiert!" schrie Dennis begeistert herum, der wie ein Wilder im Wohnzimmer zwischen den Sesseln herumlief, in denen seine Mutter und Edith Belden saßen.

„Hörst du bitte auf mit dem Firlefanz! Tante Edith und ich wollen uns unterhalten."

„Schon gut", gab er einsichtig klein bei und verließ sein Schlachtfeld. „He-Man's ‚Power-Schwert' ist super, Mutti!"

„Na, das muß sich erst noch herausstellen", meinte Dagmar Holm skeptisch und wandte sich ihrem Gast zu.

Ein neues Opfer war schnell gefunden. Leise pirschte Dennis sich von hinten an seine Schwester heran, die gerade dabei war, den Kaffeetisch zu decken. Er drückte die „Thunder"-Taste. Das Schwert blitzte kurz auf und entlud einen lauten, explosiven Donnerschlag.

„Getroffen! Du bist tot!" jubelte er lachend.

Stefanie fuhr erschrocken zusammen. „Du bist gleich getroffen – von einer Ohrfeige! Hast du nicht gehört, was Mami gesagt hat?"

„Bäbäbä!" gab Dennis trotzig zurück und fuchtelte mit dem Schwert vor ihrer Nase herum, bevor er sie in Ruhe ließ.

Dagmar Holm stand auf. „Dann will ich mal die Sahnetorte schnei –"

Weiter kam sie nicht, weil Porzellan schepperte. Eine Kaffeetasse war auf dem Fußboden zu Bruch gegangen.

Ärgerlich schimpfte Stefanie herum. „Der klaut mir mit seinem Schwert den letzten Nerv!"

„Ganz ruhig, Schätzchen! Dennis ist in seinem Zimmer.

Und von dem Schwert ist weit und breit nichts zu hören."
Ihre Mutter blieb gelassen, obwohl es das gute Service war.
„Das ist das dritte Mal in dieser Woche. Langsam müssen
wir einen Taschengeldabzug erwägen", scherzte sie und
verschwand in der Küche.

Vier Mal! Es ist schon das vierte Mal! dachte sie frustriert,
während sie auf den Knien die Bruchstücke auflas. War eine
derartige Pechsträhne noch normal? Und jedes Mal, wenn
sie dann die Splitter zusammensuchte, hatte sie an das zerbrochene Glas aus der Seance mit ihren Mitschülern denken müssen. Warum nur? Als Antwort war ihr etwas eingefallen, das sie mal gelesen hatte und das ihre Gefühle noch
beklemmender machte: Seanceteilnehmer hatten den
Geist von der Sitzung mitgenommen und fortan viele mysteriöse Dinge erlebt.

„Hat die Hexe nicht gesagt, daß mir viel Gutes zustoßen
wird?" flüsterte sie wütend zu sich selbst und brachte die
Scherben zum Abfalleimer.

Nachdem sie den Tisch fertig gedeckt hatte, verzog sie
sich in ihr Zimmer. Sie war im Begriff, an ihrem Einhorn-
Puzzle weiterzumachen, als sie Dennis' Stimme hinter sich
hörte. Geladen fuhr sie herum und brüllte los:

„Wie oft soll ich dir noch sagen, daß du ankl –"

Das Wort erstarb ihr in der Kehle. Dennis war gar nicht
da, die Tür geschlossen.

„Hoffentlich ist dieser Geburtstag bald vorbei", stöhnte
sie. Es läutete an der Tür.

„Hab' ich bestimmt auch bloß geträumt", verfiel sie in
Galgenhumor und blieb einfach vor ihrem Puzzle hocken.

Nach einer Weile hörte sie vom Flur her eine Stimme, die
sie niemals erwartet hätte. Denn noch nie war ihr Cousin
auf Dennis' Geburtstag dabeigewesen. Sie lugte um die
Ecke. Ihr Brüderchen kam sofort auf sie zugeschossen und
streckte ihr stolz sein neuestes Geschenk hin.

„Sieh mal, was Marc mir mitgebracht hat! Ein Computerspiel!"

Sie war verdattert. „Prima. Da brauchst du ja nur noch
einen Computer."

Marc, der ihre Bemerkung mitbekommen hatte, faßte sie nicht als Sarkasmus auf.

„Das haben wir schon geregelt. Bis er mal einen eigenen hat, kann er so oft auf meinem PC spielen, wie er will."

Stefanie war sprachlos. Sie konnte nicht anders, als seine Großzügigkeit neidlos anzuerkennen.

Sehr zu ihrem Leidwesen wurde während des Kaffeetrinkens auch ihre Serie an Mißgeschicken zum Gesprächsthema. Als Dennis herausposaunte, daß alles mit dem komischen Besuch und dem zerbrochenen Glas angefangen hatte, hätte sie das Geburtstagskind erwürgen können. Zum Glück hatte ihre Mutter die Bemerkung nicht aufgegriffen, worüber sie außerordentlich erleichtert war. Marc hingegen hatte ihr merkwürdig zugelächelt. Er schien zu kombinieren, wovon Dennis so ahnungslos plauderte. Ihre Vermutung bestätigte sich. Nach dem Kaffeetrinken wich Marc nicht von ihrer Seite, während sie das Geschirr auf einem Tablett in die Küche trug und abzuwaschen begann.

„Ihr habt Glasrücken gemacht, stimmt's?" fragte er schließlich direkt, als sie allein waren.

Stefanie versuchte, eine ahnungslose Miene aufzusetzen. „Ich weiß nicht, was du meinst."

„Dennis' Bemerkung eben. Mir brauchst du nichts vorzumachen. Ich bin ja selbst in einer Gruppe, die Bewußtseinserweiterung und solche Dinge treibt."

Sie gab ihre Abwehrhaltung auf. „Bewußtseinserweiterung? Ist die Gruppe etwa Carlos Clique?"

Er nickte und griff nach dem Trockentuch, das über dem Heizkörper hing.

„Die gehört dazu. Die Gruppe selbst ist wesentlich größer."

„Die zwei, die immer schwarze Klamotten anhaben, auch? Bei denen könnte ich mir vorstellen, daß sie nachts auf dem Friedhof um frische Gräber tanzen und in Särgen schlafen."

Marc lachte. „Was du meinst, sind Hobby-Satanisten, die Grabsteine umwerfen, Graffiti an Wände sprühen, vielleicht noch der Nachbarkatze das Fell abziehen – und das alles für satanisch halten. Das ist Kinderkram für Anfänger. Die meisten von denen wissen oft nicht einmal, daß sie den Satan anbeten."

Stefanie sah ihn groß an. „Und die zwei aus eurer Clique wissen das?"

„Wir alle wissen das."

Ihre Kinnlade klappte herunter. „Ihr seid alle Satanisten? Du auch?"

„Seit gut einer Woche gehöre ich dazu", verkündete er mit stolzgeschwellter Brust. „Ich weiß, was du jetzt denkst. – ‚Das ist ja furchtbar. Satanisten sind Massenmörder. Satan ein gräßliches Wesen mit Klumpfuß, Schwanz und Forke in der Hand.' – Aber das ist lächerlich. Nichts davon ist wahr."

Stefanie schüttelte fassungslos den Kopf. Wie um alles in der Welt konnte ihr Cousin von diesen Dingen nur mit einer so unerschütterlichen Überzeugung sprechen? Die Worte der Wahrsagerin meldeten sich in ihrem Gedächtnis:

„Schon sehr bald wird es mit Ihrem Traumjungen ernst werden. Ihnen wird in nächster Zeit viel Gutes zustoßen. Es werden fremdartige Dinge sein, doch dürfen Sie sich nicht abschrecken lassen. Diese Erfahrungen sind sehr nützlich für Ihr Leben." Das war wirklich fremdartig, was Marc ihr da erzählte. Brach vielleicht heute die Zeit an, die die Weiße Hexe in ihrem Leben vorausgesehen hatte?

„Vorschwärmen kann ich dir natürlich viel, wie toll es in der Gruppe zugeht. Aber am besten ist immer, man macht sich selbst ein Bild. In zwei Wochen steigt unser monatliches Fest für ‚Pan'. Wenn du möchtest, führ' ich dich in die Clique ein?"

Der Teller rutschte ihr im Spülwasser vor lauter Aufregung aus der Hand. Eine Tür zu Carlos Clique tat sich auf! Das Unglaubliche passierte. Sie konnte es nicht fassen. Sie brauchte bloß noch Ja zu sagen. So einfach war das. Alles fügte sich wie vorhergesagt.

Gegen 18 Uhr radelte Marc durch den kühlen Abend zu seiner nächsten Verabredung in Carlos Wohnung. Carlo hob die linke Hand, den Zeige- und Kleinfinger abgestreckt. Bevor Marc eintrat, erwiderte er den Satansgruß. Binnen einer Viertelstunde waren sie vollzählig. Carlo brachte ohne viel Aufhebens auf den Punkt, worum es bei dem Treffen ging.

„Der Hohepriester hat sich eine neue Strategie und Aufgabenverteilung überlegt. Viele junge Menschen sind verschuldet und arbeitslos. Das ist genau unser Rekrutierungspotential. Tommi und Katja, ihr beiden werdet euch verstärkt um diese Leute kümmern. Geht in Kneipen, bietet Stoff an, lockt mit Dealerjobs, mit denen leicht Geld zu verdienen ist. Alex, du kümmerst dich weiterhin um Abtrünnige. Paß auf, daß nie einer zur Polizei geht. Du weißt, was das für uns bedeuten würde. Die sehr einträgliche Aufgabe der Domina verbleibt bei Kim. Mobessek ist sich sicher, daß sie auch in Zukunft die Kundschaft zufriedenstellen wird."

Kim nickte gelassen.

Marc ging ein Licht auf. Das also war Kims Gelegenheitsjob, von dem sie ihm erzählt hatte und durch den sie ihre stets ultramoderne Kleidung finanzierte! Er war geschockt. Tief getroffen blickte er durch Carlo hindurch, weit fort. Die Stimmen um sich herum nahm er für einige Zeit nur noch wie im Fiebertaumel wahr. Erst die Erwähnung seines Namens holte ihn in die Wirklichkeit zurück.

„... zusammen mit Marc Bushaltestellen, Bahnhof et cetera nach Ausreißern abklappern. Auch das ist eine empfängliche Zielgruppe für unsere Botschaft. Ein ernstzunehmendes Problem stellt dieser Cullmann dar. Ich hatte von Anfang an das Gefühl, daß uns durch diesen Typ Scherereien ins Haus stehen. Mobessek hält die Stunde für gekommen, daß du, Alex, dich auf deine Weise um ihn kümmerst. – Fragen?"

Als keine kamen, fügte er quasi als Schlußstrich hinzu: „Denkt dran, morgen abend ist auf dem Grillplatz unser übliches Treffen." Seine Stimme wurde drohend: „Verschließt euren Mund und hütet eure Zunge!"

Alle antworteten beschwörend im Gleichklang:

„Tod dem Verräter!"

*

Mit einem berechnenden Blick legte Marc den Telefonhörer auf. Seine Cousine Stefanie hatte zwar soeben seine Einladung zum Fest für „Pan" ausschlagen müssen, weil ihre Eltern Skatabend hatten und sie auf Dennis aufpassen sollte, doch das war nicht tragisch. Er sah vielmehr das Positive darin – nämlich daß sie prinzipiell dazu bereit war. Sie hatte angebissen und würde bei nächster Gelegenheit auf jeden Fall mitkommen, notfalls auf Biegen und Brechen. Das hatte er ihrer geknickten Stimme abgespürt.

Er verließ das Wohnzimmer durch die Tür zum Flur, während seine Mutter am anderen Ende aufgeregt von der Küche hereinkam. Er legte sein Ohr an die Türfüllung und hörte, wie sie im Selbstgespräch mit sich haderte und in einem fort Schubladen aufgezogen und zugedrückt wurden.

„Ja, du wirst alt!" flüsterte er mit einem höhnischen Grinsen. „Ihr und mir den Geldhahn zudrehen! Ich werde mir nehmen, was ich brauche!"

Er ging wieder hinauf in sein Computerzimmer, wo Dennis seit fast einer halben Stunde mit wachsender Begeisterung die „Maus" hin- und herschob, um fleißig Punkte zu sammeln. Salven von Maschinengewehrschüssen und Todesschreie dröhnten ihm auf der Treppe entgegen.

„Du bist ja ein richtiges As!" lobte er seinen Cousin beim Anblick der hohen Punktzahl.

Eine Gestalt kletterte an der Fassade des Hauses von Stockwerk zu Stockwerk empor. Die Gegner, die sich ihr in den Weg stellten, verbrannte sie mit einem digitalisierten Flammenwerfer.

Dennis drehte sich zu ihm um. „Legst du mal ein anderes Spiel ein?"

„Klar. So oft du willst."

Marc schob eine andere Diskette ins Laufwerk. Dabei hatte Dennis genau seine Hand beobachtet.

„Sag mal, Marc, warum sind bei dir eigentlich zwei Fingernägel schwarz?"

Marc hielt ihm den ausgestreckten Daumen und Zeigefinger seiner linken Hand hin. Als Dennis das kleine tätowierte Kunststück auf der Haut dazwischen entdeckte, war er ganz aus dem Häuschen.

„Boah! Was ist das denn für ein toller Stern?"

„Weil du mein Freund bist, will ich's dir verraten. Aber du mußt mir versprechen, es nicht weiterzusagen."

„Versprochen!"

„Ehrenwort?"

Dennis hob drei Finger. „Ehrenwort!"

Marc lehnte sich zu ihm vornüber, und sie steckten die Köpfe zusammen. Verschwörerisch leise sagte er:

„Das ist das Zeichen eines Geheimbundes, dem ich angehöre."

Dennis gingen die Augen über. „Geheimbund?" Er starrte den schwarzen, fünfzackigen Stern wie ein außerirdisches Emblem an.

„Was ist das für ein Bund?"

Marc biß sich auf die Unterlippe, als falle es ihm schwer, das zu beantworten. „Das darf ich dir leider nicht erzählen."

Dennis war zutiefst enttäuscht. „Schade."

Seine Gefühle verliefen auf und ab wie in einer Achterbahn, als Marc plötzlich laut nachdachte.

„Vielleicht kann ich die anderen überzeugen, daß du mal mitkommen darfst."

„Wirklich?" Er hopste elektrisiert auf dem Stuhl herum. „Das würdest du tun?"

Er zwinkerte ihm zu. „Du bist schließlich mein Freund."

Dennis jauchzte ausgelassen.

„Aber zu niemand ein Wort, hörst du? Sonst ist die Sache geplatzt. Wenn es soweit ist, kannst du deiner Mutter ja sagen, daß wir das Computerspielen auf Freitag nachmittag legen mußten, weil ich sonst keine Zeit habe. Dann wird das schon klargehen."

Er verfolgte genau, wie sich sein kleiner Cousin hochmotiviert über das neue Computerspiel hermachte. Er setzte sich im Schaukelstuhl etwas abseits vom Terminal und las in dem Lehrbuch des größten Satanisten Aleister Crowley, das er sich aus Carlos Bibliothek ausgeliehen hatte.

Das Kapitel beschrieb präzise die Opferung eines Kindes:

„... Für die höchste spirituelle Arbeit muß man entsprechend das Opfer wählen, das die größte und reinste Kraft enthält. Ein männliches Kind von vollkommener Unschuld und hoher Intelligenz ist das zufriedenstellendste und geeignetste Opfer ..."

Es störte ihn nicht, daß Dennis zwischendurch begeistert aufschrie, sobald er so viele Gegner mit seinen Wurfgeschossen zerkleinert hatte, daß er einen brandneuen Toaster oder Videorecorder gewann. Nach dem Lesen legte er das Buch beiseite und setzte sich zur Entspannung den Walkman auf:

„... Ich bin im Bund mit Satan. Ich trage das Teufelsmahl. Ich töte das neugeborene Baby, zerreiße das Fleisch des Kindes ..."

Zu den Klängen von „Venom" zog er unter dem runden Tisch, verborgen von der herunterhängenden Tischdecke, ein Ringbuch hervor, das von außen reich verziert war. Er schlug es auf und fügte den vielen Eintragungen aus Zaubersprüchen, Ritualschilderungen und makabren Zeichnungen weitere hinzu. Obwohl er es streng versteckt hielt, hatte er sich darauf vorbereitet, falls sein „Buch der Schatten" wider Erwarten doch mal in die Hände seiner Eltern fallen sollte – alles war in einem Geheimcode rückwärts geschrieben. Von Tag zu Tag stellte sein Gehirn sich besser auf diese Schreibweise ein.

Wie Crowley es vorhergesagt hat, dachte er.

Irgendwann bemerkte er in den Augenwinkeln, daß Dennis mit den Händen in der Luft herumfuchtelte. Er schien ihm etwas sagen zu wollen, kam jedoch gegen die laute Kopfhörermusik nicht an. Marc schaltete den Walkman ab.

170

„Willst du ‚Clean Germany‘ spielen?“

Dennis schüttelte den Kopf und stand auf.

„Deine Mutter hat eben gerufen. Der Besuch ist wohl da.“

„Hat es wieder Spaß gemacht?“

Dennis strahlte ihn an. „Spitze! Darf ich übermorgen wiederkommen?“

„Logo.“ Marc legte väterlich seinen Arm um ihn. „Wie wir's abgemacht haben.“

Sie schritten nebeneinander die Treppe herunter. Nachdem er Kim begrüßt hatte, verabschiedete er seinen Cousin.

„Und du vergißt wirklich nicht zu fragen?“ erinnerte Dennis ihn abschließend an sein Versprechen und spreizte zur Verdeutlichung seinen Daumen und Zeigefinger.

„Ganz bestimmt nicht. Mein Wort drauf.“

Auch mit Kim begab er sich an den Computer. Er wechselte das Programm, und sie schauten sich auf dem Monitor das Muster des Inserrattextes an, den Marc für die Wochenzeitung vorbereitet hatte. Sie feilten ein wenig am Inhalt.

„An dieser Stelle“, Kim tippte auf den Bildschirm, „würde ich ergänzen: ‚Diskretion garantiert‘.“

Er nahm ohne Umschweife den Vorschlag in den Text auf.

„Lassen wir die Zuschriften über Chiffre laufen?“ fragte sie.

„Ist am sinnvollsten“, antwortete er, konzentriert die Finger über die Tastatur führend.

Während der Drucker den Text ausdruckte, nutzte Marc die Gelegenheit, Kim auf das anzusprechen, was ihn bewegte, seitdem er wußte, auf welche Weise sie ihre kostspielige Ausstattung finanzierte. Er fragte sie geradeheraus:

„Bist du bei deinem Job als Domina schwanger geworden?“

Sie sah ihn entrüstet an. Dann begann sich ihr Blick seltsam zu verklären.

„Jede möchte es sein. Aber nur ich bin es. Mich ganz allein hat er auserwählt."

„Wer ist ‚er'?"

Sie schwieg. Er ahnte, daß er wieder gegen eine Mauer anrennen würde, und änderte seine Frage. „Hast du es den anderen schon gesagt?"

Ihr Kopf drehte sich langsam hin und her.

„Du mußt es ihnen sagen. Das ist deine Pflicht. Denk an den Gruppenkodex."

„Das ist sein Kind. Allein sein Kind."

Sorgenfalten malten sich auf Marcs Gesicht ab, als er daran dachte, welche Konsequenz es für sie hatte, wenn sie ihre Schwangerschaft geheimhielt. Irgendwann würde sie es nicht mehr verbergen können – und dann war es zu spät.

„Sei vernünftig, Kim! Was ist schon dabei?"

„Was dabei ist? Ihre Entscheidung wird lauten: austragen und opfern", sagte sie in einer Gewißheit, die ihn für einen Moment zurückschreckte.

„Nein! Niemals! Nicht dein Baby!" hielt er energisch dagegen.

Sie lachte hohl. „Was weißt du schon", sagte sie liebevoll und umfaßte seine Hand. Eindringlich beschwor sie ihn, als bedrohte sie eine tödliche Gefahr:

„Sie dürfen es nicht erfahren!"

Marc erwiderte nichts. Er war sich vollkommen sicher, daß sie mit ihrer Einschätzung falsch lag. Irgendwie hatte sie einen Fleck auf der Optik, der sie für diese Sache blind machte. Er würde es nicht zulassen, daß sie sich unnötigerweise durch den Zorn des Hohepriesters selbst wehtat. Sein Herz sagte ihm, daß er sie trotz der vielen Frauen, die er nun haben konnte, immer noch wirklich liebte.

*

Ein würziger Duft von Nüssen, Mandeln und Zitronat zog seit dem frühen Nachmittag durch die Villa der Beldens. Eine massive Wärmewelle nach der anderen kroch aus dem Backofen in der Küche. Edith Belden setzte das heiße Blech

mit dem knusprigbraunen Spritzgebäck auf ein Rost zum
Abkühlen und schob ein neues gleich wieder in den Elektroherd. Sie stellte die kleine Eieruhr an der Wand auf die
Backzeit ein. Bis die nächsten Plätzchen fertig waren, legte
sie im Eßzimmer letzte Hand an den Adventskranz, den sie
selbst aus Tannenzweigen geflochten hatte. Geschmackvoll dekorierte sie ihn um die vier großen Kerzen mit Tan-
nenzapfen, Sternen und winzigen, trompetenden Engelfi-
guren.

Sie hörte, wie jemand in die Küche kam und sich an der
Schublade des Küchentisches zu schaffen machte.

„Marc! Kommst du bitte mal?" rief sie.

Das Rascheln einer Streichholzschachtel wurde laut.
Kurz darauf stand ihr Sohn in der Tür.

„Was meinst du, Marc, soll ich ein bißchen von dem La-
metta auf das Grün tun?"

„Mir egal", entgegnete er gelangweilt und setzte entschieden hinzu: „Ich will auf jeden Fall so was in meinem
Zimmer nicht mehr haben."

Edith Belden sah ihn mit großen Augen an. „Aber ich
habe dir doch jedes Jahr ein Gesteck gemacht."

„Steht nachher so ein Schund in meinem Zimmer, lan-
det er im Mülleimer!"

Damit war für ihn das Thema erledigt, und er wandte
sich ab, um mit seinem Fahrrad in die Stadt zu fahren.
Die Schaufenster waren bereits alle weihnachtlich geschmückt. Selbst über der Einkaufsstraße hingen schon die
Weihnachtssterne an Ketten aus künstlichem Tannengrün
und warteten darauf, morgen am ersten Adventswochen-
ende eingeschaltet zu werden.

Er hatte für Weihnachten nur noch Spott übrig, da er
mittlerweile wußte, welches die echten Feiertage waren.
Einen hatte er in der Nacht zum 1. November selbst miterleben dürfen: das verchristlichte „Allerheiligen", das in
Wirklichkeit das Feuerfest der Druiden war, die geglaubt
hatten, daß in jener Nacht der Herr des Todes die Seelen aller bösen Menschen rief, die zum Tode verdammt waren.
Er hatte es erlebt, wie in jenen Stunden der unsichtbaren

Welt besondere Macht gegeben wurde und sein eigener Körper von einer Kraft beseelt wurde, als träfen ihn hunderttausend Nadelstiche.

Im Schaufenster des CD-Shops stand ein großer, gutmütig blickender Weihnachtsmann aus Pappe, mit seinen Stiefeln bis zu den Knöcheln in Styropor-Schnee versunken. Auf einem echten Schlitten neben ihm stand ein prallgefüllter Sack, aus dem verschiedene CDs herausragten. Achtlos ging Marc daran vorbei in das Geschäft und steuerte zielstrebig auf die Black-Metal-Ecke zu. Er hatte es sich zur Gewohnheit gemacht, sich wenigstens einmal in der Woche eine neue Disk zuzulegen. In dem Wandträger wurde er rasch fündig. Eine Band erregte sein Interesse, weil sie den gleichen vielversprechenden Namen trug wie die zwei satanischen Bücher, die er sich gekauft hatte: „Necronomicon". Der Hohepriester hatte sie ihm empfohlen, weil sie Beschwörungsformeln enthielten, mit denen man Dämonen herbeirufen und zum Sprechen bringen konnte.

Ohne sie sich vorher anzuhören, begab er sich mit der CD zur Kasse. Während das Preisschild von dem Verkäufer elektronisch abgetastet wurde und ein heller Piepton erklang, so daß der Kassenbon automatisch ausgedruckt wurde, fingen seine Augen ein Emblem ein, das auf dem Rücken einer schwarzen Bomberjacke aufgedruckt war – ein Totenkopf mit Stahlhelm, darunter in blutrot das Wort „Wehrmacht!". Für diese „Slayer"-Errungenschaft kamen in Awenach nicht viele Besitzer in Frage. Er bezahlte, aber ging nicht auf Alex zu, da die Zeit drängte. Für 16 Uhr war er zum Hohepriester Mobessek bestellt, um mit ihm seinen Vorschlag zu erörtern, Schwarze Showmessen für Prominenz aus Wirtschaft und Politik sowie für frustrierte Biedermänner abzuhalten, für die andernorts manche bis zu 1500 DM zahlten.

Die Straße verlief mehrere hundert Meter steil bergauf. Mit dem Mountain-Bike fiel das Strampeln zwar etwas leichter, trotzdem mußte Marc aus dem Sattel gehen, um nicht auf halber Strecke stehenzubleiben. Kräftig pustend kämpfte er sich so Meter um Meter empor. Als er endlich

die Bergkuppe erreicht hatte, legte er eine kurze Ver-
schnaufpause ein. Zwischen den weit auseinanderliegen-
den Häusern konnte er auf einen Teil Awenachs hinunter-
blicken: auf seine Schule, das Fernmeldeamt und die Kirche. Rechts daneben leuchtete durch Gärten hindurch das
Ampelrot der großen Kreuzung. Je nach Stärke des Windes
konnte er hier oben sogar die Musik vom Weihnachtsmarkt hören. Die Straße verlief dicht am Waldrand flach
weiter. Er passierte einen Forstweg, der hinauf in den Wald
führte. Der Lärm vom Weihnachtsrummel wurde dünner.
Nur noch sporadisch wehte der Wind ein paar leise Musik-
töne herauf.

Marc fuhr an einem Ort vorbei, dessen tote Überbleib-
sel, von kahlen Ästen und Gestrüpp überwuchert, von frü-
herer Lebendigkeit zeugte – der Betonboden einer Kegel-
bahn. Er erinnerte an das schreckliche Feuer, das vor elf
Jahren in einer kalten Winternacht ebenso plötzlich wie unerklärlich ausgebrochen war und trotz aller Löschversuche
nicht eher nachgelassen hatte, bis auch der letzte Stein des
ansehnlichen Hotel-Restaurants nur noch ein rauchendes,
schwarzes Etwas gewesen war. Eine zweite Katastrophe
hatte den Besitzer ereilt, als er feststellen mußte, daß er vergessen hatte, seine Versicherungspolice zu verlängern.
Über Nacht war er bankrott und nahezu mittellos geworden. Sein Unglück hatte das Glück für einen anderen bedeutet, der im Sommer des gleichen Jahres von seinem Arbeitgeber nach Awenach versetzt worden war und seitdem
auf der Suche nach einem besonderen Baugrundstück gewesen war. Nach dieser Nacht der räuberischen Flammen
hatte er es gefunden und sich ein Haus hingesetzt, das wegen seiner Pracht und Größe – zumal für eine einzige Person – lange Zeit in Awenach das vorherrschende Gesprächsthema gewesen war.

Genau diesem Anwesen näherte sich Marc nun. Es lag
abseits der anderen Häuser dieser Straße. Um das Grundstück war eine hohe Mauer gezogen, die neugierige Blicke
verwehrte. Marc konnte bloß die Fenster im oberen Stockwerk sehen, die allerdings auch keinen Einblick gewähr-

ten, weil sie aus Glasbausteinen bestanden. Er trat auf das schmiedeeiserne Eingangstor zu, an dem ein Schild vor einem bissigen Hund warnte. Kein Bellen war zu hören. Er drückte den Schellenknopf, unter dem ein Messingschild anzeigte, wer hier wohnte.

Alle Geräusche waren verstummt. Weder ferner Autolärm noch die Musik vom Weihnachtsmarkt drangen bis hierher. Während er wartete, fragte er sich, ob jeder Hohepriester sich eine solche Luxusherberge leisten konnte. Er vermutete es, denn Satan sorgte gut für die Seinen, die ihm dienten.

Was würde er für seine Dienste erhalten? Noch bevor er sich den schönsten Lohn ausmalen konnte, summte es einmal kurz, und das Tor sprang einen Spaltbreit auf.

Anderthalb Stunden später trat er in umgekehrter Richtung erneut durch das Tor. Er fühlte sich prächtig. Das Gespräch war optimal verlaufen. Der Hohepriester hatte nicht nur seinen Vorschlag für gut befunden. Er hatte ihm als Anerkennung auch die Leitung seiner ersten Schwarzen Messe „sehr bald" in Aussicht gestellt.

In einigen tausend Metern Höhe überflog ein Flugzeug Awenach in Richtung Norden. Seine Positionslampen blinkten unablässig auf wie Meteoriten am schwarzen, sternenklaren Himmel. Marc blickte hinauf zu der unsichtbaren Maschine, die ein dumpfes Grollen nach sich zog, und an ihr vorbei in die unendliche Weite des Alls. Es würde kalt werden heute nacht. Vielleicht gab es sogar Frost. Er schlug den Kragen seiner Jacke hoch und zog die Handschuhe an. Tief atmete er die frische, kalte Luft ein. Voller Freude und Stolz schwang er sich auf sein Fahrrad. Der eisige Wind schnitt ihm ins Gesicht, als er in waghalsigem Übermut mit 60 Stundenkilometern die Bergstraße hinunter ins Stadtzentrum preschte, wo die anderen im Kellergewölbe auf Anordnung des Hohenpriesters ein Tribunal wegen Verletzung des Gruppenkodex in die Wege leiteten.

Er stieg die Treppe herab. Nur langsam wurde ihm wieder warm. Ein leises, entferntes Stimmengewirr wurde durch das Gewölbe zu ihm hingetragen. Die Unterredung mit dem Hohepriester hatte länger gedauert, so daß er spät dran war. Zu spät, um noch irgendwie in das eingreifen zu können, was in Gang gesetzt worden war – ohne ihn. Mit Absicht ohne ihn. Ihm sollte erst später der Gedanke kommen, daß der Hohepriester sich nicht grundlos so viel Zeit für ihn genommen hatte. Er zuckte jäh zusammen, als hätte sich ein Untier aus der Mauer gelöst und versperrte ihm nun den Weg.

Ein langer, gellender Aufschrei hallte durch die Gemäuer und starb abrupt ab. Es war totenstill. Das Stimmengewirr setzte von neuem ein. Eine Frau hatte geschrien. Er lauschte. Nichts. Von wo genau der Schrei herkam, konnte er wegen des Halls nicht festlegen. Er schien von überall gekommen zu sein. Mit weichen Knien ging er weiter. Er war bereits am Vorhang, als rechts neben ihm auf einmal eine Tür aufgerissen wurde. Erschrocken starrte er in das Gesicht von Carlo.

„Was war das gerade für ein Schrei?"

Durch die halb geöffnete Tür drang ein jammervolles Weinen hinaus auf den Gang. Marc versuchte an Carlo vorbei etwas dahinter zu erspähen – vergebens.

In sachlichem Ton entgegnete Carlo: „Wir müssen umdisponieren. Du wirst deine Aufgaben nicht mit Kim erfüllen, sondern mit Ina."

„Warum? Es war abgespro –" Er konnte den Satz nicht beenden. Carlo hatte die Tür weit aufgestoßen. Was er sah, ließ alles in ihm absterben. Wimmernd kauerte Kim auf einem Stuhl und schaute ihn mit rotunterlaufenen, verweinten Augen an.

„Warum hast du das getan?" schluchzte sie ihm kraftlos zu.

„Was getan?" Sein Blick fiel auf ihren freien Oberarm. Entsetzt schloß er die Augen. Nein! Nein! Das durfte nicht sein! Weshalb hatten sie ihr das angetan? Kim hatte geschrien. Es war *ihr* Aufschrei gewesen. Und zwar genau in dem Moment, wo sie ihr das Kreuz eingebrannt hatten. Warum? Warum hatten sie sie als Verräterin gebrandmarkt? Er fühlte sich hundeelend.

Als ahnte Carlo seine Frage, sagte er nüchtern: „Sie hat damit gedroht, zur Polizei zu gehen."

„Zur Polizei?" wiederholte Marc ungläubig.

Kim blickte ihn so mitleiderregend an, daß es ihm Stiche ins Herz versetzte.

„Warum hast du es ihnen gesagt?" klagte sie winselnd. „Marc! Wieso hast du mir nicht geglaubt? Jetzt wollen sie das Baby opfern. Der Hohepriester hat so entschieden."

Marc wurde augenblicklich aschfahl im Gesicht. Mit bebenden Lippen starrte er Carlo an. Er hatte mit Carlo gesprochen – ja. Im Vertrauen. Unter vier Augen. Er hatte gehofft, daß dann genau das *nicht* passieren würde. Schlimmer hätte es nicht kommen können. Trotzdem begriff er nicht, daß sie durchgedreht und mit der Polizei gedroht hatte. Ihre besten Freunde schäbig zu bedrohen! Sie hatte doch gewußt, was passieren würde. Wie sollte er ihr jetzt helfen, wo sie sich bewußt gegen die gesamte Gruppe gestellt hatte? Sie hatte sich schuldig gemacht. Und das alles bloß, weil sie schwanger war. Schwanger von irgendeinem geheimnisvollen „Er".

Sie streckte ihre Hand nach ihm aus. Ihre Finger zitterten wie Espenlaub.

„Hilf mir, Marc!" flehte sie ihn an. „Bitte, hilf mir! Sie dürfen das Kind nicht opfern! Du mußt es verhindern!"

„Halt die Klappe!" schrie Carlo sie an. Und an die drei Gestalten gewandt, die um Kim herumstanden:

„Im Schrank ist genug Valium. Und schminkt sie gut, bevor ihr sie nach Hause bringt." Er zog die Tür zu.

Sie ist selbst schuld, dachte Marc.

*

Zur gleichen Stunde, in der unbemerkt in Awenach in einem geheimen Kellergewölbe eine junge Frau mit Valium vollgepumpt wurde, saß Robert unter seiner Schreibtischlampe und führte ein Telefongespräch.

„Ich selbst habe den Butterfly, diesen Wurfstern, bei ihm gefunden, Frau Dedler."

...

„Das fragen Sie Ihren Sohn lieber selbst. In jedem Fall wäre es gut gewesen, am Elternsprechtag zu mir zu kommen."

...

„Unbedingt. Können Sie morgen um Zehn?"

...

„Gut. Dann bis morgen."

Robert legte auf und klappte das letzte Heft der Gruppenreferate zu, die seine Kollegin Grunwald wie vereinbart in der Klasse 10b hatte schreiben lassen. Sie hatte sie ihm heute zur Durchsicht mitgegeben, und der Text der Vierergruppe um Stefanie Holm war für ihn besonders aufschlußreich gewesen.

Er widmete sich dem Bericht einer Nachrichtenagentur, der nun vor ihm auf dem Tisch lag. In dem Artikel wurde gemeldet, daß die Gesellschaft zur wissenschaftlichen Untersuchung von Parawissenschaften herausgefunden hatte, daß auch für das vergangene Jahr unter den rund 50 Vorhersagen der Astrologen wieder einmal kein einziger Treffer war, ja, daß sich manche Vorhersagen sogar widersprochen hätten. – Robert verwunderte das Ergebnis nicht, obwohl er wußte, daß viele Wahrsager ihre Trefferquoten bei über 90 Prozent und mit Garantie angaben. Viele von ihnen schwammen auf der Astrologiewelle, weil sie ein Geschäft mit leichtgläubigen Menschen witterten. Sie wollten eine schnelle Mark machen, weiter nichts. Und das konnten sie, denn einer Repräsentativ-Umfrage der Tübinger Wickert-Institute zufolge glaubte immerhin jeder dritte Deutsche, daß sich die Zukunft voraussagen ließ. Dem Vorwurf der Scharlatanerie entsprach auch das Ergebnis der Untersuchung am Institut für Parapsychologie in Freiburg bezüglich der Fähigkeit, Ereignisse in der Zukunft vorauszusehen. Das Ergebnis war gleich null gewesen. Trotzdem gab es Wahrsager mit wenigstens teilweise treffenden Vorhersagen. Es waren Menschen, die sich als Medium benutzen ließen und in ihren Sitzungen das nur begrenzte Zukunftswissen der Dämonen anzapften.

Er hielt horchend inne. Rief da nicht jemand? Nebenan lief leise der Fernseher. Da! Da war es wieder! Jody rief ihn. Verwundert sprang er auf und eilte ins Wohnzimmer. Jody hatte es sich mit einer molligen Wolldecke auf dem Sofa gemütlich gemacht. Aber so lag sie nun nicht mehr. Sie saß angespannt auf der Kante, die Decke halb auf den Teppich heruntergerutscht.

„Das mußt du dir anschauen, Robbi", sagte sie betroffen. „In dem Bericht geht es um Satanskult."

Er ließ sich auf der Sofalehne nieder, verschränkte die Arme und verfolgte mit ihr gemeinsam die Reportage.

Ein junger Mann wurde eingeblendet, sein Gesicht aus Angst vor Übergriffen von Satansanhängern elektronisch verfremdet. Mit stockendem Atem hörte Jody zu, wie er von Tieropfern berichtete, bei denen das warme Blut in Anlehnung an das Abendmahl Jesu getrunken wurde, sich die Beteiligten mit dem restlichen Blut Kreuze auf die entblößten Oberkörper schmierten und dabei immer wieder riefen „Nieder mit den Christen!".

Er beschrieb, daß junge Mädchen unter Drogen gesetzt, ausgezogen, symbolisch gekreuzigt und vergewaltigt wurden.

Er erzählte, daß ihm versprochen worden war, daß alle seine Wünsche nach Reichtum, Gesundheit und schönen Frauen erfüllt werden würden, wenn er Satan anbetete. Jody konnte es nicht fassen, als sie mitanhörte, daß nicht die Aufforderung zum Gebet an Satan den Mann zum Ausstieg aus der Sekte veranlaßt hatte, sondern die darin üblichen homosexuellen Praktiken.

„Das ist ja furchtbarer, als ich dachte", bekannte Jody nach Ende des Berichts.

Robert hob hilflos die Achseln. „Artikel 4 des Grundgesetzes gewährt die Freiheit des Glaubens und ungestörte Religionsausübung. Solange du denen nicht eine Straftat wie zum Beispiel Vergewaltigung nachweisen kannst, genießt auch der Satanismus und jede Schwarze Messe diesen Schutz."

Jody kuschelte sich fröstelnd in ihre Decke. Das plötzlich auftretende Geräusch ließ sie ebenso aufhorchen wie Robert. Auch er hatte das seltsame Klappern vernommen, das vom Flur hereindrang.

„Hört sich an wie der Briefkasten."

Jody rollte die Augen. „Immer diese Reklame. Kein Wunder, daß unsere Altpapiertonne schon nach zwei Wochen überquillt. Können wir nicht ein Schild anbringen, daß wir diese Wurfsendungen gar nicht haben wollen?"

Er lächelte sie an. „Das wär' genau so effektiv wie ein Schild im Garten ‚Saurer Regen unerwünscht'."

Das Klappern am Briefkasten war noch immer im Gange, wurde sogar noch lauter.

„He!" Robert erhob sich. „Will der nur was einwerfen oder die ganze Klappe abreißen?" Ungehalten eilte er in den Flur. Im selben Augenblick, da er dort das Licht anknipste, hörte das Gepolter schlagartig auf. Robert ließ sich davon nicht beirren, schritt weiter über die beigen Fliesen und öffnete die Tür. Er trat ein paar Schritte in den Vorgarten. Seine Augen schweiften durch die Dunkelheit. Nirgends war jemand zu sehen. Die Straße lag im Laternenlicht friedlich da. Er spähte durch die kahlen Sträucher zu den Nachbargrundstücken zur linken und rechten Seite. Aber auch dort entdeckte er von dem abendlichen Verteiler keine Spur. Es verblüffte ihn, wie rasch er verschwunden war. Auf dem Weg zurück ins Haus fischte er das Blatt aus dem Briefkasten, das im Schlitz klemmte. Selbst im Halbdunkel machte der Zettel auf ihn nicht den Eindruck einer Reklame. Im hellen Flurlicht gingen ihm die Augen über. Auf den Zettel fixiert, schlich er zurück ins Wohnzimmer. Jody hatte inzwischen den Fernseher ausgeschaltet, ihre Decke zusammengefaltet und ordnete gerade die beiden Sofakissen, die ihre Mutter für sie gestickt hatte.

„Na, hast du der oder dem gezeigt, wie man's richtig macht?"

An seiner Miene erkannte sie, daß ihm nicht zum Scherzen zumute war. Wortlos streckte er ihr den Zettel hin. Sie überflog ihn verständnislos, als stünde sie vor einer Wand ägyptischer Hieroglyphen.

„Was ist das?" fragte sie.

„Ein Brief an uns."

„Das soll ein Brief sein?" wiederholte sie ungläubig. „Kannst du diese Schriftzeichen denn lesen?"

Er schüttelte ruhig den Kopf. „Er ist auch nicht dazu gedacht, vom Adressaten gelesen und verstanden zu werden. Viele dieser Absender haben ihr eigenes privates Alphabet." Er machte eine kurze Pause, ehe er fortfuhr. „Es ist ein Drohbrief an den Feind. Er hat allein den Zweck, uns Angst einzujagen."

Jody mußte schlucken. Robert nahm sie in seine Arme und drückte sie fest an sich. Beide wußten, wer der Absender des Briefes war.

Während in den folgenden Stunden in den Häusern Awenachs immer mehr Lichter erloschen und menschenleere Straßen von der Nacht umschlungen wurden, ging im oberen Stock eines Mietshauses in der Leopoldstraße weit nach Mitternacht ein Licht an. Stefanie blinzelte auf ihren roten Wecker, den sie stets auf den Fußboden vor ihrem Bett stellte. So konnte sie ihn morgens nie bequem im Halbschlaf einfach abstellen und verschlafen. Es war 2 Uhr 48. Warum schlief ihr Brüderchen nicht? Es klang zwar nicht nach seiner Stimme, aber vermutlich benutzte er wieder seinen Stimmenverzerrer. Sie fand es gemein, daß er sie um diese mörderische Zeit damit weckte. Die weiche, hauchende Stimme rief wieder ihren Namen.

„Stefanie! Stefanie! Steh auf und laß uns herein!"

Schlaftrunken erhob sie sich von ihrem Nachtlager. Trotz ihrer behäbigen Bewegungen war sie fest entschlossen, diesem elenden Spielzeug den Garaus zu machen. Gähnend und mit verquollenen Augen suchte sie vor ihrer Tür alles ab. Nirgendwo war etwas von dem Lautsprecher zu entdecken. Sie tastete sich im stockfinsteren Flur an der Wand entlang zum Schalter und knipste die Deckenlampe an. Auch hier konnte sie zu ihrem Erstaunen den Stimmenverzerrer nicht ausfindig machen. Ärgerlich steuerte sie geradewegs auf Dennis' Zimmertür zu, die fest verschlossen war. Ihr Blick durchs Schlüsselloch enthüllte ein schwarzes Nichts. Vorsichtig drückte sie die Klinke herunter. Es war völlig still im Zimmer. Sie konnte Dennis ruhig und gleichmäßig atmen hören. Behutsam schloß sie die Tür wieder und huschte auf Zehenspitzen zurück in ihr Zimmer. Wenn Dennis keinen bösen Streich mit ihr gespielt hatte, woher kam dann die Stimme? Sie hatte sie laut und deutlich vernommen. Es war kein Traum gewesen. Hartnäckig grübelte sie weiter. Sie dachte an das bei der Sitzung plötzlich unkontrolliert umherfliegende Glas. Die vielen unerklärlichen Scherben in den Tagen danach. Ihr fiel auf einmal ein, daß sie ja schon einmal eine Stimme gehört hatte, obwohl niemand im Zimmer gewesen war. Sie hatte es ganz vergessen. Vor Wochen auf Dennis' Geburtstag war es zum ersten Mal passiert. Und jetzt die merkwürdige Stimme, die heute nacht mit ihr sprach. Als stünde es wie ein Bild sichtbar vor ihr, erkannte sie plötzlich die unheimliche Verkettung zwischen diesen Ereignissen. Der Gedanke, daß sich die übersinnlichen Dinge verselbständigten und sie offenbar keinerlei steuernden Einfluß mehr auf sie ausüben konnte, versetzte sie in Panik. Was geschah als nächstes mit ihr? Wohin führte das alles? Mit klopfendem Herzen verkroch sie sich ängstlich unter ihrer Bettdecke.

Als zwei Stunden später in einigen Häusern Awenachs für die ersten Bewohner ein neuer Tag begann, hätte man vom Adlerberg aus im oberen Stock des Mietshauses in der Leopoldstraße noch immer einen hellen Lichtschein ausmachen können.

8

Die Arme ineinandergehakt, marschierten Stefanie und Anja nach Schulschluß durch die Eingangshalle vor der Aula. Sie nahmen nur unbewußt Notiz von dem riesigen Adventskranz, der von der Decke herabhing, und den drei Glühkerzen, in denen rotes, elektrisches Licht flammte. Der frische, kräftige Tannenduft der ersten Tage war fast vollständig verflogen.

„Du siehst in letzter Zeit echt übermüdet aus. Ist mir auch schon aufgefallen", meinte Anja in Anspielung auf die Bemerkung der Deutschlehrerin und sah Stefanie von der Seite forschend an.

„Jetzt nerv du auch noch!" reagierte Stefanie säuerlich, die mit ihren Gedanken ganz woanders war. „Ein Kindermädchen wie die Grunwald reicht mir!"

Schweigsam traten sie hinaus auf den Schulhof. Stefanie blieb stehen und richtete ihre Augen auf den Parkplatz, wo Robert Cullmann gerade in seinen blauen VW stieg.

In nachdenklichem Ton sagte sie unvermittelt: „Ob das wohl stimmt, was er uns gesagt hat?"

Anja folgte ihrer Blickrichtung. „Wer? Der Culli?"

Stefanie nickte.

„Ach was!" kam es prompt. „War doch reichlich wirres Zeug, mit dem er uns vollgelabert hat." Anja lachte. „Das glich eher einer Lektion für angehende Landwirte."

Stefanie mochte nicht darüber lachen. Das Bild, mit dem er sie vor dem Okkultismus gewarnt hatte – zeichnete es sich nicht in ihrem Leben schon ab? Die Frage beschäftigte sie, bis sie zu Hause ankamen.

Beim Mittagessen fing sie sich von ihrer Mutter einen Anraunzer ein.

„Du hast heute nacht wieder vergessen, das Licht in deinem Zimmer auszumachen!" meckerte sie sie scharf an. „Sei froh, daß Paps das nicht mitgekriegt hat. Er würde dir sonst tatsächlich das Taschengeld kürzen."

„Kann doch mal passieren", erwiderte Stefanie launisch.

Dennis vergaß das Essen und blickte ahnungsvoll von

einem zum anderen. In letzter Zeit war aus solchen Debatten häufiger ein heftiger Streit erwachsen.

„Mal?" Ihre Mutter lachte höhnisch. „Das passiert dir jeden Abend."

Stefanie antwortete nicht. Sie war nicht dazu in der Lage, etwas darauf zu entgegnen, weil ihre Mutter recht hatte. Aber sie tat es ja nicht aus einer Laune heraus. Sie hatte einen Grund, das Licht die Nacht über brennen zu lassen. Einen gewichtigen Grund. Einen lebenswichtigen. Ihre Mutter begriff nichts. Rein gar nichts. Sie glaubte, es geschähe aus Nachlässigkeit oder Schikane. Aber das stimmte nicht. Was verstand sie von der Angst, die sie durchmachte – von den ständigen Alpträumen über Sterben, Gräber und Särge. Von ihrer Furcht, die sie von Tag zu Tag stärker befiel und bereits einsetzte, wenn sie am Nachmittag bloß ans Zubettgehen und die nächste Nacht dachte. Deshalb blieb sie wach, so lange es eben ging. Wem konnte sie davon erzählen? Wer würde sie verstehen? Vielleicht brauchte sie gar keinen. Heute in der Schule hatte sie sich daran erinnert, was sie im Zusammenhang mit den drei Haselnüssen von der guten Hexe Sandra außerdem gelesen hatte. Diese hatte Rat gewußt für Leute, die unter Angstzuständen litten. Gleich nach dem Essen, wenn ihre Mutter zur Arbeit gegangen war, würde sie den Ratschlag ausprobieren.

Dennis wachte mit Adleraugen darüber, daß seine Schwester sich nicht zu viel von den Pfirsichen an Land zog, die er als Nachtisch aus dem Keller geholt hatte.

„Eh ich's vergesse, da ist noch ein bißchen Wäsche zu bügeln. Wenn du Zeit hast, tätest du mir einen …"

„Ist die im Keller?" polterte Stefanie dazwischen, als käme das einer Katastrophe gleich.

„Keine Sorge, du mußt schon nicht zu viele Treppen laufen", beschwichtigte Dagmar Holm, die Stefanies Reaktion falsch deutete. „Die Wäsche liegt im Schlafzimmer im Korb."

Stefanie war erleichtert darüber, daß sie nicht in den dunklen Keller mußte. „Mal sehen. Ich muß heut' viel für die Schule tun."

„Ich sagte ja, wenn du Zeit hast", wiederholte Dagmar Holm.

Angestrengt horchte Stefanie, bis ihre Mutter die Wohnungstür hinter sich zugezogen hatte. Dann begann sie umzusetzen, was sie in der Zeitschrift von der Hexe Sandra erfahren hatte. Sie holte aus dem Kühlschrank vier frische Eier und legte jeweils eins in eine Ecke ihres Zimmers. Später sollte sie sie nicht wegwerfen oder gar zum Kochen verwenden, sondern sie in fließendem Wasser vernichten. Das war alles. Sie hoffte, daß es funktionierte. Es mußte. Dieser Zauber mußte sie frei machen. Darin lag ihre einzige Chance, wie sie glaubte.

Zuversichtlich trug sie das Bügelbrett in die Küche und baute es auf. Durch das Fenster konnte sie Dennis auf dem Balkon beobachten, der mit einer Packung Wunderkerzen herumspielte. Ihre Mutter wäre sofort eingeschritten. Doch sie hatte keine Lust, sich mit ihrem Brüderchen herumzuschlagen. Außerdem sah sie selbst gerne zu, wenn diese kleinen Stäbchen ihre Funken lustig versprühten. Sie klemmte die Schnur des Bügeleisens an den schwenkbaren Halter, der dafür sorgte, daß sie ihr nicht in die Quere kam, und schob den Stecker in die Dreierdose hinter der Kaffeemaschine. Dann drehte sie den Regler am Bügeleisen auf die gewünschte Position. Sofort sprang die rote Lampe an zum Zeichen des Aufheizens. Sie nahm sich als erstes die Unterhemden vor. Die guten Oberhemden ihres Vaters würde sie lieber den geschickteren Händen ihrer Mutter überlassen. Zwischendurch schaute Stefanie immer wieder aus dem Fenster zu dem kleinen, stimmungsvollen Feuerwerk. Sie wollte sich gerade an ein Sweatshirt machen, als etwas sie plötzlich verwirrte. Es war der eigenartige Geruch nach Verbranntem. Sie setzte das Eisen ab und überprüfte das Fenster. Es war fest verschlossen. Vom Balkon konnte der Geruch also nicht hereinziehen. Sie untersuchte die Schnur am Bügeleisen. Sie war völlig intakt. Und trotzdem nahm der Gestank sogar noch zu. Sie schnupperte in der Luft. Das roch nicht nach Wunderkerzen. Das stank nach ... Jetzt erst schaltete sie und warf einen Blick zu den Steckdosen. Sie erschrak. Qualm stieg hinter der Kaffeemaschine auf. Flugs stürzte sie hin. Im selben Moment, wo sie die Maschine beiseite stellte, gab es einen Knall, und ihr schoß eine Stichflamme entgegen. Mit einem Aufschrei konnte sie ihr soeben noch ausweichen, bevor sie ihr Gesicht traf. Bei der hastigen Bewegung knickte sie im Fußgelenk um und geriet ins Straucheln. Sie versuchte, dem unvermeidbaren Sturz wenigstens eine andere Richtung zu geben, schaffte es jedoch nicht. Sie fiel genau gegen ein Ende des Bügelbretts und schleuderte es dadurch herum, so daß es ihr direkt gegen die Brust schlug. Das schwere heiße Eisen, das darauf gestanden hatte, entwickelte sich durch die Wucht zu einem gefährlichen Geschoß ... und es flog auf sie zu.

*

Robert Cullmann stand mit seinem Kollegen Kessebom vor der großen Wandtafel, an der der Stundenplan für alle Lehrer übersichtlich geordnet angebracht war. Nebenbei unterhielten sie sich über die bevorstehende Fahrt mit der Jahrgangsstufe 11 im April.

„Wir haben drei Kunstkurse und sogar einen Leistungskurs Latein. Da halte ich auch das Angebot einer Italienfahrt für angebracht", meinte Robert.

„Na fein. Dann hängt jetzt alles von Frau Grunwald ab", stellte Kessebom zufrieden fest.

Robert spitzte die Ohren, da jemand seinen Namen gerufen hatte.

„Ja, hier. Was gibt's?"

Eine Dame aus dem Sekretariat kam auf ihn zu.

„Direktor Franck möchte Sie gerne sprechen. Falls möglich sofort."

Robert wandte sich an Kessebom. „Halten Sie mich auf dem laufenden."

Sein Kollege nickte.

Robert folgte der Sekretärin ins Büro des Schuldirektors. Direktor Franck maß ihn über den Rand seiner schmalen Lesebrille hinweg.

„Ich habe Ihnen eine vertrauliche Mitteilung zu machen, verehrter Kollege. Kein Wort darüber zu den Schülern oder Kollegen. Grunwald und Kessebom werde ich persönlich in Kenntnis setzen, wenn ich es für angebracht halte. – Es geht um Ihre Schülerin Kim Ghedina. Sie wird bis auf weiteres am Unterricht der Stufe 11 nicht mehr teilnehmen."

Roberts Augen weiteten sich vor Verwunderung. „Wie bitte? Warum? Für wie lange denn?"

„Auf unbestimmte Zeit."

„Ist sie krank?"

Der Direktor sah ihm gerade in die Augen. „Ihr Vater hat sie heute morgen in die Jugendpsychiatrie einweisen lassen müssen."

Mit tiefen Grübelfalten im Gesicht trat Robert hinaus ins Sekretariat. Sein Vorgesetzter hatte ihm über den Grund für die Einweisung nichts sagen können oder nichts sagen wollen. Für ihn als Kims Mentor war diese lapidare Mitteilung höchst unbefriedigend. Er würde es dabei nicht bewenden lassen.

In der Klasse 10b herrschte atemlose Stille. Robert hatte sein rotes Notenbüchlein gezückt, um den Schüler auszuwählen, der für ein Abfragen der unregelmäßigen Verben an der Reihe war.

„Es kommt dran … die … die …."

Unter den Jungen machte sich Entwarnungsstimmung breit. Die Spannung bei den Mädchen nahm hingegen noch zu.

„… die … die … Dietmar."

Alle in der Klasse lachten gelöst auf – bis auf einen. Er saß wie vom Blitz getroffen auf seinem Stuhl. Drei Minuten später war aus ihm ein noch ärmerer Tropf geworden, trotz massiver Hilfsversuche seines Tischnachbarn Ingo. Dieser gehörte zu den vier Schülern, die Robert nach der Schulstunde zu sich ans Pult bat. Stefanie und Anja wechselten fragende Mienen. Christian schmatzte lustlos an seinem Kaugummi herum.

Robert wartete ab, bis der letzte Schüler in die Pause gegangen war, dann hob er an:

„Keine Sorge, ihr kommt zu eurer Pause. Ich habe mit Herrn Misersky vereinbart, daß ihr zehn Minuten später erscheinen dürft. Das vorweg. Weshalb ich ausgerechnet mit euch Vieren sprechen möchte, hängt mit eurem Referat in Deutsch über Okkultismus zusammen. Da die Idee dazu von mir stammte, hat Frau Grunwald mir Einsicht in eure Arbeit gewährt. Eine beachtliche Arbeit, die mir gezeigt hat, daß zumindest eine oder einer von euch sich sehr gut in der Materie auskennt."

„Und? Ist das verboten?" fragte Ingo gereizt.

„Nein." Robert drückte sich mit den Fingerspitzen vom Pult ab. „Mein Anliegen ist es, euch kurz etwas aus meiner Erfahrung darüber zu erzählen. Glasrücken, Pendeln und sogar Schwarze Messen haben etwas Reizvolles an sich – für den Außenstehenden und Anfänger. Wer tief drinsteckt, für den endet es genauso in einer Katastrophe wie für jemand, der Heroin reizvoll findet. Mit Okkultismus und Satanismus verhält es sich ähnlich wie mit jemandem, der statt der Landstraße einen Feldweg benutzt, weil es kürzer ist. Zunächst klappt das Fahren ganz prima, und der Fahrer denkt, daß es so endlos weitergeht. Er merkt zu Anfang nichts von den Fahrspuren, die sein Auto hinterläßt. Er denkt sich auch nichts dabei, die Strecke bei Regen zu befahren. Aber dann, je öfter er sie fährt, entwickeln sich die einst harmlosen Fahrspuren zu Rillen, die tiefer und tiefer werden. Dem Fahrer fällt zwar auf, daß das Lenken schwieriger wird, aber das bewegt ihn nicht aufzuhören. Schließlich sind die Rillen zu so tiefen Furchen geworden, daß ein Steuern des Autos nicht mehr möglich ist. Selbst wenn der Fahrer es wollte, könnte er den Wagen jetzt nicht mehr vom Feldweg lenken. Er wird gezwungen, gegen seinen Willen den vorgegebenen Rinnen zu folgen, in denen sich mehr und mehr Pfützen und Schlaglöcher bilden, die das Fahren zur Qual machen. Und das geht so lange, bis er eines Tages im Morast steckenbleibt."

Auf Ingos und Christians Gesichtern zeichnete sich ein müdes Lächeln ab.

„Ein nettes Märchen", kommentierte Ingo gelangweilt. „Ich ahne fast, auf was Sie wieder hinauswollen. Auf den Teufel und dieses Zeug. Aber ich glaube nur, was ich sehe. Und weder der Teufel noch irgendein Dämon hat sich mir jemals vorgestellt."

„Existiert denn nur das, was du mit deinen Augen sehen kannst?"

„Für mich schon."

„Hast du mal den Haß und die Liebe gesehen? Oder deinen Schlaf? Dein Gewissen? Deinen Verstand? Hast du schon mal Radioaktivität gesehen?"

„Die kann man messen!" warf Ingo schnell ein.

„Richtig. An ihren Auswirkungen, sprich dem Ausschlag des Geigerzählers, erkennst du, daß es sie gibt. Aber Radioaktivität als solche ist unsichtbar, was sie ja so gefährlich für den Menschen macht, weil er sie deshalb unterschätzt. An Auswirkungen erkennst du, daß es das unsichtbare Wesen Teufel gibt. Zum Beispiel dann, wenn bei spiritistischen Sitzungen mysteriöse Dinge passieren. Wenn man plötzlich Stimmen hört. Wenn man allein im Dunkeln nicht mehr schlafen kann oder überhaupt Angst vor der Dunkelheit hat. Wenn man auf einmal dunkle Gestalten im Zimmer sieht. Wenn man meint, man werde verfolgt und etwas trachte einem nach dem Leben. All das kann als Auswirkung eintreten. Und die deutlichste Auswirkung ist die, daß der Mensch nicht mehr offen ist für Gott."

Stefanie traf die Aufzählung wie Messerstiche ins Herz, als sie sich wie in einem Spiegel darin erkannte. Anja winkte geringschätzig ab.

„Gott! Na und? Wer will schon in den Himmel? Ich für meinen Teil habe keinen Bock, nach meinem Tod artig wie ein Englein Harfe zu spielen. Was soll daran erstrebenswert sein? Und das steht in der Bibel."

Robert nickte. „Alles bildhafte in der Bibel ist der Versuch, das Unbeschreibliche zu beschreiben. Musikalische Instrumente werden erwähnt, weil für die meisten Menschen Musik etwas besonders Schönes ist. Aber du kannst Jesus gerne wörtlich nehmen und anfangen, Eier zu legen. Er sagte nämlich auch, daß wir wie die Tauben sein sollen."

Für Augenblicke herrschte Sprachlosigkeit. Dann ergriff Stefanie das Wort.

„Ich kapier' nicht, wozu ich für Gott überhaupt offen sein sollte?"

„Weil jeder Mensch in seinem Leben sündigt, indem er lügt, stiehlt, flucht, zornig ist, einfach das tut, von dem er nicht möchte, daß andere ihm das antun. Diese Sünden sind für den Menschen wie ein Stachel im Körper. Durch den Stachel eines Skorpions muß ich sterben, egal ob ich das übertrieben und albern finde oder einfach nicht glaube. Sobald du sündigst, sitzt in dir solch ein Stachel. Niemand kann ihn sich selbst ziehen. Es ist, als säße er im Rücken, also unerreichbar für meine Hände. Er muß raus, andernfalls sterbe ich. Zieht ihn mir jemand, bin ich gerettet. Den Stachel der Sünde kann nur Jesus ziehen. Nichts und niemand sonst. Und zwar dadurch, daß er damals am Kreuz für meine Sünden gestorben ist und ich nun die Möglichkeit habe, Befreiung von meiner Schuld zu bekommen."

„Sünde! Ha, ha!" Ingo lachte lauthals. „Sie sind ja schlimmer als ein Pfaffe. Die wollen einem auch immer bloß Schuld einreden, und wie schlecht der Mensch doch ist. Außerdem müssen wir alle einmal sterben. Da ist es doch wurscht, ob nun mit oder ohne Stachel."

„Den körperlichen Tod müssen alle Menschen sterben", bestätigte Robert. „Danach gibt es jedoch zwei Wege, zwei Orte. Nämlich das ewige Leben oder den ewigen Tod, das heißt, einen Ort, an dem man für ewig getrennt sein wird von Gott."

„Die Hölle, wie?" fragte Ingo ahnungsvoll.

„Ein Ort der Verdammnis, ja."

Ingo lachte. „Lieber auf einer Höllenparty als in einem stinklangweiligen Himmelsmuseum!"

„Findest du es schön auf dieser Erde, wo es Mord, Krieg, Vergewaltigung, Hungersnot, Erdbeben, AIDS, tausend

Krankheiten, das Ozonloch und andere Umweltkatastrophen und Schrecken gibt?"

Ingo hob gleichgültig die Achseln.

„Und das ist hier noch nicht die Hölle", fuhr Robert fort, „hier wirkt Gott noch dem Teufel entgegen. An dem Ort der Verdammnis wird das nicht mehr der Fall sein – unendlich grausamer und furchtbarer muß es dort zugehen." Er machte eine Pause. „Du hast dich doch bestimmt schon mal über etwas riesig gefreut, nicht wahr?"

Ingo nickte, irritiert über die Frage.

„Leider ist so ein Gefühl oft nur von kurzer Dauer", warf Stefanie bedauernd ein.

„Aber warum ist es das? Warum halten wir es nicht einfach fest? Warum können wir das Gefühl des Verliebtseins nicht aus uns selbst heraus produzieren? Gefühle kommen und gehen, ohne daß wir sie festhalten könnten wie zum Beispiel das Einmaleins in unserem Verstand. So etwas Simples schaffen wir nicht, glauben aber genau zu wissen, daß wir so ordentlich leben, daß es nach dem Tod schon gut für uns weitergeht. Wer warm werden will, muß nah ans Feuer. Wer naß werden will, muß ins Wasser. Wer ewig leben will, muß da hin, wo das Leben ist. Das Leben ist Jesus. Und er ist im Himmel."

Christian rollte die Augen. „Daß dieser Jesus gelebt hat, laß' ich ja noch gelten. Das ist historisch bewiesen. Aber daß er der Sohn Gottes sein soll, ist doch totaler Mumpitz."

„Für mich nicht", hielt Robert dagegen. „Überleg doch mal logisch. Wer von euch hat ein Haustier?"

Anja hob bescheiden den Finger. „Ich. Einen Hamster."

„Nehmen wir einmal an, du hättest den Wunsch, deinem Hamster etwas Lebenswichtiges mitzuteilen. Wie könnte das gehen?"

„Das geht gar nicht", entgegnete sie schlichtweg.

„Du kannst dich ja in einen Hamster verwandeln lassen", scherzte Christian, und alle lachten.

„Das ist der Trick", meinte Robert zur Überraschung aller. „Was weiß ein Hamster, was der Mensch denkt? Er weiß nichts von unserer Welt, er versteht nicht mal unsere Sprache. Eben weil er den Grips des Menschen nicht hat. Logisch. Das gleiche Problem bestand für Gott. Wie konnte Gott sich uns mitteilen, wo wir von seiner Welt nichts wissen, sie nicht einmal sehen können? Er wandte genau diesen Trick an. Sein Sohn wurde selbst ein Mensch und überbrachte die Botschaft Gottes, die in der Bibel niedergeschrieben ist. Für jeden Menschen nachzulesen."

„Woher wollen Sie wissen, daß ausgerechnet Jesus dieser Sohn Gottes ist und nicht Mohammed oder Buddha?" fragte Stefanie.

„Weil Jesus eine einzigartige Botschaft in diese Welt brachte: nämlich daß Gott den Menschen liebt und der Mensch eine persönliche Beziehung zu Gott haben kann. Weil Jesus viele Wunder tat. Weil er selbst gesagt hat, Gottes Sohn zu sein, und eine Lüge nicht zu seinem ehrlichen, friedvollen Lebenswandel gepaßt hätte – und vor allem, weil er nicht tot im Grab geblieben ist, sondern Gott ihn auferweckt hat."

Stefanie blickte ihn merkwürdig fragend an. „Daß Sie als wissenschaftlich denkender Mensch das glauben können ..."

„Das kann ich, weil im Glauben Logik steckt. Auch in der Auferstehung steckt Logik. Jesus ist am Kreuz gestorben. Er war nicht bloß scheintot. Denn wie sollte ein so schwer Verletzter, der zudem völlig in Binden eingewickelt war, sich selbst daraus befreien und einen zentnerschweren Stein von der Graböffnung wegrollen?"

„Das haben seine Jünger für ihn erledigt. Ist doch klar", stieß Ingo hervor.

„Um eben das zu verhindern, wurde das Grab von römischen Legionären bewacht. Außerdem lehrten seine Jünger, daß er auferstanden sei und ließen sich dafür sogar von Juden und Römern mißhandeln und töten. Glaubst du im Ernst, sie hätten sich für etwas umbringen lassen, von dem sie genau wußten, daß es eine Lüge war?"

Ingo wußte nicht weiter. „Sie wollen uns bloß einlullen. Es gibt bestimmt irgendeine plausible Erklärung. Außerdem", er deutete auf seine Armbanduhr, „sind die zehn Minuten längst rum."

„Ich bin auch schon fertig. Ihr könnt gehen."

Ingo und Christian zogen mit einem unterdrückten Kichern ab. Anja tuschelte in Stefanies Ohr:

„Hast du eine Ahnung, was das sollte?"

Stefanies Gesicht war die ganze Zeit über ernst geblieben. Auch wenn sie es ihrer Freundin gegenüber nicht zugab, sie hatte eine Ahnung. Irgendwie begriff sie zumindest, was ihr Klassenlehrer mit dem Bild vom Feldweg sagen wollte. Sie begriff es nur zu genau.

Als Robert nach Schulschluß in seinen Wagen stieg, bemerkte er das Augenpaar, das vom Schuleingang zu ihm herüberschaute. Es waren fragende, traurige Augen in einem blassen, übernächtigten Gesicht.

9

Der Silvestermorgen zeigte sich von einer tristen Seite. Auf den Straßen lag ein Wasserfilm, die Luft hing feucht und schwer im Tal. Das Jahr verabschiedete sich mit einem ungemütlichen, naßkalten Tag. Den einzigen freudigen Anblick bot die Spitze des Adlerbergs, die von einem weißen Häubchen aus Schnee überzogen wurde, der in der Nacht gefallen war. Für jeden alteingesessenen Awenacher bedeutete der Tag des ersten Schnees den Beginn des Winters, ganz gleich, welches Datum der Kalender anzeigte. Hier und da schoß ein erster Heuler durch die Luft und krachte ein Böller hallend durchs Tal.

Von all dem unberührt stand ein Mädchen einsam auf der Awenbrücke und starrte traurig in das trübe, braune Wasser, das unter ihr langsam seinen Weg nahm. Niemand achtete auf sie. Keinem fiel auf, daß sie unversehens der Reihe nach vier Eier in den Fluß fallen ließ. Keiner nahm Notiz von den stillen Tränen, die ihre Wangen hinabkullerten und auf das Brückengeländer tropften. Und vermutlich hätte auch niemand bemerkt, wenn sie selbst in den Fluß gesprungen wäre. Genau danach war Stefanie Holm zumute. Sie hatte zwar den Rat der weißen Hexe bis ins Detail befolgt, doch es hatte nichts bewirkt. Im Gegenteil. Alles schien nur noch schlimmer. Sie wünschte sich sehnlichst, mit Anja sprechen zu können. Aber das war nicht möglich. Anja sauste mit ihren Eltern während der Weihnachtsferien die Skipisten in Österreich herunter. Sie fühlte sich elend und total am Ende. Diese ständige Unruhe in ihr trieb sie noch zum Wahnsinn. Es war wie in einem Gefängnis. Etwas jagte sie, trieb sie erbarmungslos an. Sie fühlte regelrecht, daß ein „Jemand" seine schwere Hand auf sie gelegt hatte. Und nicht nur das, sondern dieser „Jemand" trachtete ihr nach dem Leben – das Bügeleisen, dessen Spitze sich um ein Haar in ihr rechtes Auge gebohrt hätte; an Weihnachten das seltsamerweise lose Kabel am Stecker der Lichterkette, das sie beinahe angefaßt hätte; vorgestern der Autofahrer, der wie ein Verrückter blindlings bei Rot über die Ampel gerast war und sie um ein Haar überfahren hätte – das waren für sie keine Zufälle mehr. Sie bereute den Tag, an dem sie die alten Zeitschriften hervorgekramt hatte. Ja, sie verfluchte die Stunde, in der sie die Wahrsagerin auf dem Rummelplatz aufgesucht hatte. Was hatte sie ihr erzählt – Fremdes würde ihr begegnen, und sie sollte sich nicht abschrecken lassen, weil es hilfreiche Erfahrungen sein würden? Beides war eingetreten. Eine fremde, neue Welt hatte sich vor ihr aufgetan, von der sie vorher nicht einmal geglaubt hatte, daß sie überhaupt existierte. Es hatte ihr auch geholfen. Aber plötzlich schien es, als müßte sie für diese Hilfe zahlen. Zahlen mit Alpträumen. Zahlen mit Ängsten – vielleicht sogar mit ihrem Leben. In ihrem Umfeld würde es zu schweren Schicksalsschlägen kommen, hatte die Madame prophezeit. Sie hatte dabei an ihren Vater gedacht. Doch jetzt auf einmal fiel es ihr wie Schuppen von den Augen. Ihr Vater war überhaupt nicht gemeint gewesen. Die Wahrsagerin hatte ihre eigene, Stefanie Holms, Zukunft gedeutet! Sie selbst würden diese Schicksalsschläge treffen! Und es traf sie bereits mit ganzer Wucht. Wie schlimm würde es noch kommen? Denn diesen unsichtbaren „Jemand" wurde sie nicht mehr los, das spürte sie. Der Zauber mit den Eiern hatte versagt. Es stand ihr klar vor Augen: Sie zahlte ihren Tribut für den Dienst, den sie von den Geistern in Anspruch nahm. Dabei war sie gewarnt worden. Ihre gräßlichen Alpträume von diesem Jahrmarkt – sie waren kein Zufall gewesen, sondern eine Warnung. Das erkannte sie jetzt. Eine Warnung, die sie ignoriert hatte. Eine Warnung von wem? Etwa von Gott? Das war nun egal.

Nervös schaute sie sich auf der Brücke um, als hörte sie jemanden kommen. In den Dunstschwaden, die der Fluß gemächlich mit sich zog, konnte sie jedoch niemanden sehen. Dann hallten Schritte unter der Brücke, als ginge eine Person auf dem schmalen Weg darunter spazieren. Obwohl die Brücke recht schmal war, nahm das Hallen der Schritte kein Ende. Neugierig geworden traute sie sich nur zaghaft, sich übers Geländer zu beugen und einen Blick hinunter zu riskieren. Wohin ihre Augen auch schauten, sie konnte auf dem ganzen Weg nicht eine Person ausmachen. Das war unmöglich! Eine Gänsehaut befiel sie. Sie beeilte sich, das vierte und letzte Ei ebenfalls in den Awen zu werfen. Als müßte sie aufpassen, daß nichts schiefging, sah sie dem herabpurzelnden Ei hinterher. Eine Dunstschwade verdeckte ihr im gleichen Augenblick die Sicht. Gleich mußte es ins Wasser plumpsen. Jetzt! Nein. Jetzt! Jetzt! Warum hörte sie kein Wasser plätschern? Es mußte doch längst wieder „Plumps" gemacht haben wie die drei Male zuvor. Nichts! Die Schritte verhallten jäh, so als ob die Person abrupt stehengeblieben wäre. Die weiße Wand war unter die Brücke weitergewandert. Ruhig und gemütlich trieb die braune Brühe dahin.

Tränen schossen Stefanie in die Augen. War sie schon wahnsinnig? In panischer Angst lief sie los, rannte, so schnell sie konnte, weg von der Brücke in Richtung Stadtzentrum. Jemand folgte ihr. Die Hand – sie lag auf ihr, machte ihre Beine schwer wie Blei. Sie rannte und rannte – um ihr Leben, ziellos. Wirr schossen ihr allerlei Bilder durch den Kopf. Ihr betrunkener Vater. Ihre zornige Mutter, die ihr das Taschengeld wegen des kaputten Bügelbretts gekürzt hatte. Feuer berührte ihre linke Wange. Es waren die Tränen, die auf der vom heißen Bügeleisen verletzten Haut fürchterlich brannten. Durch den Tränenschleier vor ihren Augen registrierte sie erst spät die schwarze Gestalt, die hinter einer Hauswand plötzlich auftauchte. Zu spät, um zu stoppen oder auszuweichen. Sie spürte einen leichten Schmerz im Brustkasten und schrie auf. Das Wesen durfte sie nicht zu fassen kriegen. Um keinen Preis. Sie mußte weg! Schnell weg! Wie irrsinnig jagte sie weiter, stolperte über die Begrenzung eines brachliegenden Blumenbeets und schlug mit den Knien auf den Asphalt. Sie kroch, sie rappelte sich hoch. Wie ein Schatten flitzte sie um eine Gartenmauer und war verschwunden.

Die schwarze Gestalt machte keine Bewegung ihr zu folgen. Sie sah ihr lediglich kopfschüttelnd hinterher.

„Hast du das Gesicht gesehen? Wie irre!" stellte die rothaarige Schönheit neben Marc fest.

„Und dabei war es meine Cousine", entgegnete er lapidar und setzte mit dem Mädchen seinen Weg fort.

In der Redaktion der Wochenzeitung hatten sie aus ihrem Chiffre-Fach ein halbes Dutzend Briefe abgeholt und marschierten nun zum Getränke-Markt.

„Mir hat übrigens gut gefallen, wie du deine erste Schwarze Messe zelebriert hast", griff das Mädchen den Gesprächsfaden wieder auf, den sie durch den kleinen Zwischenfall vorübergehend verloren hatten.

„Trotz der ‚guten Freunde' war ich ziemlich nervös", bekannte Marc offen und freute sich über die lobenden Worte.

„Das ist wohl jeder. Aber man hat dir nichts angemerkt. Du hast eine echte Gelassenheit ausgestrahlt."

Er hörte das Kompliment gern. Wieviel hätte er darum gegeben, wenn es von Kim gekommen wäre. Sie hatte seine Premiere verpaßt. Ja, er wußte immer noch nicht, wo sie seit fast zwei Wochen steckte. Gleich am ersten Tag ihrer Abwesenheit hatte er nach der Schule bei ihr zu Hause angerufen. Die Haushälterin hatte ihm über Kims Verbleib keine Auskunft erteilt. Dabei hatte er ihrer Stimme angemerkt, daß die Ghedinas ihr absolutes Stillschweigen auferlegt hatten. Allen in der Clique war sofort klar, daß an der Sache etwas faul war. Entsprechend liefen die Nachforschungen auf Hochtouren.

„Das war erst der Anfang", verkündete Marc großspurig. „Als nächstes will ich auch Tieropfer bringen."

„Ehrlich? Ich weiß nicht, ob ich das packen würde", gestand das Mädchen und sah bewundernd zu ihm auf.

Entschlossen meinte er: „Ich muß es. Ich will die Energie dieser Opfer haben und sie nutzbar machen." Nach einer kleinen Pause. „Wenn du einmal geopfert hast, willst du es immer wieder tun. Carlo sagt, man entwickelt so eine Art Blutrausch. Es muß ein irres Feeling sein." In seiner Stimme lag ein schwärmerischer Unterton.

Wie verabredet holte Carlo die beiden vom Getränke-

Markt ab. Sie luden die Kisten und Flaschen ein und fuhren zu seiner Wohnung. Carlo trug nur eine Kiste hinauf, da ein Anruf ihn in Beschlag nahm. Aufgrund der Wortfetzen, die Marc zwischendurch aufschnappte, wenn er Kisten heraufbrachte, ahnte er, daß am anderen Ende der Leitung der Hohepriester sein mußte. Als er schließlich mit den letzten Flaschen die Wohnung betrat, legte Carlo den Hörer auf. Marc bemerkte die Genugtuung, die sich in seiner Miene widerspiegelte.

„Das war Mobessek. Er weiß jetzt, wo unsere kleine Kim abgeblieben ist."

Als Beweis hielt er grinsend einen Zettel zwischen seinen Fingern, auf dem er die durchgegebene Adresse notiert hatte.

„Und wo ist sie?" schoß Marc hervor, der nicht abwarten konnte, es zu erfahren.

„Ihr Alter hat sie in eine Jugendpsychiatrie gesteckt." Carlo lachte triumphierend. „Aber da hat er sich verkalkuliert. Sie gehört zu uns, und sie bleibt bei uns."

Er griff zum Telefonhörer.

Marc, der völlig konsterniert war, fragte ihn: „Was hast du vor?"

Carlo tippte eine vierstellige Nummer ein. „Ich rufe Alex an. Er soll sich zusätzlich zu der Silvesterüberraschung für die Cullmanns um einen Neujahrsgruß an Kim kümmern."

„Was hat er mit Culli vor?"

Carlo grinste breit und wollte zu einer Antwort ansetzen, als Alex sich bereits meldete.

*

Es knackte in der Hörermuschel. Die Leitung war unterbrochen worden. Das Mädchen mußte eingehängt haben. Unangenehm berührt legte Jody den Hörer auf. Die gebrochene, erregte Stimme des Mädchens hatte nichts Gutes verheißen. Irgend etwas schien sie zu bedrücken. Etwas Schlimmes, etwas Bedrohliches. Sie hatte Robert sprechen wollen und das Gespräch auf der Stelle beendet, als Jody ihr sagte, daß er weggefahren war. Mit besorgter Miene ging Jody zurück zu ihrem Staubsauger. Jeden Ferientag war Robert bisher zu Hause geblieben. Ausgerechnet heute, wo er für einen halben Tag fort war, um seine Schülerin Kim Ghedina in der Jugendpsychiatrie zu besuchen, kam dieser Anruf. Sie machte Anstalten, mit ihrer Fußspitze die Starttaste zu drücken, als Motorengeräusche vor dem Haus ertönten.

Warum nicht eine Minute früher!? dachte sie und ließ die Saugstange zu Boden gleiten. Eine Wagentür schlug zu. Sekunden darauf wurde ein Schlüssel ins Haustürschloß geschoben. Sie eilte in den Flur und überfiel Robert gleich mit der Neuigkeit.

Nachdenklich steckte Robert den Schal in den Ärmel seines Mantels. „Wie hieß das Mädchen?"

Jody machte ein zerknirschtes Gesicht. „Das ist das Problem. Sie hat sich nicht mit Namen gemeldet."

Robert biß sich auf die Unterlippe. „Ich könnte mir vorstellen, wer es war. Ruft sie noch mal an?"

Jody hob die Schultern. „Zurückrufen geht auch nicht. Sie telefonierte von einem öffentlichen Fernsprecher."

Er schnalzte mit der Zunge. „Zu dumm."

„Du solltest es nachher trotzdem mal versuchen", schlug sie vor und fragte gespannt: „Wie ist es in der Psychiatrie gelaufen?"

Sie setzten sich ins Wohnzimmer. Robert schlug die Beine übereinander und richtete die Falte des Hosenbeins, so daß es wieder glatt wurde.

„Es ist gut, daß ich hingefahren bin. Jetzt bin ich wenigstens über das Ausmaß voll im Bilde."

„Ist es schlimm?"

Er nickte. „Kim ist dermaßen ausgerastet, daß sie sie einige Tage mit Medikamenten ruhigstellen mußten. Seit zwei Tagen versuchen sie, sie zu therapieren."

„Hast du sie sehen können?"

Er schüttelte den Kopf. „Sie meinten, es sei noch zu früh dazu. In einer Woche vielleicht."

Jody zog eine mitleidige Miene. „Das arme Ding! – Hast du erfahren, weshalb sie ausgeflippt ist?"

Er holte tief Luft und befeuchtete seine Lippen, ehe er antwortete.

„Der Chefarzt nahm sich ein paar Minuten Zeit, um mir die Situation zu erklären." Er hielt für einen Moment inne. Jody spürte ihm ab, daß ihm offenbar an die Substanz ging, was er mitgeteilt bekommen hatte.

„In den ersten Therapiegesprächen ist gleich alles offen zutage gekommen. Kim ist davon überzeugt, vom Satan als Mittlerin und Gehilfin benutzt zu werden. Sie glaubt, daß sie ein Kind vom Teufel in sich trägt und den Befehl von ihm hat, es zur Welt zu bringen. Das Fatale ist, Kim ist tatsächlich schwanger. Im dritten Monat."

Jody fehlten vor Erschütterung die Worte. Tränen schossen ihr in die Augen. Robert erzählte weiter: „Der Arzt berichtete, daß er in den bisherigen Sitzungen festgestellt hat, daß Kim fasziniert davon ist, von Satan auserwählt zu sein, auf der anderen Seite aber gleichzeitig eine panische Angst vor der Vernichtung durch ihn hat. Eine Angst, die sie regelmäßig mit Drogen betäubt hat."

„Dann wird sie sicher eine ganze Weile dort stationär bleiben müssen, was?"

Roberts Miene verfinsterte sich mit Sorgenfalten. „Der Chefarzt hat nicht viel Hoffnung. Er meint, daß es nur allzu typisch für solche Krankheitsbilder ist, daß ziemlich schnell der Sog des Mystischen und der Sog der Satanssekte wieder überhand nimmt und größer wird als der Leidensdruck. Oft führe das bereits nach wenigen Tagen zu einem Therapieabbruch. Diese Entwicklung könne er bei Kim nicht ausschließen." Jody machte diese düstere Aussicht traurig.

Lange Zeit dachte Robert an seinem Schreibtisch über den Besuch in der Jugendpsychiatrie nach. Was er vom Chefarzt erfahren hatte, bestätigte seine schreckliche Befürchtung. Er hatte sich in seiner Einschätzung der Indizien also nicht geirrt. Das wiederum bedeutete, daß er auch in bezug auf sich und Jody mit dem Schlimmsten rechnen mußte. Er wandte seinen Blick ab von dem trüben Dämmerlicht draußen, das den Garten von Minute zu Minute mehr verdunkelte und allmählich den letzten Tag des Jahres ausklingen ließ. Seit zwei Stunden versuchte er vergeblich, Stefanie Holm zu Hause zu erreichen. Niemand ging dort ans Telefon. Er wollte wieder nach dem Hörer greifen, um einen neuen Versuch zu starten, da klingelte es an der Haustür.

„Ich geh' hin!" rief er im Flur die Kellertreppe hinunter und öffnete die Tür.

Nicht allein wegen des Schwalls kalter Luft, die unangenehm hereindrang, trat er einen Schritt zurück. Er war völlig verdutzt, darüber die Person zu sehen, die vor ihm stand.

„Verzeihen Sie die Störung, Herr Cullmann. Haben Sie eine Minute Zeit für mich?"

„So viel Sie wollen, Direktor Franck. Treten Sie näher!"

„Sehr freundlich. Danke."

Sie erreichten die Garderobe. „Wollen Sie ablegen?" bot Robert an.

„Nein, danke", wehrte sein Chef höflich ab. „Eine Minute, wie ich sagte. Heute ist schließlich Silvester."

Robert akzeptierte und ging voran ins Wohnzimmer.

„Nehmen Sie bitte Platz."

Bevor der Direktor auf das Angebot einging, schien ihm eine Frage besonders wichtig.

„Kann Ihre Frau jeden Moment hereinkommen?"

„Nein. Sie ist im Keller im Trimm-Raum und macht ihre Schwangerschaftsgymnastik. Sie wird uns nicht stören."

Sein Vorgesetzter schüttelte den Kopf. „Darum geht es mir nicht." Er öffnete die beiden oberen Knöpfe seines schweren Lodenmantels. „Ich wollte nur sichergehen, daß sie nicht zufällig das Foto sieht, das ich Ihnen zeigen möchte."

Robert hob verdutzt die Augenbrauen und nahm das Foto entgegen, das sein Chef aus der Innentasche hervorgezogen hatte. Er mußte schlucken bei dem, was er da zu sehen bekam und verstand nun die Vorsicht in bezug auf Jody.

Erläuternd fügte Direktor Franck hinzu: „Das ist ein Polizei-Foto, das ich heute erhalten habe. Keiner der Beamten konnte mir erklären, was das zu bedeuten hat. Deshalb komme ich zu Ihnen. Hat das was mit Satanskult zu tun?"

„Ein weißer Cockerspaniel?"

„Mein Toby. Oder das, was von ihm übriggeblieben ist", sagte er mit erregter, brüchiger Stimme. „Vor etwa acht Wochen ist er spurlos verschwunden. Ich hatte mich schon damit abgefunden, daß er von einem dieser ominösen Lieferwagen zu Tierversuchen eingefangen worden ist – bis ich das Foto bekam."

„Sie hatten Anzeige erstattet?"

Direktor Franck nickte. „Ist er nicht grausam zugerichtet? Wer vergeht sich so sadistisch an einem unschuldigen Tier?" Seine Stimme klang tränenerstickt.

Satanisten", sagte Robert betroffen angesichts der schrecklichen Tierverstümmelung. An der unbewegten Miene seines Gegenübers las er ab, daß er wohl mit dieser Antwort gerechnet hatte.

„Woran erkennen Sie das?"

Robert gab ihm das Foto zurück. „Satanisten glauben, daß Satan die Vorderfüße eines Tieres benutzt, um die Erde zu durchwandern. Deswegen sind die Vorderbeine vom Hund abgeschnitten. Typisch ist auch, daß Anus und Genitalbereich fehlen. Wofür, das erspar' ich mir lieber zu erwähnen."

Wortlos steckte Direktor Franck die Fotografie ein. Er nickte vielsagend, als hätte er es geahnt. Dann stand er auf. Robert bemerkte, daß sein Besucher seine sonst so aufrechte und selbstbewußte Haltung verloren hatte. Er wirkte geknickt. Als fiele ihm das selbst auf, richtete sich sein Chef auf und straffte den Mantel.

„Sie haben mich aufgeklärt. Nun will auch ich Ihnen etwas mitteilen", begann er in fast feierlichem Tonfall. „Die Geheimniskrämerei um Ihren Vorgänger Berghofer habe ich initiiert. Ich wollte nicht, daß einer aus dem Kollegium Sie mit diesem Horrormärchen unnötig verschreckt." Er lachte rauh. „Ja, das schien es – ein Horrormärchen. Ich wollte die Wahrheit nicht sehen." Er atmete tief durch. „Aber mittlerweile habe ich mich der Meinung einiger Ihrer Kollegen anschließen müssen, die von Anfang an das Böse darin gesehen haben." Er senkte betreten sein Haupt. „Der arme Mann! Ich hab' es nicht wahrhaben wollen. Ich habe ihm einfach nicht geglaubt, und ihn nicht von seinem Amt als Klassenlehrer der 10c entbunden. Damals die 10c, heute die Stufe 11." Er sah Robert an. „Ich nehme an, Sie wissen, von welchen Schülern ich rede. Rickerts, Zallberg und Co. Ich fand es übertrieben und überspannt, was Berghofer mir schilderte. Ich dachte: ‚So etwas kann es doch hier an unserer Schule in Awenach nicht geben. Mit Berghofer muß die Fantasie durchgehen. Vielleicht der Schulstreß'. Mir kam der Gedanke, ihn zu beurlauben. Wir einigten uns schließlich darauf, daß er die Schüler nicht wie geplant ins Abitur zu führen brauchte. Er sollte nur noch das laufende Schuljahr in der 10c beenden." Die Stimme wurde zu einem Flüstern. „Er hat es bis dahin nicht geschafft. Eines Tages fanden Kollegen ihn im Elternsprechzimmer. Nervenzusammenbruch. Was genau mit ihm passiert ist, wissen wir bis heute nicht. Er befindet sich noch immer in therapeutischer Behandlung."

Dieses Geständnis verschlug Robert die Sprache. Sein Besucher setzte sich in Bewegung und verließ das Wohnzimmer. Wortlos brachte Robert ihn zur Tür. Er sah einen gebeugten Direktor des Lessing-Gymnasiums in der Dunkelheit des Abends verschwinden.

Grübelnd kehrte Robert in sein Arbeitszimmer zurück, in das plötzlich ein greller Lichtschein fiel, dann folgte ein donnernder Knall. Er nahm die Leuchtrakete nur unbewußt wahr. Nun kannte er das Geheimnis, das seit Monaten vor ihm behütet worden war. Er konnte nicht behaupten, froh zu sein, es jetzt zu wissen. Dazu war es zu furchtbar. Mechanisch langte er nach einem Bleistift und kritzelte auf seine Schreibtischunterlage die Worte, die ihm auf dem Grillplatz im Forst und auf der Tischplatte im Chemie-Klassenraum begegnet waren: Red Rum FFF. Für ihn stand fest, daß es um keine Rum-Marke ging, wie er anfangs gedacht hatte. Er war entschlossen, den Schreibtisch nicht eher zu verlassen, bis er die Bedeutung dieser Worte ausgetüftelt hatte. Verbissen knobelte er herum und wandte alles an, was er über satanische Schriftzeichen und Symbole wußte. Nichts davon brachte ihn weiter. Er stand wie vor einer undurchdringlichen Tür, deren Öffnungsmechanismus er nicht kannte. Dann überprüfte er die Technik, die Satanisten mit Vorliebe benutzten – das Rückwärtsschreiben. Er setzte die Buchstaben einfach anders herum. Sie erinnerten ihn nun an ein Wort, das er kannte. Er brauchte sie nur noch zusammenzusetzen – „Murder". Das war's! Das englische Wort für ... Mord! Wie Schuppen fiel es ihm von den Augen, was die drei Fs dahinter zu bedeuten hatten. „F" war der sechste Buchstabe des Alphabets. „FFF" bedeutete die Umwandlung des Malzeichens, von dem die Bibel in der Offenbarung in bezug auf die letzten Dinge der Weltgeschichte sprach – „666", die Zahl des kommenden Anti-Christen!

Er fragte sich, ob er an eine Satanssekte gelangt war, die sich eines ganz besonders auf die Fahne geschrieben hatte – das Töten für Satan! Würden sie es nur bei Tieren belassen? Oder schreckten sie auch vor Menschenopfern nicht zurück? Bei der Vorstellung daran lief ihm ein eiskalter Schauer über den Rücken.

Das Telefon auf seinem Schreibtisch läutete. Im ersten Moment zuckte er erschrocken zusammen.

„Cullmann."

Die Stimme, die sich am anderen Ende der Leitung meldete, ließ ihn sofort voll konzentriet bei der Sache sein.

„Ja, hab' ich."

...

„Gerne. Und wo?"

...

„Wir können uns auch hier bei ..."

...

„In Ordnung. In einer Viertelstunde?"

...

„Gut. Bis gleich."

Er legte auf. Die Gestalt, die im Dunkeln hinter ihm stand, hatte er weder hereinkommen hören noch sehen. Erst als sie ihre Hand auf seine Schulter legte, bemerkte er sie.

„Wer war das?"

„Hast du mir einen Schrecken eingejagt!" stöhnte er erleichtert auf und fuhr herum. „Stefanie Holm war das", schob er die Antwort nach. „Sie war es, die heute mittag angerufen hat."

Sie gingen ins Wohnzimmer. Jody hatte ihren Gymnastikanzug an, ein Handtuch hing lässig um ihren Hals. Ihre blonde Lockenpracht hatte sie hinten zu einem baumelnden Pferdeschwanz zusammengebunden.

„Wo wollt ihr euch treffen?"

„In der Stadt. Das ist ihr am liebsten." Er zog im Flur seinen Mantel an und nahm den Autoschlüssel vom Haken.

Jody gab ihm einen ermutigenden Kuß auf die Wange. „Ich werde an euch denken."

Während sie im Wohnzimmer für dieses Begegnung betete, drangen verschiedene Geräusche ins Haus – das Quietschen des Garagentores, das Anlassen eines Motors, das langsame Sichentfernen eines Autos. Dann war es still. So still, daß das leise Ticken der Küchenuhr ihr in den Ohren klang. Nach dem Beten ging sie ins Bad, um zu duschen. Sie freute sich auf das heiße Naß, das auf der Haut so angenehm prickelte und eine wohltuende Wärme verbreitete, die sie an kalten Wintertagen am liebsten festgehalten hätte. Sie stellte die Brause an und fing an, ihr Haar mit einem Handtuch zu umwickeln, damit es nicht naß wurde. Der laute Knall, der unvermittelt durchs Haus hallte, ließ ihr vor Schreck das Handtuch verrutschen. Sie spitzte die Ohren. Doch außer dem monotonen Plätschern des Wassers war jetzt nichts mehr zu hören. Das war kein Silvesterkracher von draußen gewesen. Dafür hatte es sich zu nah angehört. Im Haus selbst hatte es gekracht! Rasch nahm sie ihren Bademantel vom Bügel und schlüpfte hinein. Während sie ihn zuband, stieg sie in ihre Schlappen und öffnete die Badezimmertür. Ihre Nase fing vom Flur her einen

Geruch auf, der intensiver wurde, je näher sie der Haustür kam. Beim Anblick einiger noch glühender Papierfetzen begriff sie, was passiert war. Jemand hatte durch den Briefschlitz einen Böller in den Flur fallen lassen. Erbost über diesen üblen Silvesterscherz trat sie die noch glimmenden und qualmenden Fetzen des Krachers aus. Sie holte Handbesen und Kehrblech aus dem Keller und fegte die zerstreuten Einzelteile zusammen. Sie war froh, daß im Flur Fliesen statt Teppich lagen, so daß die brennenden Papierstücke keinen Schaden hatten anrichten können. Da berührte sie plötzlich etwas. Im ersten Moment dachte sie, sie wäre gegen den Gummibaum gestoßen. Das war nicht der Fall. Beim Umdrehen erkannte sie, daß sie an etwas geraten war, das einige Zentimeter aus dem Briefschlitz herausragte. Sie fand es seltsam, daß sie es erst jetzt bemerkte. Es konnte unmöglich eine Postwurfsendung sein – dazu sah es zu ungewöhnlich aus. Sie ergriff den Gegenstand und zog ihn heraus. Mit einem spitzen Aufschrei ließ sie ihn zu Boden fallen, als hätte sie an eine Vogelspinne gefaßt. Bleich und entsetzt starrte sie auf das furchtbare Ding, das direkt vor ihren Füßen lag – eine blutverschmierte Hand!

*

Sie wartete im Schatten einer Laterne auf ihn. Als sie die sportliche, durchtrainierte Gestalt den dunklen Marktplatz überqueren sah, trat sie in den Lichtkegel. Mit festen Schritten steuerte Robert auf sie zu. Selbst in diesem Zwielicht fielen ihm sogleich die Angst und Verstörtheit auf, die tief in dieses zarte, kindliche Gesicht gegraben waren. Lange Zeit bummelten sie Seite an Seite durch die nahezu menschenleere Innenstadt, hier und da abgelenkt von torkelnden Betrunkenen oder mit Feuerwerkskörpern herumzündelnden Jugendlichen. Dann erreichten sie die Weggabelung, die in einem Bogen nach rechts zur Flußpromenade führte.

Die zurückhaltende Art, mit der Robert gelegentlich eine Frage stellte, ermutigte Stefanie, immer tiefergehender von ihren Problemen zu erzählen. Wie in einem Fazit meinte sie schließlich: „Alles schien so toll. Der Geist kam, wann ich wollte. Er antwortete mir, wann ich wollte. Ich hatte einfach das Gefühl, stark zu sein, überlegen zu sein, weil ich eine große, fremde Macht kontrollieren konnte. Jetzt scheint sich das alles ins Gegenteil verkehrt zu haben. Nicht mehr ich habe es in der Hand, sondern ich glaube, etwas hat *mich* in der Hand. Und das Schlimmste ist, durch nichts kann ich mich davon befreien."

Robert wartete ab, ob sie noch etwas anfügen wollte. Als sie es nicht tat, sagte er:

„Die Zwänge und Ängste, in denen du steckst, sind Ausdruck deines Gefangenseins. Es hat sogar etwas Gutes, daß du das so drastisch erlebst. So wirst du dir deines Zustandes wenigstens bewußt. Es gibt viele Menschen, die sich durch Dinge, die sie für nicht weiter schlimm halten, ebenfalls in dieses Gefangensein begeben, es aber nicht merken, weil ihr Leben scheinbar geregelt und normal weiterläuft. Doch nicht nur Pendeln oder Glasrücken nimmt mich gefangen. Es beginnt bereits bei Glücksbringern, Hufeisen und Horoskopen, weil ich mein Leben nach ihnen ausrichte oder von ihnen bestimmen lasse. Oftmals geschieht das unbewußt. Man empfindet so was ja eigentlich als Quatsch, merkt aber gar nicht, wie es einen unterschwellig im Denken und Handeln beeinflußt."

„Aber weshalb passiert das alles mit mir? Ich verstehe das nicht."

„Weil hinter diesen Dingen und Praktiken dämonische Mächte stehen, mit denen du in Verbindung getreten bist. Es existiert ein Reich mit Geistern, die verführerisch getarnt unter den Menschen Übles verbreiten wollen. Du bist dem Teufel auf den Leim gegangen, der sozusagen verschleiert die Glaubensbedürfnisse des Menschen auf sich lenken und so die Menschen in seinen Einflußbereich ziehen will."

„Horoskop, Hufeisen und dieses Zeugs soll auch dazugehören?"

Robert nickte, bedachte jedoch nicht, daß sie es im Dunkeln nicht sehen konnte.

„Habt ihr im Physikunterricht schon das Prisma besprochen?"

„Ja. Ein Prisma ist dieses komische Glas, das weißes Licht in einzelne Spektralfarben zerlegt, nicht?"

„Genau. Ein durchsichtiger, keilförmiger Körper. So ähnlich wie darin wird das Sonnenlicht im Regen gebrochen und die sieben Farben des Regenbogens entstehen. Bei beiden Erscheinungen haben wir völlig unterschiedliche Farben – gelb, grün, blau und so weiter. Der Ursprung jedoch ist bei allen gleich. Sie gehören alle zu dem einen weißen Lichtstrahl, stammen also alle von einer gemeinsamen Quelle ab. Nicht anders verhält es sich mit vierblättrigen Kleeblättern, Hufeisen, Freitag-dem-13., Horoskope, Pendeln, Kartenlegen und das alles. Gewiß, alles unterschiedliche Dinge. Doch sie gehen alle auf eine Quelle zurück – auf Satan. Sie sind Irrlichter, die mit verlockendem Glanz dem Menschen den Weg in eine dunkle Falle weisen. Eine Quelle auch deshalb, weil ihr gemeinsames Merkmal der Aberglaube ist. Aberglaube ist ein Ersatzglaube. Dinge wie Hufeisen oder Kleeblätter sind für sich genommen völlig harmlos und können von sich aus nichts bewirken. Sobald ein Mensch ihnen jedoch eine Wirkung zuschreibt, ist das Magie, und damit nimmt derjenige den Aberglauben an, also den Glauben, den Satan ins Leben gerufen hat. Um Menschen auf das Verhängnisvolle ihres Tuns aufmerksam zu machen, hat Gott in der Bibel dazu eine sehr krasse Warnung schreiben lassen. Im fünften Buch Mose heißt es, daß keiner gefunden werden soll, der Wahrsagerei treibt, kein Zauberer oder Beschwörer oder Magier oder Bannsprecher oder Totenbeschwörer oder Wahrsager oder einer, der die Toten befragt, da jeder, der diese Dinge tut, ein Greuel für Gott ist. Warum diese Warnung? Weil Gott genau weiß, daß der Mensch sich damit in die Abhängigkeit von dem Wesen begibt, das ein Menschenmörder ist. Das aber will Gott nicht. Dafür liebt er uns Menschen zu sehr."

Stefanie sagte eine Weile nichts. Leise hörte sie das Wasser des Awen gegen das Ufer plätschern. Sie war hin- und hergerissen. Zum einen fand sie, daß es zu fantastisch klang, was ihr Klassenlehrer erzählte. Auf der anderen Seite stimmte es total mit ihrer eigenen Situation überein. Sie war gefangen worden und hatte die Macht erlebt, die sie zerstören und töten wollte. Es gab eine unsichtbare Welt, das war ihr längst klar. Daß es sich um eine böse handelte, das ging ihr erst allmählich auf. Jetzt, wo es zu spät war, wo sie aus eigenen Kräften nicht mehr davon loskam. Und was sie von ihrem Klassenlehrer hörte, ließ ihre Lage noch aussichtsloser erscheinen. Dabei hatte sie insgeheim gehofft, er könnte den Ballon zum Platzen bringen, so daß es ein Erwachen aus dem Alptraum für sie gab.

„Von dieser Warnung erfahre ich leider viel zu spät. Ich steck' ja schon mittendrin. Was nützt es mir da zu wissen, daß ich für Gott ein Greuel bin?"

Eine Rakete schoß pfeifend über sie hinweg in den schwarzen Himmel. Die vielen roten Kugeln, in die sie an ihrem höchsten Punkt zerbarst, tauchten den Fluß in ein tiefrotes Licht.

„Wenn ein Arzt seinem Patienten die Diagnose mitteilt, kann das manchmal niederschmetternd sein. Trotzdem ist es der erste Schritt zur Heilung. Gottes Diagnose über okkulte Praktiken ist ebenfalls eine Hilfe und kann der erste Schritt zur Heilung sein für den, der sie hört und danach handelt."

„Hilfe? Heißt das, daß es für mich noch nicht zu spät ist?"

„Das soll es heißen", entgegnete Robert entschieden. „Gott sagt das nicht, um Menschen zu verdammen. Er möchte ihnen helfen – dir helfen, Stefanie, damit du wieder frei wirst."

„Ich kann frei werden von diesen Ängsten und Alpträumen?"

„Ein Mensch, der sich Jesus anvertraut, erfährt eine vollkommene Befreiung. Ohne wenn und aber. Da allerdings, wo der Mensch in dunklen Bereichen bleiben will, ist er vom Satan immer noch in Beschlag genommen."

„Und was konkret muß ich tun?" fragte sie eifrig.

„Du mußt erkennen, daß das falsch war, was du getan hast, und das dann Gott bekennen."

„Wie denn bekennen?"

„Indem du mit Gott sprichst."

„Einfach so?"

„Einfach so. Jetzt gleich hier oder zu Hause in deinem Zimmer. Jesus ist nicht am Kreuz gestorben, weil er schuldig war, sondern weil wir schuldig sind, du und ich. Er mußte es tun, weil wir Menschen von Natur aus Sünder sind und keine Gemeinschaft mit Gott haben können, selbst wenn wir es wollten. Es geht nicht – wie auch niemand von uns zur Sonne fliegen kann."

„Von Natur aus Sünder? Was soll das heißen?"

„Vielleicht wird es so verständlicher: Ein Freund von mir hat einen Hund. Einen lustigen, kleinen Kerl. Freddie heißt er. Nun hat Freddie die unerfreuliche Angewohnheit, jeden ins Bein zu beißen, der am Grundstück vorbeikommt. Was blieb meinem Freund anderes übrig, als dem kleinen Beißer einen Maulkorb zu verpassen? Seither können die Leute sicher an dem Haus vorbeigehen. Wenn man es recht betrachtet, hat sich durch diese Zwangsmaßnahme zwar das Verhalten seines Hundes geändert, jedoch nicht seine Natur. Der kleine Kerl hat nach wie vor größte Lust, in jedes Bein zu beißen, das vorbeikommt. Jede Art von religiösem Tun – also in die Kirche gehen, beten, spenden und so weiter – ist eine Verhaltensänderung für kurze Zeit, nicht aber eine Änderung des Herzens auf Dauer. Und das Herz, das ist das Entscheidende. Aus ihm kommt jeder schlechte Gedanke, jede schlechte Tat. Deshalb muß es verändert werden. Und deshalb steht auch in der Bibel, daß der Mensch von neuem geboren werden muß, sonst kann er nicht zu Gott kommen. Wiedergeburt verändert das Herz, bringt es wieder „in Takt". Die Wiedergeburt schenkt Gott, wenn ein Mensch sich ernsthaft verändern will."

„Wiedergeburt? Kommt der Mensch also doch mehrmals auf die Welt?"

„Oh, nein! Was du meinst, ist Reinkarnation. Der Mensch hat nur eine Chance. Die Bibel sagt, daß es dem Menschen gesetzt ist, einmal zu sterben, und dann kommt das Gericht. Wiedergeburt heißt ein geistliches Neugeborenwerden. Der Mensch bekennt die Schuld in seinem Leben, glaubt daran, daß Jesus sie ihm abgenommen hat und erhält von Gott quasi als Antwort ein neues Leben geschenkt, ein geistliches Leben. Und wenn er einmal stirbt, wird er die Ewigkeit mit seinem Schöpfer verbringen, im Himmel."

„Versteh' ich ehrlich gesagt nicht. Will Gott mich so umpolen, daß ich dann nicht mehr ich bin? Das will ich nicht!"

„Gott auch nicht. Denn Gott will kein Marionetten. Daher hat er uns ja auch als selbständige Wesen mit einem eigenen Willen geschaffen. Nimm beispielsweise heißes Wasser. Kann heißes Wasser von sich aus zu Tee werden?"

„Natürlich nicht."

„Eben. Ich muß einen Beutel Tee hineintun. Ein Beutel neben der Tasse nützt nichts. Er muß hinein. Erst dann können sich die Stoffe aus dem Beutel lösen, die das heiße Wasser würzen und färben. Die Verschmelzung ist sogar so eindeutig, daß wir das Wasser fortan nicht mehr Wasser, sondern Tee nennen. Und doch – der Tee befindet sich immer noch im Beutel. Ähnlich verhält es sich mit dem Christwerden. Niemand ist Christ von Geburt an. Niemand wird Christ durch Taufe oder Kirchenzugehörigkeit. Davon steht kein Wort in der Bibel. Christwerden ist ein Akt, bei dem es auf meinen Verstand und mein Herz ankommt. Christ werde ich, sobald ich Jesus Christus in mein Leben aufnehme. Ich nehme ihn auf, wie das Wasser den Tee. Trotzdem bleiben beide eigenständig. Wasser und Beutel – Jesus und du. Zwei unterschiedliche Personen, und doch sind beide eins geworden. Das ist der Punkt bei der Wiedergeburt."

„Was ich nicht ganz kapiere, damals in der Schule sprachen Sie davon, Seelenheil in Jesus zu finden. Was soll das heißen?"

Robert staunte, daß sie sich daran noch so gut erinnern konnte.

„Das soll heißen, daß es hier auf Erden um etwas außerordentlich Einschneidendes und Dramatisches geht. Jesus ist nicht zum Spaß gestorben. Die grausame Art seines Todes am Kreuz sollte eigentlich jeden Menschen wachrütteln und warnen, daß es um eine ungeheuer wichtige Sache geht, für die er sein Leben gelassen hat, nämlich um die Entscheidung: ewiges Leben oder ewiger Tod! Jeder Mensch ist ein Sünder und darum verloren. Wenn er in diesem Zustand stirbt, geht er da hin, wo Satan sein wird, an den Ort, wo es niemals Licht und Freude geben wird, sondern Angst, Not und Verzweiflung. Das wollte Jesus mit seinem Tod verhindern. Eine Stellvertretertat für uns, die jedoch nur wirksam wird, wenn ein Mensch dieses Angebot der Rettung auch bewußt annimmt. Wenn jemand dir zum Geburtstag einen Geschenkgutschein gegeben hätte, so würde er dir nichts einbringen, wenn du nicht in das entsprechende Geschäft gehen und ihn einlösen würdest. Gottes Zusage der Befreiung und Errettung nützt nichts, wenn der Mensch nicht zu Jesus geht, um sie einzulösen. Hast du in der Schule an der Tafel Fehler gemacht, brauchst du bloß einen Schwamm zu nehmen, kannst alles radikal auswischen und ganz neu beginnen. Von dem alten Geschmiere ist dann nichts mehr zu sehen. Die gleiche Gelegenheit bietet dir Gott an. Durch Jesus kann jeder Fehler, alle Schuld ausgewischt werden, so daß man quasi von vorne anfangen kann."

Stefanie schaute ungläubig. „Und wie soll das funktionieren?"

„Indem du Gott deine Schuld bekennst – wenn du gelogen hast, zornig warst, gestohlen hast, undankbar und lieblos warst und, und. Dann wird dir vergeben, und du kannst Jesus bitten, von nun an mit dir durchs Leben zu gehen."

„Werden die Ängste und Alpträume aufhören?"

„Jesus wird dich frei machen. Was du in jedem Fall tun mußt, ist, alle okkulten Gegenstände zu vernichten. Nicht, weil davon dämonisches Wirken ausgeht. Das ist Unsinn. Es ist ja tote Materie. Es ist aber angebracht zum Zeichen,

213

daß du mit diesem Kram total abgeschlossen hast. Und es ist wichtig, damit dich der ständige Anblick dieser Sachen nicht wieder anstachelt. Genauso wie ein ehemaliger Alkoholiker keine Flaschen Alkohol bei sich zu Hause haben sollte – und seien sie leer."

Stefanie entgegnete nichts. Auch Robert schwieg. Er fand, daß alles gesagt war. Sie konnte nun verwerfen, was er erzählt hatte, oder sie konnte es beherzigen. Die Entscheidung lag ganz bei ihr. Er hoffte sehnlichst, daß sie die für sie richtige Entscheidung traf und den neuen Lebensweg einschlug. Andernfalls konnte niemand ihr helfen. Und was dann die Endstation für sie sein konnte, hatte er schon miterleben müssen – Selbstmord.

Als eine grüne Leuchtrakete über Awenach zerplatzte, vermeinte er im Schein der Lichtkugel auf Stefanies Gesicht etwas zu sehen, das Ähnlichkeit besaß mit dem Hoffnungsschimmer eines Ertrinkenden, der einen Rettungsring erblickte. Er spürte ihr ab, daß sie gerne allein sein wollte. Seinen Vorschlag, sie nach Hause zu fahren, nahm sie dankbar an. Als sie sich später im Auto voneinander verabschiedeten, bot er Stefanie an, jederzeit für ein weiteres Gespräch zur Verfügung zu stehen. Sie lächelte ihm freundlich zu und verschwand in dem dunklen Mietshaus. Im Treppenhaus ging das Licht an. Sekunden darauf beobachtete er durch das marmorierte Milchglas des Flurfensters die Silhouette einer Gestalt die Treppen hinaufsteigen. Der Schattenriß verschwand, wenig später erlosch das Licht. Was sich jetzt hinter den Mauern im obersten Stock des Gebäudes zutrug, davon wurde Gott allein Zeuge. Unten im Auto vor dem Haus saß Robert noch eine Weile und betete für seine Schülerin Stefanie Holm. In diesen Minuten dachte er nicht im entferntesten daran, daß Jody ihn bei seiner Rückkehr mit einem Gegenstand konfrontieren würde, bei dem es ihm eiskalt den Rücken herunterlief – eine blutige Holzhand mit Pentagramm darauf!

10

Die Cassette, die im Tape-Deck ablief, spielte reinen Death-Metal. Unaufhörlich dröhnten Lieder über Massaker, Selbstmord und Menschenopfer aus den Boxen. Nach der Umkehrung des biblischen Gebotes „Du sollst nicht töten" in „Thou shalt kill" erklang der nächste Song „Weltering in blood" – „Im Blut wälzen". Während der Lieder hängte Marc den großen, blutroten Vorhang mit dem schwarzen Mannweib und Ziegenkopf darauf von der Wand ab und rollte ihn sorgfältig zusammen. Er achtete genau darauf, daß er für längere Zeit allein im Haus war, wenn er für sich ein Ritual abhielt. Er fühlte sich prächtig, auch wenn die Schnittwunde am Oberschenkel noch leicht schmerzte.

Es hatte so geklappt, wie er es sich vorgestellt hatte, und vor allem, wie Anton LaVey es beschrieben hatte. Die körperlichen und gefühlsmäßigen Reaktionen auf Schmerz besaßen tatsächlich große Ähnlichkeit mit denen, die er in sexueller Ekstase erlebt hatte. Dieses Schmerzopfer, das er Satan gebracht hatte, stärkte ihn. Es ließ ihn auf einer solchen euphorischen Woge treiben, daß er sicher war, zukünftig für Rituale nicht mehr die Lebensenergie von Tieren zu gebrauchen, wie die anderen es mußten, sondern die notwendige Kraft aus seinem eigenen Körper freiwerden zu lassen. Auch in diesem Punkt würde er der Lehre in der Satanischen Bibel folgen. Wenn Anton LaVey es schrieb, mußte es möglich sein.

Nachdem er die Rasierklinge im Bad gereinigt hatte, packte er alle Utensilien zurück in den Koffer. Dabei geriet er von neuem ins Stutzen wie schon beim Auspacken. Er konnte sich nicht entsinnen, die Sachen so weggelegt zu haben. Stets achtete er genau darauf, daß von keiner seiner dunkelblauen Kerzen der Docht abbrach. Es war ihm noch nie passiert. Doch plötzlich saß auf einer nur noch ein winziger Stummel. Er versteckte den Koffer wieder an einem sicheren Ort. In den Momenten des Nichtstuns danach kam ihm Stefanie in den Sinn und das, was sie ihm heute am ersten Schultag gesagt hatte. Es hatte entschlossen und kompromißlos geklungen: Sie würde nicht zum Treffen der Clique kommen! Jetzt nicht und in Zukunft nicht! Niemals! Und dann hatte sie irgend etwas von Jesus gefaselt, bei dem ihm fast schlecht geworden wäre, wenn er nicht Reißaus genommen hätte. Irgendwie hatte er das Merkwürdige sofort gespürt, als sie auf ihn zugekommen war. Was auch immer sich in den Weihnachtsferien in ihrem Leben zugetragen hatte, es hatte bewirkt, daß er seinen aussichtsreichen Fisch von der Angel verloren hatte. Bei dem Gedanken schäumte erneut Wut in ihm auf. Es konnte ihn auch nicht besänftigen, daß es dafür mit Dennis um so vielversprechender lief. Gleich beim ersten Mal, als er ihn in die Gruppe mitgenommen hatte, war Carlo hellauf entzückt gewesen, daß sein Cousin sich schon so prächtig in Magie und schwarzem Vokabular auskannte. „Ein gut bereiteter Boden" hatte er grinsend festgestellt. Seine Cousine verfluchend stellte er die Musik so laut, daß die Fensterscheibe bei manchen Baßtönen vibrierte. Zu der Musik der Gruppe „Carcass", die über das Verspeisen von Embryonen sang, tobte er sich aus. Den Gegenstand, der von draußen gegen sein Fenster flog, nahm er die ersten Male nicht wahr. Erst beim fünften Mal registrierte er im Augenwinkel einen Schatten, der auftauchte und verschwand, um Sekunden später wieder zu erscheinen. Verblüfft ging er ans Fenster. Unten auf dem Rasen schwang Carlo von neuem die pralle Plastiktüte, um sie gegen die Glasscheibe zu feuern. Im letzten Augenblick ließ er davon ab und gestikulierte ärgerlich mit der freien Hand. Marc beeilte sich, die Stereoanlage abzustellen und flitzte zur Haustür.

„Na endlich! Ich dachte schon, ich müßte den Wagenheber holen. Willst du das Haus mit dem Hammer-Sound niederphonen, oder was?" frotzelte Carlo verschnupft.

„Frust ablassen", stellte Marc seine Absicht richtig. „Wenn ich gewußt hätte …"

„Schon gut", wehrte Carlo ab und wechselte abrupt das Thema.

„Wie fühlst du dich nach gestern abend?"

„Ich hatte mich zwar darauf vorbereitet, aber es ist doch was anderes, im Ritual mit dem Opfermesser auch umzugehen", gestand Marc offen. „Als die ersten Tropfen in den Kelch flossen, war es wie ein Stromschlag."

Von der unruhigen Nacht, in der er von dem blutleeren Tierkörper geträumt hatte, erwähnte er nichts. Niemand sollte auch nur den leisesten Zweifel daran bekommen, daß er für diese Opferrituale geeignet war.

Carlo sah sich im Hausflur um, als suchte er jemand. „Bist du allein?"

Marc nickte. „Keine Ahnung, wo meine Alte hin ist."

„Hast du Zeit?"

„Ja, schon. Was liegt an?"

Das breite Grinsen auf Carlos Gesicht kannte er mittlerweile. Er setzte es mit Vorliebe dann auf, wenn er einen Triumph zu vermelden hatte.

„Unsere gute Kim hat die Therapie geschmissen. Wie ich's dir vorausgesagt habe. Ich will jetzt hin und sie abholen." Marc zögerte keine Sekunde. „Bin sofort fertig."

Sie fuhren die vom nächtlichen Schneeregen noch nasse Bertramgasse hinunter und bogen an der Kreuzung nach links ab in Richtung Bundesstraße. Die Frau, die von rechts zu Fuß aus der Stadt kam, bemerkten beide nicht. Edith Belden fiel der Wagen sofort auf. Nach dem beängstigenden Gespräch, das sie eben mit Marcs Mentor Robert Cullmann geführt hatte, bereitete es ihr zusätzliche Sorge, ihren Sohn in diesem Auto sitzen zu sehen. Mit einem Stechen in der Herzgegend setzte sie ihren Weg nach Hause fort.

Marc stieß einen Laut der Bewunderung aus. „Bist du unter die Bonzen gegangen?" Er nahm den Hörer des Autotelefons in die Hand und begutachtete die eingebaute LCD-Anzeige sowie die vielen Funktionen, die das Nobelstück aufwies.

Carlo grinste. „Du kannst mal Alex' Nummer wählen."

Marc drückte die einzelnen Tasten. Bei jeder Zahl erklang ein anderer Piepton. Er wartete ab, bis der Ruf durchging, dann gab er Carlo den Hörer. Das Gespräch, das folgte, war an Knappheit kaum zu überbieten. Als hätte Alex auf diesen Anruf gewartet, sagte Carlo:

„Ich bin's. Marc fährt mit. Bereite die letzte Phase mit Tommi vor. Durchdenkt es gut. Mobessek wird es nicht verzeihen, sollte Cullmann der Rache unseres Meisters entgehen."

Ohne eine Erwiderung abzuwarten, legte Carlo auf.

Der Wagen bog auf die Bundesstraße ein, die sie zur Autobahn bringen würde. Die Fahrbahndecke schimmerte durch das gestreute Salz an vielen Stellen weißlich. Carlo ließ die vollen 105 PS seines Fahrzeugs heraus.

Wie in einer Rakete, dachte Marc angetan, als er durch die Beschleunigung in den Sitz gedrückt wurde.

„Was soll mit Cullmann geschehen?" fragte er.

Carlo überholte fünf Autos auf einen Streich. „Lassen wir uns überraschen, was Alex sich ausdenkt. Du wirst auf jeden Fall deinen Part dabei spielen."

„Ich?"

Carlo grinste. „Culli hat von uns allen für dich am meisten übrig. Das werden wir ausnutzen."

Ehe Marc näher darauf eingehen konnte, hatte Carlo bereits ein anderes Thema angeschnitten.

„Ich soll dir übrigens von Mobessek etwas ausrichten. Eine Neuigkeit, die dich freuen wird. So steil wie du bin selbst ich nicht aufgestiegen."

Nicht ohne Stolz vernahm Marc dieses Eingeständnis seines Vorbilds, zu dem er stets emporgesehen hatte.

„Was ist das für eine Neuigkeit?"

„Kim ist doch schwanger. Es werden zwar noch einige Monate vergehen, bis das Kind geboren wird. Aber jetzt, wo Kim zu uns zurückkommt, bietet es sich geradezu an."

„Bietet sich was an?" Marc verstand nicht, worauf Carlo hinauswollte.

„Das Opfer der ‚Jungfrau in Weiß' zu feiern. Dich hat der Hohepriester dazu auserkoren."

Marc gingen die Augen über. „Das ... ich ...", stammelte er unkontrolliert und mußte mehrmals heftig schlucken. Er wußte, was es mit diesem Opfermahl auf sich hatte. Doch hatte er den Gedanken daran bislang weit weggeschoben, daß einem Baby mit dem Opfermesser der Hals aufgeschlitzt wurde. Davon in Crowleys Büchern zu lesen, war eine Sache. Es mitzuerleben, ja sogar selbst auszuführen, war etwas ganz anderes. Er fühlte sich, als hätte er einen Schlag mit dem Hammer bekommen.

Wieso ich? dachte er. Wieso suchte Mobessek ausgerechnet ihn dafür aus? Und dann Kims Baby! Kims!

Ihm wurde schlecht. Ein starker Fäulnisgeschmack lag auf einmal in seinem Mund. Er fand den Entschluß gemein. Ohne ihn zuvor zu fragen! Wut schäumte in ihm auf. Er ließ vieles mit sich machen, aber nicht das! Nicht Kims Baby! Das überschritt seine Grenze. Seine Gedanken verselbständigten sich. Wie eine große Abrechnung fragte er sich, wo die Erleuchtung war, die man ihm versprochen hatte. Wo die totale Freiheit? Zu welcher Bewußtseinserweiterung sollte dieses Gemetzel an Kims Baby führen?

Er ertappte sich bei seinen zweifelnden Fragen und erschrak. Zweifel nahm Satan persönlich übel. Wer Zweifel hegte, mußte Satans Rache fürchten. Er wandte alle Kraft auf, um sie so schnell wie möglich zu verdrängen. Wer das nämlich nicht tat, sondern sich von ihnen beherrschen ließ, war gemäß Gruppenkodex verpflichtet, sich selbst zu töten. Immer wieder hatte Carlo dieses Gesetz allen eingeimpft: Zweifel bedeuten Selbstmord!

Mit hektischen Bewegungen machte er sich an der Musikanlage zu schaffen. Er brauchte Ablenkung. Sofort! Er schob die Lautstärkeregler hoch bis an die Schmerzgrenze des Trommelfells und legte sich mit geschlossenen Augen zurück. Nach ein paar Minuten klickte es in seinem Kopf, als wäre ein Schalter umgelegt worden.

Sie hatten die Autobahn längst verlassen und das verwaiste, kahle Gelände des Freibades erreicht. Carlo fuhr über den großen Parkplatz auf das Kassenhäuschen zu. Abrupt brachte er den Wagen zum Stehen und stellte den Motor ab. Im gleichen Augenblick trat eine zierliche Gestalt hinter dem Kassenhäuschen hervor, deren Anblick Marcs Gesichtszüge erhellte. Obwohl Carlo auf sie zuging und sie begrüßte, lagen Kims Augen wie fixiert auf Marc. Er spürte den Funken, der zu ihm übersprang – sie liebte ihn auf ihre Art noch immer. Langsam stieg Marc aus, sie nicht aus den Augen lassend. Sie wirkte gestärkt und erholt. Vom Warten in der Kälte hatten sich ihre Wangen zartrosa gefärbt. Der leichte Ostwind wehte ihr ein paar Strähnen ins Gesicht. Während sie Carlo ihre Tasche gab, kam sie auf Marc zu, mit diesem engelhaften Lächeln, das ihn von ihrer ersten Begegnung an entwaffnet hatte. Herzlich umarmte sie ihn.

„Schön, daß du mitgekommen bist“, flüsterte sie ihm ins Ohr.

„He, ihr zwei! Für Geknutsche ist jetzt keine Zeit!“ funkte Carlo dazwischen und drückte den Kofferraum zu, in den er Kims Tasche gestellt hatte. Als er sich hinters Steuer schwingen wollte, rief Kim ihm laut zu.

„Moment, Carlo!“

„Was ist?“ Er hielt in der Bewegung inne.

Der kühle, souveräne Ton, mit dem sie sprach, offenbarte zu Marcs Freude, daß sie wieder ganz die alte Kim war.

„Hast du Marc erzählt, daß ich zwei Bedingungen für meine Rückkehr gestellt habe, die Mobessek akzeptiert hat?“

„Nein. Wozu? Das ist ausschließlich eine Sache zwischen dir und dem Hohenpriester“, tat Carlo es als abwegige Frage ab.

„Nenn sie ihm!“ beharrte Kim unbeirrt.

Carlo lachte verlegen. „Was ändert das, ob –“

„Du sollst es ihm sagen!“ schlug Kim einen Befehlston an, der selbst Marc zusammenfahren ließ.

Erwartungsvoll starrte er Carlo an, dem er anmerkte, daß er auf dem falschen Fuß erwischt worden war. In dessen Gesicht zuckte unkontrolliert ein Muskel. Zum ersten Mal seit sie sich kannten, rang sein großes Vorbild mit dem Verlust seiner Haltung.

Fast kleinlaut gab Carlo Kims Forderung nach.

„Bedingung war, daß du wieder als Domina eingesetzt wirst. – Du weißt, daß ich das –“

„Die zweite Bedingung!“ unterbrach sie ihn schroff.

Mit inbrünstiger Überzeugung fügte er hinzu: „Daß wir dein Kind nicht anrühren.“

Marcs Augen weiteten sich. Das stand völlig entgegen dem, was Carlo ihm noch vor einer Stunde unterwegs erzählt hatte. Das Kind nicht anrühren? Er selbst hatte ihm doch offenbart, daß Mobessek ihn dazu ausersehen hatte, Kims Baby beim „Opfermahl der weißen Jungfrau" zu opfern. Marc wollte schon lospoltern, besann sich jedoch. Was, wenn Carlo leugnete, dergleichen gesagt zu haben? Dann stand Aussage gegen Aussage. Es hatte keinen Sinn. Am besten war es wohl, er schwieg und beunruhigte Kim nicht mit einer Auseinandersetzung, die ergebnislos verlaufen würde. Er würde Mobessek aufsuchen und es aus seinem Mund erfahren. Dann konnte er Kim notfalls immer noch rechtzeitig warnen. Schließlich befand sie sich erst im dritten oder vierten Schwangerschaftsmonat.

„Das ist fabelhaft, daß Mobessek dir das zugesichert hat", sagte er statt dessen und bemühte sich, unbefangen zu klingen. Er klappte die Rückenlehne vor und kletterte auf den Rücksitz.

＊

Der erste Schultag nach den Weihnachtsferien hielt für Robert eine Überraschung bereit. Er tappte bedächtig den Steinplattenweg zum Lehrereingang vorwärts. Bei jedem Schritt knirschte der Sand unter seinen Füßen, den der Hausmeister wegen möglichem Glatteis gestreut hatte. Der nahezu volle Mond hing wie eine Lampe am dunkelblauen Himmel, der sich nach Osten hin hinter dem Adlerberg orange färbte. Sein Licht tauchte den Rauhreif auf den Wiesen vor der Schule in ein samtenes Hellblau.

Als Robert sich auf der Fußmatte gründlich die Schuhe abtrat, wurde hinter ihm im Erdgeschoß ein Fenster aufgerissen. Der Kopf der Sekretärin lugte heraus.

„Guten Morgen, Herr Cullmann. Ich habe hier ein Gespräch für Sie."

„Da hat's aber einer eilig. – Danke. Ich komme."

Er huschte in die mollige Wärme und eilte ins Sekretariat. Der Telefonhörer lag auf einem Packen Ordner.

„Cullmann?"

Die Frauenstimme, die sich meldete, klang nervös und aufgelöst. Sie redete so schnell, daß er den Namen gar nicht verstand.

„Wer spricht dort bitte?"

...

Er war im Bilde. „Bitte, mißverstehen Sie das nicht, Frau Belden. Das ist kein blauer Brief. Ich hielt es für –"

Er kam nicht zu Wort. Schließlich beschränkte er sich darauf, ab und zu ein „Ja" einzuwerfen. An einem Punkt jedoch wurde er hellhörig und konnte sich nicht mehr zurückhalten.

„Was haben Sie bei Ihrem Sohn gefunden?"

...

„Ich weiß, wozu sie dienen. – Sind Sie sicher, daß Ihr Sohn nichts gemerkt hat?"

...

„Das kann ich Ihnen am Telefon nicht erklären. Kommen Sie zu mir. Wenn Sie es einrichten können, heute noch. Eine Freistunde habe ich zwar nicht, aber nach der sechsten Stunde könnten wir uns treffen."

...

„Sagen wir vor dem Sekretariat."

...

„Und erzählen Sie Marc nichts davon, daß wir uns verabredet haben. – Auf Wiederhören."

Der Brief hatte also seine Wirkung nicht verfehlt. Robert hatte insgeheim gehofft, daß die Zeilen bei Marcs Eltern eine rasche, persönliche Rückmeldung auslösen würden. Die Entdeckung, die Frau Belden gemacht hatte, hätte zeitlich nicht besser eintreffen können. Nun würde es für ihn leichter sein, den Grund für die schulische Misere auf den Punkt zu bringen. Nach diesem Fund mußte sie ihm glauben. Er hätte vollauf zufrieden sein können, aber er war es nicht. Denn was Frau Belden an entdeckten Gegenständen aufgezählt hatte, zeigte ihm, daß Marc für die kurze Zeit bereits ungewöhnlich tief in dem Kult verstrickt sein mußte.

Hoffentlich nicht zu tief, dachte er und erinnerte sich an eine Stelle aus dem Markusevangelium, die das zerstörerische Werk der Dämonen an einem Menschen beschrieb. Der von einem unreinen Geist besessene Mann lebte Tag und Nacht in Grabstätten. Wegen seiner Gewalttätigkeit

222

war er oft mit Fußfesseln und Ketten gebunden worden. Doch die Ketten hatte er in Stücke zerrissen und die Fußfesseln zerrieben. Niemand war in der Lage, ihn zu bändigen und zu verhindern, daß er sich dauernd mit Steinen selbst verletzte. Er war ein Gefangener, ein Spielball der Dämonen geworden.

Robert wußte, daß es jedem ähnlich ergehen konnte, der sich mit Satan und seinen Geistern einließ. Warnende Abschreckung stellte der größte Satanist Aleister Crowley dar. Körperlich zu einem Wrack verkommen, war er im Wahnsinn, in geistiger Umnachtung gestorben. Satan, von dem er stets als einem Freund des Menschen gesprochen hatte, hatte ihn langsam, aber sicher zerstört.

Robert verließ das Sekretariat. Da es schon sehr spät war, machte er sich sofort auf den Weg zum Chemieraum. Unterwegs öffnete er die Knöpfe seines Mantels und lockerte den Schal ein wenig. Er war gerade um die Ecke in den naturwissenschaftlichen Fachbereich gebogen, als jemand dezent seinen Namen hinter ihm herrief. Er wandte sich um und stand zu seiner Überraschung Stefanie gegenüber. Seit ihrer Unterredung am Silvesterabend hatten sie sich nicht mehr gesehen. Fast ein bißchen schüchtern bekannte sie:

„Ich hab' auf Sie in der Halle gewartet, weil ich Ihnen das gerne geben wollte."

Sie hielt ihm eine schwere Plastiktüte entgegen. Robert nahm sie verblüfft an. Nach einem flüchtigen Blick hinein war er auf der Stelle im Bilde.

„Es ist alles, was ich darüber besessen habe", erklärte sie.

Er lächelte sie an. „Das freut mich, daß du dich so entschieden hast. Diesen okkulten Kram werfe ich gerne für dich weg." Plötzlich sprudelte es aus ihr heraus, ohne daß er nachgefragt hatte.

„Noch am gleichen Abend, nachdem wir uns getroffen hatten, habe ich gebetet. Zum ersten Mal richtig gebetet, aus ganzem Herzen. Ich hab' alles rausgelassen, was ich an Mist verzapft habe. Und das Tolle ist, ich spürte tatsächlich, wie eine Last von mir abfiel. Wie die von vielen Fehlern verschmierte Tafel echt sauber wurde. Alles ist ausgewischt. Ich bin wieder total zur Ruhe gekommen. Nichts treibt mich mehr. Niemand verfolgt mich. Ich höre auch keine Stimmen mehr. Ein bißchen Bammel vor der Nacht hab' ich noch. Aber ich weiß, daß ich dazu keinen Grund habe, und merke, wie ich das Gefühl aus mir selbst produziere. Es ist, als hätte für mich mit Neujahr auch ein ganz neues Leben begonnen. Trotzdem will ich dabei nicht stehenbleiben. Nachdem Jesus mir jetzt vergeben hat, möchte ich ... naja ... ich weiß jetzt, daß ich ihm einfach vertrauen kann, daß er mich auch gut durchs Leben führt. Nur – ich weiß nicht, wie ich das anstellen soll. Ich dachte, Sie könnten bestimmt sagen, wie's nun weitergeht?"

Ohne Pause, fast ohne Luft zu holen, hatte Stefanie heruntergerattert, wovon ihr Herz überquoll.

„Das kann ich und will ich gerne tun", antwortete er erfreut. „Wer Jesus in sein Leben eingeladen hat und Christ geworden ist, der hat den Wunsch, mehr von Jesus und vom Glauben zu erfahren. Beides kann man am besten, indem man in der Bibel, das heißt, erst einmal die Evangelien im Neuen Testament liest, wo vom Leben und Wesen Jesu berichtet wird, und indem man sich mit anderen Christen trifft, um sich auszutauschen."

„Bibel? Ich glaube, ich habe gar keine."

„Macht nichts. Ich besorge dir eine."

„Und wo kann man sich mit Christen austauschen?"

„Das könntest du zum Beispiel in der Gemeinde, zu der ich gehe. Für Jugendliche findet jeweils dienstags um 17 Uhr eine Jugendstunde statt. Du bist herzlich eingeladen. Soll ich dir die Adresse mal aufschreiben?"

„Nee, nicht nötig. Ich weiß, wo das ist." Nachsinnend sprach sie zu sich selbst. „Also morgen um 17 Uhr. Hm. Das müßte klappen."

Robert schaute auf seine Armbanduhr. Es hatte längst zur ersten Stunde gegongt.

„Die Zeit drängt zwar, aber das möchte ich dir noch sagen. Jesus hat dich frei gemacht, wie er es versprochen hat. Es kann jedoch passieren, daß dich ab und zu Rückschläge plagen, daß du doch noch Alpträume hast oder dergleichen. Dann mußt du dir unbedingt klarmachen, daß Satan nicht so leicht aufgibt. Er kämpft um Seelen, die ihm weglaufen wollen. Laß dich dann nicht entmutigen. Vertraue fest auf Jesus. Auch diese Nachwirkungen werden letztlich völlig verschwinden. Wer sich in der Hand Gottes befindet, der kann von keiner Macht daraus geraubt werden."

„Danke, Herr Cullmann! Ich danke Ihnen!"

Nach der sechsten Stunde eilte Robert aus dem Klassenraum der 8d, um seine Verabredung einzuhalten. Als er den Gang zum Lehrerzimmer erreichte, erblickte er eine Frau, die vor dem Sekretariat aufgeregt auf- und abging. Er hielt auf sie zu und sprach sie an.

„Frau Belden?"

„Ja. Sind Sie Herr Cullmann?" entgegnete Edith Belden freundlich.

Robert nickte. „Kommen Sie, hier sind wir ungestört." Er ging voran ins Elternsprechzimmer.

„Ihr Brief hat mich natürlich entsetzt", begann Edith Belden mit belegter Stimme und räusperte sich. „Daß unser Sohn in seinen Leistungen dermaßen abgebaut hat, hätte ich nie vermutet. Ich muß zugeben, daß unser Verhältnis nicht mehr das beste ist, seit er aufs Gymnasium gewechselt hat. Früher war das anders. Da war er offen und liebenswürdig. Hat mit uns über alles geredet. Das ist vorbei. Fast schlagartig." Sie stieß einen tiefen Seufzer aus.

„Sie sagten gerade, seit er aufs Gymnasium gewechselt hat. Haben Sie mal überlegt, wieso das so ist?"

„Und ob!" schoß sie resolut hervor. „Mir ist klar, woran das liegt. Das ist sein Umgang. Die neuen Freunde. Wenn man die überhaupt so nennen kann."

„Was wissen Sie über seine Freunde?"

„So manches. Der Zallberg zum Beispiel. Mein Mann kennt seinen Vater recht gut. Und wenn der seinen eigenen Sohn für einen Taugenichts hält, ist er es auch." Sie überlegte kurz und ergänzte: „Und diese Ghedina. Sie kleidet sich nicht nur wie ein leichtes Mädchen. Sie hat auch den Ruf, eines zu sein."

„Und was glauben Sie, was bei Ihrem Sohn diese Veränderung ausgelöst hat? Sie drückt sich ja auch in seinem Äußeren aus."

„Diese Clique, was sonst?" antwortete Edith Belden mit einer irritierten Miene, als hätte sie das doch schon gesagt.

„Dann frage ich Sie anders, Frau Belden. Sie erzählten mir am Telefon, daß Sie durch Zufall einen Koffer Ihres Sohnes entdeckt hätten, in dem sich allerlei dubioses Zeug befand. Eine Flasche, die rote Flüssigkeit enthielt. Einen silbernen Kelch. Ein Stück Pergamentpapier. Ein seltsames Kreuz. Und dunkelblaue Kerzen, die pervers geformt waren."

„Widerwärtig geformt. Wie die Geschlechtsteile von Mann und Frau." Sie schüttelte sich vor Ekel. „Was soll eine solche Schweinerei? Ich hätte Marc niemals zugetraut, daß er sich derartiges kauft."

„Frau Belden, Sie sagten, Marc habe sich verändert. Können Sie bitte mal aufzählen, was Ihnen aufgefallen ist?"

Sie strich sich nervös durchs Haar. „Angefangen hat alles mit dieser fürchterlichen Musik, die er früher nicht gehört hat. In letzter Zeit sind die gräßlichsten Horror-Videos dazugekommen. Marc schwieg sich plötzlich über seine Freunde aus. Erzählte nicht mehr, wo er hinging oder mit wem er sich traf. Er begann zu trinken."

„Hat er Drogen genommen?" fragte Robert dazwischen.

Edith Belden rutschte unangenehm berührt auf ihrem Stuhl hin und her.

„Naja ... nicht daß Sie denken ... also ...", stotterte sie herum und gab sich schließlich einen Ruck. „Manchmal hatte ich den Eindruck. Wenn er mit diesen weiten Pupillen und glasigen Augen aus seinem Zimmer kam, aber nicht nach Alkohol roch."

„Erzählen Sie weiter. Was haben Sie außerdem bemerkt?"

„Auf seiner Kleidung und seinen Schulbüchern brachte er auf einmal merkwürdige Zahlen und Symbole an, die ich noch nie in meinem Leben gesehen habe. Oftmals meinte ich, Weihrauchgeruch vor seiner Tür zu riechen. Sogar seine Eßgewohnheiten haben sich geändert. Obwohl er es abstreitet, bin ich mir sicher, daß er erheblich abgenommen hat."

„Haben Sie eine Feindseligkeit gegenüber dem christlichen Glauben festgestellt?"

Sie nickte. „Er spricht sehr abfällig darüber, obwohl er noch bis vor einigen Monaten sonntags fast immer zur Kirche ging." Ihre Stimme fing an zu beben: „Dieses Jahr war Weihnachten das schlimmste Fest, das wir je erlebt haben."

Robert konnte sich denken, wie es gelaufen war.

„Haben Sie alle diese Dinge, die Sie eben genannt haben, mal zusammenaddiert?"

„Zusammenaddiert?" wiederholte sie perplex. „Was meinen Sie?"

Er befeuchtete seine Lippen und holte tief Luft, da sie sich dem schwierigsten Teil des Gesprächs näherten.

„Nun, alle diese von Ihnen erwähnten Dinge gehören zusammen. Sie sind sozusagen wie eine Addition von Symptomen, die zu einer ganz bestimmten Krankheit gehören, bildlich gesprochen."

„Aha. Und was soll das für eine Krankheit sein?" fragte sie gespannt zurück.

Robert faltete seine Hände und spielte vor Unbehagen mit seinen Daumen. Er hatte nicht damit gerechnet, auf eine so totale Ahnungslosigkeit zu stoßen.

„Alle Anzeichen, wirklich alle", betonte er nachdrücklich, „liefern den eindeutigen Beweis, und ich meine eindeutig, daß Ihr Sohn aktiv in einem Satanskult verstrickt ist."

Edith Beldens Gesichtsfarbe wurde schlagartig weiß wie eine Kalkwand. Ihre Kinnlade klappte schlaff herunter. Robert rechnete bereits mit einem Hysterieanfall. Doch es kam nur ein ersticktes „O Gott! O Gott, nein!". Erschüttert schlug sie ihre Hand vor den Mund. Dicke Tränen schossen ihr in die Augen.

„Mein Sohn ... in einem ...", stammelte sie kläglich und rang um Fassung. „Und ich habe es nicht erkannt."

„Das erkennen leider viele Eltern erst, wenn ihr Kind schon mittendrin steckt."

„Was kann ich tun?" Sie verfiel in hektische Bewegungen. „Ich weiß ja –"

„Als erstes müssen Sie unbedingt die Ruhe bewahren, Frau Belden", redete er beruhigend auf sie ein. „Marc ist zwar Ihr Sohn, aber er ist kein kleines Kind mehr. Sie können versuchen, ihm zu helfen. Aber es ist sein Leben. Sie sind dafür verantwortlich, gute, vorbildliche Eltern zu sein. Aber Sie sind nicht dafür verantwortlich, welche Wege er für sein Leben wählt, selbst wenn es selbstzerstörerische sind. Das ist bitter und tut sehr weh. Doch die Wahl liegt bei Ihrem Sohn ganz allein. Er ist alt genug."

„Wie kann ich ihm denn helfen?" polterte sie aufgelöst. „Ich hab' ja überhaupt keine Ahnung von diesen Dingen."

„Die sollten Sie aber haben. Es wird schwer, wenn nicht gar unmöglich, Ihren Sohn zurückzugewinnen und seine gefühlsmäßige, körperliche und geistige Gesundheit wiederherzustellen, wenn er merkt, daß Sie überhaupt nicht wissen, worum es geht. Dann geben Sie sich allenfalls mit Ihrem Versuch der Lächerlichkeit preis. Eine gewisse Kompetenz ist unabdingbar. Wenn Sie wollen, kann ich Ihnen entsprechendes Material geben."

„Das würden Sie tun?"

„Selbstverständlich. Ich trage mich auch mit dem Gedanken, Ihren Sohn ganz konkret anzusprechen. Wissen Sie, meine Frau und ich beten seit Monaten für Ihren Sohn. Und irgendwie sagt mir eine innere Stimme, daß der Tag bald da ist, wo sich die Tür öffnet, durch die ich versuchen kann, Ihren Sohn zu erreichen."

Sprachlos starrte Edith Belden ihn an. Dieser Mann betete mit seiner Frau für einen fremden Jungen? Die Erkenntnis, daß sie es nicht einmal tat, obwohl es ihr eigener Sohn war, beschämte sie. Verlegen zupfte sie eine Fluse vom Ärmel ihres Mantels, die gar nicht da war. Als würde ein Vorhang zurückgezogen, dämmerte ihr auf einmal, wieviel sie an Liebe und Erziehung bei ihrem Sohn versäumt hatte.

Mit dem Gefühl, jetzt zu ernten, was sie all die Jahre gesät hatte, trat sie eine halbe Stunde später durch das Schulportal hinaus in einen grauen Wintertag.

11

Der erste Monat des neuen Jahres neigte sich dem Ende zu. Die vierzig Zentimeter dicke Schneedecke, die vor zwei Wochen über Nacht das Awenacher Land wie ein Tortenguß bedeckt hatte, war an vielen Stellen löchrig geworden und offenbarte häßliche, braune Flecken. Die Dächer der Häuser lagen frei, auf Wiesen, Feldern und in Gärten wehrten sich letzte Schneereste gegen das endgültige Schmelzen. An den Straßenrändern türmten sich kleinere Berge von unansehnlichem Schnee, bespritzt vom Schmutz des Autoverkehrs oder zu braunem Matsch zertrampelt und plattgefahren.

So trostlos wie das Winterpanorama sah auch manches Schülergesicht aus, angesichts der von der Lehrerkonferenz festgelegten Halbjahresnoten. Obwohl der Tag der Zeugnisausgabe noch nicht gekommen war, schien der Familienvater, der sich an diesem Mittag auf dem Schulhof des Gymnasiums die Füße vertrat, vorab von den verheerenden Noten seines Kindes erfahren zu haben. Das zeigte sein bitterböses Mienenspiel, das manchen Fünftkläßler aus Furcht einen weiten Bogen um ihn machen ließ, als nach der sechsten Stunde der große Schülerstrom einsetzte. Wie ein Raubvogel seine Beute suchte er die schier endlosen Grüppchen von Schülern ab. Er reckte seinen Hals teleskopartig hin und her, bis er fand, wonach er spähte. Brutal schubste er sich den Weg frei und stürzte auf die Person zu. Sie hart am Kragenfutter der Lederjacke packend, hielt er sie an und zerrte sie gegen die Gebäudewand.

„So, mein Bürschchen! Du entkommst mir nicht!" fauchte er Marc so wütend an, daß sein Kopf hochrot anlief.

Marc starrte den Angreifer völlig baff an. Wie gelähmt machte er weder Anstalten, sich aus dem Griff zu befreien, noch war er fähig, ein Wort über die Lippen zu bringen.

„Du sagst mir jetzt auf der Stelle, was ihr mit Kim gemacht habt! Wo ist sie? Wo habt ihr Dreckskerle sie versteckt?" schrie er sich in Rage und begann, Marc mit dem

Oberkörper gegen die Gebäudewand zu stoßen. „Los! Red schon! Du ... du ... du miese Ratte! Ich –"

„Herr Ghedina!" fuhr eine tiefe Baßstimme energisch dazwischen. „Lassen Sie den Jungen los!"

Hände fuchtelten vor Marcs Augen in der Luft herum. Er spürte, wie in dem Handgemenge der Griff an seiner Jacke sich plötzlich lockerte.

„Mensch, besinnen Sie sich! Sie wissen ja nicht, was Sie tun!" brüllte Karl-Heinz Kessebom den aufgebrachten Vater an.

„Ich weiß genau, was ich tue!" brüllte Ghedina zurück und schlug wie eine Furie um sich.

Marc nutzte die Gunst des Augenblicks, riß sich los und rannte weg. Er vergaß alles um sich herum; die Schultasche, die ihm von der Schulter geglitten war, das Mountain-Bike, das noch im Fahrradkeller stand, sein Zuhause. Es gab für ihn nur ein Ziel. Er erreichte das alte Haus im Wimbachweg total verausgabt. In seiner Erschöpfung stocherte er mit dem Schlüssel herum, ohne das Loch zu treffen. Erst nachdem er tief durchatmend eine Weile innegehalten hatte, gelang es ihm, die Tür zu öffnen. Er jagte die Treppe hinunter ins Kellergewölbe, wo er im Gang auf Carlo traf.

„Hey, was ist los? Du siehst ja völlig alle aus!"

Marc schluckte hastig. Die Wärme im Keller ließ einen Schweißfilm auf seiner Stirn entstehen. Er spürte, wie sein Blut durch den ganzen Körper pulsierte bis in den kleinen Zeh. Sein Herz hämmerte in der Brust wie ein Amboß. Seine Stimme überschlug sich fast, als er Carlo von dem Vorfall mit Kims Vater erzählte.

„Sieh an, der Alte wird zickig", sinnierte Carlo gelassen und legte väterlich den Arm um Marcs Schulter. „Mach dir darüber keine Gedanken. Ich regel' das. Dir wird niemand was am Zeug flicken. Geh ruhig nach Hause, als wäre gar nichts passiert."

„Und wenn er zur Polizei geht?"

Carlo klopfte ihm beruhigend auf die Schulter. „Was soll die schon unternehmen? Kim ist volljährig. Sie kann übernachten, wo sie will. Sie kann zur Schule gehen, wann sie will.“

„Wie geht es Kim?“ Marc blieb stehen.

Carlo nickte zufrieden. „Sie erkennt von Stunde zu Stunde mehr, daß sie gegen den Gruppenkodex verstoßen hat.“ Er drückte sacht gegen Marcs Rücken, damit dieser weiterging.

Nach zwei Schritten blieb Marc erneut stehen.

„Kann ich sie sehen?“

„Später.“

„Ich möchte aber gerne jetzt zu ihr“, wurde Marc fordernder.

„Ich sagte später!“ konterte Carlo scharf.

Marc schaute ihm forschend in die Augen, als er die Frage stellte: „Habt ihr sie wieder mit Drogen vollgepumpt?“

Carlo sagte nichts.

Mit einem erdrückenden Gefühl der Angst fragte Marc zaudernd: „Ihr habt sie doch nicht etwa verprügelt?“

„Hast du vergessen, daß sie dem Hohenpriester Bedingungen für ihre Rückkehr gestellt hat?“ schnappte Carlo wie als Rechtfertigung zurück. „Niemand darf so etwas ungestraft tun. Und heute morgen hat sie versucht, heimlich ihren Vater anzurufen. Sie hat ihn auf dich gehetzt. Torsten konnte gerade noch verhindern, daß sie ihm unser Versteck verrät.“

Marc schloß die Augen. Begriff Kim denn nicht, daß sie mit ihrem feindseligen Verhalten auch ihn ins Unglück stürzte? Er schnitt ein mitleidiges Gesicht bei der Vorstellung, was sie dafür als Vergeltung mit ihr angestellt hatten.

„Du solltest besser nicht verweichlichen“, sagte Carlo unvermittelt. Der Ton seiner Worte klang seltsam. Er schien Marc ein Gemisch aus Ratschlag und Warnung zu sein.

„Denk daran, Kim und du, ihr habt euch den Treueeid nicht gegenseitig geschworen, sondern der Gruppe. Mit dieser Hochzeit wurde jeder von euch für die Treue des anderen gegenüber der Gruppe verantwortlich. Was das für

231

dich angesichts der Mätzchen von Kim bedeutet, sollte dir klar sein. Sei also dankbar für unsere Nachsicht."

Marc erschrak darüber, daß ihn die Worte, die ihm damals beim Aufnahmeritual so leicht über die Lippen gekommen waren, nun einholten und bedrohten. Wurde einer abtrünnig, galt auch der Partner als Verräter und mußte bestraft werden. Sie bestraften Kim, und zum ersten Mal kam aus Carlos Mund eine Drohung gegen ihn. Geschockt verkrampfte Marc seine Hände ineinander.

Mit einem typischen Grinsen fuhr Carlo fort: „Keine Sorge, Kim wird nichts von ihrer Schönheit einbüßen. Du weißt, wie geschickt Katja mit Make-Up umgehen kann. Komm jetzt! Ich fahr' dich zu Kessebom. Er hat bestimmt deine Schultasche mitgenommen."

Während sie gemeinsam die Treppenstufen hinaufstiegen, spitzten sich die Ereignisse unten im Keller dramatisch zu.

Mit einem kurzen Quietschen der Reifen kam Carlos Wagen vor der mit einem elektrischen Schiebetor verschlossenen Einfahrt zum Stehen.

„Du brauchst nicht auf mich zu warten. Ich möchte zu Fuß nach Hause gehen", sagte Marc kurz angebunden und stieg aus.

Am schmiedeeisernen Eingangstor wartete er ab, bis der schneeweiße Flitzer hinter der Straßenkuppe verschwunden war. Erst danach drückte er den Schellenknopf über dem Messingschild, auf dem in schwarzen Lettern eingraviert war: „Studienrat K.-H. Kessebom".

Mit dem Summton und Aufspringen des Tores setzte ein scharfes Hundegebell ein. Vorsichtig trat er durchs Tor und wagte nicht, es zu schließen, um sich so den schnellen Rückzug offenzuhalten, falls irgendwo aus den dichten Sträuchern und Hecken eine zähnefletschende Furie auf ihn zugeschossen kam. Furchtsam suchten seine Augen das Terrain ab. Es lag ruhig da. Nirgends regte sich ein Vierbeiner.

„Nicht so ängstlich!" erscholl unversehens eine tiefe Baßstimme. „Die Dobermänner sind im Zwinger."

Marc blickte herüber zu der wohlbeleibten Person, die an der Haustür erschienen war. Der helle Rollkragenpullover, den Kessebom trug, ließ seinen ohnehin gedrungenen Hals noch kürzer erscheinen und das Gesicht noch röter wirken, als es sowieso stets war.

Erleichtert beschleunigte Marc seine Schritte auf den Mathematiklehrer zu und folgte ihm in die Villa. Kessebom gab ihm seine Schultasche zurück, die er bei seiner panikartigen Flucht liegengelassen hatte. Sie stand abholbereit auf einer kunstvoll gedrechselten Truhe. Marc spürte seinem Oberstufen-Mentor ab, daß er die Angelegenheit damit als erledigt betrachtete. Seine offensichtliche Überlegenheit, das große Selbstvertrauen, gepaart mit verstecktem Zorn, kostete Marc allen Mut, sein Anliegen zur Sprache zu bringen. In gönnerhafter Pose ging Kessebom voran in sein getäfeltes Arbeitszimmer, in dem in einem offenen Kamin ein wärmendes Feuer prasselte. Ein kleiner Vorrat an Holzscheiten lag ordentlich aufeinandergestapelt neben dem Kamin. Die angenehme Atmosphäre machte es Marc leichter, Platz zu nehmen und zu erzählen, was ihn bewegte.

„Ich hätte gerne aus Ihrem Mund eine Sache klargestellt, weil sie so widersprüchlich ist." Er machte eine Pause. „Tja, also, es ist so: als Carlo und ich Kim aus der Psychiatrie abholten, sagte er mir, daß Sie mich auserwählt haben, Kims Baby beim Ritual der „Jungfrau in Weiß" zu opfern. Komischerweise behauptete Kim kurz darauf, Sie hätten Ihr zugesichert, das Kind werde nicht angerührt, falls sie in die Gruppe zurückkomme." Er zuckte unbeholfen die Achseln. In den Sekunden der Stille, die eintraten, erfüllte das Knistern der Flammen den Raum.

Als Mobessek zu sprechen anhob, dröhnte seine Stimme noch voller und mächtiger.

„Angenommen, ich hätte beides gesagt. Seit wann bin ich als Hoherpriester verpflichtet, Rechenschaft abzulegen?"

Diese deutliche Zurechtweisung ließ Marc seine Anfrage rasch korrigieren.

„Natürlich sind Sie das nicht! Ganz und gar nicht! Das ist ein Mißverständnis!"

„Wie ist es dann gemeint?"

„Es ist ..." Er fummelte nervös an seinen Fingern herum. „Ich habe ... naja, als ich hörte, daß ich das Baby ..." Er mußte schlucken. „Also, es ist ein großes Vorrecht, daß Sie mich dazu auserwählt haben, das weiß ich –"

„Aber du willst es nicht tun", beendete Mobessek kurzerhand das Herumstammeln.

Marc starrte ihn erschrocken an. „Nein, das stimmt nicht", beeilte er einzuwerfen. „Es ist kein Ungehorsam von mir. Das dürfen Sie nicht denken. Ich möchte Satan dienen. Aber ... aber ich bin erst so kurze Zeit dabei –"

„Es sind noch einige Monate bis dahin", warf Mobessek ein und maß sein Gegenüber prüfend.

Marc spürte, wie seine Augen ihn abtasteten. Er hoffte sehnlichst, daß der Hohepriester seinen „Fluchtversuch" nicht bemerkte. Er würde kein Baby opfern! Niemals! Kein Gruppenkodex, kein Hoherpriester Satans konnte ihn dazu zwingen, trotz aller Strafandrohungen. Es würde jedoch leichter werden, wenn er den Eindruck vermittelte, es zwar zu wollen, aber noch nicht zu können. Alles hing davon ab, ob Mobessek ihm das abkaufte. Auf den Einwand konnte er nichts erwidern. Eine peinliche Stille trat ein, in der er nicht wußte, wohin er seine Augen richten sollte. Der Hohepriester musterte ihn gründlich, dabei bedächtig mit dem wuchtigen Silberring an seinem linken Zeigefinger spielend, der das Pentagramm trug. Marc war froh, daß plötzlich das Telefon läutete.

Er staunte, wie flink sich Mobessek trotz seines recht fülligen Körpers erhob und an den Apparat ging. Das „Gespräch", das folgte, war seltsam, wie Marc fand. Der Hohepriester sagte nichts und legte unerwartet den Hörer wieder auf. Marc wurde das Gefühl nicht los, daß der Anruf indirekt ihn betraf. Sein Gastgeber schien irritiert zu sein, als er sich wieder in seinen Sessel setzte. Seine Stimme wurde härter und dominierender.

„Deine Bedenken kann ich nicht akzeptieren. Vergiß

nicht, daß du trotz Kims Abtrünnigkeit bislang verschont wurdest. Für diese Großzügigkeit erwartet Satan eine großzügige Gegenleistung." Die Stimme steigerte sich in einen Befehlston. „Du wirst Satan diesen Dienst erweisen, Baphomet! Du wirst Kims Baby opfern."

„N-e-i-n! Nein, verdammt!" brüllte Marc los und sprang wie aus einem Schleudersitz hoch. „Wieso verlangen Sie das von mir?"

Als der erste Zorn verflogen war, wurde ihm schlagartig bewußt, welche Ungeheuerlichkeit er begangen hatte. Vor Erregung zitternd trat er auf der Stelle und raufte sich unter Flüchen die Haare. Er fühlte sich wie in einem Schraubstock. Raus! Weg! Blindlings rannte er los, raus aus dem Haus, als trachte ihm jemand nach dem Leben.

Ruhig und scheinbar unbeeindruckt von dieser Entgleisung ging der Hohepriester lautlos vom Arbeitszimmer in den Nebenraum. Jeder, der ihn dabei beobachtet hätte, hätte den Eindruck gewonnen, er sei ein Mann, der sich seiner Fähigkeit voll bewußt war, mit jeder noch so großen Schwierigkeit fertigzuwerden. Die Wände des Nebenraums waren schwarz gestrichen. Zwei Kerzen links und rechts neben einem Altar erhellten das Zimmer. Mobessek entzündete die frisch gefüllten Weihrauchgefäße. Dann richtete er seine Augen auf den Ring, in dem sich die Macht Satans konzentrieren sollte, und begann mit ausgestreckten Armen einen Singsang. Als er nach einer Weile die Gegenwart des Dämons spürte, fing er an, ihn zu beschwören:

„Meister Legion, dein Diener ist vom Weg abgeirrt. Er weigert sich, dir zu gehorchen. Er will dir nicht dienen. Überzeuge ihn davon, daß das ein großer Fehler ist. Laß kein Übel aus, mit dem du ihn überschütten kannst. Feuer und Pein sollen ihn heimsuchen, damit er begreift, was er unserem Vater Satan schuldig ist. Zerbrich seine Knochen, damit Satan Freude daran hat. Wie ich, Mobessek, es will, so muß es sein!"

Dreimal wiederholte Mobessek die Beschwörung. Dann wartete er. Eine unheimliche Stille legte sich über das

235

Zimmer. Die Kerzenflammen knisterten und tanzten wie in einem Luftzug.

Mobesseks Gesicht glich einer Totenmaske, sein Körper spannte sich innerlich an, bis der Dämon das Pentagramm an seinem Ring verlassen hatte. Als das unsichtbare Wesen aus dem Zimmer verschwunden war, sackten die Schultern des Hohenpriesters erschöpft zusammen.

Innerlich vollkommen aufgewühlt, stürzte Marc durch das schmiedeeiserne Gartentor und lief die Straße am Waldrand entlang. Er hielt nicht eher an, bis er vor Seitenstechen nicht mehr weiterkonnte, und lehnte sich keuchend über einen Stromverteilerkasten.

Was hab' ich da angerichtet! haderte er mit sich selbst. Das war ein Schaden, den er nur schwerlich – wenn überhaupt! – wiedergutmachen konnte. Er fühlte sich miserabel. Gedanken des Zweifels stiegen wieder in ihm auf. Wieso verlangte Mobessek dieses entsetzliche Gemetzel von ihm? Auch für die höhere Bewußtseinsebene? Nichts von alledem, was ihm versprochen worden war, war bisher eingetreten. Er tat obszöne, perverse Dinge. Aber was hatte das mit Erleuchtung zu tun? Wo blieb sie, die Bewußtseinserweiterung? Wo die totale Freiheit? Der Gedanke, daß der ganze Kult ein Riesenschwindel war, ließ ihn aufschrecken und gegen seine Überlegungen ankämpfen.

Zweifel galten als Kampfansage an Satan – so hatte er es gelernt. Wer die Zweifel nicht verdrängen konnte, war laut Gruppenkodex dazu verpflichtet, sich selbst zu töten. Dieses Gesetz hatte Carlo ihnen immer wieder eingehämmert: Zweifel bedeuteten Selbstmord!

Voll Todesangst blickte er um sich, als könnte Satan jetzt von überallher erscheinen, um ihn zu vernichten. Verzweifelt schleppte er sich weiter. Nein! Er würde sich nicht umbringen. Niemals! Schließlich hatte man ihn absichtlich in diesen Konflikt manövriert – er war unschuldig. Satan mußte das verstehen.

Leise, damit seine Eltern nichts von seiner Rückkehr merkten, schlich er hinauf in sein Computerzimmer. Er schloß ab, holte den Koffer aus dem Versteck und zog sich die Kutte über. Beim Aufstellen der Kerzen begann ohne Vorwarnung seine Kopfhaut zu kribbeln. Er wußte, was das bedeutete. Mit bebenden Händen und einem Herzen, das vor Angst geradezu raste, packte er in Windeseile die restlichen Utensilien aus und stand im Begriff, zu Satan zu beten, als hinter ihm etwas klapperte. Erschrocken drehte er sich um und sah die Tür einen Spaltbreit offenstehen. Er war sich sicher, sie fest verschlossen zu haben.

Als wehte ein stetiger Windzug, vibrierte sie leicht hin und her. Eilig sprang er hin, um sie zu schließen. Er drehte den Schlüssel zweimal um und lehnte sich aufatmend gegen die Türfüllung. Beim Umdrehen erlebte er den Schock seines Lebens. Ihm direkt gegenüber vor dem Altar, den er eben aufgebaut hatte, stand im Schein des Kerzenlichts eine große, schwarze, menschenähnliche Gestalt. Marc stockte der Atem. Er glaubte sich in einen seiner Horrorfilme versetzt. Als wären seine Beine aus Watte sank er vor dem fremden Wesen auf die Knie.

„Nein! Nein! Bitte nicht!" flehte er winselnd wie ein Hund und hob schützend seine Hände vors Gesicht. „Ich tu' alles, was mein Meister will. Ich liefere ihm heute abend Cullmann ans Messer wie geplant. Äh ... Dennis ... äh, ich zerbreche ihn. Ich verspreche es! Und ich tu's, ich bring ihm Kims Baby. Ich opfere es. Ich tu's! Ich tu's!"

Er fiel zu Boden und krümmte sich wie ein Wurm, der zertreten wird. Abwartend lag er da, auf alles gefaßt. Nichts geschah. Als er nach einer Weile blinzelnd die Augenlider öffnete, war die seltsame Kreatur vor dem Altar verschwunden. Furchtsam schweiften seine Augen durchs Zimmer – weg. Sie hatte den Raum verlassen.

*

Es gab ein Geräusch wie das Zerreißen von Stoff. Kurz darauf hielt Alex einen Fetzen der blutverklebten Hose in der Hand.

„Komm! Laß sie!" Carlo winkte entnervt ab. „Wenn sie nicht will, soll sie in ihrem Mist liegen bleiben."

Alex ließ das sich wehrende Bündel Mensch gewähren, das sich daraufhin in Fötushaltung auf der Pritsche zusammenkauerte, die Oberschenkel ganz fest aneinanderpreßte und wieder leise zu singen anfing.

„Was lallt die da eigentlich?" fragte Carlo gereizt.

Alex horchte auf das jammervolle Murmeln. Dann wiederholte er, was er hörte.

„Los, tu es mit mir! Mach den Sprung! Er ist leicht, du wirst sehen. 40 000 Männer und Frauen tun es jeden Tag. Fürchte den Sensenmann nicht! Fürchte den Sensenmann nicht! – Ist glaube ich aus irgendeinem Lied."

„Kannst du nicht mal was anderes singen?" schrie Carlo auf einmal zornig los und schleuderte die halbvolle Bierdose in seiner Hand mit voller Wucht gegen Kims Rücken.

Tommi war zu den beiden hinzugekommen. „Sollen wir mit den Anordnungen fortfahren oder einen Arzt –"

„Bist du verrückt?" fuhr Carlo ihn barsch an. „Wir lassen uns durch diese kleine Panne nicht bremsen. Mobessek hat gesagt, wir sollen ihn heute abend zerbrechen. Also tun wir es. Versuch den Kurzen an die Strippe zu kriegen!"

„In Ordnung."

Unverwandt stierte Carlo auf den Körper, der sich noch immer vor Schmerzen wand.

„Domina!" zischte er verächtlich. Dann begab er sich nach draußen. Tommi hatte ihn gerufen.

„Hallo, Dennis! Hier spricht Carlo. Überrascht, was?"

...

„Das kann ich mir denken. Hör zu, ich rufe dich im Auftrag von Marc an, weil er im Moment keine Zeit hat. Du weißt, daß wir heute ein Treffen haben?"

...

„Nein? Hat Marc ganz verpennt, dir das zu sagen? Naja, macht nichts. Dann ist es ja gut, daß ich anrufe. Kannst du in einer Viertelstunde an der üblichen Stelle sein?"

...

„Prima. Genau so macht man das." Er lachte gehässig. „Bis gleich."

238

An Tommi und Alex gewandt befahl er: „Bereitet den Käfig vor."

Überglücklich legte Dennis den Telefonhörer auf und hüpfte ausgelassen durch den Flur in sein Zimmer. Er räumte hastig seinen Schreibtisch auf, wie sie es ihm geraten hatten, damit das Geheimnis auch ein Geheimnis blieb. Jeder Unbefugte konnte ein Feind sein und alles zerstören. In der Eile bemerkte er das lose Blatt nicht, das durch einen Windstoß mit dem Zeichenblock auf den Teppich gesegelt war. Bei einem letzten Kontrollblick durchs Zimmer wäre es ihm sofort aufgefallen. Da seine Sinne jedoch schon ganz woanders waren, blieb es zwischen Tischbein und Stuhl liegen.

„Was hat dich denn gestochen?" fragte Stefanie, die beim Brotschmieren die plötzliche Hektik ihres Bruders mitbekommen hatte und nun aus der Küche kam.

„Marc hat angerufen", log er und machte ein vergnügtes Gesicht.

„Gehst du weg?" begleitete sie das Zubinden seiner Schuhe mit einer Frage.

„Zu Marc. Am Computer spielen." Die Lüge kam ihm routiniert über die Lippen.

„Mama springt im Dreieck, wenn ich ihr sage, daß du so spät noch losgezogen bist", warf sie warnend ein.

„Es ist nicht später als sonst", verteidigte er sich vehement, schlüpfte in seine Winterjacke und wollte losgehen.

„Warte!" rief Stefanie und hielt ihm eines ihrer Brote hin. „Mit knurrendem Magen spielt sich's nicht so gut", scherzte sie schmunzelnd.

„Danke, Schwesterherz! Du bist klasse!" Er strahlte sie schelmisch an und langte gleich mit einem hungrigen Biß zu. Schmatzend zog er ab.

Stefanie war der Appetit vergangen. Aus dem Schlafzimmer drang das tiefe Schnarchen ihres Vaters. Er hatte nach der Arbeit wieder einen Abstecher in seine Stammkneipe gemacht und schlief nun seinen Rausch aus. Mit hängendem Kopf schlich sie traurig in ihr Zimmer. Im Augenwinkel fiel ihr auf, daß Dennis in seinem Zimmer das Licht hatte brennen lassen. Sie ging hinüber, um es auszuschalten. Lächelnd schüttelte sie den Kopf, als sie das Blatt auf dem Teppich entdeckte. Stromverschwendung und Unordnung würden den Ärger bei ihrer Mutter nur unnötig verschärfen. Sie hob das Blatt auf und legte es auf den Tisch. Normalerweise hätte sie es bei einem flüchtigen Blick auf die Zeichnung belassen, wenn das merkwürdige Bildmotiv nicht ihr Interesse geweckt hätte. Es war mit farbigen Wachsmalstiften gemalt. Ganz in Schwarz stand etwas im Mittelpunkt, das einem Hufeisen oder eckigen Torbogen ähnelte. Eine weiße Person lag darauf. Rechts neben dem eigenartigen Objekt befand sich eine weitere in Schwarz gehaltene Person, mit einem breiten Lachen und einem undefinierbaren Gegenstand in der rechten Hand. Von dem Objekt verliefen wirre, spiralförmige Striche nach unten. Stefanie rätselte mit krauser Stirn eine Weile herum, was das Bild darstellen sollte. Sie achtete genauer auf die Spirale. Diese ging gar nicht von dem Objekt aus. Sie setzte bei der Person an, die obendrauf lag. Bei ihr, in Brusthöhe, begann der dicke rote Strich!

Eine schreckliche Verknüpfung entstand in ihren Gedanken. Alles an dem Bild paßte. Sogar der Gegenstand in der erhobenen Hand der schwarzen Gestalt. Ihre Knie schlotterten plötzlich. Als wären zwei passende Stecker ineinandergeschoben worden, stand es ihr deutlich vor Augen: Marc! Die Clique!

Alarmiert rannte sie ins Wohnzimmer und wählte am Telefon eine Nummer.

„Guten Abend, Tante Edith. Ich bin's, Stefanie. Kann ich Marc mal sprechen?"

...

„Nicht da? Wo ist er denn?"

...

„Ach, den ganzen Tag nicht?"

...

„Okay. Danke. Tschüs."

Der Anruf beunruhigte sie noch mehr. Ihre Tante hatte besorgt geklungen. Sie hatte Marc seit heute morgen nicht

240

mehr gesehen und wußte auch nicht, wo er steckte. Stefanie wurde klar, daß Dennis sie angelogen hatte! Sie schlüpfte schnell in ihre Sachen und jagte aus dem Haus. Sie konnte nur hoffen, daß er zumindest zum Schein die Richtung zu den Beldens eingeschlagen hatte. Zwei Straßen war sie entlanggehetzt, als ein Auto sie überholte, das sie nur zu gut kannte. Daß Carlo gerade jetzt hier in der Gegend auftauchte, konnte nur eines bedeuten. Die zwei roten Bremslichter leuchteten auf. Hinter einer Hecke kam Dennis hervor. Die Beifahrertür wurde geöffnet.

Tu es nicht! rief sie im Herzen. Drei Laternen war sie noch entfernt. Er setzte den ersten Fuß in den Wagen.

„Nicht! Dennis! Warte!"

Er verschwand im Innern des Wagens. Noch eine Laterne. Die Autotür knallte zu, der Motor heulte auf. Niedergeschlagen ließ Stefanie sich zurückfallen und schaute hilflos dem weißen Sportwagen hinterher, wie er allmählich in die Dunkelheit hineintauchte.

„Hat da einer gerufen?" fragte Dennis unsicher.

„Ich habe nichts gehört." Carlo setzte eine Miene der Ahnungslosigkeit auf und fuhr an.

Während Dennis sich damit zufriedengab, beobachtete Carlo im Rückspiegel mit einem zynischen Grinsen das vergebliche Bemühen von Dennis' Schwester. Es ließ ihn kalt, daß sie offenbar den Schwindel bemerkt hatte. Sie war zu spät aufgewacht. Nichts konnte den Ablauf mehr aufhalten. Nach diesem Abend würde vieles anders für ihren Bruder sein.

Als sie im Kellergewölbe ankamen, wunderte sich Dennis.

„Ist Marc nicht da?"

„Er hat angerufen, daß er etwas später kommt", hatte Tommi gleich eine Lüge parat.

Carlo und die anderen machten Anstalten zu gehen.

„Wollt ihr weg? Ich dachte, es wäre ein Treffen?" Dennis schaute verwirrt von einem zum anderen.

„Nur kurz. Wir sind gleich wieder da. Vorbereitungen, verstehst du?" erklärte Carlo gewichtig.

Dennis nickte, als wüßte er, was Carlo meinte.

„Katja bleibt auch hier", ergänzte Alex mit freundlicher Miene, und sie zogen ab.

Den Raum, in dem sie sich befanden, kannte Dennis noch nicht. Es gab eine Menge darin für ihn zu sehen. Am augenfälligsten war das etwa zwei Meter lange Loch, das durch das Fundament des Hauses hindurch bis in eine Tiefe von drei Metern ins Erdreich reichte.

„Was ist das?" fragte er Katja, die gelangweilt auf einem Stuhl saß und in einem Magazin blätterte.

„Ein Grab", entgegnete sie schlicht.

„Ein echtes Grab?" rief Dennis fasziniert. „Und wer hat darin gelegen?"

„Schon viele Leute."

„Ist es offen, weil bald wieder jemand hineinkommt?"

Katja nickte. „Heute abend."

„Ist das Treffen also eine Beerdigung?"

„Nicht direkt. Da kommen keine Toten rein, sondern Lebende."

Er blickte sie ungläubig an.

Lächelnd setzte sie hinzu: „Du kommst da nachher rein."

Er lachte sie an und durchmaß den Raum nach weiteren spannenden Dingen. Unverhofft blieb er stehen und spitzte die Ohren. „Jammert da nicht jemand?"

Katja tat, als lauschte sie ebenfalls angestrengt. „Ich höre nichts."

„Das scheint von dort zu kommen." Er zeigte auf die Wand, an der sie saß.

„Ach, das meinst du." Sie lachte gekünstelt. „Kim ist nebenan. Ihr Singen klingt durch die Wand immer wie ein Jammern."

„Aha." Dennis gab sich mit der Erklärung zufrieden und schlenderte zu einer Art Käfig. Er war aus Eisenstangen wenig fachmännisch zusammengeschweißt, mit feinmaschigem Draht umspannt und besaß eine Größe, die einem ausgewachsenen Menschen nur Platz zum Hocken gelassen hätte.

„Was für Tiere kommen hier rein?"

„Schlangen."

Seine Augen wurden tellergroß. „Lebende Schlangen?"

„Große und kleine lebende Schlangen", bestätigte Katja nüchtern.

Dennis beäugte unsicher das Innere des Käfigs, als könnte sich eines dieser berüchtigten Reptilien darin versteckt halten. Er wich einige Schritte zurück.

„Wofür habt ihr die denn? Nur so zum Spaß?"

Katja schüttelte den Kopf. „Sie erfüllen einen bestimmten Zweck. Wir sperren die Schlangen zusammen mit kleinen Jungs ein, damit sie sie zu Tode erschrecken."

Dennis konnte über den Scherz nicht lachen. Eher gequält verzog er seinen Mund. Es war gut für ihn, daß er nicht schon zu diesem Zeitpunkt wußte, daß Katja überhaupt keine Witze über das Grab und den Käfig machte, sondern die reine Wahrheit sprach – eine für ihn brutale und unentrinnbare Wahrheit obendrein.

*

„Kann man sich denn dort ungestört unterhalten?"

...

„Na gut. Sie kennen das Café besser als ich. Also um 19 Uhr im ‚Monaco'."

Es machte „Knack". Nachdenklich betrachtete Robert den Hörer, bevor er ihn auflegte und zu Jody in die Küche ging.

„Marc Belden hat mich eben angerufen."

Jody ließ verblüfft die Fruchtpresse stehen. „Sieh an. Was wollte er?"

„Er möchte mich heute abend sprechen. Im ‚Monaco'. In einer Stunde. Er steckt in Schwierigkeiten."

Jodys Miene verdüsterte sich. „Glaubst du, daß das ehrlich ist oder ein Bluff?"

„Ein Bluff? Wie kommst du darauf?" fragte Robert höchst erstaunt.

„Das ,Monaco' ist meines Wissens kein Ort für problemgeladene Gespräche."

„Das war auch mein Einwand. Aber Marc sagt, daß es dort ruhige Nischen gibt. Im übrigen werden viele Gäste da sein. Viele Gäste, viele Zeugen. Ich denke, für eine Falle ist das kein günstiger Ort. Da gibt's bessere."

Jody mußte zugeben, daß er damit vermutlich richtig lag. Das „Monaco" bot tatsächlich irgendwie einen Schutz.

„Tut mir leid", sagte sie geknickt. „Ich will dem Jungen keine Un-"

„Scht! Ich weiß", ließ er sie nicht weiter zu Wort kommen und nahm sie in den Arm. „Deine Intuition hat dich selten im Stich gelassen. Ich werde äußerst vorsichtig sein. Das versichere ich dir."

Jody war froh, das zu hören.

*

Schnee lag in der Luft, als Robert pünktlich zu seiner Verabredung das Haus verließ. Auf dem Weg zur Garage bemerkte er zwei Gestalten, die um die Ecke zum Hauseingang bogen. Er blieb stehen, da die Gesichter im Dunkeln lagen. Untergehakt schlenderten sie auf die Haustür zu. Sie hatten sich ihm bis auf ein paar Meter genähert, da erkannte er die beiden Frauen an ihren Stimmen – Freundinnen von Jody.

„Das ist aber ein netter Besuch", sprach er sie ohne Vorwarnung an, so daß sie erschraken, weil die hohe Tanne ihn verdeckt hatte.

„Hat Jody dich ausgesperrt?" flachste die jüngere der beiden Frauen.

„Ich spiele immer um diese Zeit das Straßengespenst."

Alle drei lachten.

„Wolltet ihr euch nicht morgen abend treffen?" fragte Robert.

„Ich kann morgen nicht. Da wollen wir wenigstens heute eine Stunde zusammensein", erklärte die ältere Frau.

„Na, dann überrascht Jody mal schön. Ich glaube, sie hat den Termin ganz vergessen."

Die beiden Frauen gingen weiter. Unterdessen stieg Robert in seinen Wagen. Niemand von den dreien hatte bemerkt, daß sie während ihrer Unterhaltung genauestens von sechs Augen aus einem am gegenüberliegenden Straßenrand geparkten Fahrzeug beobachtet worden waren.

Das „Monaco" hatte um diese frühe Abendstunde noch nicht viele Gäste. Erst im Laufe der nächsten zwei Stunden würde es sich füllen. Robert und Marc saßen ungestört in einer der Nischen. Ihre Unterhaltung hatte zu Anfang nur aus belanglosem „Smalltalk" bestanden.

„Lausig kalt heute, nicht?" fragte Marc.

Robert nickte. Er tauchte den Teebeutel in das Kännchen mit dem dampfenden Wasser. Es zischte kurz.

„Es gibt zwei Gründe zu frieren. Zum einen, weil es kalt ist. Zum anderen, weil es einen kalt überläuft. Die erste Phase habe ich hinter mir."

Er sah Marc erwartungsvoll an, der begriff, daß er nun am Zuge war. Unbeholfen druckste er eine Zeitlang herum und produzierte nichts als Worthülsen. Robert zog den Teebeutel ein paarmal durch das Wasser und nahm ihn heraus. Dann goß er sich ein, preßte einige Tropfen aus der Zitronenscheibe hinzu und trank einen herzhaften Schluck. Nachdem er die Tasse sorgfältig abgestellt hatte, nahm er sein Gegenüber fest ins Visier.

„Jetzt hast du zwar eine Menge gesagt, aber immer um den heißen Brei herumgeredet. Laß uns ganz offen zueinander sein. Ich weiß, daß du in einem Satanskult steckst. Ich weiß, daß das Pentagramm auf meiner Motorhaube von euch stammte. Ich weiß, daß ihr den Drohbrief geschrieben habt. Und ich weiß, daß die blutige Holzhand ein warnender Gruß von euch war. Wenn unser Treffen also ein Versuch sein sollte, mir jetzt an den Kragen zu gehen, so will ich dir gleich sagen – das geht schief. Meine Frau und ich sind Christen. Legt ihr euch mit mir an, legt ihr euch automatisch mit dem Sohn Gottes an. Und dessen Macht übertrifft die eures Meisters Satans um Längen."

Marc war perplex wegen der Direktheit, mit der sein Mentor mit ihm redete. Sie verunsicherte ihn. Zweifel an der Richtigkeit seines Handelns kehrten zurück und Groll darüber, daß er zum Mitmachen gezwungen worden war. War er denn nur noch eine Marionette, die zu zucken hatte, sobald Satan an den Fäden zupfte?

„Das hätten Sie wohl gerne!" konterte Marc dennoch standhaft. „Satan muß stärker sein als Gott. Schauen Sie sich den Zustand der Welt an. Dann wird doch klar, wer die Kontrolle hat – Satan!"

„Das ist kein Beweis. Kann auch gar keiner sein. Ich weiß selbst, daß Satan der Fürst dieser Welt ist. So steht's ja in der Bibel. Aber der Gott der unsichtbaren, ewigen Welt ist Jesus. Wenn Satan mächtiger wäre als Gott, weshalb gibt es schon seit 2000 Jahren Christen, obwohl sie seine Feinde sind, die er zerstören will? Wieso hat er zugelassen, daß ich Christ wurde? Warum nicht verhindert, daß meine Frau Christ wurde? Weshalb lebe ich ein Leben in Glück und Freiheit, aber du eines in Angst und Zwang? Du meinst, die totale Freiheit zu besitzen. Dann versuch doch mal, von Satan loszukommen. Du wirst erkennen müssen, daß er dich gebunden hat. Er wird dich einen Tod auf Raten sterben lassen. Vielleicht durch Drogen wie euer großes Tier Aleister Crowley. Vielleicht an AIDS durch eure Sex-Orgien. Vielleicht durch Selbstmord als Gehorsam gegenüber Satan. Oder vielleicht durch die Hand eines anderen Satanisten. So oder so – du wirst über kurz oder lang draufgehen."

Marcs Nasenflügel blähten sich vor Zorn.

„Hören Sie auf, so zu reden!" polterte er gereizt. „Was verstehen Sie denn vom Satanismus? Sie gehören doch auch zu diesen verlogenen Spießbürgern. Schauen Sie sich mal Ihr mickriges Leben an. Sie sind es, der in Zwängen steckt! Nicht ich!" Robert goß frischen Tee nach.

„Was ist mit eurem Gruppenkodex? Warum werden sogenannte Abtrünnige bestraft? Das beweist doch, daß eine freie Entscheidung, die Gruppe wieder zu verlassen, nicht besteht. Und wenn sogar der „Ehepartner" – du weißt, was ich meine – gleich mitbestraft wird, was bewirkt das anderes, als daß man anfängt, sich gegenseitig zu bespitzeln?"

Marc war dermaßen verblüfft über das Wissen seines Lehrers, daß er gar nicht dazu kam, vor Wut zu schäumen. Wieder rasten Zweifel durch seinen Kopf. Konnte er von sich behaupten, zufrieden und frei zu sein? Konnte er behaupten, daß all die Orgien, Opferungen, der Alkohol und die Drogen ihm Antwort auf den Sinn des Lebens gegeben hatten? Sein Körper war ausgezehrt, ab und zu plagten ihn Magenbeschwerden, seine Nase lief häufig wegen all dem Zeug, das er schnupfte. Sah so die Erlösung aus? War es wirklich die Erweiterung des Bewußtseins, die von Ferne winkte, oder etwas anderes? Ein Gefühl von Sinnlosigkeit und Einsamkeit überwältigte ihn. Sein innerer Widerstand wuchs und wuchs. Selbst das unheilverheißende Erscheinen des Dämons und das Wissen um Satans Rache konnte ihn auf einmal nicht mehr bremsen. Erst zögernd, dann immer offener schilderte er seine Verwicklung in den Kult, die im August angefangen hatte und ihn bereits knapp ein halbes Jahr später in ein lebensgefährliches Dilemma gebracht hatte. Selbst bei der Erwähnung des Menschenopfers, das man von ihm in einigen Monaten verlangte, geriet sein Lehrer nicht aus der Fassung, was Marc verwunderte.

„Wieso sollte mich das aufschrecken?" Robert hatte ihm die Frage vom Gesicht abgelesen und ließ die Antwort gleich hinterherfolgen. „Ich weiß seit langem von Satanskulten in Amerika und England, daß Frauen geschwängert werden und Kinder zur Welt bringen, allein zu dem Zweck, sie in Ritualen zu opfern. Diese Kinder werden deswegen nirgends registriert."

„Ich kann das nicht. Ich will das auch nicht können", meinte Marc kopfschüttelnd mit gesenktem Haupt. „Es ist für mich schon schlimm genug, daß ich diese homosexuellen Orgien mitmachen muß. Das ist widerlich. Aber es wird verlangt – was soll ich machen?" Er zuckte mit den Achseln. „Ich kann mich ja nicht ausschließen. Dann verstoße ich gegen den Gruppenkodex und werde bestraft.

Aber diese Strafe ist natürlich nichts im Vergleich zu dem, was einem ein Dämon –"

„Jesus ist stärker als jeder Dämon", fuhr Robert dazwischen. „Keiner kann vor ihm bestehen. Im Gegenteil. Die Dämonen haben Angst vor Jesus, weil sie wissen, daß er die Macht hat, sie auszutreiben."

„Woher wollen Sie das wissen? Das können Sie doch gar nicht sagen."

„Das kann ich, weil im Neuen Testament der Bibel viele Situationen beschrieben werden, wo Jesus den Dämonen befiehlt und sie ihm gehorchen müssen."

„Sie stützen sich auf Ihre Bibel. Ich stütze mich auf meine Bibel", stellte Marc sachlich fest. „Welche enthält denn nun die Wahrheit?"

„Diejenige, die beweisen kann, daß sie nicht von Menschen erfunden ist", erwiderte Robert kurz und bündig.

„Wie soll das vonstatten gehen?"

„Mathematisch. Fangen wir mit der Bibel der Christen an. Sie wurde von mehr als vierzig Schriftstellern der verschiedensten Charaktere verfaßt, und das über einen Zeitraum von über 1000 Jahren. Verfaßt von Königen, Staatsmännern, Richtern und vielen mehr. Das Wort ‚Bibel' bedeutet ‚Buch der Bücher'. Es wird deshalb so genannt, weil es 66 einzelne Bücher umfaßt, also eine kleine Bibliothek ist. Stell dir mal vor: vierzig Autoren verfassen über 1000 Jahre hinweg, völlig unabhängig voneinander 66 Bücher. Ist es wahrscheinlich, daß diese 66 Bücher nachher inhaltlich so aufeinander aufbauen und sich ergänzen, daß man sie zu einem einzigen Buch zusammenbinden kann?"

Marc mußte sich eingestehen, daß das wohl ziemlich unmöglich war.

Robert fügte hinzu: „Trotzdem ist es mit der Bibel passiert. Sie ist entgegen aller Wahrscheinlichkeit eine organische Einheit. Eine solche Einheit ist ohne ein intelligentes Zentrum, wie der Mensch es mit dem steuernden Gehirn hat, aber nicht möglich. Und dieses Zentrum ist Gott. Die vierzig Autoren haben zwar in der für sie typischen Art geschrieben, aber Gott hat ihnen den Inhalt eingegeben. Das ist die einzig mögliche Erklärung für diese Tatsache."

Marc winkte ab. „Hört sich zwar ganz nett an, aber worin soll denn diese angebliche Einheit bestehen?"

„Da kann man mehrere Aspekte anführen. Nehmen wir die Person Jesus. Viele der Autoren erwähnen unabhängig voneinander sich ergänzende Details aus seinem Leben. Es sind Vorhersagen, die 600, 1000, ja 1500 Jahre vor Jesu Geburt gemacht wurden – und die sich allesamt genau so ereigneten. So hat Mose in seinen Büchern festgehalten, in welches Land dieser Erde, in welchen Stamm dieses Landes und in welche Familie dieses Stammes Gott seinen Sohn senden würde. Es ist exakt so eingetreten. Der Autor Micha nennt namentlich die Ortschaft, in der Jesus geboren werden würde. Hosea schreibt von der Rückkehr Jesu aus Ägypten. König David schildert in seinem 22. Psalm, was genau sich bei der Kreuzigung Jesu ereignen würde. Ja, das schier Unvorstellbare hieran ist: David lebte 1000 Jahre vor Christi Geburt und lieferte mit Worten eine geradezu photogetreue Darstellung vom Tod durch Kreuzigung, obwohl er niemals von einer solchen Hinrichtungsmethode gehört, geschweige denn sie gesehen hatte. Diese Tötungsart war den Juden bis 600 vor Christus völlig unbekannt. Sie richteten ihre Verbrecher durch Steinigung hin. Sacharja ergänzt das Kreuzigungsdetail, daß man Jesus durchstechen würde. Der Schreiber Jesaja erwähnt in einem einzigen seiner 66 Kapitel allein zwölf Einzelheiten aus dem Leben Jesu, die 700 Jahre später haargenau so eingetroffen sind. Daß Jesus ein verachteter Mensch sein würde, durch Striemen am Körper und durch zerschlagene Beine mißhandelt werden würde, daß er sich nicht ein einziges Mal dagegen auflehnen, sondern statt dessen für die Menschen Fürbitte tun würde. Das alles hat sich später exakt so zugetragen. Alle diese Schreiber haben detailliert das Leben eines noch nicht geborenen Menschen beschrieben. Das muß man sich klarmachen. So etwas vermag kein Mensch zu tun. Wir wissen ja nicht einmal, wie unser eigenes Leben in diesem Jahr aussieht. Es gibt dafür nur eine

Erklärung: Gott muß es diesen Menschen offenbart haben. Das wiederum bedeutet, daß die Bibel kein Menschenwerk ist."

„Na gut. Das mögen Argumente sein", räumte Marc ein, „Sie sprachen aber eben von Mathematik."

„Dazu komme ich jetzt. Jesaja hat also zwölf Aussagen über Jesus gemacht. Mit Hilfe der Mathematik kann man nun ausrechnen, wie groß die Wahrscheinlichkeit ist, daß diese Vorhersagen rein zufällig eintreffen. Das Ergebnis lautet 1 zu 100 Billiarden. Nicht Milliarden, nicht Billionen, sondern 100 Billiarden! Das heißt, neben der einen Möglichkeit, daß alle zwölf Aussagen buchstäblich und vollständig erfüllt werden, gibt es 100 Billiarden Möglichkeiten der Nichterfüllung. Der Zufall ist damit ausgeschlossen. Einzig mögliche Antwort: eine Intelligenz hat die Schreiber inspiriert – Gott! Das aber bedeutet, daß die Bibel Gottes Wort und damit die Wahrheit ist. Und wie gesagt, das Leben Jesu ist bloß ein Aspekt. Mehrere solcher Linien von eingetroffenen Vorhersagen sind in der Bibel zu finden. Die Geschichte des Volkes Israel mit seinen Zerstreuungen und Sammlungen ist eine weitere. – Kann eure ,Bibel' von Anton LaVey derartiges aufweisen? Kannst du mir überhaupt ein anderes Buch dieser Welt nennen, das da gleichwertig mithalten kann?" Robert schüttelte den Kopf. „Es gibt keins!"

„Trotzdem ist Gott ein Betrüger und Machtbesessener. Er hat Satan einfach verstoßen, obwohl dieser an der Schöpfung beteiligt war, und ihm seinen rechtmäßigen Lohn vorenthalten", wetterte Marc erbost.

„Das lehrt ihr Satanisten. Die Bibel sagt etwas ganz anderes. Jesus hat an der Erschaffung der Welt mitgewirkt. Satan war bloß voller Neid und wollte ihn vom Thron stoßen, weil er selbst wie Gott sein wollte. Wegen diesem, ähm ...", er suchte nach dem passenden Wort, „... ja, wir würden heute sagen ,Putschversuch' hat Gott ihn verstoßen. Wenn Satan tatsächlich die Macht besäße, etwas zu erschaffen wie Gott, dann hätte er das unabhängig von dieser Welt längst tun können. Aber seit Erschaffung der Erde durch Gott hat er nichts dergleichen zustande gebracht. Warum? Weil er gar nicht diese Macht besitzt. Er ist nämlich selbst bloß ein erschaffenes Wesen. Er kann zwar manche Wunder Gottes nachmachen – vor dieser Verführungskunst warnt die Bibel auch – aber sei es nun defensive Magie wie Schutz vor Unglück durch Talismane oder offensive Magie, bei der ein Einwirken auf Materie oder Lebewesen stattfindet – Satan braucht Menschen dazu, die daran glauben und sich dafür öffnen. Und es treibt ihn in noch tieferen Haß, wenn er mitansehen muß, daß er niemals in seine verlorene Position zurückkehren kann, der Mensch jedoch die Möglichkeit von Gott angeboten bekommt, Vergebung zu finden. Selbst ein Satanist kann sie finden. Gottes Arme sind auch für diesen weit offen, um ihm Liebe, Geborgenheit, Sinn und Zukunft zu geben – all das, was Satan nie geben kann. Denn er haßt die Menschen. Satan haßt dich, Marc! Er gibt dir nur solange großzügig die Güter und Vergnügungen dieser Welt, wie du ihm deine Seele verschreibst und ihm dienst. Kündigst du die Gefolgschaft auf, wirst du von ihm vernichtet. Doch zerstören wird er dich auf Dauer so und so. Du hast also eigentlich gar keine Wahl."

Die Worte riefen bei Marc einen kalten Schauer hervor, wenn er an die Begegnung mit dem Dämon zurückdachte. Genauso, wie er skrupellos Böses tat, so wurde er von Satan behandelt. Da war nichts von Liebe, Geborgenheit, Sinn oder Zukunft. Statt dessen war er in eine Zwickmühle geraten, aus der er zwar viel materiellen Lohn ziehen konnte, die jedoch sein Leben dafür einforderte. Ein hoher Preis – ein Preis, den er plötzlich irrsinnig fand. Es mutete ihn idiotisch an, sich auf ein Geschäft eingelassen zu haben, bei dem er glatt verlor. Bei dem jeder ohne Gewinnchance war und über kurz oder lang verlieren würde – egal ob dieser Alex, Carlo oder Kessebom hieß. Er dachte an Kim. Sie hing mittendrin in der Feuerzange und mußte ihren Tribut zahlen. Er wußte keinen Ausweg aus dieser Zwickmühle – weder für sie noch für sich selbst. Ihn holte ein Satz ein, den Robert gesagt hatte.

„Jesus ist stärker als jeder Dämon?"

Robert nickte. „Stärker als Satan."

„Aber er ist doch auf lächerliche Weise am Kreuz verreckt. Wie kann er da stärker sein?" Marc sah darin keine Logik.

„Er ist nicht am Kreuz gestorben, weil er keine Macht gehabt hätte, das zu verhindern. Er ließ diesen Tod zu, weil das die Rettung der Welt bedeutete."

Marc schüttelte den Kopf, daß sein schulterlanges Haar hin- und herflog.

„Das ist doch albern."

„Ist es das wirklich? Jeder Mensch hat in seinem Leben schon mal gelogen, gestohlen, gelästert oder geflucht. Diese Dinge sind Fehltritte. Sie belasten sogar manchmal das Gewissen eines Menschen. Im Laufe eines Menschenlebens kommen zu diesen Fehltritten immer mehr dazu. Wie gehen die Menschen mit ihnen um? Sie ignorieren sie. Tun sie als belanglos ab und meinen, damit hätte sich das erledigt. Das ist wie mit den Autoabgasen, die wir in die Luft pusten. Jeder verursacht sie, aber keiner will es wahrhaben, weil man sie nicht sieht und oft ja nur kurzzeitig riecht, bis sie verflogen sind. Ist damit der Fall erledigt? Das hat man lange Zeit gedacht und danach gelebt. Bis der Mensch auf einmal entdecken muß, daß die Abgase sich unsichtbar ansammeln und die lebenswichtige Ozonschicht zerstören, daß deswegen Bäume sterben, Böden und Wasser verseucht werden. Fehltritte wollen wir oft nicht als solche anerkennen, von Sünde schon gar nichts hören. Aber auch, wenn wir sie ignorieren, sind sie doch da. Und auch sie haben zerstörerische Auswirkungen. Sie zersetzen nämlich unser Gewissen, so daß wir gegenüber Gott und seinen Geboten immer abgestumpfter und blinder werden. Der Saure Regen zeigt es: jeder Dreck, den wir verursachen, fällt irgendwann auf uns zurück. Jede Sünde, die wir begehen, wird auf jeden einzelnen Menschen wie ein Regenguß zurückfallen und ihn nach seinem Tod völlig verdreckt vor Gott erscheinen lassen. Wie das Ozonloch Leben zerstört, so läßt auch Sünde den Menschen innerlich sterben. Um diesen Tod vom Menschen abzuwenden, ist Jesus für die Sünden der Menschheit gestorben, sozusagen stellvertretend. Wer sich ehrlich als Sünder sieht und seine Fehltritte Jesus bekennt, auf den wird nichts zurückfallen. Er wird nach seinem Tod sauber vor Gott erscheinen können und ewiges Leben haben."

„Jetzt sagen Sie bloß noch, Sie glauben an das Märchen, daß Jesus nach seinem Tod auf einmal wieder lebendig wurde?"

„Ja, natürlich. Nur deshalb könnte er dir ja helfen. Für die Tatsache der Auferstehung gab es damals Hunderte von Zeugen, die Jesus nach seinem Tod lebend gesehen haben. Viele Zeugen sind sogar namentlich festgehalten worden. Vor jedem Gericht der Welt wird es als Wahrheit akzeptiert, wenn zwei Zeugen unter Eid übereinstimmend das Gleiche sagen. Für die Auferstehung gibt es über 500 Zeugen."

Marc rieb sich mit einem geringschätzigen Lächeln seinen Drei-Tage-Bart.

„Das ist doch getürkt. Oder haben diese vermeintlichen Zeugen etwa unter Eid vor einem Gericht ausgesagt?"

„Sie haben noch viel mehr als das getan", hielt Robert dagegen. „Etliche haben nämlich ihre Zeugenaussage mit dem Leben bezahlt. Sie wurden dafür umgebracht. Glaubst du im Ernst, jemand läßt sich für eine Sache umbringen, von der er ganz genau weiß, daß sie nicht stimmt, für eine Sache, die er selber erfunden hat? Das tut garantiert niemand. Man kann die Echtheit einer Aussage durch nichts besser prüfen als dadurch, ob jemand bereit ist, für sie zu sterben. Und die Zeugen der Auferstehung waren es!"

Marc schwieg. Er wußte nicht, was er darauf erwidern sollte. Auch wenn es ihm nicht paßte – das klang logisch und schlüssig.

„Daß ich viel Kappes gemacht habe, wird mir allmählich klar", sinnierte er und gestand sich ein, daß er mit seinem Leben auf einem gefährlichen Holzweg war. Das Verlangen erwachte in ihm, einen radikalen Schlußstrich zu ziehen. Was hatte auf dem Schriftzug gestanden, den er am ersten Schultag auf dem Heckfenster von Cullmanns Wagen entdeckt hatte? Er fand es eigenartig, daß er noch den genauen Wortlaut wußte: „Es geht niemand über die Erde, den Gott nicht liebt".

Er fühlte, wie sein Herz von diesem Inhalt geradezu überwältigt wurde. Gott liebte ihn – ihn, Marc Belden! Zum ersten Mal wurde ihm klar, was das bedeutete, und zum ersten Mal schämte er sich für all die furchtbaren Dinge, die er getan hatte. Es tat ihm leid, wie vielen Menschen er vor allem in den letzten Monaten wehgetan hatte.

Robert spürte, was in ihm vorging, und versuchte ihm Mut zu machen.

„Wenn du möchtest, kannst du auf der Stelle beten. Gott ist immer und überall da."

Als hätten die Worte ihm den letzten Anstoß gegeben, öffnete Marc den Mund. In Gedanken formte er die Silben, aber sie kamen nicht über seine Lippen. Seine Zunge schien plötzlich schwer wie Blei. Sie gehorchte nicht.

Robert ahnte, was die Stille zu bedeuten hatte.

„In den vergangenen Monaten hast du dich Satan sehr geöffnet. Er will jetzt verhindern, daß du ihm den Rücken kehrst und dich Jesus zuwendest. Deshalb blockiert etwas in dir. Nimm alle Kraft und allen Willen zusammen, und du hast den ersten Kampf gewonnen."

Krampfhaft rief sich Marc das Gebet in Erinnerung, das sein ehemaliger Jugendgruppenleiter früher zu Beginn jeder Stunde vorgetragen hatte. Er nahm alle Kraft zusammen. Nachdem das erste Wort über die Lippen gekommen war, war der Bann gebrochen. Diesmal leierte er das Gebet nicht gedankenlos herunter wie damals, wo er dabei nach den Mädchen geschielt und sich mit seinen Freunden darüber totgelacht hatte. Er sprach es mit ganzem Herzen.

„Komm zu mir, Jesus, und bleibe bei mir! Ich freue mich, daß du mich liebhast, ganz egal wie andere mich finden und was ich anstelle. Du fragst nicht nach meinen Schulnoten, fragst mich nicht, was ich Besonderes kann, sondern willst einfach mein bester Freund sein. Ich danke dir dafür. Und ich danke dir für deinen Schutz und deine Hilfe jeden Tag. Dir will ich ganz vertrauen."

Er brachte das Gebet mit eigenen Worten zu Ende: „Danke, Jesus! Ich möchte das Leben, das du für mich bereithältst."

Marc stierte schweigend vor sich auf das zerkratzte Holz des Tisches. Er fühlte sich leer, aber es war eine positive Leere.

„Satans Macht über dich ist damit gebrochen. Gott hat dir vergeben."

Robert strahlte ihn freudig an. Marcs Gesicht hingegen erhellte sich nur leicht. Etwas lastete noch auf ihm: die Falle! Während er hier mit seinem Lehrer saß, schlugen die anderen zu. Ihm wurde unerträglich heiß bei der Vorstellung, daß die Falle längst zugeschnappt war.

„Schnell! Sie müssen schnell nach Hause!" sagte er unvermittelt in beschwörendem Ton.

Robert schaute ihn entgeistert an.

„Sie hatten recht. Das hier ist eine Falle! Nicht für Sie. Für Ihre Frau. Ich ... ich soll Sie hier so lange wie möglich festhalten ... damit die anderen sich ungestört Ihre ... Ihre Frau vornehmen können." Ihm versagte mehrmals die Stimme.

Dieses Bekenntnis traf Robert wie ein Donnerschlag. Marc war auf alles gefaßt. Auf einen Wutanfall, auf einen Haßausbruch.

„Wann wollten die anderen zu meiner Frau?" erkundigte sich Robert beherrscht.

„Sie waren bereits da, als Sie das Haus verließen."

In Roberts Kopf rasten die Gedanken. Die Gruppe würde gewiß nichts unternehmen, solange der Besuch bei Jody war. Wie lange wollten die Frauen bleiben? Eine Stunde? Ja, eine Stunde, hatten sie gesagt. Er sah auf seine Armbanduhr. Er war länger als eine Stunde von zu Hause fort – mindestens zehn Minuten länger. Zehn Minuten konnten unter diesen Umständen eine Ewigkeit für Jody bedeuten. Er mußte sie anrufen. Vielleicht waren Doro und Beate noch da. Dann mußten sie unbedingt bleiben, bis er zurück war.

„Wo ist hier ein Telefon?" Er war aufgesprungen.

Marc zeigte den Gang hinunter. „Vorne an der Theke."

Bevor Robert loseilen konnte, bekannte Marc mit tränenerstickter Stimme:

„Es tut mir leid, Herr Cullmann. Es tut mir alles so wahnsinnig leid. Ich wünschte, ich könnte rückgängig machen, was ich getan habe."

Er stieß seine Stirn gegen die Tischplatte.

Robert eilte aus der Sitznische in den Barraum und an die von Gästen bereits dicht umlagerte Theke.

„Darf ich bitte mal telefonieren?" rief er laut gegen den hohen Geräuschpegel aus Musik und Stimmen an, um sich bei dem Wirt Gehör zu verschaffen.

Der sehr jugendlich wirkende Mann, der seine langen Haare hinten zu einem Pferdeschwanz zusammengebunden hatte, kam von der Zapfanlage auf ihn zu und stellte den Apparat auf den Tresen.

„Pro Einheit 50 Pfennig", sagte er lapidar und zog wieder ab zu seinen Biergläsern.

Robert tippte seine Nummer ein und stellte sich abseits vom Lärm in einen Türeingang, an dem „Privat" stand, sich das freie Ohr zuhaltend. Er hörte das tuten – zweimal – fünfmal – achtmal. Er wurde nervös.

„Komm schon, Jody! Geh ran!"

Der Hörer wurde nicht abgenommen. Es tutete monoton in einem fort. Wie ein unheilverkündendes Signal dröhnte es in seinem Ohr. Es dauerte zu lange. So viel Zeit brauchte sie nicht, um ans Telefon zu gehen! Ein kurzes Knacken, und der Durchruf war automatisch unterbrochen. Robert drückte die Kontakte herunter, wartete das Freizeichen ab und tippte eine andere Nummer ein.

Eine freundliche, vertrauenerweckende Männerstimme meldete sich am anderen Ende der Leitung.

„Polizeistation Awenach."

Verzagt hatte Marc auf seinem Platz gewartet, bis Robert zurückkam. In flehentlicher Erwartung auf eine gute Nachricht hob er den Kopf. Robert deutete ein verneinendes Kopfschütteln an und nahm seinen Mantel vom Garderobenhaken. Marc biß sich resignierend auf die Unterlippe und faltete instinktiv die Hände. Plötzlich sprang er auf.

„Bitte nehmen Sie mich mit. Ich werde mit denen fertig. Ich weiß, wo die eine Pistole versteckt haben. Auf diese Weise kann ich vielleicht wieder etwas gutmachen."

„Das ist Sache der Polizei, Marc. Sie ist bereits unterwegs."

Marc rang verzweifelt die Hände. „Aber irgendwas muß ich doch tun können!"

„Das kannst du." Robert blickte ihn fest an. „Wenn die Polizei die drei geschnappt hat, wird sie für einen Kronzeugen sehr dankbar sein."

Marc nickte heftig. „Ja. Ja, genau. Genau das werde ich tun. Ich werde der Polizei erzählen von all den Diebstählen, den getöteten Tieren; daß sie mich zwingen wollten, ein Baby zu opfern, daß sie Kim gefangenhalten, von den Dro –"

„Sie halten Kim gefangen?" fiel Robert ihm ins Wort. „Ich dachte, sie wäre noch –"

Marcs Kopfschütteln ersparte es ihm, den Satz zu Ende zu bringen.

„Weißt du, wo?"

„Wimbachweg. Nummer 17. Im Kellergewölbe."

Robert schlug den Mantelkragen hoch. „Ich werde es der Polizei sagen."

Robert wollte gehen, doch Marc hielt ihn am Arm fest. „Sagen Sie denen auch, wo sie den Drahtzieher finden können."

„Den Drahtzieher?"

„Den, von dem die Befehle kamen. Den Hohenpriester. Er wohnt in der abgelegenen Villa oben am Berg. Lüdekamp 34."

„Lüde–?" Robert blieb der Straßenname im Hals stecken. „Aber da wohnt ...?"

„Ihr Kollege Kessebom. Richtig." Jetzt war es heraus. Obwohl er laut Gruppenkodex für diesen Verrat die Todesstrafe verdiente, fühlte Marc sich erleichtert. Er hatte eine Zentnerlast über Bord geworfen.

Eilig stürmte Robert aus dem „Monaco" zu seinem Auto.

Marc nahm Schal und Jacke von der Sitzbank, zog sie an und schlug den langen Schal zweimal um seinen Hals. Gedankenverloren betrachtete er das Funksprechgerät, das er unter den Sachen verborgengehalten hatte. Er sollte die anderen benachrichtigen, sobald Robert Cullmann das „Monaco" verließ. Ihnen blieb dann noch genügend Zeit, um unbehelligt von seiner Frau zu verschwinden. Mit Grausen fragte er sich, was in diesem Augenblick im Hause der Cullmanns vorging.

Achtlos ließ er das Funkgerät liegen und marschierte bedächtigen Schrittes aus dem Lokal. Es hatte zu schneien angefangen. Während er draußen vor der Tür seine Handschuhe überstreifte, überkam ihn die Erinnerung an den Sommertag, an dem er zusammen mit Kim zum ersten Mal hiergewesen war. Fast an der gleichen Stelle hatte er damals gestanden und sie auf dem Gehsteig beobachtet, wie sie ihr schönes Gesicht den warmen Strahlen der Abendsonne entgegengestreckt hatte. Ihre Haut hatte in dem Moment noch seidiger ausgesehen als sonst. Lebendig stand ihm das Bild vor Augen, wie sie sich in Richtung Parkanlage entfernte und dabei ihre seitlichen Haarsträhnen sich spielerisch in einer Brise drehten. Heute abend konnte er von den Häusern in 50 Metern Entfernung nichts als Schemen ausmachen. Die dicken Flocken, die langsam wie Federn zur Erde herabfielen, bildeten einen dichten Schleier. Seine Nasenflügel blähten sich, als er die kalte Schneeluft tief einsog. Er schaute hinauf in den nächtlichen Himmel.

Mit geschlossenen Augen genoß er es, wie die Flocken auf sein Gesicht herniederrieselten und sich zart auf seine Haut legten. Zwei Sätze zischten ihm durch den Kopf.

Ich muß es tun. Ich bin es Kim schuldig.

Er wandte sich abrupt nach rechts zu seinem Fahrrad, auf dessen Sattel und Rahmen sich bereits Schneehäubchen gebildet hatten.

Mit klopfendem Herzen, dessen Pochen er bis zur Halsschlagader spürte, schlich er leise die Treppenstufen ins Kellergewölbe hinab. Er wußte, es würde für ihn das letzte Mal sein, daß er das Haus im Wimbachweg betrat. Jeweils nach vier Stufen blieb er stehen und horchte. Es war still dort unten. Die anderen schienen noch nicht zurück zu sein, wofür auch sprach, daß er Carlos Wagen draußen nirgends hatte entdecken können. Zudem hatte er genau auf den Schnee vor der Tür geachtet. Er lag glatt und unberührt da, wies nicht die feinste Fußspur auf.

Er erreichte den Fuß der Treppe. Überall im Gewölbe brannte Licht. Aus einem Raum – dem Domina-Raum, wie sie ihn nannten – drangen Stimmen, Musik, wieder Stimmen. Er vermutete, daß sich Kims Wachposten aus Langeweile einen Video-Film ansah. Auf Zehenspitzen schlich er auf die Tür zu. Er hielt den Atem an, während er die Türklinke Millimeter für Millimeter herunterdrückte. Vorsichtig schob er die Tür auf. Es war dunkel dahinter. Nur das schwache Licht des Fernsehers erhellte den Raum ein bißchen. Es genügte ihm, um festzustellen, daß nur eine Person anwesend war – aber die hier anzutreffen, machte ihn stutzig. Er huschte hinein.

„Psst! Dennis!" flüsterte er zaghaft.

Der Angesprochene sah sofort zu ihm herüber. Auf seinem Gesicht erschien ein fröhliches Grinsen.

„Marc! Na endlich!" rief er unbekümmert.

Marc legte den Finger an seine Lippen. „Psst! Nicht so laut! Es soll keiner wissen, daß ich hier bin."

„Willst du Katja erschrecken?" fragte Dennis verschwörerisch, in der Hoffnung auf ein vergnügliches Versteckspiel.

„So ähnlich. Ist sie alleine hier?"

„Ja. Das heißt, nein. Kim ist nebenan. Sie hat ununterbrochen 'ne Stunde gesungen. Aber frag nicht, wie! Jetzt ist sie endlich still. Ein Segen. Gut singen kann sie nicht gerade." Er kicherte.

Also nur Katja als Wache, dachte Marc. Mit ihr würde er fertig werden. Er mußte es schnell erledigen. Etwas störte ihn auf einmal.

„Wieso hast du eben ‚na endlich‘ gesagt? Und was machst du hier überhaupt?"

Dennis schnitt eine Grimasse bei dieser für ihn dummen Frage.

„Na, hör mal! Ich warte auf dich."

„Auf mich? Und dazu hier?"

Dennis schüttelte verwirrt den Kopf und lachte. „Sag mal, verkalkst du schon? Du selbst hast mich doch anrufen lassen, weil du das Treffen ganz vergessen hattest."

Marc bemühte sich zu kapieren, was er da von seinem Cousin hörte. Es ergab für ihn keinen Sinn.

„Heute ist doch kein Treffen."

Dennis schlug ihm gegen die Stirn. „Spinnst du, oder was? Du hast ja ein Gedächtnis wie ein Sieb. So was wie eine Beerdigung ist heute. Dafür habt ihr doch das Grab geöffnet."

Alarmiert schaute Marc an ihm vorbei. Tatsächlich! Die Bodenplatten waren entfernt. Und da! Der Käfig war ebenfalls vorbereitet. Marc kapierte augenblicklich. Die Szene wirkte makaber. Die Foltergeräte standen bereit, und das Opfer saß ahnungslos mittendrin und vertrieb sich die Zeit mit einem Video-Film.

„Glaubst du eigentlich, daß das geht?" fragte Dennis plötzlich, dem Fernseher zugewandt. „Die setzen sich auf einen Stuhl und werden quer durch die Küche gerutscht. Vorhin standen die Stühle erst um den Tisch und dann blitzschnell wie ein Turm auf dem Tisch. Können die Geister so was wirklich?"

Marc kam die Schilderung bekannt vor, so daß er einen flüchtigen Blick auf den Film warf. Er hatte richtig getippt – es lief „Poltergeist".

„Ja, das können sie, Dennis. Und sie können noch viel mehr." Er umfaßte Dennis' Arm. „Komm! Wir müssen weg hier!"

Dennis stemmte sich dagegen. „Warum? Ich möchte den Film gerne zu Ende sehen. Das ist doch toll, wenn –"

„Ist es nicht!" fuhr Marc ihn ungehalten an. „Toll ist es nur zu Anfang. Hast du dich einmal auf die Geister eingelassen, wirst du sie nicht wieder los. Sie quälen dich und tun dir weh. Glaub' mir, Dennis, ich weiß, wovon ich rede – diese Geister wollen auch dir wehtun. Was glaubst du, für wen das Grab und der Käfig da sind? Für dich, Dennis! Du sollst da rein!"

Dennis starrte ihn fassungslos an. Heulend warf er sich in Marcs Arme.

„Verstehst du jetzt, weshalb ich dich hier herausholen will?" Er spürte, wie Dennis' Kopf an seinem Bauch auf- und abwackelte. „Okay. Gehen wir."

Das Neonlicht im Raum flackerte auf. Eine Sekunde später war er hell erleuchtet. Erschrocken drehte Marc seinen Kopf herum.

„Eine noble Absicht. Nur fürchte ich, daß daraus nichts wird." Katja grinste ihn hämisch an.

Marc schob Dennis hinter sich und ging auf sie zu.

„Wir gehen jetzt durch diese Tür, und du wirst uns nicht daran hindern."

„So? Denkst du?"

„Ja, das denke ich. Und du wirst auch hübsch friedlich Kims Zelle aufschließen. Wir werden nämlich zu dritt dieses Haus verlassen."

Katja lachte laut und spöttisch auf. „Ich habe den Befehl von Carlo, niemand hineinzulassen. Da schließe ich ausgerechnet dir Verräter auf, was? Ha!"

Sie standen sich auf Armlänge gegenüber. In Katjas Augen funkelte blanker Haß.

„Geh mir aus dem Weg!" Seine Stimme wurde bedrohlich.

Als Antwort stellte sie sich demonstrativ breitbeinig vor die Tür. Für den Bruchteil einer Sekunde konzentrierte er sich auf Dennis, der sich von hinten an ihn lehnte. Das rächte sich bitter. Ein linker Haken traf ihn präzise und mit voller Wucht. Blut lief aus seiner Nase. Perplex trat er einen Schritt zurück und berührte die schmerzende Stelle. Etwas Warmes lief ihm über die Lippen. Ehe er reagieren konnte, stürmte Katja im Stile eines Rammbocks mit gesenktem Kopf auf ihn los und warf ihn rücklings zu Boden. Der

Schmerz im Kopf ließ nach, und er begriff den Ernst der Lage. So einfach, wie er gedacht hatte, kam er nicht mit seinem Cousin und Kim davon.

Rasch versuchte er sich aufzurappeln, um sich der nächsten Attacke besser stellen zu können. Er war trotzdem zu langsam. Geschmeidig und blitzschnell wie eine Raubkatze sprang sie auf seinen Rücken, riß seinen Kopf an den Haaren zurück und grub mit der anderen Hand ihre Finger in seine Augen. Er kniff sie zusammen, so fest er konnte. Dennoch begannen die scharfen Fingernägel höllisch in der Haut zu schmerzen. Die brennende Erkenntnis, daß dieses Mädchen ihn umbringen konnte, verlieh ihm ungeahnte Kräfte. Er packte sie am Handgelenk, zog ihre Hand aus seinen Augen und schlug seine Zähne in ihre Finger. Im Nu war sein Kopf frei. Katja schrie laut auf. Er nutzte die Gunst des Augenblicks und schüttelte sie ab. Ohne großen Widerstand rollte sie von seinem Rücken. Benommen lag sie wehrlos neben ihm. Der Not gehorchend schlug er zweimal mit der Faust zu. Ihr Körper zuckte, dann erschlaffte sie. Sie war bewußtlos.

Hastig durchsuchte er mit zitternden Fingern ihre Taschen. Kein Schlüssel! Sie mußte ihn in kluger Voraussicht versteckt haben. Zum Suchen hatte er nicht die Zeit. Er nahm Dennis bei der Hand und rannte mit ihm aus dem „Domina-Raum". Kims Zelle war abgeschlossen. Wild hämmerte er gegen die Türfüllung.

„Kim! Ich bin's! Marc! Ich hol' dich jetzt raus! Geh von der Tür weg!"

Er lauschte auf eine Reaktion. Kein Laut der Freude. Nichts! Er legte sein Ohr an die Tür. Drinnen war es totenstill. Nicht ein einziges Lebenszeichen konnte er hören.

„Kim! Hörst du mich? Antworte doch!"

Er vernahm das merkwürdige Rascheln von Plastik. Warum antwortete sie nicht? Er trat ein paar Meter zurück und rannte mit voller Wucht gegen die Tür. Sie gab keinen Deut nach. Er rieb sich die Schulter, als eine Art Röcheln aus der Zelle drang. Sein Verstand kombinierte schlagartig. Verzweifelt schrie er auf:

„Neiiin! Kim!! Tu es nicht! Ich habe Cullmann alles erzählt!" Seine Worte überschlugen sich in der Panik, die ihn befiel. „Die Polizei ist hinter Carlo, Alex und Tommi her. Sie werden dir nicht mehr wehtun! Nie mehr! Es ist aus! Vorbei!"

Er nahm erneut Anlauf und stürzte sich gegen das Hindernis. Es schien, als rannte er gegen eine Betonwand. Er spürte, daß ihm die Zeit wie Sand durch die Finger rann. In seiner Hysterie verzerrte sich seine Stimme zu einem Kreischen.

„Es wird alles wieder gut! Ich helfe dir! Ich liebe dich! Kim! Mach es nicht! Das sind die Schweine nicht wert!"

In Tränen aufgelöst trat er wie ein Wahnsinniger gegen die Tür. Dennis, der bis dahin atemlos dem Szenario zugesehen hatte, tat es ihm nun nach. Es donnerte und krachte. Endlich begann das Holz zu bersten. Am Türrahmen splitterte es. Der Fortschritt entlockte Marc die letzten Kraftreserven. Immer deutlicher brach das Schloß aus dem Holz. Der erste Spalt. Ein lautes Bersten, und die Tür flog weit auf. Das Bild, das sich Marc bot, war grausam und lähmte ihn für einen Sekundenbruchteil. Kim saß zusammengesunken auf einem Stuhl, eine Plastiktüte über den Kopf gezogen.

„O Gott! Nein!" entfuhr es Marc.

Er sprang auf sie zu. Seine Finger zitterten dermaßen, daß sie nur mit Mühe das Schuhband lösen konnten, mit dem die Tüte um Kims Hals zugeschnürt war. Er riß sie vom Kopf und mußte sich fast übergeben. Starre, weit aufgerissene Augen quollen aus einem blauverfärbten Gesicht. Ein lebloser Körper fiel ihm in die Arme. Als er die getrockneten Blutflecken zwischen Kims Beinen bemerkte, schossen ihm Tränen in die Augen.

„Das Baby! Das Baby! Was haben sie dir angetan! Mörder! Ihr verfluchten Mörder!"

Papier raschelte. Durch den Tränenschleier nahm er nur verschwommen den Zettel wahr, auf den seine Tränen tropften. Er wischte sich die Augen und erkannte sofort Kims Handschrift. Sie war schwach und gekritzelt, wie mit letzter Kraft geschrieben.

„Ich bin zu der Überzeugung gelangt, daß das Leben sinnlos ist. Es geht alles seinen vorbestimmten Gang, und das Omen wird sich erfüllen."

Dann folgten Worte, die Marc wiedererkannte. Sie gehörten zu einem Lied von „Metallica":

„Niemand außer mir kann mich retten. Aber es ist zu spät. Der Tod grüßt mich warm. Jetzt will ich nur noch auf Wiedersehen sagen."

Er drückte Kims Kopf ganz fest an seinen Oberkörper und weinte hemmungslos.

„Das Leben hat Sinn. Ich habe es heute erfahren. Stirb nicht! Bitte nicht! Kim! Ich kann dir sagen, wozu du lebst. Du darfst nicht sterben! *Bitte!*"

Sein ganzer Körper bebte unter einem Weinkrampf. Er wußte, daß er eine tote Kim in seinen Armen hielt.

*

Jody half ihrer Freundin in den Mantel. Draußen vor dem Haus hupte ein Auto.

„Eine Stunde. Pünktlich auf die Minute", konstatierte Beate mit einem Blick auf die Uhr.

„Er kann sich eben von Doro nicht länger trennen als unbedingt nötig. Das ist echte Liebe", merkte Jody grinsend an.

Die Angesprochene zog eine gekünstelt mißmutige Miene. „Er gönnt mir nicht mehr Ausgang als unbedingt nötig, wolltest du wohl sagen."

Sie lachten. Jody begleitete die zwei zum Auto, das direkt vor dem Gartentor mit laufendem Motor wartete.

„Und lern schön deinen Text auswendig", stichelte Beate augenzwinkernd, als sie in der viertürigen Limousine hinten einstieg.

„Ich engagier' dich als Souffleuse", gab Jody zurück und wandte sich an Doro, die vorne bereits angeschnallt saß.

„Danke für das Arbeitsbuch. Damit kann ich bestimmt was anfangen. Bis Sonntag!"

Sie warf die Beifahrertür zu und winkte dem abfahrenden Wagen nur kurz hinterher, da ihr kalt war. Sich die verschränkten Arme mit den Handflächen reibend, flitzte sie ins Haus. Draußen begannen die ersten dicken Schneeflocken zu fallen.

Sie räumte die Keksdose weg und brachte die Gläser in die Küche. Nachdem sie vom hellen Licht des Deckenleuchters auf die Stehlampe umgeschaltet hatte, machte sie es sich mit dem Arbeitsbuch in einer Ecke des Sofas bequem. Sie notierte sich eifrig Anregungen auf einem Block, die sie ins Konzept für den Kindergottesdienst einbringen wollte.

Was war das? Ein Geräusch ließ sie aufhorchen. Es schien von der Terrasse zu kommen. Als wäre etwas auf die Fliesen gefallen, so hatte es geklungen. Aber – nichts stand oder hing auf der Terrasse! Sie hatten alles über den Winter hereingeholt!

Ihre Sinne mußten ihr einen Streich gespielt haben, befand sie und las weiter. Da sie mit dem Rücken zur Terrasse saß, bemerkte sie die Schatten nicht, die am Fenster entlanghuschten. Sie machte gerade eine neue Notiz, als sie Glas splittern hörte.

Erschrocken reckte sie sich in Richtung Terrassentür und zuckte fürchterlich zusammen. Eine gräßliche, leuchtende Fratze, scheinbar ohne Körper, glotzte durch die Gardinen zu ihr herein. Eine zweite erschien kurz darauf wie aus dem Nichts dicht über der Fensterbank. Die roten Augen glühten förmlich, als versuchten sie, das Fensterglas zum Schmelzen zu bringen. Jodys Herz stockte. Ängstlich ließ sie ihre Beine vom Sofa gleiten, bereit, jederzeit aufzuspringen. Der nächste Schreck folgte.

Eine unförmige, grüne Hand glitt durch das Loch in der Scheibe. Krallenartige Finger tasteten sich wie Spinnenbeine den Rahmen entlang zur Türklinke. Jody wollte aufschreien. Doch die Todesangst schnürte ihr die Kehle zu. Sie bekam keinen Ton heraus. Das mußte ein Alptraum sein. Sie wollte nicht glauben, daß dies hier wirklich passierte.

Die entstellte Hand zog langsam den Griff in die Waagerechte. Jeden Moment würde die Tür aufgehen. Jody sprang hoch, rannte um den Tisch herum und aus dem Wohnzimmer. Sie riß die Flurtür auf. Diese flog gegen den Stopper im Fußboden, schnappte zurück wie ein Geschoß und schlug ihr in die Hacken. Der Flur begann sich vor ihr zu drehen. Sie versuchte, sich irgendwie mit den Händen abzufangen – vergeblich. Sie war nicht mehr in der Lage, den Sturz aufzuhalten. Ihr Knie schlug gegen die Kante der Kellertreppe. Ein stechender Schmerz betäubte für Augenblicke ihre Sinne. Am Boden liegend und sich das verletzte Knie haltend, schaute sie den Gang zurück ins Wohnzimmer. Die Gardine bewegte sich. Ein schwarzer Schatten huschte dahinter. Nur schemenhaft konnte sie ihn erahnen. Dann tauchte wieder die furchterregende Hand auf. Die Finger krallten sich in die groben Maschen der Gardine. Mit einem Ruck riß sie einen Teil der Gardine aus der Deckenschiene. In panischer Angst schrie Jody auf. Ihr Knie schmerzte fürchterlich. Sie wußte, sie hatte nur eine Chance – aufstehen und weglaufen. Sie biß die Zähne zusammen und zog sich am Treppengeländer hoch. Aus irgendeinem Grund kam ihr in den Sinn, nicht den sich anbietenden Fluchtweg durch die Haustür zu nehmen. Sie hatte die erste Stufe in den Keller noch nicht genommen, da setzte ein unheilverheißendes Kratzen an der Haustür ein. Die Furcht, die es ihr einjagte, hetzte sie noch schneller die Treppen hinunter. Die Wangen mit Tränen benetzt, humpelte sie, stolperte, fing sich, humpelte weiter.

Das Licht im Keller schaltete sie nicht ein. Sie tastete sich im Dunkeln an der Wand entlang. Intuitiv hielt sie auf einen bestimmten Raum zu. Sie hatte ihn noch nicht erreicht, als bereits schwere, monotone Tritte auf der Treppe dröhnten, die die Regelmäßigkeit eines Uhrtickens besaßen. Ihr war, als spürte sie einen unangenehmen Atem in ihrem Nacken. Es ließ sie schaudern. Mit einer Gänsehaut erreichte sie die schwere Eisentür. Leise zog sie den Schlüssel ab und öffnete sie.

Beim Hineinschlüpfen in den Heizungskeller erhaschte sie einen Blick auf den mächtigen Schatten an der Kellerwand, der größer und verzerrter wurde. Lautlos schloß sie zweimal ab. Auch hier ließ sie das Licht aus, weil sie sich problemlos zurechtfand. Sie suchte sich ein Versteck hinter Gartengeräten und Stapeln von Altpapier, wo sie sich dicht an einen Schrank gedrängt in die Ecke kauerte. Sie holte tief Luft. Der pochende Schmerz im Knie ließ allmählich nach. Sie umklammerte den Schlüssel in ihrer Hand, als gehörte er zu einer Schatztruhe. Er verlieh ihr Sicherheit. Ihr kam nicht der leiseste Gedanke, daß sie in einer Falle sitzen könnte. Sie lehnte ihren Kopf gegen die angewinkelten Knie. Alle möglichen Bilder aus der Vergangenheit schossen ihr durch den Kopf. Sie zuckte. Das neue Leben in ihrem Bauch meldete sich mit ein paar Stößen.

„Es wird alles gut, mein Baby", flüsterte sie zärtlich und streichelte ihren Bauch. „Wir sind nicht allein. Jesus wird uns helfen."

Ihr siebter Sinn verriet ihr, daß sie sowieso nicht allein war. Jemand stand jetzt direkt vor der dicken Eisentür, fünf Meter von ihrem Versteck entfernt und nur durch drei Zentimeter Eisen von ihr getrennt. Jody wurde klar, daß dieser inszenierte Horror nur auf ein Konto gehen konnte – auf das der Clique von Marc Belden.

Das Klappern von Metall drang durch den Lichtschacht in den Keller. Auch wenn sie bloß Schatten sah, ahnte sie, daß die Angreifer sich nun an der Abdeckplatte zu schaffen machten. Da sie lose auf einer Betonfuge lag, war sie im Nu entfernt und eine schwarze Gestalt in den Schacht gesprungen. Instinktiv machte sich Jody noch kleiner in ihrer Ecke. Jetzt stand keine Eisentür mehr im Weg, sondern nur noch ein dünnes Gitterfenster. Es würde ein Kinderspiel sein, es aufzubrechen. Jody schloß die Augen. Ihr wurde bewußt, daß sie jetzt nur noch ein Wunder retten konnte. In ihrer Verzweiflung betete sie mit aller Inbrunst.

„Oh, Jesus, du hast von Anfang an den Hinterhalt gesehen, in den uns diese Leute geführt haben. Du hast ihn zugelassen. Ich will dich nicht fragen, warum, auch wenn ich es nicht verstehe."

Eine Metallstange wurde gegen das Eisengitter gerammt. Immer und immer wieder prallte sie klirrend dagegen.

Jody staunte über die Ruhe, die sie dennoch erfüllte. „Du hast mich nie enttäuscht und mir immer Gutes geschenkt. Ich möchte dir auch jetzt vertrauen, ganz gleich, was geschieht ...“

Ihr stilles Gebet wurde übertönt von lautem Fluchen.

„Verdammt! Wieso geht das mickrige Ding nicht auf?“ Das Hämmern wurde wütender. „Das gibt es doch nicht! Es müßte längst hin sein!“

„Was stümperst du denn da unten rum?“ Eine zweite Stimme oben am Schacht wurde laut. „Komm hoch, Mann! Ich zeig' dir, wie man das macht.“

Jody behielt ihre Augen geschlossen. Sie hörte, wie erneut jemand in den Schacht sprang. Das Schlagen, das nun einsetzte, war bedeutend fester.

„Na, was ist?“

Das Trommelfeuer von massiven Schlägen brach ab. Keuchend sagte eine Stimme: „Nichts – es gibt einfach nicht nach. Ich versteh' das nicht.“

„Das geht hier nicht mit rechten Dingen zu.“

„Quatsch nicht!“

„Was ich dir sage! Dieses popelige Gitter hätte längst auffliegen müssen. Laß uns lieber verduften.“

„Halt's Maul! Wir kriegen das –“

Eine dritte Stimme rief plötzlich dazwischen. Jody riß schlagartig die Augen auf. Hatte sie sich verhört? Der Befehlsruf ertönte von neuem.

„Polizei! Bleiben Sie stehen und heben Sie die Hände hinter den Kopf!“

Jody traute ihren Ohren nicht. War das ein Trick, um sie aus ihrem Versteck zu locken?

Ein weiterer Befehl folgte. „Kommen Sie da unten raus!“

Die schwarze Gestalt kletterte aus dem Schacht. Im gleichen Moment pochte jemand an die Eisentür.

„Jody! Jody! Bist du da drin? Du kannst aufmachen. Die Polizei ist da. Es ist vorbei.“

Es war kein Trick – sie erkannte Roberts Stimme! Eilends kroch sie aus ihrem Versteck. Sie hatte den Schlüssel noch zwischen ihren Fingern, da wurde die Tür von der anderen Seite schon aufgerissen. Erleichtert flog sie Robert um den Hals, hinter dem zwei Polizisten standen. Robert drückte sie fest an sich. Freudentränen strömten über seine Wangen.

„Haben sie dir was getan?"

Sie schüttelte den Kopf. „Nein, Robi. Ich bin soweit okay. Gott hat mich beschützt."

Sie lockerte ihre Umarmung.

„Woher wußtest du ...?"

„Marc Belden hat mir alles gestanden." Er strich ihr sanft durchs Haar.

„War's also doch eine Falle ... Und Marc Belden hat dir alles erzählt?"

Er nickte. „Alles. Und er will vor der Polizei auspacken. Nicht nur für sein Gewissen, er will es auch für Gott tun."

„Hat er ...?" begann Jody mit einem Anflug von Freude.

„Er hat ein neues Leben mit Gott begonnen", bestätigte Robert und legte seinen Arm um ihre Schulter. „Komm. Ein Arzt wartet oben auf dich."

Arm in Arm schritten sie durch den Keller, die Treppen hinauf in den Flur, wo ein uniformierter Polizist an der Haustür postiert war. Hinter ihm zuckte das blaue Licht von Polizei- und Krankenwagen, die vor dem Haus standen und bereits unzählige Schaulustige angezogen hatten. Robert führte Jody ins Wohnzimmer, wo ein junger Arzt im weißen Kittel auf sie wartete. Beiden fiel ein Stein vom Herzen, als der Arzt nach der Untersuchung ein „Alles in Ordnung" bescheinigte. Jody erhob sich vom Sofa und trat an die zerbrochene Terrassentür, die angelehnt war. Robert, der ihr folgte, schlang liebevoll von hinten seine Arme um sie und legte die Hände gefaltet auf den gewölbten Bauch, in dem der neue Mensch dann und wann munter strampelte. Schweigend sahen sie hinaus in den Garten, in dem die Spurensicherung der Polizei aktiv wurde. Jeder von ihnen hing seinen Gedanken nach, während sie die letzten kleinen Schneeflöckchen beobachteten, die im Licht der Laterne tanzten. Die Wolkendecke am Himmel hatte sich an vielen Stellen aufgelöst. Ein runder, heller Mond blinzelte zwischen dünnen Wolkenfetzen hindurch. Sein Lichtschein ließ die herrliche Pracht erahnen, die die vorübergezogene Schneefront hinterlassen hatte. Es schien, als hätten die Flocken nicht nur die Dächer Awenachs und die umliegenden Wiesen und Felder in einen weißen Mantel gehüllt, sondern auch die Ereignisse der vergangenen Wochen unter sich begraben. Über dem Tal lag eine tiefe Stille.